U0717146

荀子新注

楼宇烈 主撰

中国古典名著译注丛书

中华书局

图书在版编目(CIP)数据

荀子新注/楼宇烈主撰. —北京:中华书局,2018.2
(2024.4 重印)
(中国古典名著译注丛书)
ISBN 978-7-101-12725-6

Ⅰ.荀… Ⅱ.楼… Ⅲ.①儒家②《荀子》-译文③《荀子》-注释 Ⅳ.B222.6

中国版本图书馆 CIP 数据核字(2017)第 183089 号

书　　名　荀子新注
主 撰 者　楼宇烈
丛 书 名　中国古典名著译注丛书
责任编辑　邹　旭
责任印制　陈丽娜
出版发行　中华书局
(北京市丰台区太平桥西里 38 号　100073)
http://www.zhbc.com.cn
E-mail:zhbc@zhbc.com.cn
印　　刷　三河市博文印刷有限公司
版　　次　2018 年 2 月第 1 版
2024 年 4 月第 5 次印刷
规　　格　开本/880×1230 毫米　1/32
印张 20　插页 2　字数 450 千字
印　　数　12501-14000 册
国际书号　ISBN 978-7-101-12725-6
定　　价　78.00 元

目　录

前　言

荀子名况，字卿，又名孙卿，战国中后期赵国人，生卒年不详，主要活动年代为公元前298—前238年左右。他先后到过齐、楚、秦、赵，曾在齐国“稷下学宫”讲学，并三为“祭酒”（学宫之长），此后又做过楚国的兰陵令，晚年在兰陵著书，终老于兰陵。荀子是我国历史上一位具有重大影响的思想家。他的影响，不只是在思想、学术范围，而且也体现在社会政治体制、礼法制度、伦理原则，以及个人修身养性、教育学习等实践层面。

关于荀子思想的学派归属、理论意义、社会影响等，历史上一直存在着不同的看法和评价，有时甚至是截然相反和对立的，这样的人物，在中国历史上也是不多见的。例如，有的学者判定荀子应归属儒家，因为荀子最推崇孔子、子弓的为人为学，要人们向他们学习，称他们为“大儒”，而且更重要的是荀子对礼学有着精深的研究，竭力推崇礼教、礼制和礼治；但有的学者则判定荀子应归属法家，至少已不是“醇儒”，因为荀子断言“人之性恶”，强调“化性起伪”，在“隆礼”的同时，又强调“重法”，而且他的两位著名弟子韩非和李斯，一位是法家理论的重要奠基者，一位是辅佐秦国推行法制和法治的重要实践者，二者都属法家。到底属哪家姑置不论，荀子的思想学说，在秦汉时期还是很有社会影响的，如他过世后不久，就有人说："今之学者，得孙卿之遗言余教，足以为天下法式表仪……孙卿不遇时也。德若尧禹，世少知之；方术不用，为人所疑；其知至明，循道正行，足以为纪纲。"(《荀子·尧问》)至唐代，韩愈对荀子的儒家身份和学说提出了一些质疑，他说："余欲削荀氏之不合者，附于圣人之籍。""孟氏醇乎醇者也，荀与扬(雄)大醇而小疵。"(《读荀》)至宋代，程颐对荀子的评论，则走向了极端，如说："韩退之言孟子醇乎醇，此言极好，非见得孟子意，亦道不到。其言荀、扬大醇小疵则非也。荀子极偏驳，只一句性恶，大本已失。""荀子，悖圣人者也。""荀卿才高学陋，以礼为伪，以性为恶，不见圣贤，虽曰尊子弓，然而时相去甚远，圣人之道至卿不传。"(《二程遗书》)由于程颐在学界的影响，之后虽仍有不少对荀子思想持公正评价，甚至高度推崇者，然就整体社会影响来讲，并不很受重视。至近代，对荀子思想的认识，有了比较大的变化。例如，谭嗣同从批判否定的角度，看到荀子思想在二千年历史中的重要作用，他说："故常以为二千年来之政，秦政也，皆大盗也；二千年来之学，荀学也，皆乡愿也。"(《仁学》)其后，章太炎则十分推崇荀子，他认为："自仲尼而后，孰为后圣？曰：……惟荀卿足以称是。"(《后圣》)"荀卿以积伪俟化治身，以隆礼合群治天下。……由斯道也，虽百里而民献比肩可也。其视孔氏，长幼断可识矣。"(《订孔》)

虽然荀子十分推崇孔子、子弓，但我们不能把荀子思想，看成是孔子、子弓思想的简单重复或延续。从孔子到荀子，时间过去了二百多年，社会已发生了很多变化，思想界也出现了许多新的学派，包括一些由原来同一学派中分化出来的不同学派，以及由原来不同学派相互融合而形成的新学派，如战国中期齐国的"稷下学宫"就孕育出好几个这样的新学派。到荀子时代,这种"百家争鸣"的局面已是思想界的常态。荀子"其知至明",他对那个时代在社会上还在流行的各家学说都有所评议,其中有肯定的、推崇的,也有批评的,有指出其偏颇的,也有痛斥其危害的,不一而足。而荀子的思想理论又广泛吸纳了各家之长,所以人们也常称他是集先秦思想之大成者,此或诚不为过。如今,我们完全可以抛开历史上各家门户之见来看待荀子思想。我们只需去发掘荀子思想中,那些体现中国传统文化根本精神的、且对今天社会稳定和谐发展有启发的东西就可以了。根据我们学习的体会,在荀子思想中有以下几方面,值得去重点认真地研究学习。

第一　关于"人"(包括个人和整个人类)的自我认识等问题

在中国传统文化中,人们认为万物(包括人)都是天地所生,而人在万物中则是最为"灵"、最为"贵"的,如《尚书·泰誓上》说:"惟天地,万物父母;惟人,万物之灵。"荀子指出:"水火有气而无生,草木有生而无知,禽兽有知而无义;人有气、有生、有知亦且有义,故最为天下贵也。"(《王制》)"义者,宜也。"(《中庸》)所谓"义"即恰当、恰如其分的意思,作为人即具有这种"义",这种分辨恰当、不恰当,分辨是非、轻重、缓急的能力。所以荀子还说:"人之所以为人者,何已也?曰:以其有辨也。……故人道莫不有辨。"(《非相》)"有辨"是人之所以为人之所在,也是人之所以为"万物之灵"的"灵"之所在。一个人做人做事一定要"义"字当头,不能背离"义",否则就不是"人"了。这是荀子要人类自我认识到的第一个特点:"有义"(有辨)。

接着,荀子要人认识到作为人的第二个特点:"能群"。荀子说：人“力不若牛，走不若马，而牛马为用，何也？曰：人能群，彼不能群也”（《王制》）。所谓人“能群”，是指人类是一个高度自觉的有组织的群体，所以能支配牛马为人类所用。这里所谓的“能群”，也就是指人类社会性的特点。荀子强调说，“人生不能无群”（《富国》），而人之所以“能群”，是由于“明分”，之所以能“明分”，又在于人“有义”。如他说：“人何以能群？曰：分。分何以能行？曰：义。故义以分则和，和则一，一则多力，多力则强，强则胜物。”（《王制》）

由此，也让我们认识到，人的这种“能群”的能动性，具有支配万物的能力，所以人也就参与到天地生养万物的过程中去了，诚如荀子所揭示的：“天有其时，地有其财，人有其治，夫是之谓能参”（《天论》），人“参于天地，非夸诞也”（《不苟》）。这就是荀子要人类自我认识到的第三个特点：“能参”。天有其时生万物，地有其财养万物，人有其治管理、运用万物。所以，人必须认真思考，要如何“参”与到天地中去“治”万物，才能与天地万物和谐共生和共存。

荀子要人类自我认识到的第四个特点，就是引起历史上思想界和学术界争鸣、讨论得最激烈的“人之性恶，其善者伪也”（《性恶》）的“性恶”说。荀子指出的要人类自我认识的前三点，人们还大都能够认同，而对这第四点就不那么容易达成共识了。关于人性善恶的问题，在历史上有各种不同的观点和说法，有持性善说者，有持性恶说者，有持性善恶混说者，有持性无善恶说者，有持性三品说者等等。这都是由于人们对“人性”的定义不同，以及从不同的视角去探讨“人性”问题，从而产生了诸种说法，如从各自探讨的视角和定义来说，都有其道理，这里我们就不去展开讨论了。就拿荀子“人之性恶，其善者伪也”的说法来讲，实际上他是从维护人类群体(社会)和谐,消除人性中那些可能引起相互争斗、从而造成社会混乱的因素等视角来谈这个问题的;并认为人只有通过教育学习、修身养性,才能认识自己作为“人”所具有的身份,从而自觉遵守做人(“明分”)的道理。如果不只是停留在抽象的纯理论讨论,而是从社会现实人性来探讨,那么荀子的说法应当说是言之有理的,是有重要现实意义的,更是中国传统文化“人文化成”的根本精神的践行。人需要认识到人性中那些会引起相互纷争、导致社会混乱的因素(“恶”),通过“人为”的教育、学习、修身(“伪”),激发出人性中的“善”,从而培养起社会的“善”,以至于“化民成俗”(《礼记·学记》),使整个社会养成向“善”的风气和习俗。

第二　关于“天”和天人关系等问题

“天”这个概念,在中国传统文化中有多种含义,十分复杂。在荀子思想中论述到的“天”也是有多种含义的,但其中最主要的含义是指与“地”合称,作为“万物父母”、生养万物的自然之“天”。荀子首先强调的是“天”的自然性、独立性,他在那篇专门论天的论文中,开篇即说:“天行有常,不为尧存,不为桀亡。”(《天论》)他认为,天有天的职责和功能,人有人的职责和功能,“不为而成,不求而得,夫是之谓天职”,“皆知其所以成,莫知其无形,夫是之谓天”。人不可能,也不应当“与天争职”,天地也不会因为人之“恶寒”、“恶辽远”,而“辍冬”、“辍广”。同样,人世间的事,也只能靠人自己的努力去改变它,而不能放弃自己的努力,去期待或等待“天”。只要尽了人事,老天爷也干预不了,所以说:“强本而节用,则天不能贫;养备而动时,则天不能病;修道而不贰,则天不能祸。故水旱不能使之饥,寒暑不能使之疾,祆怪不能使之凶。”由此,荀子提出了一个重要的观点："明于天人之分"。而且认为，只有这样的人，才能称之为"至人"。这是荀子关于天人关系的一个重要论断和观点。

"明于天人之分"，人不应当"与天争职"，并不意味着"人"与"天"就毫无关系了。上文讲到，荀子认为，人的一个重要特点，就是"能参"，即人以"其治"，参与到天地生养万物的过程中去。因此，人只有清楚和深入地认识天地的职能特点，才能参与天地生养万物的过程，才能正确地发挥人的治理功能。人在天（大自然）面前不能消极期待或等待，而是要积极参与，"大天而思之，孰与物畜而制之！从天而颂之，孰与制天命而用之！望时而待之，孰与应时而使之！因物而多之，孰与骋能而化之！思物而物之，孰与理物而勿失之也！愿于物之所以生，孰与有物之所以成！故错人而思天，则失万物之情"。这也就是荀子另一个重要的天人关系的论断和观点："制天命而用之"。

然而，"制天命而用之"，是否就意味着人类可以不尊重天，而随心所欲、为所欲为呢？当然不是，相反，人类应当尊重"天"，只有尊重自然，才能达到人事的圆满，达到"人"与"天"（大自然）的和谐。这就是荀子讲的："圣王之制也：草木荣华滋硕之时，则斧斤不入山林，不夭其生，不绝其长也；鼋鼍鱼鳖鳅鳣孕别之时，罔罟毒药不入泽，不夭其生，不绝其长也；春耕、夏耘、秋收、冬藏，四者不失时，故五谷不绝，而百姓有余食也；污池渊沼川泽，谨其时禁，故鱼鳖优多，而百姓有余用也；斩伐养长不失其时，故山林不童，而百姓有余材也。圣王之用也：上察于天，下错于地，塞备天地之间，加施万物之上；微而明，短而长，狭而广，神明博大以至约。"（《王制》）

荀子要人们先从"明于天人之分"、"不与天争职"入手，然后认识到“人有其治”，人具有这种“能参”天地生养万物过程的主动性、能动性，即“制天命而用之”。不过这种“制天命而用之”是要求人们一定要“知其所为，知其所不为”，如此才能达到“天地官而万物役”的人天和谐状态。荀子这些论述天和天人关系的观点，对我们今天依然颇有启发，值得深思。（以上引文除《王制》一则外，其他均出自《天论》。）

第三　关于“礼”的起因、作用、意义、精神等问题

“礼”是中国传统文化中的核心组成部分，是维系人与人之间和谐关系、建构稳定有序社会的一种综合性文化，包括了信仰、道德、制度、言行规矩、社会习俗、礼仪形式等方方面面。相传，文王、周公“制礼作乐”，即“礼”文化是由周文王、周公开始制定完善的。“礼”文化强调的是人本位（以人为本），强调人的主体性和人的自觉自律。至东周春秋时期，社会上逐渐出现了“礼崩乐坏”的局面，孔子一生努力，倡导“仁”学，希望人们“克己复礼”，目的就是为了重整礼乐文化，重建社会秩序。孔子要求人们“复礼”，但对“礼”文化本身，并没有做太多的说明，这大概是因为在孔子时代，“礼”文化依然深植社会，尽人皆知，故无需多说。而到战国末年荀子时代，“礼崩乐坏”的现象早已更为严重，人们对“礼”文化所知浅薄，所以荀子对“礼”文化做了深入系统的研究和阐发，不仅反复强调“礼”对于做人做事和维护社会和谐、国家稳定的重要性，如说“人无礼则不生，事无礼则不成，国家无礼则不宁”（《修身》），而且还撰写了论述“礼”文化的专题论文——《礼论》，全面探讨了“礼”文化的起因、作用、意义、精神等问题。

在《礼论》中，文章一开始就明确地提出了“礼起于何也”的问题，然后详细明确地回答说：“人生而有欲，欲而不得，则不能无求，求而无度量分界，则不能不争。争则乱，乱则穷。先王恶其乱也，故制礼义以分之，以养人之欲，给人之求。使欲必不穷乎物，物必不屈于欲，两者相持而长，是礼之所起也。”从这可以看到，我们以往对“礼”文化的理解，都只是偏于伦理道德、行为规范、礼节仪式等方面，而实际上，荀子首先是从协调社会分配，以及协调自然资源和社会需求矛盾的角度着眼，来说明“礼”的起因和“礼”所要达到的目的。“礼”不仅要达到“养人之欲，给人之求”，还要“使欲必不穷乎物，物必不屈于欲”，进而更要使“两者相持而长”，这种如此重大的社会功能，是构建社会道德的基础所在。可是长期以来，人们在讲“礼”文化的时候，都忽视或回避这一构建社会伦理道德基础的内容，从而使“礼”文化在大众心目中往往仅是脱离社会现实的空洞道德说教。实际上，人们之所以要自觉自律遵守礼义，也与维护社会合理分配、协调自然资源与社会需求之间的矛盾，这一关乎民生的重要内容相关。因此，荀子对“礼”起因的这一论述，具有十分深刻和重要的理论意义和现实意义。

关于“礼”，荀子的论述十分丰富。如他强调“礼”是按照自然之理来制定的，“礼也者，理之不可易者也”（《乐论》）；“礼”是要求人们所遵从践行的道路，“礼者，人之所履也，失所履，必颠蹶陷溺”（《大略》）；“礼”是给人们树立一个标志，让人们不至于走错了人生的方向，“水行者表深，表不明则陷；治民者表道，表不明则乱。礼者，表也”（《天论》）；“礼”是给人们设定一道堤防，让人们不要随意冲破，“君子言有坛宇，行有防表，道有一隆”（《儒效》）；“礼”是用来修正完美自身的，“礼者，所以正身也”（《修身》），等等。

此处，再重点提示几条，供大家学习荀子“礼”思想时参考。

首先，荀子认为，社会是不能没有各种贵贱高低差异的，而礼的制定就是来规范这种差异的。社会上“两贵之不能相事，两贱之不能相使，是天数也”，因为“势位齐，而欲恶同，物不能澹（通“赡”）则必争，争则必乱，乱则穷矣”这样的事实，所以先王“制礼义以分之，使有贫、富、贵、贱之等，足以相兼临者，是养天下之本也。书曰：‘维齐非齐。’此之谓也”（《王制》）。所以，“礼”的“养”的功能，就体现了“礼”的“别”的内涵，“曷谓别？曰：贵贱有等，长幼有差，贫富轻重皆有称者也”（《礼论》）。

其次，荀子十分重视“礼”所具有的“养情”的作用和意义。他说：“孰知夫礼义文理之所以养情也！故人苟生之为见，若者必死；苟利之为见，若者必害；苟怠惰偷懦之为安，若者必危；苟情说之为乐，若者必灭。故人一之于礼义，则两得之矣；一之于情性，则两丧之矣。”（《礼论》）这是说，人依照礼可以引导、规范好自己的情性，而不是放任不良的情性，以致伤害自己。荀子认为，人需要用“礼”来“养情”、“正身”，同时从治国的角度来讲，也必须重视刑法的作用，所以在荀子这里“礼法”和“刑法”是相提并论的，二者相辅相成，如他说：“明礼义以化之，起法正以治之，重刑罚以禁之，使天下皆出于治，合于善也。”（《性恶》）

再次，荀子认为，“礼”具有外在装饰的作用，然所有外在的形式，都是体现了人们内在的一种情感和敬意，“凡礼，事生，饰欢也；送死，饰哀也；祭祀，饰敬也；师旅，饰威也”（《礼论》）。所以，礼的教育和实践，是养成人们内在情感和敬意的重要途径。“礼”的根本精神就是“敬”，“礼者，敬而已矣”（《孝经》），就是“报本”，“万物本乎天，人本乎祖……郊之祭也，大报本反始也”（《礼记·郊特牲》）。在此，荀子特别提出了“礼有三本”的重要观念，要人们记住这“三本”，不能忘掉。他说：“礼有三本：天地者，生之本也；先祖者，类之本也；君师者，治之本也。”（《礼论》）这就是中国传统文化中，把“天地君亲师”作为最高尊敬对象来信仰和祭拜的理论源头，要人们永远不忘本，记住“礼”的根本精神是“大报本”。总之，荀子要求人们在学习、修身、为人、做事中，都要以“礼”为准则，“礼者，人道之极也”（《礼论》）。

最后，还需要提一个荀子关于“礼”的重要观点，他认为，“礼”不是僵化不变的，而是随着时代和人心不断在变化的，所以不能食古不化。荀子更强调向较近时代的礼义制度学习——“法后王”，而且明确提出：“礼以顺人心为本，故亡于《礼经》而顺人心者，皆礼也。”（《大略》）此外，他还对如何继承传统礼法问题，提出了一个基本原则，即“循其旧法，择其善者而明用之”（《王霸》）。荀子的这个提示十分紧要，如果“礼”能随时代而变化，顺人心而调整，能选择其中“善者”（优秀的）而发挥运用之，那么“礼”文化的建设和教育，仍不失为当今时代成就个人自我修养、协调人际关系、维护社会整体和谐的根本和基础。

第四　关于“学”的重要性、必要性，以及“学”的内容、方法等问题

荀子十分重视学习的重要性，所以全书以《劝学》开篇，第一句话就是“君子曰：学不可以已”，告诉人们学无止时，学无止境。荀子认为，人生下来是没有多大差别的，但为什么现实中又会有尧舜、桀纣之分，君子、小人之别呢？这主要是由每个人所受的教育不同，所接触的环境不同，所交的师友不同，以及自身是否努力造成的。“学”就是要学做人的道理，《礼记·学记》中说：“玉不琢不成器，人不学不知道。”“学”的目的就是不断地完善和提升自身。《论语·宪问》记载：“子曰：古之学者为己，今之学者为人。”荀子说：“君子之学也，以美其身；小人之学也，以为禽犊。”（《劝学》）我们要以君子之学来要求自己，做到“入乎耳，箸乎心，布乎四体，形乎动静；端而言，蝡而动，一可以为法则”，即把学到的东西，落实到自己的言行中去，使自己的一言一行都合乎规矩，都能成为人们学习的榜样。而不要学“小人之学”，“入乎耳，出乎口。口、耳之间则四寸耳，曷足以美七尺之躯哉？”即只是把学到的东西，当作自己的财富（禽犊）来炫耀和交易，对自身德行的提升和完美，则毫无意义。这里荀子讲的“君子之学”，就是“为己”之学；“小人之学”，就是“为人”之学。

那么，学君子的为己之学，要学习些什么东西，从何处入手呢？荀子说：“其数则始乎诵经，终乎读礼。”所谓“经”包括《礼》、《乐》、《诗》、《书》、《春秋》，荀子为学者做了说明：“《礼》之敬文也，《乐》之中和也，《诗》、《书》之博也，《春秋》之微也，在天地之间者毕矣。”而其中“礼”又是最重要的，“故学至乎《礼》而止矣。夫是之谓道德之极”（《劝学》）。学的内容确定后，最重要的事情就是“求师”。他说：“礼者，所以正身也；师者，所以正礼也。无礼，何以正身？无师，吾安知礼之为是也？”（《修身》）有了好老师，还要特别注意外在环境对自身的影响，要懂得择邻交友，善于借助外在条件，营造良好的学习环境和氛围，“蓬生麻中，不扶而直；白沙在涅，与之俱黑。兰槐之根是为芷，其渐之滫，君子不近，庶人不服。其质非不美也，所渐者然也。故君子居必择乡，游必就士，所以防邪僻而近中正也”(《劝学》)。

此外，荀子还告诉人们许多学习的要点。如，要专一，“是故无冥冥之志者，无昭昭之明；无惛惛之事者，无赫赫之功”(《劝学》)；要积累，“故不积蹞步，无以至千里；不积小流，无以成江海”，“积土成山，风雨兴焉；积水成渊，蛟龙生焉；积善成德，而神明自得，圣心备焉”(《劝学》)；既要“博学”，更要“知止”，“凡以知，人之性也；可以知，物之理也。以所以知人之性，求可以知物之理，而无所凝止之，则没世穷年不能遍也。其所以贯理焉虽亿万，已不足以浃万物之变，与愚者若一”(《解蔽》)，这是说，可学的东西是无穷无尽的，所以一定要有所止，否则，虽然学得了亿万知识，然而不能应变，则与愚人无异。这里还有两条，要特别奉献给好学的朋友们。一条是，荀子要求人们学了一定要行。他说：“不闻不若闻之，闻之不若见之，见之不若知之，知之不若行之。学至于行之而止矣。”(《儒效》)再一条是，荀子希望人们学了一定要时时对照自己，反省自己，“见善，修然必以自存也；见不善，愀然必以自省也；善在身，介然必以自好也；不善在身，菑然必以自恶也”(《修身》)，“君子博学而日参省乎己，则知明而行无过矣”(《劝学》)。

荀子这些“劝学”的教导，至今对我们的教育工作，对师生们的教与学，都还有深刻的启迪和实用意义。

第五　关于“解蔽”，即消除思维方式上的偏蔽等问题

荀子说：“凡人之患，蔽于一曲，而闇于大理。”(《解蔽》)这是说，人最大的毛病就是，容易被局部或片面的认识所遮蔽，而看不清整体的道理。荀子说这句话时，虽然针对的是当时社会上百家争鸣、各执己见、是己非他，以至影响到政局纷争，各自称霸一方这样的现实，但它在人的思维方法的探讨上也同时带有普遍性意义。人的认识都有自身的片面性和局限性，有时代、环境的局限，有外因干扰的局限，有观察角度的片面，有以往成见的片面等等，不一而足。诚如荀子指出的："欲为蔽、恶为蔽，始为蔽、终为蔽，远为蔽、近为蔽，博为蔽、浅为蔽，古为蔽、今为蔽。"总之，"凡万物异则莫不相为蔽，此心术之公患也"。如果思维方法有所偏蔽，就会带来认识事物上的差错，进而造成处理现实事务上的失误。荀子列举了许多历史上的人物来说明正反两方面的情况，很多人因"蔽"而失败、得祸，落得个千古骂名，"此蔽塞之祸也"；有些人则因"不蔽"，而成功、得福，且"生则天下歌，死则四海哭，夫是之谓至盛"，美名千古传，"此不蔽之福也"。荀子心目中完美的圣贤应当是"仁知且不蔽"的。

那么如何才能达到"不蔽"呢？荀子认为，那就需要"主其心而慎治之"。因为要想除去"蔽塞之祸"，就需要"知道"，只有体察掌握了道，才能全面认识事物，做到"物至而应，事起而辨"，"宗原应变，曲得其宜"(《非十二子》)。荀子说："精于物者以物物，精于道者兼物物。故君子壹于道而以赞稽物。壹于道则正，以赞稽物则察，以正志行察论，则万物官矣。"所以人必须懂得求道。而"人何以知道"，则在"心"，"心者，形之君也而神明之主也，出令而无所受令"，所以要"主其心而慎治之"。

因此荀子对如何"解蔽"也提出了具体的方法，那就是从修心入手，通过让心保持"虚壹而静"而"知道"。具体言之，"不以所已臧害所将受谓之虚"，"不以夫一害此一谓之壹"，"不以梦剧乱知谓之静”。心如果不能不存成见，不能专一，不能宁静，怎么能不受干扰、不被“蔽”呢？所以，只有去除以往成见的影响，专心于一事一理，不受其他事理的分心，让纷扰的心境宁静下来，才能达到心的“无欲、无恶，无始、无终，无近、无远，无博、无浅，无古、无今”的状态，才能“兼陈万物而中县衡焉”，达到“众异不得相蔽以乱其伦也”，遂能做到“虚壹而静，谓之大清明。万物莫形而不见，莫见而不论，莫论而失位”。（以上引文除《非十二子》一则外，其他均出自《解蔽》。）

以上仅就《荀子》一书中的部分内容作了一些提示，希望读者们在阅读本书时能发现更多在今天仍有启发意义的思想与观点。

本《新注》算不得完全意义上的“新”，因为它是在将近四十年前、1979年出版的《荀子新注》基础上修改而成的。由于不少读者觉得，这本《新注》虽然带有许多那个时代的观点和语言，但对《荀子》文本的解读还是大致可取的，比较通俗易懂，适合一般读者阅读，于是中华书局的编辑们提出，希望我能组织一些人来修改一下，以供再次出版。四十年前的《新注》是一本集体编写的作品，只是最后由我和庄福龄先生、马绍孟先生负责统稿工作。现在提出修改意见后，立即便由当年参与、负责此书的中华书局资深编辑梁运华先生，帮我从头至尾仔细认真地检查、修改了一遍。之后，由于我的原因，搁置了四五年，一直没有进展。今年，中华书局决定，最迟要在年底出版，不能再拖延了。于是，我就在我的博士生中组织了一个《荀子》读书小组，他们有：肖磊、吴继忠、徐佳希、卞景等，大家边读、边讨论、边修改（我的另外一些博士生也不时参加讨论和提出修改意见)。他们不仅把三十二篇的"说明"完全重新写过,而且多次修改,同时也改正了原来注释中的一些体例(如去掉直字注音)和错误等。在此期间,中华书局的责任编辑邹旭女士也仔细重读全书,提出了许多宝贵的、具体的修改意见。所以此书得以再次出版,也是一项集体的成果。

楼宇烈

二〇一七年十一月

一 劝 学

【说明】这是一篇系统阐述为学之方的重要文献。

全篇大致可分为“劝”和“学”两部分。“学不可以已”，文章通过“青，取之于蓝，而青于蓝”等形象譬喻，首先说明了学习的重要性。这里点出为学的要诀是“日参省乎己”，只有切问近思，知行合一，才能达到“知明而行无过”。人之所以“生而同声，长而异俗”，主要是所受的教育和所处的环境不同，因此要“善假于物”，“君子居必择乡，游必就士，所以防邪僻而近中正也”，而自身更应“慎其所立”。学者锲而不舍，用心冥一，自能“积善成德而神明自得”，故“为善不积邪，安有不闻者乎”！

学习儒家经典，“其数则始乎诵经，终乎读礼；其义则始乎为士，终乎为圣人”，学者“真积力久则入，学至乎没而后止也”。经典的义理深广，基本涵盖了人生的各种学问,而《礼》尤为重要,“《礼》者,法之大分,类之纲纪也,故学至乎《礼》而止矣”。在学习的目的上,“君子之学也,以美其身;小人之学也,以为禽犊”。在学习的过程中,“学莫便乎近其人”,依靠老师的言传身教,才能将不易真切明了的经义与现实生活结合起来,做到学以致用。学习还必须“隆礼”,一则提纲挈领,“虽未明,法士也”;一则“谨顺其身”,使师友之间教学相长。本篇最后指明了学习的最高标准和最终目的:“学也者,固学一之也”,学习的最高标准是伦类通,仁义一;“能定能应,夫是之谓成人”,学习的最终目的是“成人”。学者遵从为学之方,成就德操而能定能应,能定则能全尽善道,能应则能知类通达,既仁且智,“君子贵其全也”。

君子曰:学不可以已①。青,取之于蓝,而青于蓝;冰,水为之,而寒于水②。木直中绳,輮以为轮,其曲中规,虽有槁暴,不复挺者,輮使之然也③。故木受绳则直,金就砺则利,君子博学而日参省乎己,则知明而行无过矣④。

①君子:指具有道德和才能的人。 已:终止,停止。

②青:靛(diàn)青。 取:提取,提炼。 蓝:草名,蓼(liǎo)蓝,其

叶可以做蓝色染料。　这句意思是：靛青，是从蓼蓝草中提炼出来的，但颜色比蓼蓝草更深；冰，是由水变成的，但比水更寒冷。荀子利用这两个事例，形象地说明了后来者居上的事实。

③木直：木材很直。　中（zhòng）：符合。下同。　绳：木工用的墨线，这里做衡量木材曲直的标准讲。　輮（róu）：通"揉"，使直的东西弯曲。　规：圆规，画圆的工具。　有：通"又"。　槁（gǎo）：枯干。　暴（pù）：晒。　槁暴：晒干。　挺：直。　这句意思是：木材很直，符合墨线的标准，但加工后却可以做成车轮，其弯曲的程度和圆规的标准相符合。即使再把它晒干，也不能使它恢复原状，这是加工使它变成这样的。

④受绳：经过墨绳校正。　金：这里指金属做的刀剑。　砺：磨刀石。　参：检验。　省（xǐng）：考察。一说"省乎"二字为后人误补。　知：同"智"。　这句意思是：所以，木材经过加工以后就能变直，刀剑在砺上磨过就会变得锋利，君子学习渊博的知识，并且能经常注意检验考察自己，那么他就会变得聪明，而行动上也就不会犯错误了。

故不登高山，不知天之高也；不临深溪，不知地之厚也；不闻先王之遗言，不知学问之大也①。干、越、夷、貉之子，生而同声，长而异俗，教使之然也②。《诗》曰："嗟尔君子，无恒安息。靖共尔位，好是正直。神之听之，介尔景福③。"神莫大于化道，福莫长于无祸④。

①溪：山涧。　先王：古代的帝王。

②干、越：都是春秋时期的国名，在今江苏、浙江一带。干，本是一个小国，被吴所灭，所以又称吴为干。　夷、貉（mò，通貊）：对当时东方

和北方少数民族的称呼。 子：这里指人。 这句意思是：干国、越国、夷族、貉族的人，刚生下时啼哭的声音都是一样的，而长大后风俗习惯却不相同，这是由于后天所受教育不同的结果。

③靖：安。 共：通“恭”，看重。 好：爱好。 介：助。 景：大。这几句诗的意思是：“你这个君子啊，不要老是想着安逸。安于你的职位吧，爱好正直的德行。这样，神就会了解你，给你极大的幸福。”（见《诗经·小雅·小明》）

④神：这里指最高的精神境界。《诗》中所谓神，指神灵，荀子引《诗》对于神作了新的解释。 道：指政治、思想的总原则。 化道：受道的教化，指思想行动符合道。

吾尝终日而思矣，不如须臾之所学也①；吾尝跂而望矣，不如登高之博见也②。登高而招，臂非加长也，而见者远③；顺风而呼，声非加疾也，而闻者彰④。假舆马者，非利足也，而致千里⑤；假舟檝者，非能水也，而绝江河⑥。君子生非异也，善假于物也⑦。

①尝：曾经。 须臾（yú）：一会儿。 这句意思是：我曾经整天苦思冥想，但是不如学习一会儿收获大。

②跂（qǐ）：踮起脚后跟。 博见：看得宽广。

③这句意思是：站在高山上招手，手臂并没有加长，然而远处的人也能看得见。

④疾：壮，这里指声音宏亮。 彰：清楚。 这句意思是：顺着风向而呼喊，声音并没有比平时宏亮，但听的人却听得很清楚。

⑤假：凭借，利用。 利足：使他的腿跑得很快。

⑥檝:同“楫”,船桨。　能水:能耐水,即水性好。　绝:作动词用,这里指渡过。

⑦善:擅长。　这句意思是:君子的本性和别人并没有什么不同,只不过是善于借助和利用客观事物罢了。

南方有鸟焉,名曰蒙鸠,以羽为巢,而编之以发,系之苇苕,风至苕折,卵破子死①。巢非不完也,所系者然也②。西方有木焉,名曰射干,茎长四寸,生于高山之上,而临百仞之渊③。木茎非能长也,所立者然也④。蓬生麻中,不扶而直⑤;白沙在涅,与之俱黑⑥。兰槐之根是为芷,其渐之滫,君子不近,庶人不服⑦。其质非不美也,所渐者然也⑧。故君子居必择乡,游必就士,所以防邪僻而近中正也⑨。

①蒙鸠:即“鷦鷯”(jiāo liáo),体约三寸,羽毛赤褐色的一种小鸟。编之以发:用毛发编结起来。　系:联结。　苇:芦苇。　苇苕(tiáo):芦苇的嫩条。

②完:完备。　这句意思是:并不是鸟窝造得不完备,而是由于它凭借的地方不合适所造成的。

③射干:一种草药名,又称“乌扇”。　仞(rèn):古时八尺或七尺为一仞。

④这句意思是:并不是射干的茎加长了,而是它生长的地方使它这样。

⑤蓬:草名,又叫“飞蓬”。

⑥涅(niè):黑土。此句原无,据《尚书·洪范》篇“正义”引文补。

⑦兰槐:即“白芷(zhǐ)”,一种香草名。开白花,气味香,古人把它

的苗称为“兰”，根称为“芷”。 其：若，如果。 渐：浸泡。 滫（xiǔ）：淘米水，指脏水。 庶人：众人，普通人。 服：佩戴。 这句意思是：兰槐的根叫做芷，如果把它浸到臭水里，君子就不去接近它，普通人也不佩戴它。

⑧这句意思是：并不是它的素质不好，而是由于把它浸入了臭水的缘故。

⑨游：同“遊”，指外出交往。 士：指知识分子。 中正：恰当正确的东西，指上文“神莫大于化道”的“道”。 这句意思是：因此君子定居一定要谨慎地选择好地方，外出必须和有学问有道德的人交往，这是为了防止受邪恶人的影响，而接近于正道。

物类之起，必有所始；荣辱之来，必象其德①。肉腐出虫，鱼枯生蠹②。怠慢忘身，祸灾乃作③。强自取柱，柔自取束④。邪秽在身，怨之所构⑤。施薪若一，火就燥也⑥；平地若一，水就湿也⑦。草木畴生，禽兽群焉，物各从其类也⑧。是故质的张而弓矢至焉，林木茂而斧斤至焉，树成荫而众鸟息焉，醯酸而蜹聚焉⑨。故言有召祸也，行有招辱也，君子慎其所立乎⑩！

①起：发生。 始：根源。 象：相似，相应。 必象其德：一定和他自己的品德优劣相应。

②蠹（dù）：蛀虫。

③乃：就，于是。 这句意思是：懒散到了不顾自己的一切行为，灾祸就要降临了。

④这句意思是：质地坚硬的东西自然会被人们用作支柱，质地柔

软的材料自然会被人们用来捆东西。一说,“柱”通“祝”,断折。按这样解释,这句意思是:太刚强了就容易折断,太柔软了就容易受约束。

⑤秽(huì):污秽、肮脏。　构:结,造成。　这句意思是:自己行为邪恶肮脏,那就必然造成人们对你的怨恨。

⑥薪(xīn):柴草。　这句意思是:堆放的柴草看来一样,火总是先从干燥的柴草烧起。

⑦湿:潮湿,这里指低洼的地方。

⑧畴:通“俦”,同,一块儿。　群焉:一说当作“群居”。

⑨质(zhì):古时一种箭靶。　的(dì):箭靶中心的目标。　质的:这里指箭靶。　斤:斧子。　醯(xī):醋。　蜹(ruì):类似蚊子的昆虫。

⑩立:立脚点,这里指学什么,以什么为指导。　这句意思是:所以说话有时会招来祸害,做事情有时会引来耻辱,君子谨慎地对待自己言论和行动的立脚点。

积土成山,风雨兴焉①;积水成渊,蛟龙生焉②;积善成德,而神明自得,圣心备焉③。故不积蹞步,无以至千里④;不积小流,无以成江海。骐骥一跃,不能十步⑤;驽马十驾,功在不舍⑥。锲而舍之,朽木不折⑦;锲而不舍,金石可镂⑧。螾无爪牙之利、筋骨之强,上食埃土,下饮黄泉,用心一也⑨;蟹八跪而二螯,非蛇、蟺之穴无可寄托者,用心躁也⑩。是故无冥冥之志者,无昭昭之明;无惛惛之事者,无赫赫之功⑪。行衢道者不至,事两君者不容⑫。目不能两视而明,耳不能两听而聪。螣蛇无足而飞,鼫鼠五技而穷⑬。《诗》曰:“尸鸠在桑,其子七兮;淑人君子,其仪一兮；其仪一兮，心如结兮[14]。”故君子结于一也。

昔者瓠巴鼓瑟而沈鱼出听，伯牙鼓琴而六马仰秣[15]。故声无小而不闻，行无隐而不形[16]。玉在山而草木润，渊生珠而崖不枯[17]。为善不积邪，安有不闻者乎[18]？

①这句意思是：土堆积起来成了山，风雨就从这里发生了。古代有山吐云纳雾的说法，因此认为风雨是从山中形成的。荀子借此说明只要坚持不懈，专心一意，就能有所作为。

②这句意思是：聚集许多流水便成为深渊，蛟龙就从这里产生了。

③神明：最高的智慧。　自得：自然达到。　这句意思是：不断地做好事而养成高尚的品德，那么自然就会达到高度的智慧，也就具备了圣人的精神境界。

④蹞(kuǐ)：半步。　这句意思是：所以不从半步走起，就不可能到达千里之远的地方。

⑤骐骥(qí jì)：千里马，传说能日行千里。

⑥驽(nú)：劣马。　驾：一天的行程。　十驾：十天的路程。功：成功。　舍：放弃。

⑦锲(qiè)：用刀子刻。

⑧镂(lòu)：雕刻。　这句意思是：如果坚持雕刻而不停止，那么金石也可以雕成花纹。

⑨螾：同“蚓”，即“蚯蚓”。　埃土：尘土。　黄泉：地下的泉水。

⑩八跪：八足；原为“六跪”，蟹实有八足。　螯(áo)：螃蟹身上如同钳形的爪子。　蟺(shàn)：同“鳝”，即“鳝鱼”。　躁：浮躁，不专心。

⑪冥冥(míng)：幽暗，这里比喻埋头苦干。下文“惛惛”(hūn)的意思与此同。　昭昭(zhāo)：显著。　赫赫：巨大。　这句意思是：所以

没有刻苦钻研精神的人，在学习上就不会有显著的成绩；不能埋头苦干的人，在事业上就不能取得巨大的成就。

⑫衢(qú)：十字路，这里指歧路。　这句意思是：在歧途上徘徊不定的人是达不到目的地的，同时事奉两个君主的人，任何一方都不会容纳他。

⑬螣(téng)蛇：古时传说一种能飞的蛇。　鼫(shí)鼠：原为“梧鼠”，据《大戴礼记》改。一种形状像兔的鼠类。据说它有五种技能，但都不能专心一意做到底。所以，它能飞不能上屋，能爬树不能爬到树顶，能游泳不能渡过山涧，能打洞不能掩身，能走不能走在别的动物前头。　穷：穷困，没有办法。　这句意思是：螣蛇虽然没有脚，但是能飞；鼫鼠虽然有五种技能，但仍然没有办法。

⑭尸鸠：布谷鸟。据说这种鸟在桑树上哺育七只小鸟，早晨从上而下喂它们，傍晚又从下而上喂它们，天天如此，从不间断。　淑人：善人。　仪：仪表、举止，这里指行动。　一：专一。　结：凝结，这里是坚定的意思。　这几句诗的意思是：“布谷鸟居住在桑树上，专心一意将七只小鸟哺育；那善良的君子，行动要专一不邪；行动专一不邪啊，意志才能坚定不变。”(见《诗经·曹风·鸤鸠》)

⑮瓠(hù)巴：传说是古代擅长于弹瑟的人。　沈：同“沉”，原为“流”，据《礼记》引文改。　伯牙：传说古代善于弹琴的人。　六马：古代天子用六匹马驾车。　秣：饲料。　这句意思是：古代瓠巴弹瑟，瑟声悠扬，连河底的鱼都游出来听；伯牙弹琴，琴声悦耳，连马也仰头停食而听。

⑯这句意思是：所以，声音不管多么小，总会被人听见；行动不管多么隐蔽，也总会显露出来。

⑰不枯：不枯燥，这里指有色彩。　这句意思是：山上如果有了宝

玉，草木都会滋润；深渊里如果有了珍珠，渊边山崖都会增添光彩。

⑱邪：疑问词，“吧”的意思。　这句意思是：大概是没有不断地积聚善行吧，如果积累了，哪里会不为人们所知道的呢？

学恶乎始？恶乎终①？曰：其数则始乎诵经，终乎读礼②；其义则始乎为士，终乎为圣人③。真积力久则入，学至乎没而后止也④。故学数有终，若其义则不可须臾舍也⑤。为之，人也；舍之，禽兽也⑥。故《书》者，政事之纪也⑦；《诗》者，中声之所止也⑧；《礼》者，法之大分，类之纲纪也，故学至乎《礼》而止矣⑨。夫是之谓道德之极⑩。《礼》之敬文也，《乐》之中和也，《诗》、《书》之博也，《春秋》之微也，在天地之间者毕矣⑪。

①恶（wū）：疑问词，什么，哪里。　这句意思是：学习的起点在哪里？学习的终点在何处？

②数：指课程程序。

③义：原则。　这句意思是：学习的原则，就是从做士开始，最后成为圣人。荀子在《儒效》篇中说：“彼学者：行之，曰士也；敦慕焉，君子也；知之，圣人也。”

④没（mò）：通“殁”，死。　这句意思是：学习如果能踏实持久，就深入了，学习要到死，然后才停止。

⑤须臾：一会儿。　舍：离开。

⑥这句意思是：努力学习的，这是人；放弃学习，就如同禽兽了。

⑦《书》：又叫《尚书》、《书经》，它是我国商周时期官方文告和政治文件的汇编。　纪：通“记”，记载。　这句意思是：所以《尚书》这本

书，是记载政事的。

⑧《诗》：即《诗经》，是我国现存最早的一部诗歌集，共选了自西周初至春秋中期的诗歌三百零五篇。 中声：符合标准的乐章。 止：存。 这句意思是：《诗经》把符合乐章标准的诗歌都收集下来了。

⑨《礼》：据《大略》篇“亡于《礼经》而顺人心者，皆礼也”，这里的《礼》可能即指《礼经》，是记载社会道德规范和礼节仪式的书。荀子在这里对《礼》的内容作了新的解释，予以新的意义。 大分：总纲。 类：类比，指以法类推的条例。 纲纪：纲要。荀子在《王制》篇中说“有法者以法行，无法者以类举”，是说有法律条文规定的，按照规定办；没有法律条文规定的，要以法类推。 这句意思是：《礼》，讲的是确定法律的总纲，是以法类推的各种条例的纲要，所以说学习一定要达到《礼》才算完成。

⑩极：顶点。 这句意思是：这就叫做具备了最高的道德。

⑪敬：敬重。 文：指礼节、仪式。 《乐》：即《乐经》，现已失传。 中和：和谐。 《春秋》：是春秋时鲁国官方一部编年体的历史书。 微：微妙。 毕：完全、完备。 这句意思是：《礼》所规定的敬重礼节仪式的准则，《乐》所培养的和谐一致的感情，《诗》、《书》所记载的广博的知识，《春秋》所包含的微妙的道理，这些把天地间的事情都完备地包括了。

君子之学也，入乎耳，箸乎心，布乎四体，形乎动静①；端而言，蠕而动，一可以为法则②。小人之学也，入乎耳，出乎口。口、耳之间则四寸耳，曷足以美七尺之躯哉③？古之学者为己，今之学者为人④。君子之学也，以美其身；

小人之学也,以为禽犊⑤。故不问而告谓之傲,问一而告二谓之囋⑥。傲,非也;囋,非也。君子如向矣⑦。

①乎:于。 箸:通“贮”,积贮。 布:分布,这里指体现。 四体:四肢,这里指仪表举止。 形:表现。 这句意思是:君子对于学习,听在耳里,记在心中,体现在仪表举止上,表现在行动的各个方面。

②端:通“喘”,小声说话的样子。 蝡(rú):同“蠕”,慢慢行动的样子。 一:都。 这句意思是:即使是极细小的一言一行,都可以作为别人学习的榜样。

③则:通“财”,“才”的意思。 曷(hé):何,怎么。 躯:身体。这句意思是:小人对于学习,听在耳里,说在嘴上,嘴和耳之间的距离不过四寸罢了,这怎么能有利于自己品德的提高呢?

④这句意思是:古代的人,学习是为了提高自己;现在有的人,学习是为了给别人看。

⑤禽犊:家禽、小牛,古时常常用它们作为礼物互相赠送。这里用来比喻那些小人学了一点东西就到处卖弄,讨人喜欢。

⑥傲:通“躁”,急躁。 囋(zàn):唠叨。 这句意思是:所以别人没有问就去告诉别人叫做急躁,问一个问题而告诉别人两个问题叫做啰唆。

⑦向:同“响”。 如向:好像回响那样。这里指君子回答问题要适度。

学莫便乎近其人①。《礼》、《乐》法而不说②,《诗》、《书》故而不切,《春秋》约而不速③。方其人之习君子之说,则尊以遍矣,周于世矣④。故曰,学莫便乎近其人。

①便:简便,省事。 其人:这里指良师益友,据《解蔽》篇说“故学者,以圣王为师”,这里的师友当指圣人和王者。 这句意思是:学习的途径没有比接近良师益友更省事了。

②法:法度。 说:说明道理。 这句意思是:《礼》、《乐》规定了一定的法度,但没有详细说明道理。

③故:过去,旧。 切:切合实际。 约:隐晦,不明。 速:迅速,这里指很快理解。 这句意思是:《诗经》、《书经》记载的都是过去的东西,不切合当前的实际。《春秋》讲的道理隐晦不明,使人不能很快理解。

④方:通“仿”,仿效。 之习:而学习。 说:学说。 尊:崇高。 以:而。 遍:全面。 周:周到,这里有通达的意思。 这句意思是:仿效良师益友而学习君子的学说,就能养成崇高的品格,得到全面的知识,而通达世事了。

学之经莫速乎好其人,隆礼次之①。上不能好其人,下不能隆礼,安特将学杂志,顺《诗》、《书》而已耳,则末世穷年,不免为陋儒而已②!将原先王,本仁义,则礼正其经纬、蹊径也③。若挈裘领,诎五指而顿之,顺者不可胜数也④。不道礼、宪,以《诗》、《书》为之,譬之犹以指测河也,以戈舂黍也,以锥飡壶也,不可以得之矣⑤。故隆礼,虽未明,法士也⑥;不隆礼,虽察辩,散儒也⑦。

①经:通“径”,道路,途径。 隆礼:尊崇礼义。 这句意思是:学习的途径没有比诚心请教良师益友收效更快的了,其次是尊崇礼义。

②安:语助词。 特:只,仅仅。 杂志:庞杂的书籍,这里指各家

的书籍。“杂”字下原有“识”字，据文义删。　顺：通“训”，解释。　而已耳：句尾语气词，“罢了”的意思。　末世穷年：一生一世，一辈子。　陋儒：学识浅陋的儒生。

③经纬：南北为经，东西为纬，这里指四通八达。　蹊径：小路，这里指道路。　这句意思是：要考察先王的旨意，寻求礼义的根本，那么学习礼义便是正确的途径。

④挈（qiè）：用手提起。　裘（qiú）：皮袍。　诎：同“屈”。　顿：抖搂，整顿。　这句意思是：就好像提起皮袍的领子，用五指抓住抖搂，皮毛就完全顺了。

⑤道：实行。　宪：法令。　戈：古代的兵器，有尖。　舂（chōng）：把谷类的壳捣掉。　黍（shǔ）：黄米。　飡：同“餐”，吃。　壶：古代盛食物的器具，这里指食品。　这句意思是：不实行礼法，而用《诗》、《书》去办事，就好像用手指去测量河水的深度，用戈舂米，用锥子当筷子吃饭一样，是达不到预期目的的。

⑥法士：指遵守礼法的知识分子。

⑦察辩：明察善辩。　散儒：指不遵守礼法的儒生。　这句意思是：不尊崇礼法，虽然明察善辩，也只是散儒。

问楛者，勿告也①；告楛者，勿问也；说楛者，勿听也；有争气者，勿与辩也②。故必由其道至，然后接之，非其道则避之③。故礼恭，而后可与言道之方；辞顺，而后可与言道之理；色从，而后可与言道之致④。故未可与言而言谓之傲，可与言而不言谓之隐，不观气色而言谓之瞽⑤。故君子不傲，不隐，不瞽，谨顺其身⑥。《诗》曰：“匪交匪舒，天子所予⑦。"此之谓也。

①楛(kǔ):恶劣,这里指不合礼法。 这句意思是:有人问不符合礼法的事,不要告诉他。

②争气:态度蛮横,不讲道理。

③由:顺从,按照。 这句意思是:所以必须是按照道的标准来请教的人,才接待他;不按照道的标准来请教的人,就回避他。

④方:方向。 理:条理,指道的内容。 致:极点。 这句意思是:所以见来的人恭敬有礼,然后才可以和他谈论"道"的方向;见他言词谦逊,然后才可以给他讲解"道"的内容;见他表现出乐意听从,然后才可以进一步和他谈论"道"的深刻的含义。

⑤隐:隐瞒。 瞽(gǔ):瞎子。 这句意思是:所以对那些不可以交谈的人偏要说,叫做急躁;对那些可以交谈的人而不说,叫做隐瞒;不看对方的表情就去说,叫做瞎了眼。

⑥顺:通"慎"。 谨顺其身:谨慎地对待那些来请教的人。

⑦匪:不。 交:通"绞",急迫。 舒:缓慢。 予:赐予。 这两句诗的意思是:"不要急躁又不要怠慢,就会受到天子的赏赐。"(见《诗经·小雅·采菽》)

百发失一,不足谓善射①;千里蹞步不至,不足谓善御②;伦类不通,仁义不一,不足谓善学③。学也者,固学一之也④。一出焉,一入焉,涂巷之人也⑤;其善者少,不善者多,桀、纣、盗跖也⑥;全之尽之,然后学者也⑦。

①这句意思是:射一百次箭,有一次没射中,也不能够叫做善于射箭。

②这句意思是：一千里路程，只差半步没达到，也不能够叫做善于驾车。

③伦类：泛指各类事物。　一：即下文讲的“全之尽之”，这里有完全彻底的意思。　这句意思是：对各类事物不能融会贯通，触类旁通，对仁义不能做到完全彻底，就不能够叫做善于学习。

④固：本来。　这句意思是：学习，本来就应该一心一意，就是要学到完全彻底。

⑤涂：道路。　巷：小巷，胡同。　涂巷之人：普通的人。　这句意思是：一会儿这样去学，一会儿又不这样去学了，这是普通的人。

⑥桀：夏朝最后一个君主。　纣：商朝最后一个君主。　跖(zhí)：古人名，后泛指强盗。

⑦这句意思是：学习要达到完全彻底，才称得上是一个好的学者。

君子知夫不全不粹之不足以为美也，故诵数以贯之，思索以通之，为其人以处之，除其害者以持养之①。使目非是无欲见也，使耳非是无欲闻也，使口非是无欲言也，使心非是无欲虑也②。及至其致好之也，目好之五色，耳好之五声，口好之五味，心利之有天下③。是故权利不能倾也，群众不能移也，天下不能荡也④。生乎由是，死乎由是，夫是之谓德操⑤。德操然后能定，能定然后能应⑥。能定能应，夫是之谓成人⑦。天见其明，地见其光，君子贵其全也⑧。

①夫：指示代词，指学习。　粹：纯粹。　诵数：即上文讲的“其数

则始乎诵经，终乎读礼"，指按照由经到礼的次序去学习。　贯：联系。　贯之："之"是代词，指"全"、"粹"的学识；下文的"通之"、"处之"、"持养之"的"之"字同。　处：居，这里是实行的意思。　这句意思是：君子知道学识不全面、不纯粹是不足以称为完美的，所以反复学习以达到前后联系，用心思考以达到融会贯通，效法良师益友努力地去实行，除掉有害的东西，培养有益的学识。

②是：代词，指"全"、"粹"的学说。　使目非是无欲见：使眼睛对那些不全面、不纯粹的学识不去看。

③致：极。　好（hào）：喜好。　五色：即青、黄、赤、白、黑。　五声：即宫、商、角、徵（zhǐ）、羽。　五味：即酸、辛、苦、甜、咸。　这句意思是：到了极其喜好学习的时候，就像目好看五色，耳好听五声，口好食五味，心追求占有天下那样。

④这句意思是：这样，权利再大也不能使你屈服，人再多也不能使你改变意志，任何事情都不能使你动摇。

⑤这句意思是：活着坚持这样去做，到死也不改变它，这就叫做有好的品德。

⑥定：坚定。　应：应变，即能应付各种事变。

⑦成人：完美的人。荀子理想中的统治人才。

⑧见：同"现"，显现。　光：通"广"。　贵：重视。　这句意思是：天显现出它的光明，地显现出它的广大，君子则重视品德的完全。

二 修 身

【说明】这是一篇专门论述为人之道的重要文献。

为人之道，修身为本，本篇着重论述了修身的中心目标和根本途径。修身的中心目标可概括为“善”。“好善无厌，受谏而能诫”、“以善先人者谓之教，以善和人者谓之顺”，本篇从对己、对人两个角度，首先表明了修身的要义是为善。针对修身与身世、境遇的关系，文中指出，“志意修则骄富贵，道义重则轻王公，内省而外物轻矣”，“君子役物，小人役于物”，为人的根本不在财富、地位等身世上，而是在心安理得的内在修养上，故“士君子不为贫穷怠乎道”；修身亦不取决于外在的境遇，“体恭敬而心忠信，术礼义而情爱人，横行天下，虽困四夷，人莫不贵”。总之，“士欲独修其身”，一言一行都很恭敬，此皆出于自觉自律，非是外在所迫。君子修身为善，博施济众，能为“老老”、“不穷穷”、“行乎冥冥而施乎无报”之“三行”，则“虽有大过，天其不遂乎”。

修身的根本途径可概括为“礼”。凡身心内外，包括血气心知、饮食起居、言行举止等都需要由礼，“人无礼则不生，事无礼则不成，国家无礼则不宁”。礼义重在治内，通过“治气、养心之术”，则进一步阐明了礼对内在生理、心理、思维的重要性。学习礼义，首先是要知止，譬如行路，若漫无目的则行无归宿。“好法而行，士也”，“依乎法而又深其类，然后温温然”，故应先明确为学是以礼法为归宿。礼以正身，师以正礼，为学还需以老师为“正仪”。总之，在学习中，须“端悫顺弟”，“加好学逊敏”，才能成为君子。君子学礼修身，“其避辱也惧，其行道理也勇”，不论自身是贫穷还是富贵，都能成就“以公义胜私欲”的礼义修养。

见善，修然必以自存也①；见不善，愀然必以自省也②；善在身，介然必以自好也③；不善在身，菑然必以自恶也④。故非我而当者，吾师也⑤；是我而当者，吾友也；谄谀我者，吾贼也⑥。故君子隆师而亲友，以致恶其贼⑦。好善无厌，受谏而能诫，虽欲无进，得乎哉⑧？小人反是，致乱，而恶人之非己也[9]；致不肖，而欲人之贤己也；心如虎狼，行如禽兽，而又恶人之贼己也[10]。谄谀者亲，谏争者疏，修正为笑，至忠为贼，虽欲无灭亡，得乎哉[11]？《诗》曰："噏噏呰呰，亦孔之哀。谋之其臧，则具是违；谋之不臧，则具是依[12]。"此之谓也。

①善：指符合道德标准的优良品行。 修然：认真进行整顿的样子。 存：省察，检查。 这句意思是：见到好的品行，一定很认真地检查自己有没有这种好的品行。

②愀（qiǎo）然：忧虑恐惧的样子。 省（xǐng）：反省。

③介然：意志坚定的样子。 好（hào）：喜好、珍视。

④菑（zī）：同"缁"，黑色，引申为污染的意思。 菑然：被玷污的样子。 恶（wù）：厌恶，抛弃。

⑤非：否定，批评。 当：恰当，正确。

⑥谄谀（chǎn yú）：奉承拍马。 贼：害。下同。 吾贼也：害我的人。

⑦隆：尊崇。 致：最、极。

⑧厌：满足。 受谏：接受规劝。 诫：警诫。 得乎哉：能够吗？这句意思是：向往好的品行从不满足，接受规劝而能警诫，这样的人一定能够不断地进步。

⑨小人：品德卑劣的人。 乱：暴乱。 致乱：胡作非为。

⑩不肖：不贤。 贤己：说自己贤。 贼己：说自己坏。

⑪修正为笑：把纠正自己错误的话当做讥笑自己。 至忠为贼：把规劝自己的极其忠诚的话当做陷害自己。

⑫噏噏（xī）：相附和。 呰呰（zǐ）：相诋毁。 孔：甚，很。 谋：

主意，意见。 臧（zāng）：好。 具：同“俱”，都。 这几句诗的意思是：“同那些谄谀的人一拍即合，对那些谏争者百般厌恶，这是多么可悲哟！凡是正确的意见他统统不采纳，而对那些错误主意，他却完全照办。”（见《诗经·小雅·小旻》）

扁善之度：以治气养生，则身后彭祖；以修身自强，则名配尧、禹①。宜于时通，利以处穷，礼信是也②。凡用血气、志意、知虑，由礼则治通，不由礼则勃乱提僈③；食饮、衣服、居处、动静，由礼则和节，不由礼则触陷生疾④；容貌、态度、进退、趋行，由礼则雅，不由礼则夷固僻违，庸众而野⑤。故人无礼则不生，事无礼则不成，国家无礼则不宁。《诗》曰：“礼仪卒度，笑语卒获⑥。”此之谓也。

①扁：通“遍”，普遍、全面。 度：法则。 扁善之度：处处都能合于道德的法则。 治气养生：调理血气，保养身体。 彭祖：古代传说中最长寿的人。 身后彭祖：寿命可追随于彭祖之后。“身”字原无，据文义和《韩诗外传》引文补。 尧、禹：都是传说中古代原始社会部落的首领。 以修身自强，则名配尧、禹：原为“修身自名，则配尧禹”，据文义和《韩诗外传》引文改。

②礼：社会道德规范和礼节仪式。 信：诚。 这句意思是：既适宜于对待顺利的环境，又适宜于对待困穷的环境，只有忠实于礼。

③由：遵循。 勃：同“悖”，荒谬。 勃乱：谬误错乱。 提：松弛。 僈：通“慢”。 提僈：懈怠。

④和节：协调，合适。 触陷生疾：意思是一举一动随时都会发生

毛病。

⑤雅：文雅。　夷固：傲慢。　僻违：偏邪不正。　庸众而野：庸俗粗野。

⑥卒：完全。　获：得当。　这两句诗的意思是："礼仪完全符合法度，那么一笑一言就都能得当了。"（见《诗经·小雅·楚茨》）

以善先人者谓之教，以善和人者谓之顺；以不善先人者谓之谄，以不善和人者谓之谀①。是是、非非谓之知；非是、是非谓之愚②。伤良曰谗，害良曰贼③。是谓是、非谓非曰直。窃货曰盗，匿行曰诈，易言曰诞，趣舍无定谓之无常，保利弃义谓之至贼④。多闻曰博，少闻曰浅；多见曰闲，少见曰陋⑤。难进曰偍，易忘曰漏⑥。少而理曰治，多而乱曰秏⑦。

①先：引导。　和：附和，响应。

②是是：肯定正确的。　非非：否定错误的。　知：同"智"，聪明。

③谗：用言语攻击人，陷害人。

④匿：隐瞒。　易言：说话不慎重、不诚实。　诞：欺诈。　趣：同"趋"，向往。　舍：放弃。　趣舍：赞成和反对。

⑤闲：通"僩"，宽大，博大。　陋：浅陋。

⑥难进：不易前进。　偍（tí）：迟缓。　漏：遗漏。

⑦理：有条理。　秏：通"眊"（mào），昏乱。

治气、养心之术：血气刚强，则柔之以调和①；知虑渐深，则一之以易良②；勇毅猛戾，则辅之以道顺③；齐给便利，则节之以动止④；狭隘褊小，则廓之以广大⑤；卑湿重迟贪利，则抗之以高志⑥；庸众驽散，则劫之以师友⑦；怠慢僄弃，则炤之以祸灾⑧；愚款端悫，则合之以礼乐，通之以思索⑨。凡治气、养心之术，莫径由礼，莫要得师，莫神一好⑩。夫是之谓治气、养心之术也。

①治气：调理血气，这里指人的性情。　治气、养心之术：调理性情、培养正确思想的方法。　柔之以调和：用心平气和来改变它。

②渐：通“潜”。　渐深：这里指思想深沉而不明朗。　易：坦率。良：通“谅”，忠直。　一之以易良：用坦率忠直来要求他。

③勇毅：原为“勇胆”，据《韩诗外传》引文改。　猛戾（lì）：凶暴。辅：辅助。　道：同“导”。　顺：通“训”。　道顺：训导。

④齐给便利：敏捷轻快，这里指行动不慎重。　节：节制。　动止：指该动时动，该止时止。

⑤褊（biǎn）小：指气量狭小。　廓：开阔。

⑥卑湿：卑下。　重迟：迟钝。　抗：通“亢”，高傲，这里是激发的意思。　抗之以高志：用远大的志向来激发他。

⑦驽（nú）散：才能低下而又散漫。　劫：劫持，这里是改造的意思。　劫之以师友：用良师益友来改造他。

⑧僄（piào）：轻浮。　弃：自暴自弃。　炤：同“照”，通“昭”，使明白。

⑨愚款：单纯朴实。　端悫（què）：诚实忠厚。　合：使符合。通：开导。　通之以思索：一说为衍文。

⑩径：直路，指捷径。　这句意思是：治气养心的方法，最直接的

途径是按照礼去做，最关键的是得到好的老师，最能发生神妙作用的是专心一志。

志意修则骄富贵，道义重则轻王公；内省而外物轻矣①。传曰："君子役物，小人役于物②。"此之谓矣。身劳而心安，为之；利少而义多，为之；事乱君而通，不如事穷君而顺焉③。故良农不为水旱不耕，良贾不为折阅不市，士君子不为贫穷怠乎道④。

①志意：志向。　修：好，完美。　骄：傲视。　轻：藐视。　王公：这里指有高等爵位的贵族。　内省：从内心反省，这里指注重思想修养。　内省而外物轻矣：注重思想品德修养而看轻富贵地位。

②君子：指具有道德品质的人。　小人：指那些违背礼义的人。　役物：支配外物。　役于物：受外物的支配。

③通：通达，这里指得到显赫的地位。　穷君：小国困穷的君主。　顺：顺利，这里指自己的治国主张能够推行。

④折阅：亏损。　市：指做买卖。　怠乎道：不严格遵守正道。

体恭敬而心忠信，术礼义而情爱人，横行天下，虽困四夷，人莫不贵①；劳苦之事则争先，饶乐之事则能让，端悫诚信，拘守而详，横行天下，虽困四夷，人莫不任②。体倨固而心势诈，术顺墨而精杂污，横行天下，虽达四方，人莫不贱③；劳苦之事则偷儒转脱，饶乐之事则佞兑而不曲，辟违而不悫，程役而不录，横行天下，虽达四方，人莫不弃④。

①体：身体，这里是力行的意思。　人：通“仁”。　情爱人：性情仁爱。　横：通“广”。　横行：走遍。　四夷：泛指四方边远地区。这句意思是：如果一个人能力行恭敬而心存忠信，遵循礼义而性情仁爱，那么他走遍天下，虽然得不到重用而困处于边远地区，人们也没有不敬重他的。

②饶乐：富足，享乐。　拘守而详：谨守法度，明察事理。　任：信任。

③倨：傲慢。　固：固执。　心势诈：指心地险诈；“势”字原为“执”，据文义改。　顺：通“慎”，指慎到，战国中期赵国人，法家。墨：指墨子，名翟（dí），战国时鲁国人，墨家创始人。　术顺墨：遵循慎到、墨翟的学说。　精：通“情”，即性情。　杂污：肮脏。　贱：鄙视。

④儒：同“懦”。　偷儒：偷懒怕事。　转脱：取巧逃避。　佞（nìng）：口才伶俐。　兑：同“锐”，行动敏捷。　曲：委曲，宛转。　不曲：直取，指毫不谦让。　饶乐之事则佞兑而不曲：意思是，对于富贵享乐的事情就恣意夺取，毫不谦让。　辟：通“僻”，邪。　程役：通“逞欲”，一味追求个人的欲望。　录：通“逯”，谨慎的意思。

行而供翼，非渍淖也[①]；行而俯项，非击戾也[②]。偶视而先俯，非恐惧也[③]。然夫士欲独修其身，不以得罪于比俗之人也[④]。

①供：同“恭”。　翼：鸟儿展翅的样子，表示恭敬。原为“冀”，据上下文义改。　渍淖（zì nào）：陷在烂泥里。　这句意思是：行走时恭敬小心，并不是因为害怕陷在烂泥里。

②俯项：低头。　击戾：碰撞着东西。

③偶视而先俯:两人相见,先俯身行礼。

④比俗:普通人。　这句意思是:士所以这样做,是要修养自己的品行,并不是怕得罪于普通人。

夫骥一日而千里,驽马十驾则亦及之矣①。将以穷无穷、逐无极与②?其折骨、绝筋终身不可以相及也。将有所止之,则千里虽远,亦或迟、或速,或先、或后,胡为乎其不可以相及也③!不识步道者,将以穷无穷、逐无极与?意亦有所止之与④?夫“坚白”、“同异”、“有厚无厚”之察,非不察也,然而君子不辩,止之也⑤;倚魁之行,非不难也,然而君子不行,止之也⑥。故学曰:“迟彼止而待我,我行而就之,则亦或迟、或速,或先、或后,胡为乎其不可以同至也⑦?”故蹞步而不休,跛鳖千里;累土而不辍,丘山崇成;厌其源,开其渎,江河可竭;一进一退,一左一右,六骥不致⑧。彼人之才性之相县也,岂若跛鳖之与六骥足哉⑨?然而跛鳖致之,六骥不致,是无他故焉,或为之或不为尔!道虽迩,不行不至;事虽小,不为不成⑩。其为人也多暇日者,其出入不远矣⑪。

①骥:好马。　驽马十驾:劣马走十天的路程。　及:达到。

②穷:穷尽。　逐:追逐。　这句意思是:想要穷尽无穷的路途、追逐没有终点的目标么?

③其:指好马和劣马。　止:止境,范围。　将有所止之:要是有个范围。　胡:何。

④识:知,了解。　步道者:行路的人。　意:通“抑”,或者。　这句意思是:不知行路的人,是想要穷尽无穷的路途、追逐没有终点的目标呢?还是也有一个范围呢?

⑤“坚白”:即“离坚白”,战国时名家公孙龙的一个重要命题。公孙龙曾拿一块石头为例,论证坚硬和白色两种属性是各自独立的,不能同时都是石的属性,以此说明共性和个性之间的区别。　“同异”、“有厚无厚”:战国时名家惠施的论题。惠施认为事物的同、异是相对的,就具体的事物来讲,可以有同异之别,而如果从根本上来讲,万物既可说“毕同”,也可说“毕异”。这种理论当时称为“合同异”。又,惠施讲“无厚不可积也,其大千里”,是讲空间上的无限性问题。一说“有厚无厚”是春秋时邓析的论题。　察:明察。　非不察:并不是不明察。　辩:争辩。　止之也:有一定的范围限度。下同。

⑥倚魁:同“奇傀”,奇怪。　倚魁之行:指那些不合常情的行为。

⑦学:学者。　迟:待。　就:赶上。　同至:同样达到。　这句意思是:学者说,当别人停下来等待我的时候,我就努力地赶上去,这样或慢或快,或先或后,也总是可以同样地到达目的地。

⑧蹞(kuǐ):同“跬”,半步。　鳖:俗称甲鱼。　辍:停止。　崇:通“终”,最终,终究。　厌:堵塞。　渎:沟渠。　六骥:古代天子乘坐的车,由六匹马拉,这里指六匹好马。下同。　不致:达不到。

⑨才性:才能、本性。　县:同“悬”,差别。　这句意思是:人们的才能和本性之间的差别,难道有跛鳖和六骥之间的差别大吗?

⑩迩(ěr):近。

⑪暇(xiá):空闲。　多暇日:指懒惰。　出入不远:相差不远,指和“六骥不致”的情况不会相差太大。一说“入”疑当为“人”。“出人不远”,意思是不会超出平常人多远。

好法而行，士也；笃志而体，君子也；齐明而不竭，圣人也[①]。人无法则伥伥然，有法而无志其义则渠渠然，依乎法而又深其类，然后温温然[②]。

①好法：坚定地遵循法度。 笃(dǔ)志：意志坚定。 笃志而体：意志坚定而且努力地去实行。 齐：疾，这里指思虑敏捷。 齐明：思虑敏捷而明智。 圣人：指才德完备的人。

②伥伥(chāng)然：形容无所适从，不知该怎么办的样子。 志：同“识”，知。 无志其义：不理解它的道理。一说“志”即上文的“笃志”的意思。 渠渠然：局促不安的样子。 深：深知，精通。 类：统类，指能按法令的规定去类推，掌握各类事物。 温温然：得心应手的样子。

礼者，所以正身也；师者，所以正礼也[①]。无礼，何以正身？无师，吾安知礼之为是也[②]？礼然而然，则是情安礼也；师云而云，则是知若师也[③]。情安礼，知若师，则是圣人也。故非礼，是无法也；非师，是无师也[④]。不是师法，而好自用，譬之是犹以盲辨色，以聋辨声也，舍乱妄无为也[⑤]。故学也者，礼法也；夫师以身为正仪，而贵自安者也[⑥]。《诗》云：“不识不知，顺帝之则[⑦]。”此之谓也。

①正身：端正行为，指去掉不符合礼所要求的思想和行为。 师：君师。 正礼：正确解释礼的各项规定。

②安：怎么。 为是：应当是这个样子。

③礼然而然：礼是怎样规定的就怎样做。 情安礼：性情习惯于

按照礼去做。

④非：违背。 法：礼法，法制和道德规范。

⑤不是师法，而好自用：不遵照师法的教导和规定去做，而喜欢自搞一套。 舍乱妄无为：除了干妄乱的事，不会再有别的作为了。

⑥正仪：正确的标准，即典范。 以身为正仪：以身作则。 自安：自己安心于这样去做。

⑦帝：老天爷，这里指自然界。 这两句诗的意思是："不知道为什么要这样做，然而它符合自然法则。"（见《诗经·大雅·皇矣》）

端悫顺弟，则可谓善少者矣；加好学逊敏焉，则有钧无上，可以为君子者矣①。偷儒惮事，无廉耻而嗜乎饮食，则可谓恶少者矣②；加愓悍而不顺，险贼而不弟焉，则可谓不详少者矣。虽陷刑戮可也③。

①弟：同"悌"。 顺弟：尊敬长者。 善少：好青年。 逊敏：谦虚敏捷。 钧：通"均"，相等。 有钧无上：只有能和他相等的人，没有能超过他的人。 这句意思是：如果行为端正朴实而且尊敬长者，那就可以称为好青年了；如果再加上努力学习，谦虚敏捷，那就没有人能超过他了，这就可以成为君子了。

②惮（dàn）：怕。 嗜（shì）：贪爱。

③愓：同"荡"。 愓悍：放荡凶狠。 险贼：阴险奸诈。 详：通"祥"，吉利。 不详少者：很坏的青年。 陷：遭受。 刑戮：刑杀。

老老，而壮者归焉①；不穷穷，而通者积焉②；行乎冥冥而施乎无报，而贤、不肖一焉③。人有此三行，虽有大过，天其不遂乎④。

①老老:尊敬老人。 壮者归焉:青壮年都会归附。

②不穷穷:不轻视侮辱处境穷困的人。 通者积焉:有才能的人就会聚集过来。

③冥冥:暗。 行乎冥冥而施乎无报:做了好事不求人知,对人施以恩惠,也不图报答。 一焉:都归于一处的意思。

④三行:指上面所说的三种品行。 过:祸,祸害。 遂:成。 天其不遂乎:老天爷也不会使它成为祸害。

君子之求利也略,其远害也早,其避辱也惧,其行道理也勇①。

君子贫穷而志广,富贵而体恭,安燕而血气不惰,劳倦而容貌不枯,怒不过夺,喜不过予②。君子贫穷而志广,隆仁也;富贵而体恭,杀势也③;安燕而血气不惰,柬理也④。劳倦而容貌不枯,好文也⑤;怒不过夺,喜不过予,是法胜私也。《书》曰:"无有作好,遵王之道;无有作恶,遵王之路⑥。"此言君子之能以公义胜私欲也⑦。

①略:简略,指不斤斤计较。 远:避开。 惧:警惧,指警惕性高。 行道理也勇:勇于去做合乎道理的事。

②安燕:休息的时候。 不惰:不懈怠。 倦:疲倦。 枯:同"楛",苟且,随便。 过夺:过分地剥夺,这里指罚不过分。 过予:过分地给予,这里指赏不过分。

③杀:减弱。 杀势:指不以势压人。

④柬:选择。　理:文理,指道德规范和礼节。　柬理:指按照礼义去做。

⑤好文:指注重礼节。“文”原为“交”,据上下文义改。

⑥作好:个人的喜好。　作恶:个人的憎恶。　路:道。　这句意思是:《尚书》上说:“不凭个人喜好和厌恶办事,一定要遵照君主规定的礼义去做。”(见《尚书·洪范》)

⑦公义:公平正义,指反映一般大众利益的道德规范。

三 不 苟

【说明】君子欲独修其身，遵循礼义而积善成德，虽不可随波逐流、苟合于俗，但若因此而特立独行，刻意与众不同，则亦“非礼义之中也”。与《修身》篇劝勉不同，本篇首在劝诫，提出“君子行不贵苟难，说不贵苟察，名不贵苟传，唯其当之为贵”。文中从处世、才能、德行等方面介绍了君子的正确表现。在处世上，君子与世俗相同之中有不同，例如“欲利”是同，而“不为所非”则与小人异；在才能上，“君子能亦好，不能亦好”；在德行上，君子虽不同于世俗，却又能与世相容。总之，君子对人则能“以义变应”，自处则能进退“两进”。

君子之所以能如此，在于掌握了修身、为政的总原则，即“君子治治，非治乱也”。“治治”即是“治礼义”，即是“去乱而被之以治”；而“治乱”则是“案乱而治之”，“治之为名，犹曰君子为治而不为乱（为政），为修而不为污也（修身）”。不论修身还是为政，都不能只着眼于反面的污乱，而要始终着眼于正面的礼义，只着眼于污乱必趋向污乱，懂得着眼于礼义才能最终趋向礼义。崇正自能抑邪，譬如行路，趋向正路自然就舍去了邪路。这里面也是“类”的道理，所谓“同焉者合”、“类焉者应”，治与治相应，乱与乱相应，故须着眼于正面的礼义，才能归正舍邪，去乱从治。“类”是很核心的一个思维方式和观念，对全书谈到“类”的地方应多加留意。根据“治治”的总原则，修身则要“絜其身”、“善其言”，最根本的是诚心；为政则应懂得“操术”（参考《非相》篇“类不悖，虽久同理”）与“六生”。修身、为政皆须以“诚”为本，“夫诚者，君子之所守也，而政事之本也”。

欲恶取舍是人心之大端，本篇最后总结了“欲恶取舍之权”，意在结归主题，再次以“不苟”告诫学者。

君子行不贵苟难，说不贵苟察，名不贵苟传，唯其当之为贵①。故怀负石而赴河，是行之难为者也，而申徒狄能之，然而君子不贵者，非礼义之中也②。山渊平，天地比，齐、秦袭，入乎耳，出乎口，钩有须，卵有毛，是说之难持者也，而惠施、邓析能之，然而君子不贵者，非礼义之中也③。盗跖吟口，名声若日月，与舜、禹俱传而不息，然而君子不贵者，非礼义之中也④。故曰：君子行不贵苟难，说不贵苟察，名不贵苟传，唯其当之为贵。《诗》曰："物其有矣，唯其时矣⑤。"此之谓也。

①苟：苟且。　当：适当，符合。　这句意思是：君子的行为不以不合乎礼义的难事为贵，学说不以不合乎礼义的明察为贵，名声不以不合乎礼义的流传为贵，只是以合乎礼义的言行为贵。

②怀负石：怀里抱着石头。一说"怀"字疑为衍文。　申徒狄：相传为殷商末年人，因为愤恨自己的主张得不到实行，而抱石跳河自杀。　中（zhòng）：适当，指符合礼义。　非礼义之中也：不符合礼义。下同。

③平：高低相等。　比：靠近，相接。　山渊平，天地比：古代有一种宇宙理论认为，地面之上空虚的部分都是天，所以认为天与地是永远相接在一起的。又因为天地相接，所以地面上不论高山还是深渊，离开天的远近都一样，由此又认为山与渊是高低相等的。　齐：春秋战国时国名，在今山东北部和河北南部。　秦：春秋战国时国名，在今陕西境内。　袭：合，指连接。　入乎耳，出乎口：这一句文意不明，疑为《劝学》篇文，误抄在此；一说是指山有耳、口，意思是，凡人站在某个山上呼喊，群山都回荡他的声音，这就好似山听到了人的声音，又回答了人的呼喊。　钩（gōu）：疑当作"姁"，同"妪"（yù），指年老的妇女。须：胡须。　卵有毛：卵中长有毛。　持：把持，主张。　惠施：战国时名家的著名代表之一，宋国人。　邓析：郑国人，春秋时期的刑名学家。

④吟口：传颂于人民之口。　舜、禹：都是传说中古代原始社会部落的首领。

⑤这两句诗的意思是："虽有此事物，只有适时才为贵。"（见《诗经·小雅·鱼丽》）

君子易知而难狎，易惧而难胁，畏患而不避义死，欲利而不为所非，交亲而不比，言辩而不辞[①]。荡荡乎！其有以殊于世也[②]。

①知：交接。　易知：容易交接。　狎（xiá）：没有礼貌的亲近。　易惧而难胁：小心警惧，但绝不屈服于胁迫。　义：指符合正义的言行。　义死：为捍卫正义而死。　不为所非：不去做所不应该做的。　比：结党营私。　不辞：不追求华丽的文辞。一说，"辞"当为"乱"。

②荡荡乎：指心胸开广的意思。　殊：不同。

君子能亦好，不能亦好[①]；小人能亦丑，不能亦丑。君子能则宽容易直以开道人，不能则恭敬繜绌以畏事人[②]；小人能则倨傲僻违以骄溢人，不能则妒嫉怨诽以倾覆人[③]。故曰：君子能则人荣学焉，不能则人乐告之[④]；小人能则人贱学焉，不能则人羞告之。是君子、小人之分也。

①能：有才能。

②易直：平易正直。　以：连词，"而"的意思。下同。　道：同"导"。　繜：同"撙"（zǔn），抑制。　绌：同"屈"，屈服。　繜绌：谦逊。

③倨傲：高傲自大。　僻违：邪僻不正。　骄溢人：骄傲自大看不起别人。　倾覆：排挤，搞垮。

④荣学：以向他学习为荣。　乐告之：乐意告诉他。

君子宽而不僈，廉而不刿，辩而不争，察而不激，直立而不胜，坚强而不暴，柔从而不流，恭敬谨慎而容，夫是之谓至文[①]。《诗》曰：“温温恭人，惟德之基[②]。”此之谓矣。

①僈：同“慢”，怠慢。　廉：有棱角，这里指原则。　刿（guì）：刺伤，这里指侵害别人。　激：偏激。　直：正直。原为“寡”，据文义改。直立而不胜：虽然自己品行正直但不盛气凌人。　暴：凶暴。　流：随波逐流。　容：宽容。　至文：德行完备。

②温温：温厚柔顺的样子。　这两句诗的意思是：“多么宽柔恭敬的人啊，这是道德的基础。”（见《诗经・大雅・抑》）

君子崇人之德，扬人之美，非谄谀也[①]；正义直指，举人之过，非毁疵也[②]；言己之光美，拟于舜、禹，参于天地，非夸诞也[③]；与时屈伸，柔从若蒲苇，非慑怯也[④]；刚强猛毅，靡所不信，非骄暴也[⑤]。以义变应，知当曲直故也[⑥]。《诗》曰：“左之左之，君子宜之；右之右之，君子有之[⑦]。”此言君子能以义屈信变应故也。

①谄谀（chǎn yú）：阿谀奉承。

②义：通“议”，议论。　正义：公正无私的评议。　直指：坦率地指出。　举：检举。　毁疵：诽谤，挑剔。

③光：大。 拟：比拟。 参：配合，相比。 夸诞：虚夸狂妄。

④与时：随时。 蒲苇：蒲草、芦苇，这里指用蒲苇编的席子。柔从若蒲苇：比喻君子的柔顺就像席子那样，可以卷起来，又可以张开来。 慑怯：胆小害怕。

⑤靡：无。 信：通“伸”，不屈。下同。

⑥这句意思是：这是因为君子能按照礼义的原则适应变化，懂得如何才是符合曲直的缘故。

⑦这几句诗的意思是：“君子无论左右行动都能做到恰当。”（见《诗经·小雅·裳裳者华》）

君子，小人之反也①。君子大心则敬天而道，小心则畏义而节②；知则明通而类，愚则端悫而法③；见由则恭而止，见闭则敬而齐④；喜则和而治，忧则静而理⑤；通则文而明，穷则约而详⑥。小人则不然，大心则慢而暴，小心则淫而倾⑦；知则攫盗而渐，愚则毒贼而乱⑧；见由则兑而倨，见闭则怨而险⑨；喜则轻而翾，忧则挫而慑⑩；通则骄而偏，穷则弃而儑⑪。传曰：“君子两进，小人两废⑫。”此之谓也。

①反：相反。

②大心：指志向远大，有抱负。 天：自然界。 敬天而道：敬重天而遵循它的常规。“敬”字原缺，据上下文义和《韩诗外传》引文补。 畏义而节：敬畏礼义而节制自己。

③知：同“智”，聪明。下同。 明通：精明通达。 类：类推，指能根据礼义法度的规定类推。 端悫而法：诚实忠厚而守法。

④由：用。 见由：被重用。 止：不妄动。 闭：堵塞。 见闭：

不被重用。 齐:庄重。

⑤治:整饬。原为“理”,据《韩诗外传》引文改。 理:守理。

⑥通:地位显达。 穷:处境困难。 这句意思是:君子地位显达时要用有文采而明白的话来说明道理,处境困难时就用含蓄而周遍的话来阐明道理。

⑦慢:傲慢。 暴:凶。 淫:奸邪。 倾:倾轧,排挤。 这句意思是:小人则不是这样,野心大就傲慢而凶暴,野心不大就奸邪而倾轧。

⑧攫(jué):夺。 攫盗:盗窃。 渐:欺诈。

⑨兑:同“锐”,行动很快,指往上爬。 倨:傲慢。 怨而险:怨恨而去做邪恶的事。

⑩翾(xuān):轻浮不庄重。 挫:屈辱。 慑:害怕、恐惧。

⑪偏:不公平。一说当为“褊”,气量浅小的意思。 弃:自暴自弃。 傫:通“隰”(xí),卑下。

⑫两进:两方面(即大心小心、智愚等)都能使他进步。 这句意思是:古书上说:“君子两方面都能使他进步,小人两方面都会使他堕落。”

君子治治,非治乱也①。曷谓邪②?曰:礼义之谓治,非礼义之谓乱也。故君子者,治礼义者也,非治非礼义者也。然则国乱将弗治与③?曰:国乱而治之者,非案乱而治之之谓也,去乱而被之以治④。人污而修之者,非案污而修之之谓也,去污而易之以修⑤。故去乱而非治乱也,去污而非修污也。治之为名,犹曰君子为治而不为乱,为修而不为污也[⑥]。

①治治：前一个“治”为动词，治理的意思，后一个“治”为名词，指符合礼义的事。　乱：混乱，指不符合礼义的事。　这句意思是：君子治理合乎礼义的事，并不是治理违背礼义的事。

②曷谓邪：为什么这么说呢？

③弗：不。　与：同“欤”，语气词，“吗”的意思。

④案：同“按”，依据。　被：覆盖，加上，这里有换上的意思。　这句意思是：国家混乱而加以治理，并不是就那些违背礼义的事去进行治理，而是要去掉那些违背礼义的事，换上合乎礼义的事去加以治理。

⑤污：品行肮脏。　修：整治，修饰。　易之以修：换上美好的品行。

⑥这句意思是：“治”所以称为“治”这个名称，就好比说君子做合乎礼义的事，而不做不合乎礼义的事；做美好的事，而不做肮脏的事。

君子絜其身而同焉者合矣，善其言而类焉者应矣[①]。故马鸣而马应之，牛鸣而牛应之，非知也，其势然也[②]。故新浴者振其衣，新沐者弹其冠，人之情也[③]。其谁能以己之潐潐受人之掝掝者哉[④]？

①絜：同“洁”，廉洁。　身：原为“辩”，据文义和《韩诗外传》引文改。　这句意思是：君子能做到自身廉洁，那么与他志同道合的人就会来附和；能做到说话符合礼义法度，那么与他同样的人就会响应。

②牛鸣而牛应之：原脱，据《韩诗外传》引文补。　势：自然的趋势。

③振其衣：抖抖衣服。　沐：洗头。

④潐潐(jiào):洁白。 掝掝(huò):污黑。

君子养心莫善于诚,致诚则无它事矣,唯仁之为守,唯义之为行①。诚心守仁则形,形则神,神则能化矣②;诚心行义则理,理则明,明则能变矣③。变化代兴,谓之天德④。天不言而人推高焉,地不言而人推厚焉,四时不言而百姓期焉,夫此有常,以至其诚者也⑤。君子至德,嘿然而喻,未施而亲,不怒而威⑥。夫此顺命,以慎其独者也⑦。善之为道者,不诚则不独,不独则不形,不形则虽作于心,见于色,出于言,民犹若未从也,虽从必疑⑧。天地为大矣,不诚则不能化万物;圣人为知矣,不诚则不能化万民;父子为亲矣,不诚则疏;君上为尊矣,不诚则卑。夫诚者,君子之所守也,而政事之本也。唯所居以其类至,操之则得之,舍之则失之⑨。操而得之则轻,轻则独行。独行而不舍,则济矣⑩。济而材尽,长迁而不反其初,则化矣⑪。

①诚:笃实不欺。 致:极。 无它事:这里指不用从事其它的养心方法了。

②形:表现,指在言行上朴实地表现出仁的感情来。 神:各方面都得到很好的治理。《儒效》篇中说:"尽善挟治之谓神。" 化:变化,指使不善变为善。

③理:指办事有条理。 明:明白易知。 变:变化,这里指使人改变恶习。

④变化代兴,谓之天德:能变、能化两者互相交替,这叫做最高的

德行。

⑤推：推许，承认。　期：预期，指知道节气的变化。　夫此有常，以至其诚者也：意思是，天地四时不变的秩序，就是它们诚实不欺的表现。

⑥嘿：同“默”，不说话。　喻：明白。　施：给予恩惠。

⑦顺命：遵循自然规律。　慎：诚。　独：指专心守仁行义。　慎其独：诚实地专一于仁义。

⑧善之为道者：善作为一种原则。　不独：不能专一于仁义。作：起。　作于心：在心中产生。　见于色：在脸上显露。　出于言：在嘴上说出来。　犹若：仍然的意思。　未从：不会顺从。

⑨居：止。　唯所居以其类至：意思是，只要止于至诚，那么同类的人就自然会来到。　操：掌握，从事。

⑩轻：不费劲。　济：成功。　这两句意思是：掌握了致诚，行动就不费劲，行动不费劲就会专心实行礼义。不停地专心实行礼义，事业就能成功。

⑪济而材尽：事业成功那么才能自然得到充分的发展。　反：同“返”。　长迁而不反其初，则化矣：经过长期的变移而不返回到最初的本性，那么性情就会变化了。

君子位尊而志恭，心小而道大，所听视者近，而所闻见者远①。是何邪？则操术然也②。故千人万人之情，一人之情是也；天地始者，今日是也；百王之道，后王是也。君子审后王之道，而论于百王之前，若端拱而议③。推礼义之统，分是非之分，总天下之要，治海内之众，若使一人④。

故操弥约而事弥大⑤。五寸之矩,尽天下之方也⑥。故君子不下室堂而海内之情举积此者,则操术然也⑦。

①志恭:态度谦恭。 道:术、方法。

②操术:所把握的方法。 然:这样。

③百王:百代的王。 后王:当今之王。 论:评论,议论。 端拱:正坐拱手,形容从容不劳神。“拱”字原为“拜”,据文义改。

④推:推究。 统:统类,纲纪。 分是非之分:分清是非的界限。总:总括。 要:要领。

⑤这句意思是:把握的原则愈简要,能处理的事情愈多。

⑥矩:画方形的工具。

⑦举积:全部聚集。

有通士者,有公士者,有直士者,有悫士者,有小人者。上则能尊君,下则能爱民,物至而应,事起而辨,若是则可谓通士矣①。不下比以闇上,不上同以疾下,分争于中,不以私害之,若是则可谓公士矣②。身之所长,上虽不知,不以悖君③;身之所短,上虽不知,不以取赏;长短不饰,以情自竭,若是则可谓直士矣④。庸言必信之,庸行必慎之,畏法流俗,而不敢以其所独是,若是则可谓悫士矣⑤。言无常信,行无常贞,唯利所在,无所不倾,若是则可谓小人矣⑥。

①应:应付。 辨:治,处理。

②闇(àn):通“暗”,不清。 疾:同“嫉”,害。 不下比以闇上,不

上同以疾下：意思是，不与在下面的人相互勾结以欺骗上面，不迎合在上的人以嫉害下面。　分争于中：指在处理事情中发生分歧。

③身之所长：自己的优点。　悖(bèi)：埋怨。　不以悖君：不因此而埋怨君主。

④取赏：获取奖赏。　饰：掩饰。　情：实。　竭：同“揭”，举。　以情自竭：对自己的优点和缺点都毫不掩饰，据实自己说出来。

⑤庸言必信之：即使是平常的言论也一定是诚实可信的。　畏法流俗：不敢效法流行的风俗。　独是：自以为是。“是”字原为“甚”，据文义改。

⑥贞：正。　行无常贞：行为没有一定的原则。　唯利所在：只是追求私利。　无所不倾：任何事情都能使他动摇。

公生明，偏生闇，端悫生通，诈伪生塞，诚信生神，夸诞生惑①。此六生者，君子慎之，而禹、桀所以分也。

①生：产生。　偏：指私心，偏见。　塞：阻塞，行不通。

欲恶取舍之权：见其可欲也，则必前后虑其可恶也者①；见其可利也，则必前后虑其可害也者；而兼权之，孰计之，然后定其欲恶取舍，如是则常不失陷矣②。凡人之患，偏伤之也③。见其可欲也，则不虑其可恶也者；见其可利也，则不顾其可害也者，是以动则必陷，为则必辱，是偏伤之患也。

①恶(wù)：憎恶。　权：权衡，衡量。

②兼权之：兼顾两方面来衡量。　孰：同“熟”。　孰计：深思熟虑。　不失陷：没有过失。

③患：病。　偏：局部，片面。　偏伤之也：片面性造成的危害。

人之所恶者，吾亦恶之。夫富贵者则类傲之，夫贫贱者则求柔之，是非仁人之情也，是奸人将以盗名于晻世者也，险莫大焉①。故曰：盗名不如盗货。田仲、史鰌不如盗也②。

①类傲：统统傲视。　求柔：务必委屈相就。　晻：同“暗”，昏暗。　晻世：昏暗的时代。　险：邪恶。　险莫大焉：没有比盗名这种行径更邪恶的了。

②田仲：又叫陈仲子。战国时齐国人，贵族出身，他离开富有食禄万钟的哥哥，靠织草鞋为生，以清高自居，所以荀子批评他。　史鰌(qiū)：也叫史鱼。春秋时卫国大夫，他生前多次劝说卫灵公，没有被采纳，临死时，叫儿子不要把他的尸体装棺材，要实行“尸谏”。卫灵公知道后对他大加赞扬，孔子称他为“正直”的人。

四 荣 辱

【说明】儒之为学，内以修身，外以为政。本篇从个人荣辱谈起，关心的是整个社会的荣辱。通过对社会乱象的深入分析，及对人性的深刻观察，本篇论证了儒家对社会治理的根本作用。

为人处世，须谨言慎行。但在社会中，为争名夺利，人们的言行存在很多乱象，充满了自相矛盾。从结果上看，往往所得非所愿，如“快快而亡”等。从起因上看，凡斗者，本是为了自身，却反而忘身去斗。再深入分析，人之所以忘身去斗，“必自以为是而以人为非”，己诚是则为君子，人诚非则为小人，以君子与小人相斗，则变成了“以狐父之戈钃牛矢”。人们不知这些内在深处的矛盾乱流，只知向外好勇斗狠，就形成了狗彘之勇等不同的社会现象。

深究这些自相矛盾，其根本原因在于“失之己，反之人”，人们动辄向外求取，而从不知问题出在自身。找出症结，便可对症施治，确立“荣辱之大分，安危利害之常体”，辨明“天生蒸民，有所以取之”。

所施之治即“先王之道，仁义之统”，其对社会治理的可行性研究是本文的重点。首先着眼于同异，从根本的人性和知能上看，“凡人有所一同”，“若其所以求之之道则异”。君子习仁义德行“常安之术”，而小人浅陋无知，加无师无法，则会“唯利之见”，而安习“常危之术”。但“人之情固可与如此，可与如彼”，可见“注错习俗”是决定安危荣辱的关键。基于对人性和知能的“熟察”，“先王之道，仁义之统，《诗》、《书》、《礼》、《乐》之分”是“为天下生民之属长虑顾后而保万世”的治世良方，“以治情则利，以为名则荣，以群则和，以独则足乐”。

憍泄者，人之殃也；恭俭者，偋五兵也，虽有戈矛之刺，不如恭俭之利也①。故与人善言，暖于布帛；伤人以言，深于矛戟②。故薄薄之地，不得履之，非地不安也，危足无所履者，凡在言也③。巨涂则让，小涂则殆，虽欲不谨，若云不使④。

①憍：通“骄”，傲。　泄：通“媟”(xiè)，慢，不庄重。　憍泄：傲慢，

不庄重。　偋：同“屏”，排除。　五兵：指古代常用的五种兵器——刀、剑、矛、戟、箭。　这句意思是：傲慢是人的祸患；恭敬而有节制，就可以排除刀枪的残杀，虽然有戈矛这样锋利的兵器，也比不上恭敬而有节制这种美德的作用大。

②与（yǔ）：赞扬。　善：好。　以：原为“之”，据《艺文类聚》、《太平御览》引文改。　这句意思是：所以以好言赞扬别人，比给人布帛更使人感到温暖；以恶言伤害别人，比用矛戟伤害别人更厉害。

③薄：通“溥”，大。　薄薄：宽广。　薄薄之地：形容社会广大。　履：踏，指立足。　危足：侧着脚。　危足无所履者：这里用来形容在社会上没有立足之地。　凡在言：全在于他以恶言伤人。

④涂：同“途”，道路。　让：通“攘”，拥挤。　谨：谨慎。　若云：好像说。　不使：这里是不得不谨慎的意思。　这句意思是：大路上人多拥挤，小路不平坦有危险，即使想不谨慎也不行。

快快而亡者，怒也①；察察而残者，忮也②；博而穷者，訾也③；清之而俞浊者，口也④；豢之而俞瘠者，交也⑤；辩而不说者，争也⑥；直立而不见知者，胜也⑦；廉而不见贵者，刿也⑧；勇而不见惮者，贪也⑨；信而不见敬者，好剸行也⑩。此小人之所务，而君子之所不为也⑪。

①快快：肆意，不顾后果。一说“快快”为“夬夬”，决断而不疑的意思。　这句意思是：行为不顾及后果而死亡，是由于光凭一时的激怒。

②察察：十分明察，形容精明。　残：残害。　忮（zhì）：害，嫉妒。

③穷：窘迫。　訾（zǐ）：诋毁，污蔑。　这句意思是：知识渊博而处境窘迫，是由于诋毁别人。

④清：清白。这里指希望得到好名声。 俞：同“愈”，更加。 这句意思是：要想得到好名声，反而名声更坏，是由于言过其实、言行不一。

⑤豢（huàn）：喂养，这里指酒肉之交。 瘠：瘦，引申为淡薄。这句意思是：想以酒肉结交朋友，反而感情更淡薄，是由于结交朋友的原则不对。

⑥辩：指善于辩论。 不说：不能说服别人。 争：不相让。

⑦直立：正直，正派。 这句意思是：行为正直而得不到别人的称赏，是因为好胜。

⑧廉：有棱角，这里指人的品行正直。 刿（guì）：伤害。 这句意思是：品行端正而不能受到敬重，是因为伤害别人的情感。

⑨惮：怕的意思。

⑩剸：同“专”，独断专行。

⑪务：做。

斗者，忘其身者也，忘其亲者也，忘其君者也①。行其少顷之怒，而丧终身之躯，然且为之，是忘其身也②；室家立残，亲戚不免乎刑戮，然且为之，是忘其亲也；君上之所恶也，刑法之所大禁也，然且为之，是忘其君也③。下忘其身，内忘其亲，上忘其君，是刑法之所不舍也，圣王之所不畜也④。乳彘不触虎，乳狗不远游，不忘其亲也⑤。人也，下忘其身，内忘其亲，上忘其君，则是人也，而曾狗彘之不若也⑥。

①斗者：指为个人利益而进行私斗的人。战国末期有所谓“游

侠”，如《韩非子·五蠹》说：“侠以武犯禁”，“群侠以私剑养”。这些侠士为贵族所豢养，充当刺客、打手，不为公战而搞私斗。荀子反对私斗，可能是针对游侠而言。

②少顷：一会儿。 少顷之怒：一时的激怒。 然且：尚且，竟然。下同。

③室家立残：一家老小立即遭到杀害。 刑戮（lù）：刑杀。

④下忘其身：“下”字原为“忧”，据文义改。下同。 畜：养。 不畜：不收留。

⑤彘（zhì）：猪。 乳彘不触虎：哺乳的母猪不去触犯老虎。“不”字原脱，据宋本补。 乳狗不远游：哺乳的母狗不离小狗去远游。

⑥曾：岂。 则是人也，而曾狗彘之不若也：意思是，那么这种人岂不是连猪狗都不如了。

凡斗者，必自以为是而以人为非也。己诚是也，人诚非也，则是己君子而人小人也①。以君子与小人相贼害也，下以忘其身，内以忘其亲，上以忘其君，岂不过甚矣哉②！是人也，所谓以狐父之戈钃牛矢也③。将以为智邪？则愚莫大焉④。将以为利邪？则害莫大焉。将以为荣邪？则辱莫大焉。将以为安邪？则危莫大焉。人之有斗，何哉？我欲属之狂惑疾病邪，则不可，圣王又诛之⑤。我欲属之鸟鼠禽兽邪，则不可，其形体又人，而好恶多同⑥。人之有斗，何哉？我甚丑之。

①诚：确实。 这句意思是：如果自己确实正确，别人确实错误，

那么自己是君子，而别人是小人。

②贼害：攻击，残害。　过甚：很错误。

③狐父：古代地名，在今江苏砀山附近，传说那里生产一种优质的戈（兵器）。　钃（zhǔ）：砍。　牛矢：牛屎。　这句意思是：这种人的行为，就好比是用狐父出产的戈去砍牛屎一样。这里借以比喻君子去同小人争斗，反而降低了自己的品德和声誉。

④这句意思是：把这种行为看成是明智的吗？那就没有比这更愚蠢的了。

⑤属：归于。　狂惑疾病：精神病。

⑥其形体又人：他却是人的形体。　好恶多同：喜好与厌恶的感情和别人都相同。

有狗彘之勇者，有贾盗之勇者，有小人之勇者，有士君子之勇者①。争饮食，无廉耻，不知是非，不辟死伤，不畏众强，恈恈然唯饮食之见，是狗彘之勇也②。为事利，争货财，无辞让，果敢而很，猛贪而戾，恈恈然唯利之见，是贾盗之勇也③。轻死而暴，是小人之勇也④。义之所在，不倾于权，不顾其利，举国而与之不为改视，重死而持义不桡，是士君子之勇也⑤。

①贾（gǔ）：商人。　盗：盗贼。

②辟：同"避"，躲避。　恈恈（móu）然：形容非常贪欲的样子。下同。　唯饮食之见：只看到饮食。"饮"字上原有"利"字，据上下文义删。

③为事利：做事为了利。　很：同"狠"，凶狠。原为"振"，据文义

改。 戾(lì):残暴。

④轻死而暴:不怕死而且凶暴。

⑤不倾于权:不屈服于权势。 与:对付,这里指反对。 改视:改变看法。 桡:同“挠”,屈从。 重死而持义不桡:虽然爱惜生命,但是坚持义而不屈从。原为“重死持义而不桡”,据文义改。

鯈、鉥者,浮阳之鱼也;胠于沙而思水,则无逮矣[①]。挂于患而欲谨,则无益矣[②]。自知者不怨人,知命者不怨天;怨人者穷,怨天者无志[③]。失之己,反之人,岂不迂乎哉[④]!

①鯈(yóu)、鉥(qiáo):鱼名。 浮阳:浮于水面以就阳光的意思。一说,“阳”通“荡”。 胠(qū):通“阹”(qū),遮拦。 胠于沙:这里指搁浅在沙滩上。 无逮:无法达到。

②挂:牵连,遭到。 这句意思是:遭到祸患后才想应该谨慎,就没有用了。

③命:命运。荀子在《正名》中说“节遇谓之命”,即偶然碰上的叫做命。在《天论》中说:“君子敬其在己者,而不慕其在天者,是以日进也。”所以,这里讲的“知命者不怨天”,是说对于偶然碰上的不幸遭遇,与天无关,所以不怨天,是强调人的主观努力。 穷:穷困,无办法。 志:知,识。 无志:没有见识。

④反:求。 迂:远。 这句意思是:自己有了过失,反而责怪别人,岂不是离题太远了吗!

荣辱之大分,安危利害之常体[①]:先义而后利者荣,先利而后义者辱；荣者常通，辱者常穷；通者常制人，穷者常制于人，是荣辱之大分也②。朴悫者常安利，荡悍者常危害③；安利者常乐易，危害者常忧险；乐易者常寿长，忧险者常夭折，是安危利害之常体也④。

①大分：根本区别。　常体：常规，通常的情形。

②常通：经常顺利，没有阻碍。　制人：制服别人。

③朴悫（què）：纯朴，诚实。“朴”字原为“材”，据文义改。　荡悍：放荡凶暴。

④乐易：安乐。　忧险：忧愁危险。

夫天生蒸民，有所以取之①。志意致修，德行致厚，智虑致明，是天子之所以取天下也②。政令法，举措时，听断公，上则能顺天子之命，下则能保百姓，是诸侯之所以取国家也③。志行修，临官治，上则能顺上，下则能保其职，是士大夫之所以取田邑也④。循法则、度量、刑辟、图籍，不知其义，谨守其数，慎不敢损益也，父子相传，以持王公，是故三代虽亡，治法犹存，是官人百吏之所以取禄秩也⑤。孝弟原悫，軥录疾力，以敦比其事业，而不敢怠傲，是庶人之所以取暖衣饱食，长生久视以免于刑戮也⑥。饰邪说，文奸言，为倚事，陶诞突盗，惕悍憍暴，以偷生反侧于乱世之间，是奸人之所以取危辱死刑也⑦。其虑之不深，其择之不谨，其定取舍楛僈，是其所以危也⑧。

①蒸：众多。　蒸民：众人。　有所以取之：各有取得自己地位的道理。

②致修：最美好，完美。　厚：纯厚，忠厚。　明：明察。

③政令法：政令符合法制。　举措时：措施适时。　听断公：处理政事公正。

④志行：志向品行。　临官治：做官时能把事情治理好。　田邑：指封地。

⑤循：遵守。　刑辟：刑法。　图籍：地图，人口册。　义：道理。　谨守其数：严格遵守它的条文。　损益：减增，指更改。　持：同“侍”，侍奉。　三代：夏、商、周。　犹存：仍然存在。　官人百吏：泛指诸侯以下的各级官吏。　禄：俸禄。　秩：指官位。

⑥弟：同“悌”，尊敬兄长。　原：同“愿”，诚实。　原悫：忠厚诚实。　軥录：通“劬(qú)碌”，勤劳。　疾力：努力。　敦：勉力。　比：通“庀”(pǐ)，治理。　敦比：努力治理。　长生久视：长寿。

⑦文：文饰，掩饰。　邪说、奸言：荀子在《非十二子》篇中说：“辩说譬谕，齐给便利，而不顺礼义，谓之奸说。”　倚事：怪异的事。　陶：通“謟”，意谓所言可疑，难以确信。　陶诞：所言可疑，荒诞欺伪。　突盗：凶暴强横。　惕：同“荡”。　惕悍憍(jiāo)暴：放荡傲慢而又残暴。　偷生：苟且活命。　反侧：捣乱。　奸人：指破坏统治秩序的人。

⑧僈：同“慢”。　楛(kǔ)僈：轻率，放纵。　这句意思是：他们(奸人)思想很肤浅，选择道路不谨慎，决定事情很轻率，这是他们所以遭受危辱的根本原因。

材性知能，君子、小人一也。好荣恶辱，好利恶害，是君子、小人之所同也，若其所以求之之道则异矣①。小人也者，疾为诞而欲人之信己也，疾为诈而欲人之亲己也，禽兽之行而欲人之善己也②。虑之难知也，行之难安也，持之难立也，成则必不得其所好，必遇其所恶焉③。故君子者，信矣，而亦欲人之信己也；忠矣，而亦欲人之亲己也；修正治辨矣，而亦欲人之善己也④。虑之易知也，行之易安也，持之易立也，成则必得其所好，必不遇其所恶焉；是故穷则不隐，通则大明，身死而名弥白⑤。小人莫不延颈举踵而愿曰："知虑材性，固有以贤人矣！"夫不知其与己无以异也，则君子注错之当，而小人注错之过也⑥。故熟察小人之知能，足以知其有余可以为君子之所为也⑦。譬之越人安越，楚人安楚，君子安雅，是非知能材性然也，是注错习俗之节异也⑧。

①材性知能：指自然的资质、认识能力和掌握才能的能力。　若其所以求之之道则异矣：至于他们（君子、小人）追求"荣"、"利"的道路就不同了。

②疾：极力。　疾为诞而欲人之信己也：极力去做那些荒诞的事，却希望别人相信自己。

③虑之难知也，行之难安也，持之难立也：意思是，这种人考虑的问题是那些难以理解的问题，做的事情是那些难以做到的事情，坚持的主张是那些难以成立的主张。　成：成功，指小人行为的最终结果。　其：指小人。　所好（hào）：指取得荣利的欲望。　所恶：指遭到辱害的结果。

④辨:治。 修正治辨:品行正直,而且把各种事情都治理好。

⑤不隐:这里指仍有名声。 大明:很显赫。 弥:更加。 弥白:更加显赫。

⑥延颈举踵(zhǒng):伸长脖子,踮起脚跟。 愿:羡慕。 贤人:胜于别人。 注错之当:指举止得当。

⑦熟察:仔细分析。 有余:充分。

⑧越:春秋战国时国名,在今浙江省。 楚:春秋战国时国名,在今湖北、湖南省一带。 雅:通"夏",指中原一带。 节异:适异,恰恰不同。 这句意思是:这就如同越人安居于越国,楚人安居于楚国,君子安居于中原,这不是自然具有的本性和认识能力使他们这样的,而是由于他们的举止和风俗习惯不同所造成的。

仁义德行,常安之术也,然而未必不危也①;污僈突盗,常危之术也,然而未必不安也②。故君子道其常,而小人道其怪③。

①术:方法。 这句意思是:仁义德行,通常情况下是安人之法,然而有时未必没有危险。

②污僈:污浊放纵。 这句意思是:污浊放纵、强取偷盗,通常是危险行径,然而有时未必不带来好处。

③道其常:遵循他的常道。 道其怪:固执侥幸之道。

凡人有所一同:饥而欲食,寒而欲暖,劳而欲息,好利而恶害,是人之所生而有也,是无待而然者也,是禹、桀之所同也①。目辨白黑美恶,耳辨音声清浊,口辨酸咸甘苦,鼻辨芬芳腥臊，骨体肤理辨寒暑疾养，是又人之所生而有也，是无待而然者也，是禹、桀之所同也[②]。可以为尧、禹，可以为桀、跖，可以为工匠，可以为农贾，在注错习俗之所积耳[③]。为尧、禹则常安荣，为桀、跖则常危辱；为尧、禹则常愉佚，为工匠、农贾则常烦劳[④]。然而人力为此而寡为彼，何也？曰：陋也[⑤]。尧、禹者，非生而具者也，夫起于变故，成乎修为，待尽而后备者也[⑥]。

人之生固小人，无师、无法，则唯利之见耳[⑦]。人之生固小人，又以遇乱世、得乱俗，是以小重小也，以乱得乱也。君子非得势以临之，则无由得开内焉[⑧]。今是人之口腹，安知礼义？安知辞让？安知廉耻、隅积？亦呥呥而嚼，乡乡而饱已矣[⑨]。人无师、无法，则其心正其口腹也[⑩]。今使人生而未尝睹刍豢稻粱也，惟菽藿糟糠之为睹，则以至足为在此也，俄而粲然有秉刍豢稻粱而至者，则瞲然视之曰："此何怪也！"彼臭之而嗛于鼻，尝之而甘于口，食之而安于体，则莫不弃此而取彼矣[⑪]。今以夫先王之道，仁义之统，以相群居，以相持养，以相藩饰，以相安固邪？以夫桀、跖之道，是其为相县也，几直夫刍豢稻粱之县糟糠尔哉[⑫]！然而人力为此而寡为彼，何也？曰：陋也。陋也者，天下之公患也，人之大殃大害也。故曰：仁者好告示人。告之示之，靡之儇之，鈆之重之，则夫塞者俄且通也，陋者俄且僩也，愚者俄且知也[⑬]。是若不行，则汤、武在上曷益？桀、纣在上曷损？汤、武存则天下从而治，桀、纣存则天下从而乱。如是者，岂非人之情固可与如此，可与如彼也哉⑭！

①一同：相同。　无待：无条件。　无待而然：这里指不需经过后天学习培养就具备。

②骨体肤理：指身体。　养：同“痒”。　疾养：指痛痒。　是又人之所生而有也：“所”字下原有“常”字，据上下文义删。

③在注错习俗之所积耳：在于举止和风俗习惯长期积累所造成的。“注”字上原有“势”字，据上下文义删；又，这句后原衍“是又人之所生而有也，是无待而然者也，是禹、桀之所同也”一句，据上下文义删。

④佚（yì）：通“逸”。　愉佚：愉快，安乐。

⑤力：疾力，努力。一说为“多”字之误。　为此：指为桀、跖。为彼：指为尧、禹。　陋：《修身》篇“少见曰陋”，指见识浅陋。

⑥变故：指改变旧有的本性。一说指经历各种患难。　修为：努力端正品行。原为“修修之为”，据下文“非孰修为之君子，莫之能知也”文义改。　这句意思是：尧、禹并不是生来就具备那样品德的，而是开始于改变旧有的本性，成功于长期地努力端正品行，最后才具备了各种美德。

⑦生：同“性”，本性。　人之生固小人：人的本性本来是充满了小人的欲求的。　无师：指没有礼法的教育。　无法：指没有礼法的制约。

⑧重：重叠。　以小重小：以小人的本性再加上乱世的乱俗。内：同“纳”，接受。　无由得开内：无从开导，而使他（小人）接受礼法。

⑨是：肯定，这里是听任的意思。　隅（yú）积：部分和整体，这里指礼法的总体原则和部分道理之间的关系。　噍（jiào）：咀嚼。　呥

呥(rán)而噍:咀嚼的样子。　乡:即"香"。　乡乡:吃得很香。

⑩正:正像。　这句意思是:一个人如果没有老师的教育,没有礼法的约束,那他的心也就像他的嘴和肚子一样,只求吃得饱而不懂礼义。

⑪睹:看见。　刍豢(chú huàn):指牛羊猪狗。　菽藿(shū huò):豆和豆叶。　俄而:突然。　粲(càn)然:鲜美的样子。　秉:拿。　瞲(xuè)然:惊奇的样子。　臭:同"嗅"。　嗛(qiè):快意,舒服。　嗛于鼻:鼻子闻起来很好闻。"嗛"上原衍一"无"字,据文义和下文句例删。

⑫统:要领,纲纪。　相:辅助,协调。　以相群居:用来协调社会等级之间的关系。　持养:保养。　藩饰:装饰。　县:同"悬",悬殊。下同。　几直:岂止,何止。　是其为相县也,几直夫刍豢稻粱之县糟糠尔哉:意思是,它们之间的悬殊岂止是肉类、稻米和糟糠之间的差别呢?

⑬告示:宣传、教育。　靡:磨炼。　儇(xuān):积累。　靡之儇之:使他逐渐养成习惯。　鈆(yán):同"沿",顺从,这里指诱导。　重:反复重申。　塞者俄且通也:闭塞的人很快就会明白了。　僩(xián):宽大,博大。《修身》篇"多见曰闲(僩)",指见识广博。

⑭汤:即商汤,商朝的第一个君主。　武:周武王,周王朝的第一个君主。　曷:何。　可与如此,可与如彼:可以像这样,也可以像那样。

人之情,食欲有刍豢,衣欲有文绣,行欲有舆马,又欲夫余财蓄积之富也,然而穷年累世不知足,是人之情也①。

今人之生也，方知畜鸡狗猪彘，又畜牛羊，然而食不敢有酒肉；余刀布，有囷窌，然而衣不敢有丝帛；约者有筐箧之藏，然而行不敢有舆马②。是何也？非不欲也，几不长虑顾后而恐无以继之故也③？于是又节用御欲，收敛蓄藏以继之也，是于己长虑顾后，几不甚善矣哉④。今夫偷生浅知之属，曾此而不知也，粮食大侈，不顾其后，俄则屈安穷矣，是其所以不免于冻饿，操瓢囊为沟壑中瘠者也，况夫先王之道，仁义之统，《诗》、《书》、《礼》、《乐》之分乎⑤！彼固天下之大虑也，将为天下生民之属长虑顾后而保万世也，其汸长矣，其温厚矣，其功盛姚远矣，非顺孰修为之君子，莫之能知也⑥。故曰：短绠不可以汲深井之泉，知不几者不可与及圣人之言⑦。夫《诗》、《书》、《礼》、《乐》之分，固非庸人之所知也。故曰：一之而可再也，有之而可久也，广之而可通也，虑之而可安也，反鈆察之而俞可好也⑧。以治情则利，以为名则荣，以群则和，以独则足乐，意者其是邪⑨？

①文绣：指华丽的丝织品。　舆：车。　穷年：整年。　累世：世代。　穷年累世：永远的意思。　不知足：原为“不知不足”，据上下文义改。

②刀布：钱币。　余刀布：有多余的钱币。　囷（qūn）：圆形的谷仓。　窌（jiào）：地窖。　约者：节约的人。　筐箧（qiè）：这里指贮藏钱帛的器具。　筐箧之藏：指有钱帛积蓄。

③几不：岂不，难道不是。　也：同“邪”，“吗”的意思。　这句意思是：这是为什么？不是不想享受这些东西，岂不是从长远考虑，顾及

以后而恐怕接济不上的缘故吗?

④御欲:节制欲望。 收敛:聚集。 这句意思是:于是,进一步节约费用、节制欲望、聚集财富、增加积蓄以备后用,这对于自己作长远考虑,顾及以后,岂不是十分周到了。

⑤今夫偷生浅知之属,曾此而不知也:意思是,现在那些苟且偷生浅陋无知之辈,竟连这个道理也不知道。 大:通"太"。 大侈:太挥霍浪费。 屈:竭尽。 安:语助词。 俄则屈安穷:很快就陷于穷困。 瘠者:饿死者。 操瓢囊为沟壑中瘠者也:拿着讨饭的东西而饿死在沟里。 况夫:何况。 《诗》:即《诗经》,是我国现存最早的一部诗歌集。 《书》:即《尚书》,又称《书经》。 《礼》:即《礼经》,是记载等级道德规范和礼节仪式的书。 《乐》:即《乐经》,现已失传。 分(fèn):总纲,根本原则。

⑥彼:指先王之道、仁义之统和《诗》、《书》、《礼》、《乐》的原则。 汴:同"流"。 温:同"蕴",蕴藏。 姚远:同"遥远"。 顺:通"慎",谨慎。原脱,据《礼论》篇"非顺孰修为之君子,莫之能知也"文义补。孰:同"熟",精熟。

⑦绠(gěng):绳子。 汲(jí):打水。 不几:不近,相差很远。 知不几者不可与及圣人之言:知识差得很远的人是不能和他谈论圣人的话的。

⑧反:反复。 俞:同"愈",更加。 这句意思是:按照《诗》、《书》、《礼》、《乐》的根本原则去实行一次,就可以继续实行下去;掌握了《诗》、《书》、《礼》、《乐》的根本原则,就可以使国家长久;把《诗》、《书》、《礼》、《乐》的根本原则推广运用,就可以通晓其它一切道理;按照《诗》、《书》、《礼》、《乐》的根本原则去谋划,就可以使国家安固;反复沿着《诗》、《书》、《礼》、《乐》的根本原则去考察,就可以把各种事情办

得更好。

⑨治：陶冶。　以治情则利：用《诗》、《书》、《礼》、《乐》的根本原则来陶冶性情就可以得到好处。　以群则和：用《诗》、《书》、《礼》、《乐》的根本原则来处理社会各等级之间的关系，就可以达到和谐一致。　意：疑问词。　意者其是邪：是不是这样呢？

夫贵为天子，富有天下，是人情之所同欲也，然则从人之欲，则势不能容，物不能赡也①。故先王案为之制礼义以分之，使有贵贱之等，长幼之差，知愚、能不能之分，皆使人载其事而各得其宜，然后使穀禄多少厚薄之称，是夫群居和一之道也②。

①从：同"纵"。　势：形势。　赡（shàn）：满足。

②载其事：担负各自的工作。　穀禄：指俸禄；"穀"原为"悫"，据文义改。　之称：是称，都得到平衡。　是夫群居和一之道也：这是使社会上下之间协调一致的方法。

故仁人在上，则农以力尽田，贾以察尽财，百工以巧尽械器，士大夫以上至于公侯莫不以仁厚知能尽官职，夫是之谓至平①。故或禄天下而不自以为多，或监门、御旅，抱关、击柝，而不自以为寡②。故曰："斩而齐，枉而顺，不同而一。"夫是之谓人伦③。《诗》曰："受小共大共，为下国骏蒙。"此之谓也④。

①仁人：指具有道德的人。　尽：尽力，精心。　贾以察尽财：商

人以他的明察精心于理财。　至平：最公平。

②禄天下：受整个天下供奉的人，指天子、帝王。　不自以为多：指各尽其职而心安理得。下文“不自以为寡”意思同。　监门：看守城门的官吏。　御：通“迓”(yá)，逆。　御旅：即“逆旅”，旅店，这里指旅店中的管事人。　抱关：看守城门的士兵。　柝(tuò)：打更的木棒。　击柝：指打更的人。

③斩：通“儳”(chán)，不齐。　枉：曲，不直。　这句意思是：正是不齐才能齐，不直才能顺直，不同才能统一。　人伦：指人际关系。

④受：承受。　共：通“拱”，法度。　小共大共：指大事小事的法度。　下国：诸侯国。　骏：通“徇”，庇护。　骏蒙：保护者。　这两句诗的意思是：“帝王承受了大事小事的法度，作为诸侯国的保护者。”(见《诗经·商颂·长发》)荀子引用这两句诗是为了说明仁人在上，办事都公正有度，这样百姓、官吏才能仁厚知能，各尽其职。

五 非 相

【说明】世俗往往会以貌论人，尤其赞许能以外貌断人吉凶祸福的相术之士。但“相形不如论心，论心不如择术”，本篇通过大量人物实例，向学者揭示了决定人吉凶的根本因素不是外貌，而是人的心术：形相虽恶而心术善，无害为君子；形相虽善而心术恶，无害为小人。为君子则吉，为小人则凶。君子所论在志意，不在“长短、大小、善恶形相”；桀纣之患非在容貌，乃由于“闻见之不众，论议之卑尔”。

君子之心术，具体包括身行、意知、言语三个方面。在身行上，应避免做出“三不祥”、“三必穷”那样的行为。在意知上，应懂得“人道莫不有辨”，人之所以为人，是因为人有辨别的能力，“辨莫大于分，分莫大于礼，礼莫大于圣王”，圣王之中粲然可观的是后王，所以学者应效法后王。在言语上，“凡人莫不好言其所善，而君子为甚。故赠人以言，重于金石珠玉；劝人以言，美于黼黻文章；听人以言，乐于钟鼓琴瑟”。但言说有其难处，需要有正确的待人态度和谈说方法。不同人辩说的用心不一样，水平也有高下，“而君子辩言仁也”。

相人，古之人无有也，学者不道也①。

①相：看相。　相人：根据人的体态容貌判断人的贵贱、吉凶、祸福。　古之人无有也：古代的人不干这种事。　学者：泛指有学识的人。　道：说。

古者有姑布子卿，今之世梁有唐举，相人之形状、颜色而知其吉凶、妖祥，世俗称之①。古之人无有也，学者不道也。

①姑布子卿：春秋时郑国人，曾看过孔子和赵无恤（即赵襄子）的相。　梁：即魏国，战国中迁都大梁（在今河南省开封），所以称梁。唐举：战国时看相的人，曾看过李兑、蔡泽的相。　妖祥：指祸福。世俗称之：社会上一般人都称赞他们的相术。

故相形不如论心，论心不如择术①。形不胜心，心不胜术②。术正而心顺之，则形相虽恶而心术善，无害为君子也；形相虽善而心术恶，无害为小人也③。君子之谓吉，小人之谓凶[④]。故长短、大小、善恶形相，非吉凶也[⑤]。古之人无有也，学者不道也。

①形：身体。　相形：指看人的容貌、体态。　论心：研究思想。　术：方法，指思想方法。　择术：选择正确的思想方法。

②不胜：不能决定，比不上。　这句意思是：相貌不能决定人的思想，而思想又受到一定方法的支配。

③无害：不妨碍。　这句意思是：方法正确，而且思想能遵循它，那么相貌虽然丑恶，只要思想方法对头，也不妨碍成为君子；相貌虽然很好，但是思想方法不对头，那也免不了成为小人。

④这句意思是：做一个君子就是吉祥的，做一个小人就是凶恶的。

⑤长短：指身材的高矮。　大小：指身体的魁梧和瘦弱。　善恶：指相貌的美丑。　非吉凶也：不是决定吉凶的。

盖帝尧长，帝舜短；文王长，周公短；仲尼长，子弓短[①]。昔者，卫灵公有臣曰公孙吕，身长七尺，面长三尺，焉广三寸，鼻目耳具，而名动天下[②]。楚之孙叔敖，期思之鄙人也，突秃长左，轩较之下，而以楚霸[③]。叶公子高，微小短瘠，行若将不胜其衣然[④]。白公之乱也，令尹子西、司马子期皆死焉[⑤]；叶公子高入据楚，诛白公，定楚国，如反手尔，仁义功名著于后世[⑥]。故事不揣长，不揳大，不权轻重，亦将志乎尔，长短、大小、美恶形相，岂论也哉[⑦]！

①盖：发语词。　文王：即周文王，商朝时西北地区诸侯国——周国的国君。　周公：周文王的儿子。　仲尼：即孔子。　子弓：一说是

孔子的弟子仲弓，姓冉名雍；一说是馯臂子弓，战国时一个讲《周易》的学者。

②卫灵公：春秋时卫国国君。　公孙吕：人名，事迹不详。　焉：通“颜”，面额。　具：齐全。　名动天下：名声惊动天下。

③楚：春秋战国时诸侯国，在今湖北和湖南北部一带。　孙叔敖：春秋时楚庄王的宰相。　期思：春秋时楚国的城市名，在今河南省固始县西北。　鄙人：一般老百姓。　突秃：头发短而稀少。　长左：左手长。　轩：古代车前的直木。　较：古代车前的横木。　轩较之下：身体低于车子的“轩较”，形容孙叔敖身材十分矮小。　而以楚霸：而使楚国称霸。

④叶公：名诸梁，字子高，楚大夫沈尹戌之子，封地在叶，所以称叶公。　微小短瘠：形容矮小瘦弱。　行若将不胜其衣然：走起路来好像连自己的衣服也撑不起来。

⑤白公：名胜，楚平王的孙子。　白公之乱：白公作乱，事见《左传·哀公十六年》。　令尹、司马：古时官名，分别为主管政军的最高长官。　子西、子期：即公子申、公子结，都是楚平王的儿子。

⑥入据：占领。　定楚国：使楚国安定。　如反手尔：易如翻掌。　著于后世：显扬于后世。“著”，原为“善”，据上下文义改。

⑦事：通“士”，泛指统治阶级的知识分子。　揣：测，度量。　揳(xiē)：通“絜”，约，估计。　权：权衡。　这句意思是：所以，对于士，不能只看他的高矮、壮弱、轻重，而要看他的志气如何，人的身形的高矮、大小，相貌的美丑，难道值得一谈吗？

且徐偃王之状，目可瞻焉①；仲尼之状，面如蒙倛②；周公之状，身如断菑③；皋陶之状，色如削瓜④；闳夭之状，面无见肤[5]；傅说之状，身如植鳍[6]；伊尹之状，面无须麋[7]。禹跳，汤偏，尧舜参牟子[8]。从者将论志意，比类文学邪？直将差长短，辨美恶，而相欺傲邪[9]？

①徐偃王：西周时徐国的君主。　状：形状。　目可瞻焉：眼睛能看到自己的额头。“焉”原为“马”，据元刻本改。

②蒙倛：古时人们驱鬼或出丧时用的一种披头散发、面貌凶狠的假面具，这里形容孔子面貌十分凶狠。一说，“蒙倛”即“彭蜞”，一种体小色红，样子像螃蟹的蟹类动物。

③菑（zì）：立着的枯树。　身如断菑：形容身体像断了的枯树干一样。

④皋陶（yáo）：传说是舜时掌管刑法的官。　色如削瓜：脸色青绿，像削去皮的瓜。

⑤闳（hóng）夭：周文王的臣子。　面无见肤：形容脸上胡须很多，看不见脸上的皮肤。

⑥傅说（yuè）：商王武丁的大臣。　鳍（qí）：鱼类的运动器官。身如植鳍：背上就好像长了鱼鳍一样，指驼背。

⑦伊尹：商汤王的大臣。　须麋（mí）：同“须眉”，即胡子眉毛。

⑧跳：指瘸着走路。　偏：偏枯，指足跛，瘸着走。　参：相参。牟：通“眸”，眼珠，这里指瞳仁。　参牟子：指眼里有两个瞳仁，互相重叠。

⑨从者：指荀子的学生；一说泛指“学者”。　邪：语气词，“呢”的意思。　直将：还是。　这句意思是：你们是论意志，比学问呢？还是比高矮，分美丑，互相欺骗，互相傲视呢？

古者，桀、纣长巨姣美，天下之杰也；筋力越劲，百人之敌也①。然而身死国亡，为天下大僇，后世言恶，则必稽焉②。是非容貌之患也，闻见之不众，论议之卑尔③！

①长巨姣美：魁梧而英俊。　杰：杰出，指相貌超群。　越劲：敏捷有力。　百人之敌：能抵御百人。

②僇（lù）：通“戮”，耻辱。　言恶：谈论坏人坏事。　稽：考查。　则必稽焉：一定以他们为借鉴。

③闻见：所见所闻，这里指知识。　不众：不多，浅陋。　这句意思是：他们遭到这样的下场，显然不是由于容貌不美造成的，而是由于他们的知识浅陋、思想境界卑下所造成的。

今世俗之乱君，乡曲之儇子，莫不美丽、姚冶，奇衣、妇饰，血气、态度拟于女子①；妇人莫不愿得以为夫，处女莫不愿得以为士，弃其亲家而欲奔之者，比肩并起②。然而中君羞以为臣，中父羞以为子，中兄羞以为弟，中人羞以为友。俄则束乎有司而戮乎大市，莫不呼天啼哭，苦伤其今而后悔其始③。是非容貌之患也，闻见之不众，论议之卑尔！然则从者将孰可也④？

①乱君：一说疑当作“乱民”。　乡曲：偏远的地方。　儇（xuān）子：轻薄巧慧的男子。　姚冶：妖艳。　奇衣：服装奇特。　妇饰：妇女的打扮。　血气：指面色。　拟于：好像。

②妇人：已婚女子。　处女：未婚女子。　士：这里指未婚夫。　比肩：肩并肩，比喻很多。

③中:普通的。下同。　俄:突然,这里是有朝一日的意思。　束乎有司:被司法机关逮捕。　戮乎大市:在大街上被处死。　苦伤其今:悲痛他现在的遭遇。

④然则从者将孰可也:意思是,那么你们认为哪一种观点对呢?

人有三不祥:幼而不肯事长,贱而不肯事贵,不肖而不肯事贤,是人之三不祥也①。人有三必穷:为上则不能爱下,为下则好非其上,是人之一必穷也②;乡则不若,偝则谩之,是人之二必穷也③;知行浅薄,曲直有以相县矣,然而仁人不能推,知士不能明,是人之三必穷也④。人有此三数行者,以为上则必危,为下则必灭⑤。《诗》曰:"雨雪瀌瀌,宴然聿消。莫肯下隧,式居屡骄⑥。"此之谓也。

①事:侍奉。　不肖:不贤。

②穷:困穷,指碰壁。　非:反对,责难。

③乡:通"向",面对面。　若:顺。　偝:同"背",背后,私下。　谩:诬蔑,毁谤。　这句意思是:当面顶撞,背后又进行毁谤,这是人们必然碰壁的第二种情况。

④知:通"智",认识。　曲直:能和不能,指才能上的差别。　县:同"悬",差别大。　推:推崇,推举。　明:尊崇。　这句意思是:智虑浅陋、品行卑劣,才能又确实与贤人相差很远,可是不能推举仁人,不能尊崇智士,这是人们必然碰壁的第三种情况。

⑤三数行:指"三不祥","三必穷"。一说,"三"是衍文。　为上:做君主。

⑥雨雪:下雪。　瀌瀌(biāo):雪大的样子。　宴:通"曣",日出。

宴然：日光四射的样子。　聿：于是。　隧：通“坠”。　下隧：这里指人的降位或引退。　式：语助词。　这几句诗的意思是：“雪下得很大，太阳一照射，它就很快融化了。可是人们却不肯降位引退，反而占据着高位，傲视别人。”（见《诗经·小雅·角弓》）

人之所以为人者，何已也①？曰：以其有辨也②。饥而欲食，寒而欲暖，劳而欲息，好利而恶害，是人之所生而有也，是无待而然者也，是禹、桀之所同也③。然则人之所以为人者，非特以二足而无毛也，以其有辨也④。今夫狌狌形笑亦二足而无毛也，然而君子啜其羹，食其胾⑤。故人之所以为人者，非特以其二足而无毛也，以其有辨也。夫禽兽有父子而无父子之亲，有牝牡而无男女之别⑥。故人道莫不有辨⑦。

①已：同“以”，由于。　何已也：是由于什么呢？

②辨：别，指人与人之间上下、贵贱、长幼、亲疏的等级区分。

③欲：欲望，要求。　是无待而然者也：这是不需要经过后天努力而自然具有的。

④特：仅仅。　二足：两只脚。

⑤狌狌：即猩猩。　笑：从上下文义看当作“状”。　无：原脱，据上下文义补。　啜其羹：喝猩猩肉做成的汤。　食其胾（zì）：吃猩猩的肉。

⑥牝（pìn）：雌性的禽兽。　牡（mǔ）：雄性的禽兽。

⑦人道：作为人的根本道理，指人类社会的根本原则。　莫不有辨：必须有各种等级的区别。

辨莫大于分，分莫大于礼，礼莫大于圣王①。圣王有百，吾孰法焉②？故曰：文久而息，节族久而绝，守法数之有司极而褫③。故曰：欲观圣王之迹，则于其粲然者矣，后王是也④。彼后王者，天下之君也，舍后王而道上古，譬之是犹舍己之君而事人之君也⑤。故曰：欲观千岁，则数今日⑥；欲知亿万，则审一二；欲知上世，则审周道⑦；欲知周道，则审其人所贵君子⑧。故曰：以近知远，以一知万，以微知明⑨。此之谓也。

①分：等级名分。　这句意思是：人与人之间的分别，最重要的是等级名分，等级名分最重要的是礼的原则，而礼最重要的是制定它的圣王。荀子认为礼是圣王制定的，因此，认为有一个圣王是最重要的。

②百：指很多。　这句意思是：圣王有很多，我效法谁呢？

③文：指礼法制度。　族：通“奏”。　节族：乐的节奏。　极：久远。“极”下原衍“礼”字，据上下文义删。　褫（chǐ）：废弛，松弛。　这句意思是：圣王制定的礼法制度、乐的节奏，因时间久了就失传、消失了，主管法制的官吏也因年代久远而废弛了。

④迹：遗迹，这里指治国的原则。　粲然：明白，清楚。　后王：近时的王。　这句意思是：要想考察圣王治国的原则，就应当考察那些明白清楚的东西，这就是后王实行的治国原则。

⑤这句意思是：后王是天下的君主，舍弃后王而颂扬远古的君主，就如同舍弃自己的君主而去侍奉别人的君主一样。

⑥千岁：千年，指时间久远。　数：审，考察。

⑦周道：周朝的治国原则。一说指完备的道理。荀子讲的“审周道”是根据他“以近知远”的思想出发，为他“法后王”的思想服务的。

⑧所贵君子:所尊崇的君子。

⑨微:细小,微弱。 明:明显,广大。

夫妄人曰:"古今异情,其所以治乱者异道①。"而众人惑焉②。彼众人者,愚而无说,陋而无度者也③。其所见焉,犹可欺也,而况于千世之传也④!妄人者,门庭之间,犹诬欺也,而况于千世之上乎⑤!

①妄人:荒诞骗人的人。 异情:社会情况不同。 其所以:"所"字原脱,据《韩诗外传》引文补。 道:方法,措施。 这句意思是:荒诞骗人的人说:"古时和当今的政治情况是不一样的,古时之所以安定,当今之所以混乱,是因为古和今治理社会的措施不一样。"

②惑:迷惑不解。

③愚而无说:愚蠢而不能辨说。 陋:《修身》篇:"少见曰陋。"度(duó):测度、考虑。 陋而无度:浅陋而不会考虑。

④其所见焉:他能够亲自看到的。 犹:还,尚且。 传:传闻,传说。

⑤门庭之间:指发生在眼前的事。 犹诬欺也:"犹"后原衍"可"字,据《韩诗外传》引文删。 这句意思是:那些荒诞骗人的人,即使对那些发生在眼前的事,也还要进行欺诈、蒙骗,更何况对于千万年前的传闻呢?

圣人何以不可欺①?曰:圣人者,以己度者也②。故以人度人,以情度情,以类度类,以说度功,以道观尽,古今一也③。类不悖,虽久同理,故乡乎邪曲而不迷,观乎杂物而不惑,以此度之[4]。五帝之外无传人,非无贤人也,久故也[5];五帝之中无传政,非无善政也,久故也[6];禹、汤有传政而不若周之察也,非无善政也,久故也[7]。传者久则论略,近则论详[8]。略则举大,详则举小[9]。愚者闻其略而不知其详,闻其细而不知其大也[10]。是以文久而灭,节族久而绝。

①圣人:荀子理想中具有完备的道德、才能的人。　可:原脱,据《韩诗外传》引文补。

②度:衡量。下同。　以己度者:根据自己的经验去衡量古代的事情。

③古今一也:"一"下原衍"度"字,据《韩诗外传》引文删。　这句意思是:根据人的一般状态去衡量个别的人,根据自己的情感去衡量个别人的情感,根据同类事物的一般情况去衡量其中的个别事物,依据言论来衡量实际的功业,根据事物的总原则去观察一切事物,这在古代和今天都是一样的。

④悖:违背。　乡:同"向",面向。　邪曲:邪僻,不正。　这句意思是:事物只要属于同类,不管时间相隔多久,它的规律是相同的,所以面对各种邪说歪理而不至于受迷惑,看到杂乱无章的事物也不受迷惑,那是因为能按照这个道理去衡量一切事物的缘故。

⑤五帝:指传说中的黄帝、颛顼(zhuān xū)、帝喾(kù)、尧、舜。　外:指以前。　这句意思是:后世没有传说五帝以前的人的事迹,这并不是那时没有贤人,而是因为时间太久远的缘故,难以知道。

⑥五帝之中无传政:后世没有传说五帝的政事。　善:好。

⑦禹、汤有传政:关于禹、汤的政事,后世有传述。　不若周之察:

不象周朝的政事那样详细明白。

⑧略：简略。　这句意思是：被传说的事情离当前远的，讲起来就简略；离当前近的，讲起来就详细。

⑨举：列举。　大：大概。　小：细节。

⑩细：小。原为“详”，据上文“大”、“小”对文和《韩诗外传》引文改。

凡言不合先王，不顺礼义，谓之奸言，虽辩，君子不听①。法先王，顺礼义，党学者，然而不好言，不乐言，则必非诚士也②。故君子之于言也，志好之，行安之，乐言之③。故君子必辩。凡人莫不好言其所善，而君子为甚④。故赠人以言，重于金石珠玉⑤；劝人以言，美于黼黻文章⑥；听人以言，乐于钟鼓琴瑟⑦。故君子之于言无厌⑧。鄙夫反是，好其实不恤其文，是以终身不免埤污、佣俗⑨。故《易》曰：“括囊，无咎无誉⑩。”腐儒之谓也⑪。

①不合：不符合。　不顺：不遵循。　辩：讲得很有条理。

②党：亲近。一说是明晓的意思。　好言：喜欢谈论。　乐言：乐于谈论。　诚士：真诚追求真理的学者。

③志好：思想上爱好。　这句意思是：所以，君子对于正确的言论，心里喜欢它，行动依据它，乐意谈论它。

④所善：所认为好的。　甚：更加。　这句意思是：人们没有不喜欢谈论他们所崇尚的东西，君子更是这样。

⑤这句意思是：以好话赠人，比赠人金石、珠玉更有价值。

⑥劝：勉励。原为“观”，据文义和《艺文类聚》引文改。　黼黻文

章：古代礼服上所绣的色彩鲜丽的花纹。　这句意思是：用好话勉励别人，比让他看艳丽的文彩更为美好。

⑦这句意思是：让别人听好话，比让他听钟鼓、琴瑟的声乐更有意义。

⑧厌：厌烦。　这句意思是：所以，君子对于言谈是不厌其烦的。

⑨鄙夫：庸俗的人。　反是：与此相反。　不恤：不顾。　好其实不恤其文：只注重实际而不顾文彩。　埤污：卑贱。　佣：通"庸"。

⑩《易》：即《周易》，古代占卦的书。　括：结扎。　咎：过错。这句意思是：所以，《周易》上说，那些不说话的人，"就像扎起来的口袋，没有什么过错，也没有什么荣誉"。（见《周易·坤卦》）

⑪腐儒：陈腐无用的儒生。

凡说之难：以至高遇至卑，以至治接至乱①。未可直至也，远举则病缪，近举则疾佣②。善者于是闲也。亦必远举而不缪，近举而不佣，与时迁徙，与世偃仰，缓急、嬴绌，府然若渠匽、檃括之于己也，曲得所谓焉，然而不折伤③。

①说（shuì）：劝说。　这句意思是：劝说的难处是，用最高的道理来劝说最卑劣的人，用治世的道理来劝人改变昏乱的局面。

②至：达到。　缪：通"谬"。　近举：原为"近世"，据上下文义改。佣：通"庸"，庸俗，一般化。　这句意思是：这不是直接了当说出来就能达到目的的，必须旁征博引，但列举远古的事容易荒谬无根据，列举近时的事又容易平庸一般化。

③善者：善于谈论的人。　闲：同"间"。　迁徙：变化。　偃

(yǎn)仰:俯仰,高低。 赢:通“赢”,盈余。 绌:通“黜”,减损。 府:同“俯”。 府然:凑近物体的样子。 匽:通“堰”,坝。 檃(yǐn)括:矫正弯木的工具。 曲:委曲,各方面。 不折伤:不损伤。 这句意思是:善于谈论的人在这种情况中,一定是举远古的事例但不使荒谬无根据,举近时的事例但不平庸一般化,而是随着时代的变迁而变迁,顺着社会的变化而变化,无论是从容地说还是急迫地说,多说还是少说,都能像堤坝控制着水流、檃括矫正弯木那样控制自己,使各方面都说得很恰当,而都不挫伤别人。

故君子之度己则以绳,接人则用抴①。度己以绳,故足以为天下法则矣②。接人用抴,故能宽容,因众以成天下之大事矣③。故君子贤而能容罢,知而能容愚,博而能容浅,粹而能容杂,夫是之谓兼术④。《诗》曰:“徐方既同,天子之功⑤。”此之谓也。

①绳:准绳,准则。 接人:对待人。 抴:同“楫”(jí),船桨,可以用来接引人上船,这里是引导的意思。 这句意思是:所以君子用政治、道德标准要求自己,对待别人则注重引导。

②故足以为天下法则:所以能够成为天下人效法的榜样。

③因众:依靠众人。原为“因求”,据杨倞注改。 成天下之大事:完成统一天下的事业。

④罢:同“疲”,指品德和才能不好的人。 粹:纯粹。 粹而能容杂:君子道德纯洁,但能够容纳品行不纯的人。 兼术:容纳各种人的方法。

⑤徐方:古时国名,在今淮河流域中下游一带。 这两句诗的意

思是:“徐族的人归顺了,这是天子的功劳。”(见《诗经·大雅·常武》)

谈说之术:矜庄以莅之,端诚以处之,坚强以持之,譬称以喻之,分别以明之,欣驩、芬芗以送之,宝之,珍之,贵之,神之,如是则说常无不受①。虽不说人,人莫不贵,夫是之谓为能贵其所贵②。传曰:“唯君子为能贵其所贵③。”此之谓也。

①矜庄:严肃,庄重。　莅:对待。　之:代词,指听劝说的人。　端诚:正直真诚。　譬称以喻之,分别以明之:原为“分别以喻之,譬称以明之”,据《韩诗外传》等引文改。　驩:同“欢”。　芗:通“香”。　芬芗:芬芳,引申为温和、和气。　这句意思是:谈话的方法,以严肃庄重、正直诚恳的态度对待他,以坚强的信心帮助他,用比喻的方法启发他,用分析的方法使他明白,热情、和气把自己的知识传授给他,一定要宝贵、珍惜、重视、崇信自己所讲的,这样你所讲的就没有不被接受的。

②说:同“悦”,喜欢、高兴。　说人:讨人喜悦。　这句意思是:虽然不向别人讨好,别人没有不重视的,这就叫做能够使他所珍视的东西得到重视。

③这句意思是:古书上说:“只有君子才能使他所珍惜的东西得到重视。”

君子必辩。凡人莫不好言其所善,而君子为甚焉。是以小人辩言险,而君子辩言仁也①。言而非仁之中也,则其言不若其默也，其辩不若其呐也②；言而仁之中也，则好言者上矣，不好言者下也③。故仁言大矣④。起于上所以道于下，政令是也；起于下所以忠于上，谏救是也，故君子之行仁也无厌⑤。志好之，行安之，乐言之，故言君子必辩⑥。小辩不如见端，见端不如本分⑦。小辩而察，见端而明，本分而理⑧。圣人、士君子之分具矣⑨。

①言险：宣扬邪恶。　君子辩言仁也：君子辩说是说的“仁”。

②中（zhònɡ）：符合。　言而非仁之中：说的话与“仁”不符合。默：沉默，不说话。　呐：同“讷”，说话迟钝不流利。

③上：上等。　下：下等。

④仁言：所说的符合仁。　大：意义重大。

⑤道：同“导”。　政：原为“正”，据杨倞注改。　谏救：谏止。原为“谋救”，据文义改。　这句意思是：由君主制订，用来引导臣民的，就是政令；出于臣下，为了忠于君主、劝止君主过失的，就是谏救，所以君子不厌其烦地按照仁去行动。

⑥这句意思是：君子对于仁，在思想上爱好它，在行动上遵循它，在言论上宣传它，所以说君子对于仁一定要辩说明白。一说“言”字为衍文。

⑦小辩：辩说烦琐的小事。　端：头绪。　见端：注意事情的头绪。　本分：根据名分。“本”上原衍一“见”字，据上下文义删。

⑧察：精细。　明：明白。　理：有条理。　这句意思是：辩说小事能发现问题，注意事情的头绪能说明问题，根据名分能有条有理。

⑨分：职分，指应有的作用。　具：具备。

有小人之辩者，有士君子之辩者，有圣人之辩者。不先虑，不早谋，发之而当，成文而类，居错、迁徙，应变不穷，是圣人之辩者也①；先虑之，早谋之，斯须之言而足听，文而致实，博而党正，是士君子之辩者也②。听其言则辞辩而无统，用其身则多诈而无功，上不足以顺明王，下不足以和齐百姓③；然而口舌之均，噡唯则节，足以为奇伟、偃郤之属；夫是之谓奸人之雄④。圣王起，所以先诛也，然后盗贼次之⑤。盗贼得变，此不得变也⑥。

①发之而当：说出来就很恰当。　成文而类：辩说很有条理，分别不同类的事物很清楚。　居：通“举”。　居错：指动静。　迁徙：变动，变化。　居错、迁徙：指情况随时改变。

②斯须：片刻，一会儿。　斯须之言而足听：话说的不多，但能使人明白。　文而致实：辩说有条理，而且符合实际。　党：通“谠”，直言。　博而党正：知识渊博，说话干脆而正确。

③辞辩而无统：夸夸其谈而没有要领。　用其身：任用这样的人。无功：做不出什么成效。　和齐百姓：使老百姓和谐一致。

④均：同“匀”，这里指说话动听。　口舌之均：说起话来很动听。　噡：同“谵”，多言。　唯：唯诺，少言。　噡唯则节：言谈或多或少很适当。　奇伟：夸大，自以为了不得。　偃郤：同“偃蹇”，高傲。　奸人之雄：奸人中最突出的。

⑤起：出现。　然后盗贼次之：镇压盗贼是第二步的事情。

⑥得变：能够转变。

六　非十二子

【说明】思想学说关系到天下的是非治乱，本篇以儒家为本位，从国家社会治理的角度，概述了当时“假今之世”但又不足以为治的学说流派，强调了儒家正确的道路，并深切指陈了儒家自身面临的流弊和现状。

需要特别注意的是，本篇将不足以为治的学说大致分为了三类，每类都有相对的两种情况，每种情况都列举了两个代表性人物，所以共有“六说十二子”。“六说”的第一类根本谈不上为治，“纵情性，安恣睢，禽兽行”，属混世之流，学说水平最低；“忍情性，綦谿利跂，苟以分异人为高”，刻意与社会表现出距离，当然也不能治理社会，且往往落于矫欺邀名。其余两类则可与谈社会治理。这两类也是相对的，第二类可概括为“不知”，第三类则近似为“知”。第二类分别是墨家和法家。墨家虽然“上功用、大俭约”，但“不知壹天下、建国家之权称”，“僈差等，曾不足以容辨异、县君臣”，此属不知而行；法家“尚法而无法，下修而好作”，“倜然无所归宿”，此属行而不知。第三类是名家和儒家的思孟学派。名家虽知察辩，但“不法先王，不是礼义”，“甚察而不急，辩而无用，多事而寡功”，属不法而知；思孟虽知“略法先王”，但又“不知其统”，“甚僻违而无类，幽隐而无说，闭约而无解”，此属知而不统。

根据以上分析，将那些着眼于世间但又不足以为治的学说概述为六家，在逻辑条理上是完备的。后世有些学者认为荀子但非“五说十子”，不包括子思、孟子，或许是未注意到“六说十二子”内在逻辑的完备性，所以即使第六家不是以子思、孟子为代表，按理也会存在这样一家“知而不统”的学说。文中一针见血地指出，“六说十二子”的根本不足是不知统类，多言而无法。儒家圣人“总方略，齐言行，壹统类”，则分别对治了上述三类情况。

假今之世，饰邪说，文奸言，以枭乱天下，矞宇嵬琐，使天下混然不知是非治乱之所存者有人矣①。

①假：借。　今之世：指战国时期。　假今之世：乘当今天下大乱

的时代。　饰、文：都是修饰的意思。　邪说、奸言：《非相》篇中说："凡言不合先王，不顺礼义，谓之奸言。"　枭（xiāo）：通"淆"，扰乱。　矞（jué）：同"谲"，欺诈。　宇：通"訏"，诡诈。　嵬（wěi）：怪僻，奸诈。　琐：细小，卑鄙。　矞宇嵬琐：指用说假话，使诡计和奸诈卑劣的手段扰乱天下。　混然：混乱的样子。　所存者：在那里。　人：指"饰邪说，文奸言"的人。　有人矣：大有人在。

纵情性，安恣睢，禽兽行，不足以合文通治①；然而其持之有故，其言之成理，足以欺惑愚众②。是它嚣、魏牟也③。

①纵：放纵。　安：安于，习惯。　恣睢（suī）：任意作为。　禽兽行：行为如同禽兽。　文：文饰，指礼义。　合文通治：符合礼义，达到国家的治理。

②有故：有根据。　成理：有条理。　这句意思是：然而他们说起自己那套道理来，有根有据，有条有理，足以欺骗那些愚人们。

③它嚣：人名，事迹不详。　魏牟：战国时魏国贵族，道家一派的学者。

忍情性，綦谿利跂，苟以分异人为高，不足以合大众、明大分①；然而其持之有故，其言之成理，足以欺惑愚众。是陈仲、史鰌也②。

①忍：强忍，抑制。　綦（qí）：极。　谿（xī）：深的意思。　利：通"离"。　跂：通"企"，立。　綦谿利跂：讲话极其深奥，行动离世独立。

分异人：与众不同。　荀以分异人为高：一心追求以与众不同为高明。　合：符合。　合大众：与大家打成一片。　明：明白。　大分：等级名分。　明大分：遵守等级名分。

②陈仲：又叫田仲、陈仲子，战国时齐国人，贵族出身。他离开富有食禄万钟的哥哥，靠织草鞋为生，以清高自居，所以荀子批评他。史鳝(qiū)：字子鱼，又叫史鱼，春秋时卫国大夫，他生前多次劝说卫灵公，没有被采纳，临死时，叫儿子不要把他的尸体装棺材，要实行“尸谏”。卫灵公知道后，对他大加赞扬，由此盗得声名。

不知壹天下、建国家之权称，上功用、大俭约而僈差等，曾不足以容辨异、县君臣①；然而其持之有故，其言之成理，足以欺惑愚众。是墨翟、宋钘也②。

①壹天下：统一天下。　权称：指准则，即礼。荀子在《富国》篇中说：“礼者，贵贱有等，长幼有差，贫富轻重皆有称者也。”　上：同“尚”，崇尚。　上功用：崇尚实际功用。　大俭约：重视节俭。　僈(màn)：轻视反对。　僈差等：反对等级差别。　辨异：区别。　县：通“悬”，悬殊，差别。　曾不足以容辨异、县君臣：意思是，以至于不能够容许人们之间有差别、君臣之间有等级区别。

②宋钘(xíng)：又叫宋荣子，战国时宋国人。

尚法而无法，下修而好作，上则取听于上，下则取从于俗，终日言成文典，反紃察之，则倜然无所归宿，不可以经国定分①；然而其持之有故，其言之成理，足以欺惑愚众。是慎到、田骈也②。

①尚法：推崇法治。　无法：没有准则。　修：指贤智。　下修：轻视贤智，《解蔽》篇中说：“慎子蔽于法而不知贤。”　好作：好另搞一套。　取听于上：听从君主的旨意。　取从于俗：随从社会上的习俗。　文典：指法律条文。　终日言成文典：整天讲述法律条文。　紃：同“循”。　反紃察：反复加以考察研究。　倜(tì)然：远离的样子。　归宿：结果，落脚点。　经国定分：治理国家，确定名分。

②田骈(pián)：战国时齐国人，道家代表之一。

不法先王，不是礼义，而好治怪说，玩琦辞，甚察而不急，辩而无用，多事而寡功，不可以为治纲纪[①]；然而其持之有故，其言之成理，足以欺惑愚众。是惠施、邓析也[②]。

①不是礼义：反对礼义。　治：钻研。　玩：玩弄。　琦：通“奇”，奇怪。　甚：很。　察：明察，精细。　急：原为“惠”，据《天论》“不急之察”文义改。　甚察而不急：十分精细，但不合急需。　辩而无用：说得头头是道，但无实际效用。　多事而寡功：做了很多事，但成效很少。　不可以为治纲纪：不可以作为治理国家的原则。

②惠施：战国时宋国人，名家的主要代表之一。　邓析：春秋时郑国人，刑名学家。

略法先王而不知其统，然而犹材剧志大，闻见杂博[①]。案往旧造说，谓之五行，甚僻违而无类，幽隐而无说，闭约而无解[②]。案饰其辞而祗敬之曰：此真先君子之言也[③]。子思唱之，孟轲和之，世俗之沟瞀儒嚾嚾然不知其所非也，遂受而传之，以为仲尼、子弓为兹厚于后世。是则子思、孟轲之罪也④。

①略：粗略。 统：纲领。 然而犹：原为“犹然而”，据宋本改。 材：通“才”。 材剧志大：才多而志大。 杂博：杂多广泛。这句意思是：粗略地效法先王，而不知道先王的根本纲领，然而却装出一副好像很有才能很有志向、知识多广的样子。

②案：同“按”，根据。 往旧：古代。 造说：臆造一种邪说。五行：即五常，指仁、义、礼、智、信。 僻违：邪僻。 无类：没有统类。 幽隐而无说：隐晦而说不出什么理由。 闭约而无解：晦涩而不可理解。

③案：语助词。 其：指子思、孟子一类人。 祇（zhī）敬：恭恭敬敬。 先君子：指孔子。 这句意思是：修饰他们的言辞，而且十分恭敬地说，这真正是先君子（孔子）的言论。

④子思：姓孔名伋，孔子的孙子，儒家代表之一。 孟轲：战国中期邹国人，子思学生的学生，儒家代表之一。 世俗：社会上。 沟瞀（mào）：无知。“瞀”前原衍“犹”字，据《儒效》“愚陋沟瞀”文义删。 嚾嚾（huān）然：吵吵嚷嚷的样子。 不知其所非：不知道他们所说的是不对的。 遂：于是。 受：接受。 仲尼：即孔子。 子弓：一说是仲弓，即孔子的门徒冉雍；一说是馯臂子弓，战国时一个讲《周易》的学者。原为“子游”，据下文文义改。 兹：此，指子思、孟子的所做所为。厚于后世：被后世所推崇。 是则：这就是。

若夫总方略，齐言行，壹统类，而群天下之英杰而告之以大古，教之以至顺①；奥窔之间，簟席之上，敛然圣王之文章具焉，佛然平世之俗起焉②；六说者不能入也，十二子者不能亲也③；无置锥之地，而王公不能与之争名；在一大夫之位，则一君不能独畜，一国不能独容④；成名况乎诸侯，莫不愿以为臣⑤。是圣人之不得势者也，仲尼、子弓是也⑥。

①若夫：至于。　总方略：总括治国的方针、策略。　齐：整齐。　齐言行：统一人们的言论、行动。　壹统类：统一治事的纲纪。群：聚集。　大（tài）古：指古代帝王的业迹。　至顺：最高的治国道理。

②奥窔（yǎo）：屋子的西南角叫奥，东南角叫窔。　奥窔之间：指在屋子里面。　簟（diàn）席：用竹制成的席。　敛然：聚集的样子。　圣王之文章具焉：圣王的典章制度具备了。　佛（bó）然：勃然兴起的样子。　平世之俗起焉：使社会安定的风俗兴起了。

③六说者：即魏牟、墨翟、孟子、田骈、邓析、史鳍等六家的学说。　入：侵入。　十二子：指魏牟、它嚣等十二人。　亲：接近。

④王公：指君主和诸侯等。　争名：争夺名望。　位：职位。畜：养。　容：容纳。

⑤成：通“盛”。　成名：盛名。　况：增益，超过。　莫不愿以为臣：君主没有不愿意他成为自己的臣子。

⑥这句意思是：这就是没有得到权势的圣人，仲尼、子弓就是这样的人。

一天下，财万物，长养人民，兼利天下，通达之属，莫不从服，六说者立息，十二子者迁化，则圣人之得势者，舜、禹是也①。

①财:同“裁”,管理、利用。　长养:养育。　兼利天下:使整个天下的人都得到好处。　通达之属:舟车所至,人迹所通的地方,指全天下。　莫不从服:没有不顺服的。　立息:立即被制止。　迁化:随着转变。荀子在这里假托舜、禹,勾划了一个“一天下,财万物”,普天之下“莫不从服”的大一统君主的形象。

今夫仁人也,将何务哉①?上则法舜、禹之制,下则法仲尼、子弓之义,以务息十二子之说,如是则天下之害除,仁人之事毕,圣王之迹著矣②。

①将何务哉:打算怎么做呢。

②制:制度。　务息:务必制止。　毕:完成。　迹:业迹。　著:显著。

信信,信也;疑疑,亦信也①。贵贤,仁也;贱不肖,亦仁也②。言而当,知也;默而当,亦知也③。故知默犹知言也④。故多言而类,圣人也⑤;少言而法,君子也⑥;多言无法而流湎然,虽辩,小人也⑦。故劳力而不当民务,谓之奸事⑧;劳知而不律先王,谓之奸心⑨;辩说譬谕,齐给便利,而不顺礼义,谓之奸说⑩。此三奸者,圣王之所禁也。知而险,贼而神,为诈而巧,言无用而辩,辩不急而察,治之大殃也⑪。行辟而坚,饰非而好,玩奸而泽,言辩而逆,古之大禁也⑫。知而无法,勇而无惮,察辩而操僻,淫太而用乏，好奸而与众，利足而迷，负石而坠，是天下之所弃也⑬。

①信信：相信应该相信的。　疑疑：怀疑应该怀疑的。　这句意思是：相信应该相信的，是诚实；怀疑应该怀疑的，也是诚实。

②贵贤：尊崇贤人。　贱：鄙视。　这句意思是：尊崇贤人，这就是仁；鄙视不贤的人，这也是仁。

③当：恰当。　知：通“智”，智慧。　默：沉默，不说话。

④知：懂得。　犹：犹如，好像。

⑤类：统类，这里指礼义。　这句意思是：所以，说得很多，而且都合乎礼义，这就是圣人。

⑥法：法则，准则。

⑦多言：原为“多少”，据《大略》篇改。　流湎：沉溺。　流湎然：指沉醉于“多言无法”的状况。　虽辩：虽然说得头头是道。

⑧劳力：费尽气力。　不当民务：不适合人民的正当事务。

⑨劳知：用尽心思。　律：效法，遵循。

⑩譬谕：比喻。　齐给便利：迅速敏捷。　不顺礼义：不遵守礼义。

⑪知而险：狡猾而阴险。　贼而神：为非作歹而变幻莫测。一说“神”当作“狠”。　为：同“伪”。　为诈而巧：虚伪奸诈而十分巧妙。　不急：原为“不惠”，据《天论》篇“无用之辩，不急之察，弃而不治”文义改。　言无用而辩，辩不急而察：意思是，言论没有实际效用，却讲得头头是道；谈论不合急需，却分析得很精细。　治之大殃：治理国家的最大灾祸。

⑫辟：通“僻”，邪。　行辟而坚：行为邪僻而顽固不化。　饰非而好：掩饰罪过而十分巧妙。　玩奸而泽：玩弄权术而非常圆滑。　言

辩而逆:说话头头是道而违反常理。　古之大禁也:这是古时特别禁止的。

⑬知而无法:聪明而不守法度。　勇而无惮:勇猛而肆无忌惮。察辩而操僻:考察事物很精细而行为邪僻。　淫太:同“淫汰”,奢侈浪费。　淫太而用乏:奢侈以至于费用贫乏。“乏”原为“之”,据文义改。　与:党与。　好奸而与众:喜欢干坏事而且党羽很多。　利足:走捷径。　利足而迷:贪图便利而陷入迷途。　负石而坠:窃取重位而跌入深渊。　弃:抛弃,厌弃。

兼服天下之心:高上尊贵不以骄人,聪明圣智不以穷人,齐给速通不以先人,刚毅勇敢不以伤人①。不知则问,不能则学,虽能必让,然后为德②。遇君则修臣下之义,遇乡则修长幼之义,遇长则修子弟之义,遇友则修礼节辞让之义,遇贱而少者则修告导宽容之义③。无不爱也,无不敬也,无与人争也,恢然如天地之苞万物④。如是则贤者贵之,不肖者亲之⑤。如是而不服者,则可谓訞怪狡猾之人矣,虽则子弟之中,刑及之而宜⑥。《诗》云:“匪上帝不时,殷不用旧。虽无老成人,尚有典刑。曾是莫听,大命以倾⑦。”此之谓也。

①兼服天下之心:使天下人民都心悦诚服的方法。　高上尊贵不以骄人:不因为职位高上身份尊贵而傲视别人。　穷人:使人难堪。　齐给速通:口才流利,反应敏锐。　不以先人:不因此而与人争先。“以”原为“争”,据上下文句例改。

②让:谦让。　虽能必让:虽然有才能,但一定谦让。　为:成,实现。　德:品德,指言论行动符合政治、道德要求的品德。

③修:讲求,实行。　乡:乡亲。　贱而少者:身份低贱而又辈分小的人。　告导:劝告,诱导。

④无与人争也:不同他人相争。　恢然:广大的样子。　苞:同“包”。　恢然如天地之苞万物:心胸如同天地能包容万物那样广大。

⑤贵:敬重。　这句意思是:如果这样,贤人就会敬重他,不贤的人也会来亲近他。

⑥訞:同“妖”。　子弟:泛指自己的亲属。　宜:适宜。　这句意思是:如果这样,还有不顺服的人,那么就是所谓为非作歹、十分狡猾的人了,即使是自己的亲属,处以刑罚也是应当的。

⑦匪:不。　时:通“是”,正确。　旧:指先王之道。　老成人:指象伊尹(商汤王的相)那样的人。　典刑:指可效法的法度和事例。　曾:乃。　大命:指国家的命运。　这几句诗的意思是:“不是老天爷的过错,而是因为殷纣王抛弃先王之道。当时虽然没有像伊尹这样的‘老成人’,也还是有各种法度和事例可以效法的。但是,殷纣王没有按这些去做,终于使商朝毁灭。”(见《诗经·大雅·荡》)

古之所谓仕士者,厚敦者也,合群者也,乐可贵者也,乐分施者也,远罪过者也,务事理者也,羞独富者也①。今之所谓仕士者,污漫者也,贼乱者也,恣睢者也,贪利者也,触抵者也,无礼义而唯权势之嗜者也②。古之所谓处士者,德盛者也,能静者也,修正者也,知命者也,箸是者也③。今之所谓处士者,无能而云能者也,无知而云知者也，利心无足而佯无欲者也，行伪险秽而强高言谨悫者也，以不俗为俗，离纵而跂訾者也④。

①仕士：做官的人，原为"士仕"，据文义改。下同。　厚敦：老实忠厚。　合群：和群众在一起。　乐可贵：指注重道德。原为"乐富贵"，据上下文义改。　乐分施：愿意给人恩惠。　远罪过：远离罪过。　务事理：研究事物的道理。　羞独富：以个人独自富有为耻辱。

②污漫：欺骗，诳诈。　贼乱：为非作歹，破坏捣乱。　恣睢：放纵情性。　贪利：贪图私利。　触抵：触犯法令。　唯：唯独。　权势之嗜：贪图权势。

③处士：隐士，无官职的人。　德盛：道德高尚。　能静：指安于自己的地位。　修正：行为端正。　知命：懂得大道理。　箸(zhù)：同"著"，显扬。　箸是：宣扬正确的主张。一说，"是"当作"定"，意思是有主见。

④无能而云能：没有才能而自吹有才能。　利心无足：贪得无厌。　佯：假装。　伪：同"为"。　行伪险秽(huì)：行为阴险肮脏。　强高言：硬要自我吹嘘。　谨悫(què)：谨慎诚实。　以不俗为俗：以不合于社会上一般的流俗，作为自己的习俗，即自命清高的意思。　纵：同"踪"，车迹。　离纵：指离开正道。　跂(qǐ)：抬起脚后跟。　訾(zǐ)：通"趾"，脚尖着地。　跂訾：这里指显示自己与众不同。

士君子之所能不能为：君子能为可贵，不能使人必贵己①；能为可信，不能使人必信己②；能为可用，不能使人必用己③。故君子耻不修，不耻见污④；耻不信，不耻不见信⑤；耻不能，不耻不见用⑥。是以不诱于誉，不恐于诽，率道而行，端然正己，不为物倾侧，夫是之谓诚君子[⑦]。《诗》云："温温恭人，维德之基[⑧]。"此之谓也。

①能不能为：能做到的和不能做到的。　能为可贵：能够做到道德高尚。　使人必贵己：要求别人必须尊重自己。

②能为可信：能做到讲信用。　信己：相信自己。

③能为可用：能具备可以被任用的才能。

④修：善，这里指品德高尚。　耻不修：以自己品德不好为耻。不耻见污：不怕被别人污蔑。

⑤耻不信：以自己不讲信用为耻。　不见信：不被别人信任。

⑥不能：没有才能。　不见用：不被任用。

⑦是以：所以。　不诱于誉：不被荣誉所引诱。　不恐于诽：不被别人诽谤所吓倒。　率：遵循。　道：指政治、思想的总原则。　端然正己：严肃地端正自己的言论、行为。　物：外界事物。　倾侧：倾斜，这里指动摇。　诚：名符其实。

⑧这两句诗的意思是："多么宽柔恭敬的人啊，这是道德的基础。"（见《诗经·大雅·抑》）荀子引这首诗是为了说明实行道德修养的必要性。

士君子之容：其冠进，其衣逢，其容良[①]；俨然，壮然，祺然，蕼然，恢恢然，广广然，昭昭然，荡荡然，是父兄之容也[②]。其冠进，其衣逢，其容悫；俭然，恀然，辅然，端然，訾然，洞然，缀缀然，瞀瞀然，是子弟之容也[③]。

①容：容貌。　进：通"峻"，高。　冠进：帽子高。　衣逢：衣服宽

大。 容良:面容温和。

②俨然:庄重的样子。 壮然:严肃而不可侵犯的样子。 祺然:安祥的样子。 蕼(sì)然:宽舒的样子。 恢恢然,广广然:心胸宽广、无所不容的样子。 昭昭然,荡荡然:明朗、坦率的样子。

③容悫:态度朴实。 俭然:自谦的样子。 恀(chǐ):通"姼" 恀然:美好的样子。 辅然:亲近的样子。 端然:正直的样子。 訾(zī):通"孳"。 訾然:勤勉的样子。 洞然:恭敬的样子。 缀缀然:不背离的样子。 瞀瞀然:不敢正视的样子。

吾语汝学者之嵬容:其冠俛,其缨禁缓,其容简连[①];填填然,狄狄然,莫莫然,瞡瞡然,瞿瞿然,尽尽然,盱盱然[②]。酒食声色之中则瞒瞒然,瞑瞑然[③];礼节之中则疾疾然,訾訾然[④];劳苦事业之中则儢儢然,离离然[⑤]。偷儒而罔,无廉耻而忍謑詢[⑥]。是学者之嵬也。

①吾语汝:我告诉你。 学者:泛指知识分子。 嵬容:丑态。 俛(fǔ):低俯。原为"絻",据杨倞注改。 冠俛:把帽子戴得低而前倾。 缨:帽带。 禁:通"约",腰带。 缨禁缓:帽带和腰带系得特别松。 简连:傲慢的样子。

②填填然:行动迟钝的样子。 狄:通"趯",跳跃。 狄狄然:不稳重的样子。 莫莫然:沉默寡言的样子。 瞡瞡(guī)然:见识短浅的样子。 瞿瞿然:惊慌失措的样子。 尽尽然:消沉沮丧的样子。 盱盱(xū)然:直目瞪眼的样子。

③瞑:通"湎",沉湎。 瞒瞒然,瞑瞑然:沉醉迷乱的样子。

④疾疾然:憎恶的样子。 訾訾然:骂骂咧咧的样子。

⑤儢儢(lǔ)然:怠慢的样子。 离离然:不愿亲自动手的样子。

⑥儒:通“懦”。 偷儒而罔:懒惰恶劳而不怕别人议论。 忍謑訽(xī gòu):忍受污辱和谩骂。

弟佗其冠,神禫其辞,禹行而舜趋,是子张氏之贱儒也①。正其衣冠,齐其颜色,嗛然而终日不言,是子夏氏之贱儒也②。偷儒惮事,无廉耻而耆饮食,必曰君子固不用力,是子游氏之贱儒也③。

①弟佗:颓唐的意思。 弟佗其冠:帽子戴的歪歪斜斜。 神禫:通“冲淡”。 神禫其辞:说话平淡无味。 禹行:传说禹因长期治水,使腿脚成疾,行走不便。 舜趋:据说舜在他父母面前总是低头快走,表示孝敬。 禹行而舜趋:这里指装出一副禹、舜的样子。 子张:姓颛孙,名师,字子张,春秋时陈国人,孔子的门徒。 贱儒:低贱的儒。

②正其衣冠:衣冠整齐。 齐其颜色:表情庄重。 嗛(qiǎn):不足。 嗛然:这里指装出一副谦虚的样子。 子夏:姓卜,名商,字子夏,春秋时晋国人,孔子的门徒。

③偷儒惮事:懒惰恶劳,胆小怕事。 耆:同“嗜”,贪欲。 必曰:总是说。 固不用力:本来就不用劳动,不用干事。 子游:姓言,名偃,字子游,春秋时吴国人,孔子的门徒。

彼君子则不然①。佚而不惰,劳而不僈,宗原应变,曲得其宜,如是然后圣人也②。

①彼:那些。 则不然:却不是这样。

②佚:同“逸”。 佚而不惰:虽然安逸而不懒惰。 優:同“慢”。劳而不優:虽然劳累也不懈怠。 原:治国的根本原则。 宗原应变:遵守根本原则,又能适应情况的变化。 曲:委曲,全面。 曲得其宜:各方面都做得恰当。

七 仲 尼

【说明】齐桓公与管仲，九合诸侯，一匡天下，成就了春秋时的霸业，是君臣关系的历史典范。本篇借助对齐桓公霸业的讨论，简要阐明了儒家所称的圣王是怎样做到天下为一的，所称贤相是怎样立身行事的。

齐桓公虽以大知、大决、大节成就霸业，“然而仲尼之门，五尺之竖子，言羞称乎五伯”，原因在于“诈心以胜矣，彼以让饰争，依乎仁而蹈利者也”，只能算是“小人之杰”。圣王则不然，“致贤而能以救不肖，致强而能以宽弱”，羞斗而以文示天下。圣王务得其道，诛罚极少，故能“百里地而天下一”。

贤相对待君上、同僚，能行“天下之行术”，事“天下之通义”，所以能“持宠、处位”而终身不厌，“善处大重、任大事，擅宠于万乘之国”，而必无后患。

仲尼之门，五尺之竖子，言羞称乎五伯①。是何也？曰：然，彼诚可羞称也②。齐桓，五伯之盛者也，前事则杀兄而争国③；内行则姑、姊、妹之不嫁者七人，闺门之内，般乐、奢汰，以齐之分奉之而不足④；外事则诈邾袭莒，并国三十五⑤。其事行也若是其险污、淫汰也，彼固曷足称乎大君子之门哉⑥！

①仲尼：即孔子。　门：门下，指学生和周围的人。“门”字后原有“人”字，据《昭明文选》注引文删。　竖子：指少年儿童。　言：言谈。　伯：同“霸”。　五伯：荀子指的是齐桓公、晋文公、楚庄王、吴王阖闾、越王勾践（参见《王霸》篇）。　言羞称乎五伯：言谈中耻于谈论五霸。

②然：对的，是的。　彼：代词，指五霸。　这句意思是：为什么这样说呢？回答说：是啊，他们确实有使人耻于称述的地方。

③齐桓：即齐桓公。春秋五霸之一。　盛：强盛。　前事：指未称霸以前所做的事情。　杀兄而争国：指齐桓公为了争当国君而威逼鲁国杀死其兄公子纠一事。

④内行：在家庭内的所作所为。　闺门：古代指内室的门。　闺门之内：这里指家庭内的私生活。　般（pán）乐：过分玩乐。　汰（tài）：通“泰”。　奢汰：奢侈。　分：指一半。　齐之分：齐国收入的一半。　这句意思是：齐桓公在家庭内的所作所为是，姑姑、姊姊、妹妹，有七个人没有出嫁，私生活又贪图玩乐，奢侈浪费，以至用齐国收入的一半供养他还不够。

⑤外事：处理外部事务。　邾（zhū）：春秋国名，在今山东省邹县一带。　诈邾：此事不详。　莒（jǔ）：春秋国名，在今山东省莒县一带。

袭莒：指齐桓公曾与管仲策谋袭击莒国一事。　并：吞并。

⑥曷(hé)：何，怎么。　大君子：指孔子。　这句意思是：他的所作所为是这样阴险肮脏、骄淫奢侈，他哪里够得上在大君子门下称道呢！

若是而不亡，乃霸，何也①？曰：於乎！夫齐桓公有天下之大节焉，夫孰能亡之②！倓然见管仲之能足以托国也，是天下之大知也③。安忘其怒，出忘其雠，遂立以为仲父，是天下之大决也④。立以为仲父，而贵戚莫之敢妬也⑤；与之高、国之位，而本朝之臣莫之敢恶也⑥；与之书社三百，而富人莫之敢距也⑦；贵贱长少，秩秩焉，莫不从桓公而贵敬之⑧。是天下之大节也。诸侯有一节如是，则莫之能亡也；桓公兼此数节者而尽有之，夫又何可亡也⑨？其霸也，宜哉！非幸也，数也⑩。

①若是：像这样。　乃：仍然，却。　何也：这是什么原因。

②於乎：即“呜呼”，感叹词。　大节：基本准则。这里主要指能任用贤人。　孰：谁。

③倓(tán)然：毫不怀疑的意思。　管仲：春秋时齐国人，名夷吾，字仲，著名的法家先驱。　托国：把国家托付给他。　知：同“智”。这句意思是：齐桓公毫不怀疑管仲的治国才能，完全可以把整个国家托付给他，这就是天下的大智啊！

④安：语助词。　雠：同“仇”。　出忘其雠：忘掉了他的仇恨。指齐桓公不计较管仲曾帮助公子纠用箭射他之事。　遂：于是。　仲

父:古代称父亲的大弟为仲父,齐桓公立管仲为仲父是对他的尊敬。　决:决断。

⑤贵戚:指齐桓公的近亲们。　莫之:没有人。下同。　妬:同“妒”,嫉妒。　这句意思是:齐桓公尊管仲为仲父而他的亲属中没有人敢嫉妒。

⑥高、国:都是姓氏,高氏、国氏,世代都是齐国的上卿。　与之高、国之位:意思是,给他像高氏、国氏这样上卿的职位。　本朝之臣:指齐桓公时朝廷上的大臣们。　恶:厌恶,这里指不满。

⑦社:二十五家为一社。　书社:把社中的人名写在册子上。　与之书社三百:即封给管仲七千五百户的人家。　距:通“拒”,抗拒。

⑧秩秩:秩序井然的样子。　从:服从,顺从。　这句意思是:贵贱长少都非常有秩序地随从齐桓公去尊敬管仲。

⑨一节:指“大知”、“大决”等大节之一。　数节:指具备“大知”、“大决”等。

⑩宜:合适。　幸:通“倖”,侥幸。　数:指一定的道理。　这句意思是:齐桓公成为霸主是合适的,他不是侥幸取得的,而是符合一定的道理的。

然而仲尼之门,五尺之竖子,言羞称乎五伯,是何也?曰:然,彼非本政教也,非致隆高也,非綦文理也,非服人之心也①。乡方略,审劳佚,畜积、修斗而能颠倒其敌者也②。诈心以胜矣,彼以让饰争,依乎仁而蹈利者也,小人之杰也。彼固曷足称乎大君子之门哉③!

①致:通“至”,极。　隆高:崇高,指推崇礼义。　綦(qí):极。

文理：指礼义制度完备。 服：使顺服。 这句意思是：回答说，是啊，因为他们（指五霸）不是把政治教化作为根本，不是极其推崇礼义，不是把礼义制度搞得极有条理，没有使人们心服。

②乡：通“向”，这里是注重的意思。 方略：指方针策略。 审：察，这里是注意的意思。 佚：同“逸”。 畜积：积蓄物资。 修斗：加强战备。 颠倒：打败。 这句意思是：但是，他们重视方针策略，注意合理安排劳和逸，积蓄物资，加强战备，而能以此打败他们的敌人。

③诈心：这里指使用计谋。 饰：掩饰。 依：依靠，假借。 蹈：实行。 小人：品德卑劣的人。 杰：豪杰。 这句意思是：他们是以使用计谋来取胜的，是以谦让来掩饰争夺的，是表面上标榜仁而实际上是为了取利的，他们只是小人中的杰出者，哪里够得上在大君子的门下称道呢！

彼王者则不然：致贤而能以救不肖，致强而能以宽弱，战必能殆之而羞与之斗，委然成文以示之天下，而暴国安自化矣，有灾缪者然后诛之①。故圣王之诛也，綦省矣②。文王诛四，武王诛二，周公卒业，至于成王则安无诛矣③。故道岂不行矣哉④！文王载之，百里地而天下一；桀纣舍之，厚于有天下之势而不得以匹夫老⑤。故善用之，则百里之国足以独立矣；不善用之，则楚六千里而为雠人役⑥。故人主不务得道而广有其势，是其所以危也⑦。

①王者：荀子理想中能实现统一的君主。 救：扶助，帮助。 不肖：不贤。 宽：宽容。 殆：危害。 殆之：指打败它。 委：通

“緌”，形容很有文彩。　成文：礼法制度完备。　自化：自然转变。　灾：为害。　缪：通“谬”，欺诈。　这句意思是：那王者就不是这样。自己最贤而能够帮助不贤的人，自己最强而能够宽容弱者，一开战即能打败敌国，但耻于去和那些国家斗，把完备的礼法制度公布于天下，暴国就会自然转变，只是对那些有危害和欺诈行为的国家才加以消灭。

②綦省：极少。

③文王诛四：指文王时，周曾灭掉密、阮、共、崇四个小国。这四国都在今甘肃、陕西一带。　武王诛二：指周武王灭掉商朝和奄国（古国名，在今山东曲阜附近）。　周公：即周公旦，武王的弟弟，西周初著名政治家。　卒业：指完成了文王、武王的事业。　至：到。　成王：周武王的儿子。　无诛：原为“无以诛”，据《大略》篇改。

④道：治国的道理。　这句意思是：所以，这哪里是治国之道停止不行了呢！

⑤载：用。　之：指“道”，原脱，据文义补。　百里地：形容国家地域很小。　势：权势。　匹夫：指普通老百姓。　老：寿终，老死。　这句意思是：周文王遵循道，虽然国家很小，但能使天下统一；桀纣抛弃了道，虽然掌握着统治天下的大权，却不能像普通老百姓那样得以寿终。

⑥善用之：指善于运用治国之道。　楚：春秋战国时国名，在今湖北和湖南北部。　六千里：泛指楚国国土广大。　雠人：仇人，这里指秦国。楚怀王死在秦国，而怀王的儿子襄王又被秦国所控制，因此楚视秦为仇人。　役：役使，这里指楚国为秦国所役使。

⑦这句意思是：因此，君主不致力于掌握治国之道，而只求拥有很大的权势，这就是他所以危险的原因。

持宠、处位、终身不厌之术[①]：主尊贵之，则恭敬而僔[②]；主信爱之，则谨慎而嗛[③]；主专任之，则拘守而详[④]；主安近之，则慎比而不邪[⑤]；主疏远之，则全一而不倍[⑥]；主损绌之，则恐惧而不怨[⑦]。贵而不为夸；信而不处谦；任重而不敢专[⑧]；财利至则善而不及也，必将尽辞让之义然后受[⑨]；福事至则和而理，祸事至则静而理，富则施广，贫则用节[⑩]，可贵可贱也，可富可贫也。可杀而不可使为奸也[⑪]。是持宠、处位、终身不厌之术也。虽在贫穷徒处之势，亦取象于是矣，夫是之谓吉人[⑫]。《诗》曰："媚兹一人，应侯顺德。永言孝思，昭哉嗣服[⑬]。"此之谓也。

①持宠：保持尊宠。　处位：处在这个职位，引申为保持职位。　不厌：不让人家厌弃。　术：方法。

②主：君主，下同。　僔（zǔn）：通"撙"，谦让。　这句意思是：君主尊重你，你就要恭敬而谦让。

③信爱：信任喜爱。　嗛：同"谦"，谦虚。

④专任之：指把一件事完全委托给他。　拘守：小心谨慎地守职。　详：周到，指熟悉各方面的情况。

⑤安近：亲近。　比（bǐ）：靠近、顺从。　慎比：小心地顺从。　不邪：不搞歪邪，指不谄媚。

⑥全一：保持一心一意，指保持对君主的忠心。　倍：通"背"，背叛。

⑦损：贬职。　绌：通"黜"（chù），罢免。

⑧夸：自高自大。　谦：通"嫌"，嫌疑。　这句意思是：地位高贵

而不自高自大，得到君主信任时不做受人嫌疑的事，担负重任而不独断专行。

⑨善：好，这里指功绩。　不及：达不到。　义：礼节。　这句意思是：得到财利奖赏，应当认为自己的功绩远远比不上应受的奖赏，必须尽了辞让之礼，然后再接受。

⑩和：和谐，适当。　理：治，对待。　福事至则和而理：福事到了就适当地对待它。　静：冷静。　施广：广泛施行恩惠。　用节：节省费用。

⑪奸：虚伪狡诈。　可杀而不可使为奸也：宁可杀身而不能使自己去做奸诈的事。

⑫徒：独。　徒处：独处。　势：这里指地位。　取象：效法。　是：代词，指持宠、处位，终身不厌之术。　吉：吉祥。　这句意思是：即使处在贫穷孤独的地位，也要按照这个方法去做，这就可称为吉祥的人。

⑬媚：爱。　兹：此，这。　一人：指天子，这里指周武王。　应：当。　侯：语助词。　顺：遵循。　昭：明。　嗣：继承。　服：事，这里指武王继承文王伐纣的事业。　这几句诗的意思是："这位可爱的天子，能够遵循祖上的德行。永远想着孝敬祖先，很明白要继承祖先的事业。"(见《诗经·大雅·下武》)荀子引这首诗，是为了论述臣对于君的态度，应当像子孙对祖先的事业那样绝对忠诚。

求善处大重、任大事，擅宠于万乘之国，必无后患之术：莫若好同之，援贤博施，除怨而无妨害人[①]。能耐任之，则慎行此道也[②]；能而不耐任，且恐失宠，则莫若早同之，推贤让能，而安随其后③。如是，有宠则必荣，失宠则必无罪④。是事君者之宝而必无后患之术也。故知者之举事也，满则虑嗛，平则虑险，安则虑危，曲重其豫，犹恐及其祸，是以百举而不陷也⑤。孔子曰："巧而好度，必节；勇而好同，必胜；知而好谦，必贤⑥。"此之谓也。愚者反是：处重擅权，则好专事而妬贤能；抑有功而挤有罪，志骄盈而轻旧怨；以恡啬而不行施道乎上，为重招权于下以妨害人。虽欲无危，得乎哉⑦？是以位尊则必危，任重则必废，擅宠则必辱，可立而待也，可炊而僓也，是何也？则堕之者众而持之者寡矣⑧。

①处大重：保持高的职位。　任大事：掌握重要的权力。"任"字前原衍"理"字，据文义删。　擅：专。　乘：四匹马套的车为一乘。万乘之国：形容强大的国家。　援：引荐，推举。　这句意思是：寻求妥善保持高的职位，掌握重要的权力，能够在万乘之国中专权，而绝不会发生后患的方法，最好是善于跟人合作，推举贤人，广施恩惠，消除怨恨而又不妨害别人。

②能：能力，才能。　耐：通"能"，能够。　能耐任之：有能力能够胜任。　此道：指上文所讲的"术"。

③推：推举。　其：代词，指贤人。　这句意思是：如果自己的能力不能够胜任，而且怕一旦得不到君主的宠信，那最好是及早地与人合作，推举贤人，让位给有才能的人，而自己心甘情愿跟随着他们。

④荣：荣耀。

⑤举事：办事。　嗛：通"歉"，不足。　满则虑嗛：富裕时要考虑

到有不足的时候。　平：安定。　险：不安定。　安：安全。　危：危险。　曲：周全。　豫：通“预”，预防。　曲重其豫，犹恐及其祸：周全慎重地做好预防，还担心会遭到祸害。　百举：形容办很多的事情。　不陷：不会有过失。

⑥这句意思是：孔子说：“灵巧而又遵守法度，一定能节制自己的行动；勇敢而又善于跟别人合作，一定能胜任大事；知识渊博而又谦虚，一定有好的道德品质。”

⑦专事：独断专行。　抑：压抑。　挤：排挤。　轻旧怨：轻视过去怨恨自己的人。　悋啬：同“吝啬”，小气。　为重：作威作福。　招权：招揽权力。　这句意思是：愚蠢的人完全反其道而行之：他们掌握重要职位独揽大权时，就好独断专行而嫉妒那些有品德有才能的人；压抑有功劳的人，排挤犯过罪的人；骄傲自满而轻视自己过去结下的怨恨；在上则吝啬而不肯行施恩惠，在下则作威作福，独揽权势而妨害别人。这样的人想要没有危险，可能吗？

⑧位尊：职位高贵。　傹：通“竟”，完结。　堕：毁。　持：扶持。　这句意思是：因此，这种人职位高就必定会有危险，权力重就必定会丧失，受到宠信就必定会有耻辱，这些都是立刻会到来的，只要一顿饭的功夫就会完结。这是为什么呢？因为损毁他的人多，而扶持他的人少。

天下之行术，以事君则必通，以为仁则必圣①。立隆而勿贰也，然后恭敬以先之，忠信以统之，慎谨以行之，端悫以守之，顿穷则疾力以申重之②。君虽不知，无怨疾之心；功虽甚大，无伐德之色；省求多功，爱敬不倦；如是则常无不顺矣③。以事君则必通，以为仁则必圣，夫是之谓天下之行术。

①行：通行。 行术：处处行得通的办法。 通：通达，指地位显赫。 为：做。 仁：通"人"。 圣：圣贤。

②隆：高，指礼法。 立隆：确立以礼法为最高标准。 勿贰：不动摇。 先：引导。 之：代词，指礼义。 然后恭敬以先之：然后用恭敬的态度作为先导。 统：贯穿。 端悫(què)：正直诚实。 守：维护，坚持。 顿穷：处境不好。 疾力：勉力。"疾"前原衍"从之"二字，据元刻本删。 申重：反复强调，表示重视。

③君虽不知：君主虽然不了解自己，不重用自己。 怨疾：怨恨。 伐：自夸。 伐德之色：自夸功劳的表情。 省求多功：要求少而功劳多。 如是则常无不顺矣：像这样就不会经常碰到不顺利的事情。

少事长，贱事贵，不肖事贤，是天下之通义也①。有人也，势不在人上，而羞为人下，是奸人之心也②。志不免乎奸心，行不免乎奸道，而求有君子、圣人之名，辟之是犹伏而咶天，救经而引其足也，说必不行矣，俞务而俞远③。故君子时诎则诎，时伸则伸也④。

①通义：普遍的原则。

②奸人：指破坏统治秩序的人。

③不免：没有除掉。 名：名声。 辟：通"譬"，譬喻。 伏：趴在地下。 咶：通"舐"。 经：上吊。 引：拉。 俞：通"愈"。 这句

意思是：思想上保留着反对礼义的念头，行为上也干的是反对礼义的那一套，却想追求君子、圣人的名声，这就好比是趴在地下想舐天，救上吊的人而拉他的脚，这是明摆着行不通的，这是愈离愈远。

④诎：通“屈”。　这句意思是：所以君子要根据时代的情况而采取相应的行动。

八　儒　效

【说明】本篇主要讨论的是儒对国家社会的作用，故名“儒效”。

儒家理想中的思想家称为圣人，政治家称为大儒，既为圣人又为大儒的周公是儒家为学和为政的典范。本篇通过秦昭王与荀子之间的问答，阐述了“儒”的内涵是“法先王，隆礼义，谨乎臣子而致贵其上者也”，所以不论是否被任用，为人下还是为人上，儒都能有益于国。

儒践行的是先王之道和礼义（为学），遵守礼法之“分”，“谲德而定次，量能而授官”，使人各得其所（为政）。凡事行、知说，儒皆以“有益于理”为准绳。儒之为学，“务修其内而让之于外，务积德于身而处之以遵道”，故能得“贵名”；为政，则“分不乱于上，能不穷于下”，此为“治辩之极也”。

荀子以儒家为本位，从为学和为政两个层面，先后按先王礼义和人性两个相对的取向对不同德能的人进行了分类说明：

在为学上，按践行先王礼义、积德遵道的程度，可将人分为民、士、君子和圣人；在为政上，则可分为俗人、俗儒、雅儒和大儒。文中重点介绍了圣人之德和大儒之效。

在为学上，结合师法和人性的关系，按化性成积的程度，可将人分为君子和小人；在为政上，则可分为众人、小儒和大儒。不论是为学还是为政，“君子言有坛宇，行有防表，道有一隆”，是“谨注错，慎习俗，大积靡”的必然要求。

大儒之效：武王崩，成王幼，周公屏成王而及武王以属天下，恶天下之倍周也①。履天子之籍，听天下之断，偃然如固有之，而天下不称贪焉②；杀管叔，虚殷国，而天下不称戾焉③；兼制天下，立七十一国，姬姓独居五十三人，而天下不称偏焉④。教诲开导成王，使谕于道，而能揜迹于文、武⑤。周公归周，反籍于成王，而天下不辍事周，然而周公北面而朝之⑥。天子也者，不可以少当也，不可以假摄为也⑦；能则天下归之，不能则天下去之⑧。是以周公屏成王而及武王以属天下，恶天下之离周也⑨。成王冠，成人，周公归周反籍焉，明不灭主之义也⑩。周公无天下矣。乡有天下，今无天下，非擅也；成王乡无天下，今有天下，非夺也：变势次序节然也⑪。故以枝代主而非越也，以弟诛兄而非暴也，君臣易位而非不顺也⑫。因天下之和，遂文、武之业，明枝主之义，抑亦变化矣，天下厌然犹一也⑬。非圣人莫之能为，夫是之谓大儒之效⑭。

①效：功效、作用。　崩：死，古代称君主的死叫崩。　周公：名旦，文王的儿子，武王的弟弟，曾帮助武王伐纣；武王死后，辅助成王治理国家。　屏（bǐng）：屏弃。　屏成王：撇开成王。　及：继承。　属：统属，统治。　恶（wù）：憎恨、讨厌。这里是唯恐、担心的意思。下同。　倍：通“背”，背叛。

②履（lǚ）：践，登上。　籍：位。　听天下之断：处理天下的政事。　偃（yǎn）然：安然。　偃然如固有之：这王位如同本来就有的，安然处之。　称：说。　贪：贪欲。

③管叔：周公旦的哥哥，他鼓动殷朝的遗民发动叛乱，图谋推翻周公的统治，被周公所杀。　虚：同“墟”，荒废的意思。　虚殷国：使殷国成为废墟。周公平定了叛乱以后，把殷的遗民迁到洛邑，使原来的殷都成为废墟。　戾（lì）：残暴。

④兼制：全面统治。　姬姓：姓姬的，周文王的家族。　偏：不公正。

⑤谕（yù）：知道，明白。　道：这里指治理国家的根本原则。　揜（yǎn）：承袭。　揜迹：继承前人的事业。　文、武：周文王、周武王。

⑥归周：把周的天下归还给成王。　反籍：归还天子的王位。　不辍（chuò）：不停止。　事：侍奉。　北面而朝之：古时帝王位置面向南，臣子朝拜他面向北，这里指周公回到臣的位置上。

⑦以少当：由年幼的人担当。　假摄（shè）：代行职权。　不可以

假摄为也：天子的职权是不可以由别人代理去做的。

⑧能：胜任。 能则天下归之：能胜任天子的人，天下的人就归顺他。 去：背离。

⑨是以：所以，因此。 这句意思是：因此周公撇开成王，而自己继承武王来统治天下，是怕天下的人背叛周朝。

⑩冠（guàn）：古代男子二十岁时施行加冠礼，表示成人。 主：这里的“主”与下文的“枝”相对，指嫡长子。 义：道理。

⑪乡：通“向”，往日，以前。下同。 擅：通“禅”，让位。 变势次序：地位次序的变化。 节然：恰好这样。

⑫枝：支子，指嫡长子以外的儿子。周公是武王的弟弟，所以称他为枝子。 越：越礼，超出本分。 易：变换。

⑬因：凭借。 天下之和：天下安定的局面。 遂（suì）：完成。 明枝主之义：表明枝子和嫡长子之间的大义。 抑：转折连词，“却”、“虽然”的意思。 抑亦变化矣：虽然有这样的变化。 厌然：安然，指社会安定不乱。 天下厌然犹一也：天下安安稳稳仍像以往一样。

⑭非圣人莫之能为：除了圣人没有人能够做到。

秦昭王问孙卿子曰：“儒无益于人之国①？”孙卿子曰：“儒者法先王，隆礼义，谨乎臣子而致贵其上者也②。人主用之，则势在本朝而宜；不用，则退编百姓而悫，必为顺下矣③。虽穷困、冻餧，必不以邪道为贪；无置锥之地，而明于持社稷之大义④。嗚呼而莫之能应，然而通乎财万物、养百姓之经纪⑤。势在人上，则王公之材也；在人下，则社稷之臣、国君之宝也⑥。虽隐于穷阎漏屋，人莫不贵，贵道诚存也[⑦]。仲尼将为司寇，沈犹氏不敢朝饮其羊，公慎氏出其妻，慎溃氏踰境而徙，鲁之粥牛马者不豫贾，必蚤正以待之也[⑧]。居于阙党，阙党之子弟，罔不分，有亲者取多，孝弟以化之也[⑨]。儒者在本朝则美政，在下位则美俗[⑩]。儒之为人下如是矣。”

①秦昭王(公元前324—前251)：即秦昭襄王，名稷(jì)，战国时秦国的国君。　孙卿子：即荀子。　人之国：人们的国家。

②这句意思是：大儒效法先王，尊崇礼义，谨慎地做臣子并使他的君主尊贵。

③人主：君主。　编：即编户，编在户口册上。　退编：指辞退官职，当老百姓。　悫(què)：诚实。　顺下：恭顺的老百姓。　这句意思是：君主如果用他，那么他在朝廷内会做一个称职的臣子；如果不用他，那么他会做一个很朴实、恭顺的老百姓。

④餧：同“馁”(něi)，饥饿。　冻餧：受冻挨饿。　必不以邪道为贪：一定不会用歪门邪道去求利。　无置锥之地：形容一点土地都没有。　持：维护。　社稷：指国家。

⑤嘄(jiào)：同“叫”。　嘄呼：呼唤，呼号。原为“呜呼”，据上下文义改。　应：响应。　通：通晓。　财：通“裁”，管理。　经纪：纲纪。这句意思是：他的召唤虽然没有人响应，然而他却能通晓管理万物、养育百姓的纲纪。

⑥王公：指天子、诸侯。

⑦隐：隐居。　阎：通“巷”。　漏：同“陋”。　贵道：原为“之道”，据文义和《群书治要》引文改。　这句意思是：他虽然隐居在穷困的地方和破旧的房屋里，但没有人不尊敬他，因为他确实有可尊敬的道德。

⑧司寇：春秋战国时，一国的最高司法官。　沈犹氏：春秋时鲁国人，据说他经常在早晨把羊喂饱饮足上市去卖，以诈买主。　公慎氏：春秋时鲁国人，据说他的妻子淫乱，他却不敢管。　出：休，古时丈夫断绝与他妻子的关系叫做“休”。　慎溃氏：春秋时鲁国人，据说他平时奢侈浪费，胡作非为。　踰（yú）：同“逾”，越。　徙（xǐ）：迁走。粥：同“鬻”（yù），卖。　豫：欺诳。　贾：通“价”。　豫贾：虚定高价。蚤：同“早”。　蚤正：预先改正。一说“必蚤正以待之”，是指孔子必定先纠正他们，使他们正确对待事情。

⑨阙（quē）党：同“阙里”，地名，孔子旧居，在今山东省曲阜县境内。　罔：通“网”。　不：通“罘”（fú），捕兽的工具。　罔不：捕鱼兽的工具，这里指所捕获的鱼兽。　罔不分：分配捕获的鱼兽。一说，“分”字上当有一“必”字。　有亲者：有父母的人。　弟：同“悌”，尊敬兄长。　化：教化、感化。　孝弟以化之也：这是因为用孝悌教化了他们。荀子在这里称引孔子，是为了借用这些事例说明大儒在居官、为民时对治理国家和社会风俗等方面所起的作用，阐述自己的政治思想。

⑩这句意思是：儒者在朝廷上当官，就会使朝政完美；在下当个百姓，就会使风俗完美。

王曰：“然则其为人上何如①？”孙卿曰：“其为人上也，广大矣②！志意定乎内，礼节修乎朝，法则、度量正乎官，忠、信、爱、利形乎下③。行一不义，杀一无罪，而得天下，不为也。此君义信乎人矣，通于四海，则天下应之如讙④。是何也？则贵名白而天下愿也⑤。故近者歌讴而乐之，远者竭蹶而趋之⑥。四海之内若一家,通达之属,莫不从服,夫是之谓人师⑦。《诗》曰:"自西自东,自南自北,无思不服⑧。"此之谓也。夫其为人下也如彼,其为人上也如此,何谓其无益于人之国也!"昭王曰:"善!"

①王:指秦昭襄王。 然则:那么。 其:代词,指大儒。

②这句意思是:孙卿回答说,大儒在人上,作用是很广大的。

③志意:意志。 修:整顿。 法则、度量:指各种规章制度。正:纠正。 官:指官府。 形:表现。 这句意思是:大儒的内心有坚定的意志,用礼节整顿朝廷,用各种规章制度整顿官府,使百姓养成忠、信、爱、利这些道德品质。

④信乎人:被人相信。 通:传遍。 讙(huān):喧,形容齐声回答。

⑤白:明显,显赫。 贵名白:尊贵的名声显赫天下。 愿:仰慕。原为"治",据文义和《致士》篇"能以礼挟而贵名白,天下愿"句例改。

⑥歌讴(ōu):歌颂,赞美。 歌讴而乐之:歌颂他而且欢迎他。竭蹶(jué):形容用尽全力,不辞劳苦。 趋:投奔。

⑦通达之属:舟车、人迹能够达到的地方。 师:表率。

⑧这几句诗的意思是:"从西到东,从南到北,没有不顺服的。"(见《诗经·大雅·文王有声》)

先王之道,仁之隆也,比中而行之①。曷谓中?曰:礼义是也②。道者,非天之道,非地之道,人之所以道也,君子之所道也③。

①仁之隆也：仁的最高表现。　比：顺，按照。　中：正中，适当。　这句意思是：先王的道，是仁的最高表现，是按照最恰当的标准去行动的。

②曷：同“何”，什么。

③这句意思是：这个道不是天的道，也不是地的道，而是人们所应遵循的原则，是君子所应遵循的原则。

君子之所谓贤者，非能遍能人之所能之谓也[①]；君子之所谓知者，非能遍知人之所知之谓也[②]；君子之所谓辩者，非能遍辩人之所辩之谓也[③]；君子之所谓察者，非能遍察人之所察之谓也：有所止矣[④]。相高下，视墝肥，序五种，君子不如农人[⑤]；通财货，相美恶，辩贵贱，君子不如贾人[⑥]；设规矩，陈绳墨，便备用，君子不如工人[⑦]。不恤是非、然不然之情，以相荐撙，以相耻怍，君子不若惠施、邓析[⑧]。若夫谲德而定次，量能而授官，使贤不肖皆得其位，能不能皆得其官，万物得其宜，事变得其应，慎、墨不得进其谈，惠施、邓析不敢窜其察[⑨]。言必当理，事必当务，是然后君子之所长也[⑩]。

①贤：指具有品德、才能。　者：虚词。下文的“知者”、“辩者”、“察者”的“者”字同。　遍：普遍，全面的意思。　这句意思是：君子所说的贤，并不是说能够全面做到一切人所能做到的一切事情。

②知：前一个“知”字通“智”，有智慧；后两个“知”字是知道、了解的意思。

③辩：前一个“辩”字同“辨”，指明辨的能力；后两个“辩”字是辨别、分析的意思。

④察：前一个“察”字指明察，后两个“察”字是识别的意思。 止：限度。原为“正”，据文义改。 有所止矣：君子的知识、才能是有一定限度的。

⑤相（xiàng）：察看。 相高下：察看田地地势的高低。 墝（qiāo）：薄田。 序：次序，安排。 五种：黍、稷（jì）、豆、麦、麻。

⑥通：流通。 贾（gǔ）：商人。

⑦设：陈设。 规矩、绳墨：都是木工使用的工具。 便：方便，引申为运用熟练。 备用：设备、工具。

⑧恤（xù）：顾虑。 然不然之情：是不是这样的情况。 荐：通“践”，践踏。 撙（zǔn）：压抑，欺负。 怍（zuò）：羞侮，耻辱。 这句意思是：不顾是非，也不管实际情况怎样，一味地互相欺压，互相凌辱，这方面君子不如惠施、邓析。

⑨谲（jué）：比较，判断。原为“谪”，据下文“谲德而序位”文义改。定次：确定等级次序。 不肖：不贤。 宜：适当。 万物得其宜：万物得到适当的利用。 事变：各种突然的变化。 应：应付，处理。慎：慎到。 墨：墨翟。 进其谈：发表他们的议论。 窜其察：渗透他们的诡辩。

⑩当：符合。 务：要求。 这句意思是：说话符合道理，做事符合要求，这是君子的特长。

凡事行，有益于理者，立之；无益于理者，废之：夫是之谓中事①。凡知说，有益于理者，为之；无益于理者，舍之：

夫是之谓中说②。事行失中谓之奸事，知说失中谓之奸道③。奸事，奸道，治世之所弃而乱世之所从服也④。若夫充虚之相施易也，“坚白”、“同异”之分隔也，是聪耳之所不能听也，明目之所不能见也，辩士之所不能言也，虽有圣人之知，未能偻指也⑤。不知，无害为君子；知之，无损为小人⑥。工匠不知，无害为巧；君子不知，无害为治。王公好之则乱法；百姓好之则乱事⑦。而狂惑、戆陋之人，乃始率其群徒，辩其谈说，明其辟称，老身长子，不知恶也⑧。夫是之谓上愚，曾不如相鸡狗之可以为名也⑨。《诗》曰：“为鬼为蜮，则不可得！有靦面目，视人罔极。作此好歌，以极反侧⑩。”此之谓也。

①事行：事情、行为。　理：社会道德原则。下同。一说，“理”字当为“治”字，唐朝人避讳而改。　中事：正确的事情。

②知说：知识学说。　为之：实行它。　舍：放弃。　中说：正确的学说。

③失中：失去正确性，即不正确。下同。　奸：奸诈，虚伪。

④治世：秩序安定的社会。　乱世：昏乱的社会。　从服：推崇，流行。

⑤充：实。　施：通“移”。　相施易：相互转化。　坚白：即“离坚白”，战国时名家公孙龙的一个重要命题。公孙龙曾拿一块石头为例，论证坚硬和白色两种属性是各自独立的，不能同时都是石的属性，以此说明共性和个性之间的区别。　同异：即“合同异”，战国时名家惠施的一个重要命题。惠施认为事物同、异是相对的，就具体的事物来

讲，可以有同异之别，而如果从根本上来讲，万物既可说“毕同”，也可说“毕异”。这种理论当时称为“合同异”。 分隔：分析。 辩士：善辩的人。 偻(lóu)指：屈指可数，指很快就能说明道理。

⑥害：妨碍。下同。 无损为小人：意思是仍然是个小人。

⑦法：法度。 乱事：乱了他的本业。

⑧狂惑：狂妄糊涂。 戆(gàng)陋：呆笨，愚蠢。 乃：竟然。 始：虚词。 辩：申辩。 明：阐明。 辟：同“譬”，比喻。 称：引证。 老身长子：自己衰老了，儿子也大了，指一辈子。 恶(wù)：厌恶，厌弃。

⑨上愚：最愚蠢的人。 相鸡狗：指鉴别鸡、狗优劣的人。 为名：有名声。 这句意思是：这就叫做最愚蠢，连那些相鸡狗的人都不如。

⑩蜮(yù)：相传是一种叫做短狐的害人动物。 靦(tiǎn)：形容脸上的表情。 罔(wǎng)极：没有终极，这里是终究的意思。 反侧：不正直，反复无常。 这几句诗的意思是：“你若是个鬼是个怪，那么我自然无法认清你的原形；可是你有脸又有眼睛，人们终究会将你的真象看清。我作这首好歌，是为了尽情地揭露你这个反复无常的人。”(见《诗经·小雅·何人斯》)

我欲贱而贵，愚而智，贫而富，可乎[①]？曰：其唯学乎[②]！彼学者：行之，曰士也；敦慕焉，君子也；知之，圣人也[③]。上为圣人，下为士君子，孰禁我哉[④]！乡也，混然涂之人也，俄而并乎尧、禹，岂不贱而贵矣哉[⑤]！乡也，效门室之辨，混然曾不能决也，俄而原仁义，分是非，图回天下于掌上而辨白黑，岂不愚而知矣哉⑥！乡也，胥靡之人，俄而治天下之大器举在此，岂不贫而富矣哉⑦！今有人于此，屑然藏千溢之宝，虽行貣而食，人谓之富矣⑧。彼宝也者：衣之，不可衣也；食之，不可食也；卖之，不可偻售也⑨。然而人谓之富，何也？岂不大富之器诚在此也？是杅杅亦富人已，岂不贫而富矣哉⑩！

①这句意思是：我想由卑贱变成高贵，由愚蠢变成智慧，由贫穷变成富足，可以吗？

②这句意思是：回答说，大概唯一的办法就在于学习吧！

③彼学者：学习这件事。　之：代词，指学习的东西。　行之：指学了能去实行它。　敦慕：勤勉，努力。　知之：能深刻理解，融会贯通它。

④孰：谁。　禁：阻止。　这句意思是：学习好的可以成为圣人，起码也可以成为一个君子或士，这谁能阻止我呢！荀子强调后天学习的重要，认为通过学习可以改变人的贫穷、卑贱的地位，使人由愚变智。

⑤乡：通“向”，往日，先前。下同。　混然：没有知识的样子。涂之人：普通的老百姓。　俄而：突然，很快。　并乎：并列于。

⑥效：考察。　辨：分辨，区别。　决：判断。　原：探索根源，即研究讨论的意思。　图：当作“圆”，转。　图回：运转。　而：通“如”。这句意思是：先前考察门和房子的区别，还茫茫然不能判断，但是很快就能探讨仁义的根源，分辨是非，处理天下大事圆转自如，就如同辨别黑白那样容易，这不是由愚陋而变为有才智了吗！

⑦胥（xū）：空疏。　靡（mí）：没有。　胥靡：空无所有。　大器：

重要的器具，这里指治理天下的道理和方法。　举：全。　这句意思是：不久以前，还是个空无所有的人，很快治理天下的道理和方法都掌握在他手中，这难道不是由贫穷变为富足了吗！

⑧屑然：杂而多的样子，这里指宝贝的多种多样。　溢：同“镒”，古代重量单位，二十四两为镒。　千镒：形容金银很多。　貣(tè)：乞讨。　行貣：以讨饭为生。　这句意思是：现在有这样的人，他藏着许多金银财宝，虽然以讨饭为生活，人们还是说他很富有。

⑨彼宝也者：那种宝贝，指学到的治国本领。　这句意思是：那种“宝贝”，穿，不能当衣服；吃，不能当饭；卖，不能很快出售。

⑩是：代词，指学习。　杅杅(yú)：广大，充足。　这句意思是：然而人说他富有，为什么？岂不是因为巨大的财富确实就在这里吗？这么说，知识渊博也就是富人，岂不是由穷变富了吗？

故君子无爵而贵，无禄而富，不言而信，不怒而威，穷处而荣，独居而乐①，岂不至尊、至富、至重、至严之情举积此哉②！故曰：贵名不可以比周争也，不可以夸诞有也，不可以势重胁也，必将诚此然后就也③。争之则失，让之则至，遵道则积，夸诞则虚④。故君子务修其内而让之于外，务积德于身而处之以遵道⑤。如是，则贵名起如日月，天下应之如雷霆⑥。故曰：君子隐而显，微而明，辞让而胜⑦。《诗》曰：“鹤鸣于九皋，声闻于天⑧。”此之谓也。

鄙夫反是：比周而誉俞少，鄙争而名俞辱，烦劳以求安利其身俞危⑨。《诗》曰：“民之无良，相怨一方。受爵不让，至于己斯亡⑩。”此之谓也。

①爵:官位。　禄:俸禄。　穷处:处境困穷。　独居:孤立无援。

②此:指学习。　举积此:统统聚集在这里。　这句意思是:君子那些最崇高、最富足、最庄重、最威严的东西不都是从学习中得来的吗?

③比周:结党营私。　夸诞:虚夸欺诈,自我吹嘘。　势重:权势地位。　胁:威胁。　不可以势重胁也:不可以凭权势地位的威胁而获得。　诚:确实。　诚此:真正刻苦学习。　就:成就,达到。

④争:互不相让。　让:谦让。　至:来,得到。　遵道:遵循正确的原则。　积:积聚,指保持贵名。　虚:空,指得不到贵名。

⑤内:内心,指思想。　外:行为表现。　身:自身。　这句意思是:所以,君子致力于思想的修养,而在行动上要谦让待人;致力于自身道德品质的积聚,而遵循正确的原则处理事物。

⑥起:兴起。　这句意思是:这样他高贵的名声就像日月那样显明,天下的人齐声响应就像雷霆一般。

⑦隐:隐居。　显:显著。　微:不显赫。这里指地位低下。　明:荣耀。　辞让:谦让。　胜:胜过别人。

⑧皋(gāo):沼泽地。　九皋:这里比喻极其遥远的地方。　闻:听。　这两句诗的意思是:“仙鹤在遥远的沼泽地上啼鸣,它的声音却响彻整个天空。”(见《诗经·小雅·鹤鸣》)

⑨鄙夫:鄙贱的人。　反是:与此相反。　俞:同“愈”,更加。下同。　鄙争:用不正当的手法争夺。　烦劳:劳苦,这里是舍身拼命的意思。　安利:安逸与利益。

⑩民:人,这里指在位的统治者。　无良:不善良。　斯:虚词。　这几句诗的意思是:“那个人不善良,总是埋怨对方,居于很高的地位而不谦让,自己一定要遭殃。”(见《诗经·小雅·角弓》)

故能小而事大，辟之是犹力之少而任重也，舍粹折无适也[①]。身不肖而诬贤，是犹伛身而好升高也，指其顶者愈众[②]。故明主谲德而序位，所以为不乱也；忠臣诚能然后敢受职，所以为不穷也[③]。分不乱于上，能不穷于下，治辩之极也[④]。《诗》曰："平平左右，亦是率从[⑤]。"是言上下之交不相乱也[⑥]。

①辟之：譬如。 犹：好像。 少：小。 粹：通"碎"。 折：折断。 舍粹折无适也：除了碎骨折腰再没有其它的出路。

②诬贤：吹嘘自己为贤人。 伛（yǔ）身：曲身驼背。"身"原为"伸"，据文义改。 顶：头顶。 这句意思是：那种德行不好而又吹嘘自己为贤的人，就像驼背的人总想着升高一样，那么指着他脑袋笑话他的人就会更多。

③序位：安排官位。 诚能：确实有才能。 穷：穷困，指陷入困境。

④分：名分，职分。 辩：通"辨"，治。 治辩：治理。 这句意思是：君主安排等级名分不混乱，臣下按能力接受职务而不至于陷入困境，这就是国家的治理达到最好的地步了。

⑤率从：顺从，服从。 这两句诗的意思是："君主对左右的人个个都公正，人民也就人人顺从。"（见《诗经·小雅·采菽》）

⑥交不相乱：互相不错乱。

以从俗为善，以货财为宝，以养生为己至道，是民德也[①]。行法志坚，不以私欲乱所闻，如是，则可谓劲士矣[②]。

行法志坚，好修正其所闻，以桥饰其情性；其言多当矣，而未谕也；其行多当矣，而未安也；其知虑多当矣，而未周密也；上则能大其所隆，下则能开道不己若者：如是，则可谓笃厚君子矣③。修百王之法，若辨白黑；应当时之变，若数一二；行礼要节而安之，若运四枝；要时立功之巧，若诏四时，平正和民之善，亿万之众而抟若一人：如是，则可谓圣人矣④。

①从俗：随从风俗。　养生：保养身体。　至道：最高的准则。　民德：老百姓的德行。

②志：原为“至”，据文义和《韩诗外传》引文改。　行法志坚：行动合乎法度，意志坚定。　所闻：指所学到的东西。　劲士：刚强的人。

③修正：改正。　桥：通“矫”。　桥饰：矫正。　当：正确。　多当：大多数是正确的。　未谕：不完全理解。一说“谕”为“论”的错字，“论”是决断的意思。　安：妥当。　未安：不完全妥当。　知虑：考虑。　大：推崇。　隆：尊崇，这里指所尊崇的人。　大其所隆：推崇他所尊崇的人。　开道：同“开导”。　不己若者：不如自己的人。　笃(dǔ)厚：诚实厚道。

④修：遵循。　应：适应。　要：通“约”。　行礼要节：行为符合礼节。　安：安于，习惯。　枝：同“肢”。　若运四枝：就像运动四肢。“运”原为“生”，据文义和《韩诗外传》引文改。　要时：不失时机。　巧：善于。　诏：告诉，这里是了解的意思。　正：通“政”。　平正：稳定政局。　抟(tuán)：聚集。原为“博”，据文义改。　这句意思是：遵循百王之法，如同分辨黑白那样清楚；顺应当时形势的变化，如同数简单数目那样容易；习惯于按照礼法办事，就像运动四肢一样自如；善于

掌握立功的时机，就像了解四时变化那样准确，能够稳定政局，安定老百姓，使亿万人团结得像一个人。如果是这样，可以说是圣人了。

井井兮其有理也①。严严兮其能敬己也②。介介兮其有终始也③。猒猒兮其能长久也④。乐乐兮其执道不殆也⑤。炤炤兮其用知之明也⑥。修修兮其统类之行也⑦。绥绥兮其有文章也⑧。熙熙兮其乐人之臧也⑨。隐隐兮其恐人之不当也⑩。如是，则可谓圣人矣，此其道出乎一。

①井井：井井有条，整齐。 兮（xī）：语助词，“啊”的意思。 理：条理。 这句意思是：整齐啊，他是那样的有条理。

②严严：威严。 敬己：严于责己。

③介介：形容坚定不移。原为“分分”，据上下文义改。 这句意思是：坚定不移啊，他是那样的始终如一。

④猒猒（yàn）：安然，安静。 这句意思是：安然啊，他是那样的长久不息。

⑤乐乐：同“落落”，坚定。 执：掌握。 殆（dài）：通“怠”，怠慢。

⑥炤炤（zhào）：同“昭昭”，光明。 这句意思是：光明啊，他是那样清楚地运用智慧。

⑦修修：通“条条”，行为端正的样子。 统类：纲纪，指礼义。荀子在《劝学》篇中说：“《礼》者，法之大分，类之纲纪。”“统”字上原有“用”字，据文义删。 行：行为，行动。 这句意思是：端正不邪呀，他的行动是那样地符合礼义。

⑧绥绥（suí）：平安从容的样子。或作“蕤蕤”（ruí），草木茂盛的样子，引申为“丰富”的意思。 文章：文采。

⑨熙熙（xī）：温和快乐的样子。　臧（zāng）：善，好。

⑩隐隐：忧虑的样子。　恐：担心。　不当：不恰当，指做错事。

曷谓一？曰：执神而固[①]。曷谓神？曰：尽善挟治之谓神[②]。曷谓固？曰：万物莫足以倾之之谓固[③]。神固之谓圣人[④]。圣人也者，道之管也[⑤]。天下之道管是矣，百王之道一是矣；故《诗》、《书》、《礼》、《乐》之道归是矣[⑥]。《诗》言是，其志也；《书》言是，其事也；《礼》言是，其行也；《乐》言是，其和也；《春秋》言是，其微也[⑦]。故"风"之所以为不逐者，取是以节之也；"小雅"之所以为小雅者，取是而文之也；"大雅"之所以为大雅者，取是而光之也；"颂"之所以为至者，取是而通之也[⑧]。天下之道毕是矣[⑨]。乡是者臧，倍是者亡[⑩]。乡是如不臧，倍是如不亡者，自古及今，未尝有也。

①曷（hé）：何，什么。　固：坚定不移。　执神而固：坚定地掌握着尽善、完备的治国方法。

②挟（jiā）：通"浃"，周到。　挟治：完备的治理。　这句意思是：什么是神？答：以最好的、完备的方法治理国家，就叫做"神"。

③倾：推倒。这里指动摇。　万物莫足以倾之之谓固：任何事物都不能够动摇它，这就叫做"固"。"万物"上原无"曷谓固曰"四个字，据上下文义补。

④这句意思是：用最好的、完备的方法治理国家，任何事物都不能使他动摇，这就叫做圣人。

⑤管：枢要，汇总。 这句意思是：圣人就是天下道的总汇。

⑥是：代词，指“道出乎一”的“一”，也就是“执神而固”。 一是：都在这里。 归是：都归于此。“归”字上原无“道”字，据上下文义补。

⑦其：代词，指圣人。下同。 《诗》言是，其志也：《诗》是表达圣人的志向的。 事：事业，政事。 行：行动。 和：和谐。 《春秋》：春秋时记载鲁国历史的书，孔子曾对它进行编纂。 微：微妙，指文句简单而含有深刻的意义。 《春秋》言是，其微也：《春秋》是表达圣人的微言大义的。

⑧风：即“国风”，与下面的“大雅”、“小雅”、“颂”，都是《诗经》内容分类的名称。 逐：放荡。 节：节制。 文：这里指润饰成文彩。光：通“广”，普及，推广。 至：极，达到顶点。 通：贯通。

⑨毕：尽，完全。 毕是：全都在这里了，指完全在“执神而固”这一点上。

⑩乡：通“向”，顺着。 倍：通“背”，违背。 这句意思是：按照这样去做的，就会得到好的结果；违背这一点去做，就会遭到灭亡。

客有道曰：“孔子曰：‘周公其盛乎！身贵而愈恭，家富而愈俭，胜敌而愈戒①。’”应之曰：“是殆非周公之行，非孔子之言也②。武王崩，成王幼，周公屏成王而及武王。履天子之籍，负扆而立，诸侯趋走堂下③。当是时也，夫又谁为恭矣哉④！兼制天下，立七十一国，姬姓独居五十三人焉，周之子孙，苟不狂惑者，莫不为天下之显诸侯。孰谓周公俭哉⑤！武王之诛纣也，行之日以兵忌，东面而迎太岁，至汜而泛，至怀而坏，至共头而山隧⑥。霍叔惧曰：‘出三日而五灾至，无乃不可乎⑦？’周公曰：‘刳比干而囚箕子，飞廉恶来知政，夫又恶有不可焉⑧！’遂选马而进，朝食于戚，暮宿于百泉，旦厌于牧之野⑨。鼓之而纣卒易乡，遂乘殷人而诛纣⑩。盖杀者非周人，因殷人也⑪。故无首虏之获，无蹈难之赏，反而定三革，偃五兵，合天下，立声乐，于是武、象起而韶、护废矣⑫。四海之内，莫不变心易虑以化顺之⑬。故外阖不闭，跨天下而无蕲⑭。当是时也，夫又谁为戒矣哉！”

①道：说。　盛：盛大，这里引申为品德高尚的意思。　恭：谦让，恭敬。　戒：戒备，警惕。

②殆（dài）：恐怕，大概。

③扆（yǐ）：古代宫殿中门和窗之间的屏风。　负扆而立：背靠屏风而站立，指以天子的身份接受诸侯的朝见。“立”字原为“坐”，古礼天子见诸侯是立着的，《礼记·曲礼》：“天子当依（扆）而立，诸侯北面而见天子曰觐。”今据改。

④这句意思是：那时，他又对谁恭敬呢！

⑤苟（gǒu）：假如。　显：显贵。

⑥兵忌：古代一种迷信的说法，认为某些日子或某种情况下，出师不利。　行之日以兵忌：在兵忌的日子里出发。　迎：逆，冲犯。　太岁：星名，即木星，古代称为岁星，又叫太岁。木星约十二年绕天一周，每年在天上有一定的方位。古代迷信说法，认为冲犯这个方位，就会遭到灾祸。　汜（sì）：当作“氾”（fàn），河名。　泛：泛滥。　至汜而泛：到达汜河时，河水泛滥。　怀：地名，怀城。　坏：崩塌。　共头：山名。在今河南辉县内。　隧：同“坠”，山崩。

⑦霍叔：周武王的弟弟。　无乃不可乎：莫非不应该去讨伐吗？

⑧刳(kū)：从中间破开挖空，这里指剖腹。　比干：纣王的叔父，殷朝贵族，因屡次强谏纣王而被纣王杀死。　箕子：纣王的叔父，殷朝贵族，因劝说纣王，纣王不听，便披发装疯，被纣王降为奴隶，囚禁起来。　飞廉、恶来：都是纣王的臣子。　知政：当权。　这句意思是：周公说："纣王残杀了比干，囚禁箕子，而让飞廉、恶来当权，有什么不应该讨伐呢？！"

⑨遂：于是。　选：齐。　选马：组成整齐的马队。　朝食：吃早饭。　戚：地名，在今河南濮阳县北。　朝食于戚：清晨来到戚地。　暮宿：傍晚宿营。　百泉：地名，在今河南淇县。　旦：凌晨，黎明。　厌：当作"压"，迫近。　旦厌：原为"厌旦"，据上下文义改。　牧：地名。在今河南淇县。　旦厌于牧之野：黎明时迫近牧野。

⑩乡：通"向"，方向。　易乡：改换方向。　殷人：这里指殷纣王的兵士。　这句意思是：一击鼓进攻，纣王的兵士就掉转方向，倒戈起义，于是凭借殷人的力量杀掉了纣王。

⑪盖：虚词。　周人：指周朝的军队。　因：凭借。

⑫首：脑袋。　首虏：斩获的头颅和俘虏。　蹈难：冲锋陷阵。　三革：犀(xī)、兕(sì)、牛三种动物的皮，可以制造盔甲。　定三革：这里指停止制造盔甲。　五兵：古代指刀、剑、矛、戟、矢五种兵器。　偃五兵：这里指不用兵器。　合天下：统一天下。　立声乐：设置音乐。　武、象：周武王时音乐的名称。　韶：舜时的音乐名称。　护：商汤时的音乐名称。

⑬变心易虑：改变思想。

⑭阖(hé)：门户。　跨：越。　跨天下：占有整个天下。　蕲(qí)：通"圻"，边界，疆界。

造父者，天下之善御者也，无舆马则无所见其能[①]；羿者，天下之善射者也，无弓矢则无所见其巧[②]。大儒者，善调一天下者也，无百里之地则无所见其功[③]。舆固马选矣，而不能以至远、一日而千里，则非造父也[④]；弓调矢直矣，而不能以射远、中微，则非羿也[⑤]；用百里之地，而不能以调一天下、制强暴，则非大儒也[⑥]。

①造父：传说是周穆王的车夫，善于驾驶车马。　御者：驾驶车马的人。　舆：车。　这句意思是：造父是天下善于驾驶车马的人，但是没有车马也就显示不出他的才能。

②羿（yì）：即后羿，也称夷羿。传说是夏朝有穷氏的国君，善于射箭。　矢：箭。　巧：技巧。

③调：协调。　善调一天下者：善于使天下万民协调一致。　功：功效。

④舆固马选矣：车子很坚固，而马又是经过挑选的。　至：通"致"，达到。　不能以至远、一日而千里：不能凭借好车马达到一日行千里。

⑤弓调矢直：弓很顺，箭又直。　中微：指击中微小的目标。

⑥用：治理。　制：制止。　荀子在这里既论述了人们只有凭借一定的客观条件，才能发挥其才能；又指出有了一定的客观条件，还要发挥主观努力，才能达到良好的效果。例如，有了百里之地而不能"调一天下"、制服强暴者，那也不能称为"大儒"。

彼大儒者，虽隐于穷阎漏屋，无置锥之地，而王公不能与之争名[①]；用百里之地，而千里之国莫能与之争胜[②]；笞棰暴国，齐一天下，而莫能倾也：是大儒之征也③。其言有类，其行有礼，其举事无悔，其持险、应变曲当④；与时迁徙，与世偃仰，千举万变，其道一也：是大儒之稽也⑤。其穷也，俗儒笑之⑥；其通也，英杰化之，嵬琐逃之，邪说畏之，众人媿之⑦。通则一天下，穷则独立贵名。天不能死，地不能埋，桀、跖之世不能污，非大儒莫之能立，仲尼、子弓是也⑧。

①争名：争夺名望。

②用百里之地："用"字上原有"在一大夫之位则一君不能独畜一国不能独容成名况乎诸侯莫不愿得以为臣"三十二字，据文义和《韩诗外传》引文删。

③笞（chī）棰：打击。 棰（chuí）：通"捶"。 齐一：统一。 莫能倾：没有什么能动摇他。 征：效验，特征。

④其：代词，指大儒。 类：统类，指礼义。 举：做。 持险：处理危险的局势。 应变：处理突然事变。 曲当：各方面都很恰当。

⑤迁徙：变迁，转移。 与时迁徙：随着时代的变化而变化。 偃：向下。 仰：脸面向上。 与世偃仰：随着社会形势的发展而发展。 千举万变：千变万化。 稽（jī）：考核，这里指考核的标准。

⑥俗儒：浅陋庸俗的儒者。

⑦通：通达，当权做官。 英杰化之：英雄豪杰都顺从他。 嵬（guī）琐：指搞奸诈卑鄙行为的人。 邪说畏之：持邪说的人害怕他。 媿：同"愧"，惭愧，悔恨。 众人媿之：众人悔恨过去没有真正了解他。

⑧污：沾污。 子弓：一说是孔子的学生冉雍，一说是馯臂子弓，战国时一个讲《周易》的学者。

故有俗人者，有俗儒者，有雅儒者，有大儒者。不学问，无正义，以富利为隆，是俗人者也①。逢衣浅带，解果其冠，略法先王而足乱世②；术缪学杂，不知法后王而一制度，不知隆礼义而杀《诗》、《书》③；其衣冠行伪已同于世俗矣，然而不知恶者；其言议谈说已无以异于墨子矣，然而明不能别④；呼先王以欺愚者而求衣食焉，得委积足以揜其口，则扬扬如也⑤；随其长子，事其便辟，举其上客，亿然若终身之虏而不敢有他志：是俗儒者也⑥。法后王，一制度，隆礼义而杀《诗》、《书》；其言行已有大法矣，然而明不能齐法教之所不及，闻见之所未至，则知不能类也⑦；知之曰知之，不知曰不知，内不自以诬，外不自以欺，以是尊贤畏法而不敢怠傲：是雅儒者也⑧。法后王，统礼义，一制度，以浅持博，以今持古，以一持万，苟仁义之类也，虽在鸟兽之中，若别白黑⑨；倚物怪变，所未尝闻也，所未尝见也，卒然起一方，则举统类而应之，无所儗㤰，张法而度之，则晻然若合符节：是大儒者也⑩。故人主用俗人，则万乘之国亡；用俗儒，则万乘之国存；用雅儒，则千乘之国安⑪；用大儒，则百里之地久而后三年，天下为一，诸侯为臣，用万乘之国，则举错而定，一朝而伯⑫。

①不学问：不学习。　隆：崇高。

②逢：大。　浅带：宽松的腰带。　逢衣浅带：穿着宽大的衣服，束着宽阔的腰带。　解（xiè）果：同“蟹堁”（kè），中间高两旁低。　解

果其冠:戴着中间高两旁低的帽子。 略:粗略。 足:足以。 乱世:扰乱天下。

③术缪(miù)学杂:学术荒谬杂乱。"杂"字下原有"举"字,据文义和《韩诗外传》引文删。 一制度:统一制度。 杀(shài):降等、贬低的意思。 不知隆礼义而杀《诗》、《书》:不懂得尊崇礼义而看轻《诗》、《书》。

④伪:通"为"。 世俗:社会上一般的风俗。 明:明察。 明不能别:他的智慧不能加以区别。

⑤呼:呼唤,这里有吹捧的意思。 委积:积蓄。 揜(yǎn):同"掩"。 揜其口:糊口。 扬扬如也:得意洋洋的样子。 这句意思是:吹捧先王用来欺骗愚蠢的人以求得衣食,得到一点积蓄糊口,就得意洋洋了。

⑥随:尾随,顺从。 长子:指当时公卿等显贵人物的长子。 事:侍奉。 辟:通"嬖"(bì),宠爱。 便辟:指显贵者左右的亲信。 举:奉承。 上客:指显贵者的座上宾。 亿然:安然,甘心情愿的样子。原为"億然",据文义改。 虏:奴仆。 志:志向。

⑦齐:通"济",解决的意思。 法教:指法律教育。 不及:指没有规定到的问题或地方。 知:通"智",智慧。 类:类推。 这句意思是:他的言论和行为已经符合最高的法度,然而他的智慧却还不能解决法制所没有规定到的问题,对那些自己见闻所没有达到的事物,他的智慧也还不能触类旁通。

⑧自:由,用。 内不自以诬,外不自以欺:内不用来欺骗自己,外不用来欺骗别人。 以是:按照这样。 怠傲:怠慢,骄傲。

⑨法后王:原为"法先王",据上下文义改。 统:总括。 以今持古:原为"以古持今",据上下文义改。 苟:假如。 苟仁义之类也,

虽在鸟兽之中，若别白黑：意思是，假如是符合仁义的事情，即使在鸟兽之中，也能像辨别黑白一样把它辨认出来。

⑩倚：通“奇”，奇怪。　所未尝闻：从来没有听说过。　卒：通“猝”(cù)，仓猝。　卒然：突然。　儗㤰(yí zuò)：通“疑怍”，疑惑不解。　张：张开，推广。　张法：推广法度。　度：衡量。　晻(yǎn)：通“奄”(yǎn)，复盖，相合。　晻然：完全相合的样子。　符节：古代用来作为凭信的东西。

⑪乘(shèng)：一车四马为一乘。　万乘之国：这里指经济、军事都很强盛的国家。　存：勉强保存。

⑫则百里之地久而后三年：那么，治理百里这样大的地方，最长不过三年。　天下为一：使天下统一。　错：同“措”，措施。　举错而定：采取措施就能使国家安定。　一朝(zhāo)：一下子，形容时间很短。　伯：通“白”，显著、显赫。

不闻不若闻之，闻之不若见之，见之不若知之，知之不若行之。学至于行之而止矣①。行之，明也，明之为圣人②。圣人也者，本仁义，当是非，齐言行，不失豪厘，无它道焉，已乎行之矣③。故闻之而不见，虽博必谬；见之而不知，虽识必妄；知之而不行，虽敦必困④。不闻不见，则虽当，非仁也，其道百举而百陷也⑤。

①止：终止，达到顶点。　学至于行之而止矣：学习达到实行这一步就到顶点了。

②明：明白事理。　这句意思是：实行了，就能明白事理，明白事理就能成为圣人了。

③本仁义:以仁义为根本。 当是非:判断是非恰当。 齐言行:言行一致。 豪:通“毫”。 不失豪厘:丝毫不差。 已:止。 已乎行之矣:就在于把学到的东西切实地去实行。

④博:丰富,广泛。 识(zhì):记。 妄:错误。 敦:内容充实。困:行不通。

⑤虽当:即使做对了。 其道:这种方法,指把不通过闻、见而偶然做对了的情况当做一种根本方法。 陷:失败。 百举而百陷:做一百次就会失败一百次。

故人无师无法而知,则必为盗;勇,则必为贼;云能,则必为乱;察,则必为怪;辩,则必为诞①。人有师有法而知,则速通;勇,则速威;云能,则速成;察,则速尽;辩,则速论②。故有师法者,人之大宝也;无师法者,人之大殃也③。

①师:君师。 法:法度。 无师无法而知,则必为盗:意思是,人如果没有老师的教化,不学习法度而有智慧,那么就一定会做出盗贼的事来。 云能:有才能。 为乱:作乱。 察:明察。 怪:奇谈怪论。 辩:善于辩论。 诞:荒诞、诡辩。

②通:地位显赫。 速通:很快就能显赫。 威:有威力。 成:成就。 尽:指透彻地了解事理。 论:判断。

③殃:灾难,祸害。

人无师法,则隆性矣;有师法,则隆积矣;而师法者,所得乎积,非所受乎性,性不足以独立而治①。性也者,吾所不能为也,然而可化也;积也者,非吾所有也,然而可为也②。注错习俗，所以化性也；并一而不二，所以成积也③。习俗移志，安久移质④。并一而不二，则通于神明，参于天地矣⑤。

①隆性：推崇人的本性，这里是放任人的本性的意思。　积：后天教育、学习所形成的积习。　得乎积："积"原为"情"，据上下文义改。下文"积也者"的"积"同。　性不足以独立而治：本性不能够自己治理自己。"不足"前原无"性"字，据上下文义补。

②这句意思是：本性，不是人为形成的，但是可以改变它；习惯，不是生来固有的，但是可以学习得到它。

③错：通"措"。　注错：措置，这里有实行的意思。　化性：改变本性。　并一：专心一志。　不二：不三心二意。　成积：逐步养成习惯。

④安：语首助词。　这句意思是：风俗习惯能够改变人的思想，长久地受风俗习惯的影响就会改变人的素质。

⑤通于神明：达到最高的智慧。　参于天地：《天论》篇说："天有其时，地有其财，人有其治，夫是之谓能参。"这里指人能治天时、地财和社会，可以和天地的作用相配合。

故积土而为山，积水而为海，旦暮积谓之岁，至高谓之天，至下谓之地，宇中六指谓之极，涂之人百姓，积善而全尽谓之圣人①。彼求之而后得，为之而后成，积之而后高，尽之而后圣；故圣人也者，人之所积也②。人积耨耕而为农夫，积斫削而为工匠，积反货而为商贾，积礼义而为君子[③]。工匠之子莫不继事，而都国之民安习其服[④]。居楚而楚，居越而越，居夏而夏[⑤]；是非天性也，积靡使然也[⑥]。

①旦暮：早晚，指一天。　岁：年。　六指：即上、下、东、南、西、北。　涂：通"途"，道路。　涂之人：普通的老百姓。

②这句意思是：人们要不断地努力求取才能得到，不断地实行才会成功，不断地积累经验才会提高，达到完美的程度就能成为圣人，所以圣人也就是普通人长期积累好的品德而达到的。

③耨(nòu)：锄草。　耨耕：指农活。　斫(zhuó)：砍。　斫削：指木工活。　反：通"贩"。　这句意思是：人学习农活久了就会成为农夫，学习木工活久了就会成为木匠，学习贩卖货物久了就会成为商人，学习礼义久了就会成为君子。

④继事：继承父亲的事业。　都国：指城市。　服：事情，职业。　习其服：习惯于他们的职业。

⑤楚：春秋战国时国名，在今湖北和湖南北部一带。　越：春秋战国时国名，在今浙江北部一带。　夏：春秋战国时中原各国的总称，包括周、鲁、卫、齐、晋、郑、宋、曹等国，主要分布在今河南、河北、山东、山西、陕西等地。

⑥积靡：长期磨炼。　这句意思是：这一切不是天生的本性，而是长期磨炼使得他这样的。

故人知谨注错，慎习俗，大积靡，则为君子矣；纵性情而不足问学，则为小人矣[①]。为君子则常安荣矣，为小人则常危辱矣[②]。凡人莫不欲安荣而恶危辱，故唯君子为能得其所好，小人则日徼其所恶[③]。《诗》曰："维此良人，弗求弗迪;维彼忍心,是顾是复。民之贪乱,宁为荼毒[④]。”此之谓也。

①足:充分,努力。 这句意思是:所以人们如果能懂得谨慎地去实行,认真地对待风俗习惯,重视进行长期的磨炼,就能够成为君子;如果放纵自己的性情而不努力学习,就会成为小人。

②常安荣:经常安宁和光荣。 常危辱:经常遇到危险和耻辱。

③恶(wù):讨厌。 徼:通“邀”(yāo),招致。

④维:语助词。 弗(fú):不。 迪(dí):任用。 宁:宁可,这里是甘心的意思。 荼毒:毒害,残害。 这几句诗的意思是:“有这样善良的人,你不找他、不用他;而对那样狠毒的人,你却反复照顾他、爱护他。所以人民都想起来反抗,怎能甘心忍受残害。”(见《诗经·大雅·桑柔》)

人论[①]:志不免于曲私,而冀人之以己为公也[②];行不免于污漫,而冀人之以己为修也[③];甚愚陋沟瞀,而冀人之以己为知也;是众人也[④]。志忍私然后能公,行忍情性然后能修,知而好问然后能才,公、修而才,可谓小儒矣[⑤]。志安公,行安修,知通统类,如是则可谓大儒矣[⑥]。大儒者,天子三公也[⑦]。小儒者,诸侯大夫士也[⑧]。众人者,工、农、商贾也。礼者,人主之所以为群臣寸、尺、寻、丈检式也[⑨]。人伦尽矣。

①论:通“伦”,等类。 人论:人的等类。

②免:去掉。 冀(jì):希望。 这句意思是:思想上没有去掉私

心，而希望别人认为自己是出于公心。

③污漫：污秽，肮脏，这里指丑恶，不道德。　修：善，这里指好的品德。

④甚：非常。原为“其”，据上下文义改。　沟瞀（mào）：愚昧无知。

⑤忍：克制。　这句意思是：思想上克制私欲而后才能一心为公，行动上克制感情而后才能有好的品德，聪明而虚心好学而后才能多才多艺，做到这些，可称为“小儒”了。

⑥知通统类：智慧能够通晓各类事物的基本原则（礼义）。

⑦三公：即司马、司空、司徒。这三者是古代帝王以下地位最高的官。　这句意思是：大儒可以做天子手下的三公。

⑧士：古代低于大夫的一个等级。

⑨人主：君主。　寸、尺、寻、丈：古代度量的名称，这里是指好坏的标准。　式：规格，法度。　这句意思是：礼是君主用来衡量群臣的标准、法度。

君子言有坛宇，行有防表，道有一隆①。言政治之求，不下于安存②；言志意之求，不下于士③；言道德之求，不二后王④。道过三代谓之荡，法二后王谓之不雅⑤。高之，下之，小之，巨之，不外是矣，是君子之所以骋志意于坛宇、宫庭也⑥。故诸侯问政，不及安存，则不告也；匹夫问学，不及为士，则不教也；百家之说，不及后王，则不听也⑦：夫是之谓君子言有坛宇，行有防表也⑧。

①坛：古代举行祭祀、誓师时用土筑的高台。　宇：屋边。　坛宇：这里指界限。　防表：指标准。　道：这里指言行的根本原则。

一隆:有所专重。

②政治:原为“道德”,据下文“故诸侯问政,不及安存,则不告也”文义改。　这句意思是:有人来求教关于政治方面的问题,起码要告诉他安定国家的道理。

③志意:意志,志向。　不下于士:起码告诉他做士的道理。

④不二后王:不背离后王。

⑤三代:夏、商、周。　荡:渺茫。　不雅:不正确。

⑥巨:原为“臣”,据上下文义改。　是:代词,指“不下于安存”、“不下于士”、“不二后王”的范围。　骋:放任,这里指发挥。　宫庭:古代帝王的住所,这里是范围的意思。　这句意思是:在上面的、在下面的,小的方面、大的方面,都不超出这些方面。君子就是在这个界限和范围之内,来发挥他们的思想的。

⑦不及:不涉及,不达到。　匹夫:普通的人。　这句意思是:所以,诸侯询问政治方面的问题,如果不提到如何使国家安定,就不告诉他;一般人来求学,如果不问到如何做士,就不教他;百家的学说,如果不谈到后王怎样治理国家的,就不去听它。

⑧这句意思是:这就叫做君子说话有界限,行动有标准。

九　王　制

【说明】这是一篇体现荀子政治理念的重要著作。

荀子适应时代的需要，从政治、经济等各方面为建立一个统一的强大国家作了理论上的论证，并描绘了一幅统一王国的理想蓝图。

王者之政，在用人上，要尚贤使能，而判断贤能与否的标准是礼义，并非出身；在治民上，当存爱民之心，要富民、教民，对那些教化无效的人才会施以刑罚；在外交上，王者重在推行仁义之道，即使武力征讨也是为了正义之事；在经济上，须轻民赋，引导百姓各安其职、各尽其分，同时要遵循自然规律去使用自然资源。

“维齐非齐”是儒家治理社会的一个核心思想，所谓“齐”不是不加分别的绝对平等，而是以尊重差异为基础的平等，所以礼义的基本内涵是“分”。先王根据人和事物本身的差异特征，制定礼义以定其职位和名分。人之所以能接受礼义，安守本分，原因是人有“义”，能够明辨是非善恶。“义”是人和禽兽最主要的差别，是人“最为天下贵”的根本原因。

本文按照治国理念，将治国之道分为王道、霸道和强道，王道为上，霸道次之，强道则会危国，所以择道不可不慎。

请问为政①？曰：贤能不待次而举，罢不能不待须而废，元恶不待教而诛，中庸民不待政而化②。分未定也则有昭缪③。虽王公士大夫之子孙也，不能属于礼义，则归之庶人④。虽庶人之子孙也，积文学，正身行，能属于礼义，则归之卿相士大夫⑤。故奸言、奸说、奸事、奸能、遁逃反侧之民，职而教之，须而待之，勉之以庆赏，惩之以刑罚，安职则畜，不安职则弃⑥。五疾，上收而养之，材而事之，官施而衣食之，兼复无遗⑦。才行反时者死无赦⑧。夫是之谓天德，是王者之政也⑨。

①为政：治理国家。

②次：次序。　罢（pí）：通“疲”，病，指德行不好的人。　须：迟缓。废：弃，这里是罢免的意思。　元恶：罪魁祸首。　中庸民：普通的人。政：指刑赏。　化：教化。　这句意思是：有才德的人要破格任用，无德无能的人要立刻罢免，首恶分子不需要教育就应立即处死，普通的人不等用刑赏就应使他们得到教化。

③分:名分。 昭缪:同"昭穆",古代宗庙的排列次序,祖庙在正中,而后代中父辈的庙在左,叫"昭",子辈的庙在右,叫"穆"。这样分别出上下次序。荀子主张使"贤能"居上位,"罢不能"居下位,而不问其原来的世族出身。

④也:原脱,据下文"虽庶人之子孙也"句例补。 属(shǔ)于:符合于。 庶人:泛指普通百姓。

⑤积文学:增进文化知识。 正身行:端正品德行为。

⑥奸:指一切违反礼义要求的言行。如荀子在《非十二子》篇中说"劳力而不当民务,谓之奸事","不顺礼义,谓之奸说"等等。 遁逃反侧之民:荀子在《荣辱》篇中称那些"饰邪说,文奸言,为倚事,陶诞突盗,惕悍憍暴"的人为"偷生反侧于乱世之间"的"奸人",可见这里"遁逃反侧之民"也是指那些破坏社会秩序的人。 职:事,指安置工作。职而教之:给予安置,进行教育。 须而待之:给与时间等待改过。勉:勉励。 庆赏:奖赏。 畜:收留。

⑦五疾:指哑、聋、瘸、断手和发育不全特别矮小的人。 上:统治者。 材:通"才",才能。 官施:官府给与。 兼复:普遍地照顾。这句意思是:对有各种残疾的人,官府要收养他们,根据他们的能力加以使用,由官府供给衣食,普遍地予以照顾而不遗漏一人。

⑧这句意思是:对那些才能和行动违反现行制度的人坚决处死决不宽恕。

⑨夫:语气词。 天德:最高的道德。荀子在《不苟》篇中说:"变化代兴,谓之天德。" 是王者之政也:原脱"是"字,据本篇下文"是王者之制也"等句例补。

听政之大分①:以善至者待之以礼,以不善至者待之以刑[②]。两者分别，则贤、不肖不杂，是非不乱[③]。贤、不肖不杂则英杰至，是非不乱则国家治[④]。若是，名声日闻，天下愿，令行禁止，王者之事毕矣[⑤]。凡听：威严猛厉，而不好假道人，则下畏恐而不亲，周闭而不竭[⑥]，若是，则大事殆乎弛，小事殆乎遂[⑦]。和解调通，好假道人，而无所凝止之，则奸言并至，尝试之说锋起，若是，则听大事烦，是又伤之也[⑧]。故法而不议，则法之所不至者必废[⑨]。职而不通，则职之所不及者必队[⑩]。故法而议，职而通，无隐谋，无遗善，而百事无过，非君子莫能[⑪]。故公平者，听之衡也，中和者，听之绳也[⑫]。其有法者以法行，无法者以类举，听之尽也[⑬]。偏党而无经，听之辟也[⑭]。故有良法而乱者，有之矣；有君子而乱者，自古及今，未尝闻也[⑮]。传曰："治生乎君子，乱生乎小人[⑯]。"此之谓也。

①听政：处理政事。　大分：要领，关键。

②以善至者：怀着好意来的人。

③不肖：不贤。　这句意思是：把善者和不善者区别开来，这样贤人和不贤的人就不会混杂不分，是非就不会混乱不清。

④英杰：英雄豪杰。

⑤若是：如果这样。　名声日闻：名声一天天显赫。　愿：敬仰羡慕。　毕：完备。

⑥听：听政。　好（hào）：喜好，善于。　假：宽容。　假道：意思是待人宽容。　下：臣下。　亲：亲近。　周闭而不竭：隐瞒而不把话说完。

⑦殆乎:近于。 弛:废弛。 遂:通“坠”,废弃。 这句意思是:如果这样,大事就会近于废弛,小事就会近于废弃。

⑧和解调通:随和而容易接近,这里指接受意见态度随和。 凝:定。 凝止:限制,有限度。 锋:通“蜂”,蜂拥。 听大:所听太多。 烦:繁乱。 伤之:伤害了政事。 这句意思是:如果接受意见态度随和,待人宽容而没有一定的限度,那么各种不合礼义的言行就都会出现,各种试探性的话也会蜂拥而起,这样,所听太多,事又繁杂,同样也会伤害政事。

⑨法:法令,制度。 议:议论,指议论法令的运用范围。 废:出差错。 这句意思是:所以有法而不议论,那么,法令没有明确规定到的地方,就一定会出差错。

⑩职:职权。 通:相互沟通。 队:同“坠”,失,这里是出现漏洞的意思。 这句意思是:职权范围不能互相沟通,那么,职权涉及不到的地方,就会出现漏洞。

⑪无隐谋,无遗善:坏事隐瞒不住,好事也不会遗漏。

⑫衡:准则。 听之衡:原为“职之衡”,据上下文义改。 中和:适当,指处理政事宽严适当。 绳:标准。

⑬类举:以类相推。 尽:极,这里指最好的办法。 这句意思是:有法令规定的事情,要依法去办理;没有法令规定的事情,要按法令以类相推去处理。这是处理政事最好的办法。

⑭偏党:偏私。 经:原则。 辟:同“僻”,偏邪,不公正。

⑮未尝闻:从来没有听说过。

⑯小人:《不苟》篇说,“言无常信,行无常贞,唯利所在,无所不倾,若是则可谓小人矣”,指那些不遵守礼法,言行不一,专图私利的人。 这句意思是:古书上说:“国家的安定出于君子,国家的混乱出于

小人。”

分均则不偏，势齐则不一，众齐则不使①。有天有地而上下有差，明王始立而处国有制②。夫两贵之不能相事，两贱之不能相使，是天数也③。势位齐，而欲恶同，物不能澹则必争，争则必乱，乱则穷矣④。先王恶其乱也，故制礼义以分之，使有贫、富、贵、贱之等，足以相兼临者，是养天下之本也⑤。《书》曰：“维齐非齐⑥。”此之谓也。

①均：等同。　偏：属，指上下统属关系。　势：势位，权势。　一：统一，集中。　使：役使。　这句意思是：名分相等就无法统属了，权势相等就不能统一集中了，大家的地位都相等就谁也不能役使谁了。

②这句意思是：有天地就有上下的差别，明智的君主一开始当政，治理国家就有一定的等级制度。

③天数：自然的道理。　这句意思是：两人同样尊贵就谁也不能侍奉谁，两人同样卑贱也无法役使谁，这是自然的道理。

④欲：喜好。　恶（wù）：厌恶。　澹：通“赡”（shàn），满足。　穷：困穷，指没办法。

⑤制：制定。　相兼临：逐级进行统治。　养：养育。

⑥维齐非齐：要做到齐就必须是不齐。这里指要上下齐一，就必须有等级差别。（见《尚书·吕刑》）

马骇舆，则君子不安舆；庶人骇政，则君子不安位①。

马骇舆，则莫若静之；庶人骇政，则莫若惠之[②]。选贤良，举笃敬，兴孝弟，收孤寡，补贫穷，如是，则庶人安政矣[③]。庶人安政，然后君子安位。传曰："君者，舟也；庶人者，水也。水则载舟，水则覆舟[④]。"此之谓也。故君人者，欲安，则莫若平政爱民矣[⑤]；欲荣，则莫若隆礼敬士矣[⑥]；欲立功名，则莫若尚贤使能矣[⑦]：是君人者之大节也。三节者当，则其余莫不当矣[⑧]。三节者不当，则其余虽曲当，犹将无益也[⑨]。孔子曰："大节是也，小节是也，上君也。大节是也，小节一出焉，一入焉，中君也。大节非也，小节虽是也，吾无观其余矣[⑩]。"

①骇舆(hài yú)：惊车。　安：安稳。　骇政：惊惧政事，指反抗统治。

②静之：使马安静。　惠之：给他们恩惠。

③笃(dǔ)：忠实。　敬：严肃认真。　举笃敬：提拔忠实而又严肃认真的人。　弟：同"悌"，敬爱兄长。　兴孝弟：提倡孝悌。

④这句意思是：古书上说："君子好比船，庶人如同水，水能使船安稳地运行，也可以使船沉没。"

⑤君人者：国君。　平政爱民：改善政治，爱护人民。

⑥荣：这里指国家强盛而且有声望。　隆礼敬士：尊崇礼义，敬重有才能的知识分子。

⑦尚：推崇。　尚贤使能：推崇品德高尚的人，使用有才能的人。

⑧当：得当，恰到好处。

⑨曲：委曲。　曲当：委曲得当，指经过各方面的努力做到都很得

当。　犹将：仍然。

⑩这三句意思是：孔子说："大节做得对，小节也做得对，这是上等的君主。大节做得对，而小节做得有的对有的不对，这是中等的君主。大节做得不对，小节即使做得对，我也不用看其余的了。"

成侯、嗣公聚敛计数之君也，未及取民也；子产取民者也，未及为政也；管仲为政者也，未及修礼也①。故修礼者王，为政者强，取民者安，聚敛者亡②。故王者富民，霸者富士，仅存之国富大夫，亡国富筐箧、实府库③。筐箧已富，府库已实，而百姓贫，夫是之谓上溢而下漏；入不可以守，出不可以战，则倾覆灭亡可立而待也④。故我聚之以亡，敌得之以强⑤。聚敛者，召寇、肥敌、亡国、危身之道也，故明君不蹈也⑥。

①成侯、嗣（sì）公：都是战国时卫国国君，嗣公是成侯的孙子。　聚敛：搜刮钱财。　计数：精打细算。　取民：指笼络人民。　子产：春秋末郑国大夫，做过郑国的相，传说他对人民搞一些小恩小惠，以笼络人民。　修礼：实行礼义。

②王：王天下，即统一天下。

③王者：建立统一政权的最高统治者。　士：武士，指有战功者。　箧（qiè）：箱子一类的东西。　筐箧：泛指盛东西的器具，这里指国君的私囊。　实：充实，充满。　府库：仓库。

④溢：水漫出来，这里形容财物很多。　漏：水流泄，不能积蓄，这里形容贫穷。　入：内。　倾覆：指政权垮台。　立而待：立刻就会到来。

⑤聚：聚敛，即搜刮钱财。 这句意思是：所以说自己搜刮钱财因而招致灭亡，敌人得到这些钱财因而更加强大。

⑥召寇：招来敌寇。 道：道路。 蹈：踩，践踏。 不蹈：不去走那条危险的道路。

王夺之人，霸夺之与，强夺之地①。夺之人者臣诸侯，夺之与者友诸侯，夺之地者敌诸侯②。臣诸侯者王，友诸侯者霸，敌诸侯者危。

①夺：争取，夺取。 夺之人：争取人心。 夺之与：争取友邻国家。 强：强大，这里指以力胜人者。 夺之地：夺取他国的土地。

②臣诸侯：使诸侯为臣。 友诸侯：同诸侯为友。 敌诸侯：与诸侯为敌。

用强者，人之城守，人之出战，而我以力胜之也，则伤人之民必甚矣①。伤人之民甚，则人之民恶我必甚矣。人之民恶我甚，则日欲与我斗②。人之城守，人之出战，而我以力胜之，则伤吾民必甚矣。伤吾民甚，则吾民之恶我必甚矣。吾民之恶我甚，则日不欲为我斗。人之民日欲与我斗，吾民日不欲为我斗，是强者之所以反弱也③。地来而民去，累多而功少，虽守者益，所以守者损，是以大者之所以反削也④。诸侯莫不怀交接怨而不忘其敌，伺强大之间，承强大之敝，此强大之殆时也⑤。知强大者不务强也，虑以王命，全其力，凝其德⑥。力全则诸侯不能弱也，德凝则诸侯不能削也，天下无王霸主，则常胜矣⑦。是知强道者也。

①人：人家，指其他诸侯国。　人之城守：别国的人守卫自己的城很严密。　力：强力，武力。　甚：极，很厉害。

②日欲：天天想。

③反弱：反而变弱。

④累：劳苦。　守者：指土地。　益：增加。　所以守者：指人民。　损：减少。　反削：反而变小。

⑤怀交：互相结交。　接：联合。　怨：指怨恨强国的国家。　伺：窥伺。　间：间隙。　承：同“乘”。　敝：同“弊”，困境。　殆：危险。　这句意思是：各诸侯国没有不互相结交，联合那些怨恨强国的诸侯国，窥伺着强国的可乘之隙，乘着强国陷入困境的机会去进攻它，这就是强国危殆的时候了。

⑥不务强：不专用强力胜人。　虑：大抵，大概。　虑以王命：大抵都以王天下为自己的使命。　全其力：使自己的实力更强大。　凝：凝聚，巩固。　德：道德，这里指政治条件。

⑦无王霸主：没有称王称霸的君主。一说，“王”字是衍文。

彼霸者不然，辟田野，实仓廪，便备用，案谨募选阅材伎之士，然后渐庆赏以先之，严刑罚以纠之①。存亡继绝，卫弱禁暴，而无兼并之心，则诸侯亲之矣②。修友敌之道以敬接诸侯，则诸侯说之矣③。所以亲之者，以不并也；并之见，则诸侯疏矣④。所以说之者，以友敌也；臣之见，则诸侯离矣⑤。故明其不并之行，信其友敌之道，天下无王霸主，则常胜矣⑥。是知霸道者也。

闵王毁于五国，桓公劫于鲁庄，无它故焉，非其道而虑之以王也⑦。

①辟：开辟。 廪（lǐn）：米仓。 实仓廪：充实粮仓。 便备用：使兵革器具便于使用。 案：发语词，乃。 谨募选阅材伎之士：谨慎地招募和选择武艺高强的人。 渐（jiān）：深，重。 先：倡导，诱导。

②存亡继绝，卫弱禁暴：意思是，保存将要灭亡的国家，使已灭亡的国家的后代能继续祭祀其祖先；保卫弱小的国家，制止那些凶暴的国家。

③敌：匹敌，这里指与自己相等的其他诸侯国。 修友敌之道：实行和其他诸侯国相友好的原则。 以敬接诸侯：用恭敬的态度交接诸侯。 说：同"悦"，高兴。

④见：同"现"，表露。 并之见：表露出有兼并诸侯的心。 疏：疏远。

⑤臣之见：表露出有使诸侯为臣的心。

⑥明：表明。 信：信守。 天下无王霸主：一说，"霸主"二字为衍文。

⑦闵（mǐn）王：即齐闵王，战国时齐国国君，曾被燕、赵、韩、魏、秦五国打败。 桓公劫于鲁庄：指公元前680年齐桓公与鲁庄公在柯这个地方订盟，鲁庄公的臣子曹沫胁迫齐桓公答应归还汶阳地区这件事（《公羊传·庄公十三年》）。 故：原因。 非其道而虑之以王也：不是实行的王天下之道而想称王天下。

彼王者不然，仁眇天下，义眇天下，威眇天下①。仁眇天下，故天下莫不亲也。义眇天下，故天下莫不贵也②。威眇天下，故天下莫敢敌也。以不敌之威辅服人之道，故不战而胜，不攻而得，甲兵不劳而天下服，是知王道者也③。

知此三具者，欲王而王，欲霸而霸，欲强而强矣④。

①仁：《非十二子》篇说，“贵贤，仁也；贱不肖，亦仁也”，指隆礼尊贤的道德品质。　眇：高远的意思。　仁眇天下：意思是，仁的品德高于其他所有的诸侯国。　义：指符合社会道德标准的言行。　威：威力。

②贵：尊贵。

③辅：辅助。　服人之道：指仁、义。　以不敌之威辅服人之道：以无敌的威力辅助仁、义之道。　甲兵：军队。

④具：条件。　三具：指上述“强道”、“霸道”、“王道”三者。　而：则，就。

王者之人，饰动以礼义，听断以类，明振毫末，举措应变而不穷，夫是之谓有原，是王者之人也①。

①人：指君主及其大臣。　饰：同“饬”，检点，约束。　听断：处理决断事情。　振：兴起。　毫末：最细微的事物。　举措：兴废。　原：根本。　这句意思是：能够达到统一天下的人，都能用礼义来约束自己的行动，处理决断事情能按照法令规定，政治的清明能使最细微的事物都发挥其作用，政令制度的兴废能随时应变而不至于束手无策，这就叫做懂得了政事的根本，是能够达到统一天下的人。

王者之制，道不过三代，法不贰后王①。道过三代谓之荡，法贰后王谓之不雅②。衣服有制，宫室有度，人徒有数，丧祭械用，皆有等宜③。声，则凡非雅声者举废；色，则凡非旧文者举息；械用，则凡非旧器者举毁④。夫是之谓复古，是王者之制也。

①制：这里指各种具体器物的制度。　道：治理国家的根本原则。三代：夏、商、周。　贰：背离，违反。　后王：指近时的君主。　这句意思是：王者的制度，治理国家的原则不超过夏、商、周三代，具体法度不能和后王的相违背。

②荡：渺茫。　不雅：不正。

③度：节度，标准。　人徒：左右跟随的仆从。　丧祭械用：丧葬祭祀的器具。　皆有等宜：都有和等级相符合的规定。

④声：音乐。　雅声：正声。　举废：全部废除。　文：文彩，绘画等。　息：不用。

王者之论，无德不贵，无能不官，无功不赏，无罪不罚①。朝无幸位，民无幸生②。尚贤使能，而等位不遗；折愿禁悍，而刑罚不过③。百姓晓然皆知夫为善于家而取赏于朝也，为不善于幽而蒙刑于显也④。夫是之谓定论，是王者之论也。

①论：通“伦”，等类，指用人的方针。　无德不贵：没有道德的人不能使他有尊贵的地位。

②这句意思是：朝廷里没有靠侥幸得到而不称职的官吏，老百姓

中没有靠不务正业(耕战)而得过且过的人。

③遗:失,这里是差错的意思。 等位不遗:所给的等级地位与他的贤能相当而没有一点差错。 折:抑制。原为“析”,据上下文义和《韩诗外传》引文改。 愿:通“傆”,狡诈。 折愿禁悍:制裁狡诈的人,禁止凶暴的人。

④晓然:十分明白。 幽:暗。 蒙刑:受刑罚。 显:明显。这句意思是:老百姓都十分明白地知道,在家做好事会得到朝廷的奖赏,在暗地里做坏事会在大庭广众前受到刑罚。

王者之法,等赋,政事,财万物,所以养万民也①。田野什一,关市几而不征,山林泽梁以时禁发而不税②。相地而衰政,理道之远近而致贡,通流财物粟米,无有滞留,使相归移也③。四海之内若一家,故近者不隐其能,远者不疾其劳,无幽闲隐僻之国,莫不趋使而安乐之④。夫是之谓人师,是王者之法也⑤。

①法:原脱,据以上各段体例补。 等赋:按等级规定赋税。政:通“正”。 政事:处理好民事。一说,“事”字为衍文,“等赋政”三字为一句。 财:通“裁”,利用。

②田野什一:按田亩征收十分之一的税。 几:通“讥”,查问。关市几而不征:关卡、市场只察问而不征税。 泽:湖泊。 梁:堵水捕鱼的土堤。

③衰(cuī):差别。 政:通“征”。 相地而衰政:根据土地的好坏收税。 理:区分。 致贡:交送贡物。 滞留:停留,积压。 相归移:互相交换、流通。

④不隐其能：不隐瞒自己的能力。　不疾其劳：不怨恨自己的劳苦。　幽闲隐僻：偏僻边远的意思。　无幽闲隐僻之国：不论地处多么边远的国家。　莫不趋使而安乐之：没有不愉快地去听候王者的使唤。

⑤人师：人们的表率、榜样。

北海则有走马吠犬焉，然而中国得而畜使之①。南海则有羽翮、齿革、曾青、丹干焉，然而中国得而财之②。东海则有紫紶鱼盐焉，然而中国得而衣食之③。西海则有皮革、文旄焉，然而中国得而用之④。故泽人足乎木，山人足乎鱼，农夫不斫削、不陶冶而足械用，工贾不耕田而足菽粟⑤。故虎豹为猛矣，然而君子剥而用之⑥。故天之所覆，地之所载，莫不尽其美、致其用，上以饰贤良、下以养百姓而安乐之⑦。夫是之谓大神⑧。《诗》曰："天作高山，大王荒之。彼作矣，文王康之⑨。"此之谓也。

①北海：泛指我国北部地区。　中国：这里指我国中原地区。　畜使：畜养和使用。

②南海：泛指我国南部地区。　羽翮（hé）：羽毛。　齿革：象牙和犀牛皮。　曾青：又称铜精，即碳酸铜，一种绘画用的颜料。　丹干：朱砂，又叫丹砂，即硫化汞。

③东海：泛指我国东部地区。　紫：读作"絺"（chī），细麻布。　紶：读作"绤"（xì），粗麻布。　紫紶：泛指做衣服的材料。

④西海：泛指我国西部地区。　文旄（máo）：染上色彩的牦牛尾，

旗杆上的装饰物。

⑤泽人:住在水边的人。　足乎木:有足够的木材。　斫(zhuó):砍削。　不斫削:不做木工活。　不陶冶:不做陶器,不搞冶炼。　贾(gǔ):商人。　菽粟:指粮食。

⑥这句意思是:所以虎豹虽然凶猛,但可以剥它的皮供君子用。

⑦致:极,尽。　饰:装饰。

⑧大神:"尽善挟治之谓神"(《儒效》),指天下大治的政治局面。

⑨大王:太王,亦称古公亶(dǎn)父,周文王的祖父。　荒:大。这几句诗的意思是:"天生这座高山,太王使它名望增大。太王已使它名望增大了啊!文王又把它安定下来。"(见《诗经·周颂·天作》)

以类行杂,以一行万①:始则终,终则始,若环之无端也,舍是而天下以衰矣②。天地者,生之始也;礼义者,治之始也;君子者,礼义之始也③。为之,贯之,积重之,致好之者,君子之始也④。故天地生君子,君子理天地⑤;君子者,天地之参也,万物之总也,民之父母也⑥。无君子,则天地不理,礼义无统,上无君师,下无父子,夫是之谓至乱⑦。君臣、父子、兄弟、夫妇,始则终,终则始,与天地同理,与万世同久,夫是之谓大本⑧。故丧祭、朝聘、师旅一也⑨。贵贱、杀生、与夺一也⑩。君君、臣臣、父父、子子、兄兄、弟弟一也,农农、士士、工工、商商一也。

①类:统类,即各种事物的总原则。　一:一贯的原则,指礼义。下同。　行:贯穿,统率。　这句意思是:用各类事物的总原则来统率

纷杂的事物,用礼义这个一贯的准则来统率万种事情。

②是:指类和一。 衰:衰乱。

③始:根本。 治:治理国家。

④这句意思是:实行礼义,贯彻礼义,不断积累礼义,在礼义上达到最完善的地步,这是做君子的根本。

⑤理:治理。 这句意思是:天地生养君子,君子治理天地。

⑥参:参与,配合。 天地之参:《天论》中说:"天有其时,地有其财,人有其治,夫是之谓能参。"这里是指人有跟天地一起管理万物的能力。 总:总管。

⑦统:始,根本。 至:极。

⑧与天地同理:和天地有上下之分是同一个道理。 与万世同久:和万世一起长存。

⑨朝:诸侯定期朝拜天子的礼节。 聘:诸侯互相问候的礼节。 师旅:军队,这里指军队中的上下等级和礼节。

⑩杀生:处死和赦免。 与夺:给予和剥夺,指赏和罚。

水火有气而无生,草木有生而无知,禽兽有知而无义;人有气、有生、有知亦且有义,故最为天下贵也①。力不若牛,走不若马,而牛马为用,何也?曰:人能群,彼不能群也。人何以能群?曰:分②。分何以能行?曰:义。故义以分则和,和则一,一则多力,多力则强,强则胜物;故宫室可得而居也③。故序四时,裁万物,兼利天下,无它故焉,得之分义也④。

故人生不能无群,群而无分则争,争则乱,乱则离,离则弱，弱则不能胜物；故宫室不可得而居也，不可少顷舍礼义之谓也⑤。能以事亲谓之孝，能以事兄谓之弟，能以事上谓之顺，能以使下谓之君⑥。君者，善群也⑦。群道当，则万物皆得其宜，六畜皆得其长，群生皆得其命⑧。故养长时，则六畜育；杀生时，则草木殖⑨。政令时，则百姓一，贤良服⑩。

①气：我国古代一些思想家把气当做原始物质，认为万物都是由气构成的。　生：生命。　知：知觉，指动物本能的反应。

②彼：它们，指牛马。　群：即人们按一定的身份和分工关系组织起来。

③分何以能行：等级名分怎么能行得通呢？　故义以分则和：用礼义的标准来区分等级，人们的关系就能协调起来。　一：一致、统一。　胜物：战胜万物。

④序四时：安排四时的活动。　兼利天下：使天下人都得到利益。得之分义也：就是因为有等级关系的准则的缘故。

⑤离：离散。　少顷：一会儿。　舍：舍弃。

⑥事：侍奉。　使下：役使臣民。

⑦这句意思是：君主是善于按一定分工和等级把人们组织起来的人。

⑧群道当：组织社会的原则恰当。　宜：适宜。　六畜：猪、牛、羊、马、鸡、狗。　命：生命。

⑨时：适时。　养长（zhǎng）时：养育生长适时。　育：养育成长。杀生时：砍伐种植适时。　殖：繁殖茂盛。

⑩百姓一：老百姓行动一致。

圣王之制也：草木荣华滋硕之时，则斧斤不入山林，不夭其生，不绝其长也①；鼋鼍鱼鳖鳅鳣孕别之时，罔罟毒药不入泽，不夭其生，不绝其长也②；春耕、夏耘、秋收、冬藏，四者不失时，故五谷不绝，而百姓有余食也；污池渊沼川泽，谨其时禁，故鱼鳖优多，而百姓有余用也③；斩伐养长不失其时，故山林不童，而百姓有余材也④。

圣王之用也：上察于天，下错于地，塞备天地之间，加施万物之上⑤；微而明，短而长，狭而广，神明博大以至约⑥。故曰：一与一是为人者，谓之圣人⑦。

①荣华滋硕之时：开花结果的时候。　斤：砍伐树木的斧。　夭：夭折，伤害。　绝：断绝。

②鼋（yuán）：大鳖。　鼍（tuó）：鳄鱼的一种，俗称猪婆龙。　鳅：泥鳅。　鳣（shàn）：鳝鱼。　孕别：产卵。　罔罟（gǔ）：鱼网。

③污池渊沼：泛指生长鱼类的水塘。　谨其时禁：严格规定在一定时节内禁止捕捞。　优：丰饶。　优多：非常多。

④童：秃，指山上没有草木。

⑤用：功用。　察：际，接。　错：通“措”，安置。　塞备：充满。这句意思是：圣王的功用是，上接于天，下达于地，充满于整个天地之间，作用于万物之上。

⑥微：细微。　明：显著。　神明：最高的智慧。　至约：极其简单扼要。　这句意思是：这种功用似乎很细微却又很显著，似乎很短促却又很深长，似乎很狭小却又很广大，它真是智慧博大而又简单扼要。

⑦与：通“举”，这里是统率的意思。　一与一：前一个“一”指礼义

这个总原则，后一个“一”指各种具体事物。　这句意思是：所以说，能够用礼义这个总原则统率一切的人，就叫做圣人。

序官：宰爵知宾客祭祀飨食牺牲之牢数①。司徒知百宗城郭立器之数②。司马知师旅甲兵乘白之数③。修宪命，审诗商，禁淫声，以时顺修，使夷俗邪音不敢乱雅，大师之事也④。修堤梁，通沟浍，行水潦，安水臧，以时决塞；岁虽凶败水旱，使民有所耘艾，司空之事也⑤。相高下，视肥墝，序五种，省农功，谨蓄藏，以时顺修，使农夫朴力而寡能，治田之事也⑥。修火宪，养山林薮泽草木鱼鳖百素，以时禁发，使国家足用而财物不屈，虞师之事也⑦。顺州里，定廛宅，养六畜，闲树艺，劝教化，趋孝弟，以时顺修，使百姓顺命，安乐处乡，乡师之事也⑧。论百工，审时事，辨功苦，尚完利，便备用，使雕琢文彩不敢专造于家，工师之事也⑨。相阴阳，占祲兆，钻龟陈卦，主攘择五卜，知其吉凶妖祥，伛巫跛击之事也⑩。修采清，易道路，谨盗贼，平室律，以时顺修，使宾旅安而货财通，治市之事也⑪。折愿禁悍，防淫除邪，戮之以五刑，使暴悍以变，奸邪不作，司寇之事也⑫。本政教，正法则，兼听而时稽之，度其功劳，论其庆赏，以时慎修，使百吏免尽，而众庶不偷，冢宰之事也⑬。论礼乐，正身行，广教化，美风俗，兼覆而调一之，辟公之事也⑭。全道德，致隆高，綦文理，一天下，振毫末，使天下莫不顺比从服，天王之事也⑮。故政事乱，则冢宰之罪也；国家失俗，则辟公之过也；天下不一，诸侯俗反，则天王非其人也⑯。

①序：同"叙"，叙述。　序官：叙述官的职责和权限。这是本段的一个小标题。　宰爵（jué）：主管宰杀牲畜、调膳以供接待宾客和祭祀用的官。　知：主管。下同。　飨（xiǎng）食：宴会。　牺牲：古代把祭祀用的牛、羊、猪叫牺牲。　牢：指祭祀的牲品，古代祭祀时，用猪、牛、羊三牲称作太牢，用猪、羊二牲称为少牢。　数：规定的数量。下同。

②司徒：主管民政的最高长官。　宗：宗族。　郭：外城。　立器：陈设器械。

③司马：主管军队的最高长官。　乘：古代四马一车为一乘。　白：同"伯"，古代军队编制，百人为伯。　乘白：车马士兵。

④修宪命：制订法令文告。　商：通"章"。　审诗商：审查诗歌。　禁淫声：禁止淫邪的音乐。　以时：按时。下同。　顺修：整理，修订。　夷：古代对中原以外少数民族的卑称。　夷俗：落后的风俗习惯。　大（tài）师：乐官之长。

⑤堤梁：堤坝，桥梁。　通：疏通。　浍（kuài）：田间水沟。　潦：通"涝"。　行水潦：疏通河道，排除涝灾。　安水臧：修固水库，蓄藏水流。　决塞：开放和关闭。　岁：年成。　凶败：年成不好。　耘：这里指耕种管理。　艾（yì）：同"刈"，收获。　司空：主管水土的最高长官。

⑥相高下：察看地势的高低。　墝：同"硗"（qiāo），土地贫瘠。　序五种：按时去播种黍、稷、豆、麻、麦五种作物。　省农功：检查农民劳动的功效。　谨蓄藏：认真储备粮食。　朴力而寡能：一心一意地

致力于农业生产，而不要从事其他技能。　治田：即司田，官名。

⑦火宪：防火的法令。　薮(sǒu)泽：泛指湖泊。　素：同“蔬”，蔬菜。原为“索”，据文义改。　屈：尽。　虞(yú)师：管理山林湖泊的官。

⑧顺州里：治理乡里的百姓。　廛(chán)：古代城市百姓的住房。定廛宅：规定住宅的界限。　闲：学习。　闲树艺：学习种树的技术。劝教化：勉励老百姓听从教化。　趋：促，促使。　命：法令。　乡师：州长、乡长一类的地方官。

⑨论：评论。　百工：各种手艺工匠。　审时事：根据时节确定要做的事。　功苦：产品的好坏。　尚完利：注重产品的坚固和适用。　便备用：使设备器具便于使用。　雕琢：雕刻。　文彩：绘画。　不敢专造于家：不敢私自在家里制造。　工师：管理手工业的官。

⑩祲(jìn)：一种赤黑色之气。古人认为这是由阴阳二气相互作用而发生的，能预示吉凶。　兆：征兆。　钻龟：古代一种占卜术，先把龟壳钻孔，然后放在火上烤，根据它的裂纹来判断吉凶。　陈卦：算卦。　主：掌管。　攘(rǎng)择：排除不祥，选择吉事。　五卜：指占卜时出现的雨(雨天)、霁(jì，晴天)、蒙(阴天)、驿(yì，半阴半晴)、克(各种卦象互相交错)五种兆形(详见《尚书·洪范》)。　伛(yǔ)：驼背。　跛：瘸子。　击：通“觋”(xí)，古代从事巫术的人，男称觋，女称巫。

⑪采：通“埰”，坟墓。　清：同“圊”，厕所。　修采清：清理坟墓、厕所。　易：整修。　谨：严防。　室律：据《王霸》篇“质律禁止而不偏”文义，当作“质律”，指评定物价的文书。　平室律：平衡物价或评定物价的意思。　宾旅：旅客。疑当作“商旅”，《王霸》篇说：“质律禁

止而不偏，如是，则商贾莫不敦悫而无诈矣。……商贾敦悫无诈，则商旅安，货财通，而国求给矣。”与此文义同。　使宾旅安而货财通：使商旅安业，货财流通。　治市：即司市，管理城镇的官。

⑫折愿：原作“抃急”，据上文“折愿禁悍”文义改。　戮(lù)：惩罚。五刑：墨(脸上刺字)、劓(yì，割鼻子)、剕(fèi，断脚)、宫(阉割)、大辟(砍头)五种刑罚。　司寇：主管司法的最高长官。

⑬本政教：以政治教化为根本。　正法则：修定法令、制度。　稽(jī)：考查。　兼听而时稽之：听取各方面的意见，并且经常考查。度：计量。　免：同“勉”。　免尽：勉力尽职。　偷：马虎。　冢(zhǒng)宰：宰相。

⑭论礼乐：讲究礼乐。　兼覆而调一之：普遍地养育百姓，而且使他们整齐一致。　辟公：诸侯。

⑮全道德：使道德完备。　致隆高：把礼义提到最高的地位。綦文理：使礼法制度极为完善。　一天下：统一天下。　振毫末：使微小的事情都振兴起来。　比：亲近。　天王：君主，这里指荀子理想中能够统一天下的最高统治者。

⑯失俗：风俗败坏。　俗：通“欲”。　俗反：企图反叛。　天王非其人也：天王不得其人。

具具而王，具具而霸，具具而存，具具而亡①。用万乘之国者，威强之所以立也，名声之所以美也，敌人之所以屈也，国之所以安危、臧否也，制与在此亡乎人②。王、霸、安存、危殆、灭亡，制与在我亡乎人③。夫威强未足以殆邻敌也，名声未足以县天下也，则是国未能独立也，岂渠得免夫累乎④！天下胁于暴国，而党为吾所不欲于是者，日与桀同事同行，无害为尧；是非功名之所就也，非存亡安危之所随也⑤。功名之所就，存亡安危之所随，必将于愉殷赤心之所⑥。诚以其国为王者之所，亦王；以其国为危殆灭亡之所，亦危殆灭亡⑦。

①具具：前一个“具”是动词，具备，后一个“具”是名词，条件。而：则。　具具而王：具备了王者的条件，就可以称王天下。

②用：治理。　万乘之国：泛指当时强大的诸侯国。　屈：屈服。　臧否(pǐ)：好坏。　制：关键。　与：通“举”，都。　亡：同“无”。亡乎：不在于。　制与在此亡乎人：决定的关键在于本国是否具备了这些条件，而不在于别国。

③人：他人。　制与在我亡乎人：决定的关键在于自己，而不在于别人。

④夫：语助词。　县：同“悬”，高悬，指被人们仰慕。　名声未足以县天下也：名声还不足以使天下人都仰慕。　岂渠：怎么。　累：忧虑。　岂渠得免夫累乎：怎么能免除忧虑呢？

⑤胁：威胁。　胁于暴国：被暴国所威胁。　党：同“倘”，假如。　是：这，指像暴国那样做。　就：成就。　所就：成就的原因。　随：随从，原为“堕”，据文义改。下句同。　这句意思是：天下被暴国威胁时，假如自己不愿意像暴国那样做，那么，即使每天都和桀一样的暴君共事，也不会妨害成为尧那样的人。所以说这不是成就功名的关键，也不是造成国家存亡安危的原因。

⑥必：必然。　愉：愉快。　殷：强盛。　所：场所，基点。　这句意思是：建立功名的关键、造成国家存亡安危的原因，必定在于当国家

强盛的时候你的志向立在什么基点上。

⑦诚：确实。 这句意思是：如果确实把他的国家作为实行王者之道的场所，那么，一定能称王天下；如果把他的国家引向危险灭亡的绝路，那么必然会落得个危险灭亡的结果。

殷之日，案以中立无有所偏而为纵横之事，偃然案兵无动，以观夫暴国之相卒也①。案平政教，审节奏，砥砺百姓，为是之日，而兵剸天下之劲矣②；案然修仁义，伉隆高，正法则，选贤良，养百姓，为是之日，而名声剸天下之美矣③。权者重之，兵者劲之，名声者美之，夫尧、舜者一天下也，不能加毫末于是矣④！权谋倾覆之人退，则贤良知圣之士案自进矣⑤。刑政平，百姓和，国俗节，则兵劲城固，敌国案自诎矣⑥。务本事，积财物，而勿忘栖迟薛越也，是使群臣百姓皆以制度行，则财物积，国家案自富矣⑦。三者体此而天下服，暴国之君案自不能用其兵矣⑧。何则？彼无与至也⑨。彼其所与至者，必其民也；其民之亲我也欢若父母，好我芳若芝兰，反顾其上则若灼黥，若仇雠⑩；彼人之情性也虽桀、跖，岂有肯为其所恶贼其所好者哉⑪！彼以夺矣⑫。故古之人，有以一国取天下者，非往行之也；修政其所，天下莫不愿，如是而可以诛暴禁悍矣⑬。故周公南征而北国怨。曰：何独不来也！东征而西国怨。曰：何独后我也⑭！孰能有与是斗者与⑮！安以其国为是者王⑯。

①偏：偏袒。　纵：合纵，战国时，六国联合进攻秦国称为合纵。　横：连横，战国时，随从秦国去进攻他国称为连横。　纵横：这里泛指搞联盟活动。　偃(yǎn)然：形容停息的状态。　案：同“按”，止。　卒：同“捽”(zuó)，争斗。　这句意思是：在国家强盛的时候，要保持中立的态度，不去偏袒哪一方，也不参与联盟活动，要按兵不动，看那些暴国自相争斗。

②案：语助词，下同。　节奏：礼节制度。　审节奏：明确礼节制度。　砥砺：磨刀石，引申为训练。　为是之日：照这样去做的时候。　剸(zhuān)：同“专”。　剸天下之劲：“之”原脱，据下文“名声剸天下之美矣”句例补。　劲：强大。　兵剸天下之劲矣：兵力就可以成为天下最强大的。

③伉(kàng)：通“亢”，极。

④这两句意思是：牢牢掌握政权，不断加强军事力量，努力提高名声威望，这就是尧、舜统一天下的做法，不能对此再增加一丝一毫了。

⑤权谋：玩弄阴谋诡计。　倾覆：反复无常。这里指搞颠覆复辟活动。　退：斥退，清除。　知：同“智”。　自：自然。下同。

⑥刑政平：刑罚政令适当。　国俗节：国家风俗有节制。　诎(qū)：屈服。　敌国案自诎矣：敌国于是就自然屈服了。

⑦务本事：致力农业生产。　忘：当作“妄”，乱。　栖迟：分散，遗弃。　薛越：散乱。　勿忘栖迟薛越也：不要随便浪费糟蹋财物。

⑧体：体现，按照。　三者体此：以上三方面都能照着去做。

⑨彼：指暴国之君。　这句意思是：为什么呢？因为没有人跟着他去打仗。

⑩芝兰：一种香草。　灼：烧。　黥：黥刑，古代在脸上刺字的刑罚。　灼黥：这里指面目丑恶可憎。　这句意思是：跟着他去进攻别

国的，一定是他统治的人民。他的人民亲爱我如同喜欢父母，喜爱我如同芳香的芝兰；回头看他们自己的君主，就像看到受过火烧黥刑的人，面目丑恶可憎，就像看到有深仇大恨的敌人。

⑪这句意思是：一个人的本性即使像桀、跖那样凶暴，哪肯为他所厌恶的人去残害他所喜爱的人呢？

⑫以：同“已”。 这句意思是：他的人被争取过来了。

⑬非往行之：并不是自己到别国去夺取。 修政其所：在自己国家内搞好政治。 天下莫不愿：“天下”二字原无，据本篇上文“天下愿，令行禁止，王者之事毕矣”文义补。

⑭这四句意思是：所以周公南征时，北方的国家都埋怨说：为什么单单不到我这里来呢？东征时，西方的国家也埋怨说：为什么单单后到我这里来呢？

⑮这句意思是：谁还能与这样的人争斗呢！

⑯这句意思是：能把他的国家治理成这样的，就可以成为王。

殷之日，安以静兵息民，慈爱百姓，辟田野，实仓廪，便备用，安谨募选阅材伎之士①；然后渐赏庆以先之，严刑罚以防之，择士之知事者使相率贯也，是以厌然畜积修饰而物用之足也②。兵革器械者，彼将日日暴露毁折之中原，我今将修饰之，拊循之，掩盖之于府库③。货财粟米者，彼将日日栖迟薛越之中野，我今将畜积并聚之于仓廪④。材伎股肱、健勇爪牙之士，彼将日日挫顿竭之于仇敌，我今将来致之、并阅之、砥砺之于朝廷⑤。如是，则彼日积敝，我日积完；彼日积贫，我日积富；彼日积劳，我日积佚⑥。君臣上下之间者，彼将厉厉焉日日相离疾也，我今将顿顿焉日日相亲爱也，以是待其敝[⑦]。安以其国为是者霸。

①静兵息民：停止用兵，使人民得以休养生息。

②率贯：统率。　厌然：满足的样子。　这句意思是：然后用重赏引导他们，用严刑防范他们，选择这些士中间明白事理的人，让他统率管理他们，这样就可以充分地蓄积财物，修理器械，因而使用的物资就十分充足了。

③暴露毁折：丢弃损坏。　中原：原野。　拊(fǔ)循：安抚，引申为爱护。　掩盖：收藏。

④中野：旷野。　畜：同“蓄”。

⑤股肱(gōng)：大腿、上臂，指得力大臣。　爪牙：武士。　挫顿：打击。　竭：尽，穷尽。　挫顿竭之于仇敌：为仇敌所打击而精疲力尽。　来致：招募。　并阅：全部收容。

⑥完：完善。　佚：同“逸”，安逸。

⑦厉厉焉：憎恨的样子。　离疾：疏远，憎恨。　顿：同“敦”，诚恳。　以是待其敝：用这样的方法等待别国的衰败。

立身则从佣俗，事行则遵佣故，进退贵贱则举佣士，之所以接下之人百姓者则庸宽惠，如是者则安存[①]。

立身则轻楛，事行则蠲疑，进退贵贱则举佞兑，之所以接下之人百姓者则好取侵夺，如是者危殆[②]。

立身则憍暴，事行则倾覆，进退贵贱则举幽险诈故，之所以接下之人百姓者，则好用其死力矣而慢其功劳，好用其籍敛矣而忘其本务，如是者灭亡③。

此五等者，不可不善择也，王、霸、安存、危殆、灭亡之具也。善择者制人，不善择者人制之；善择之者王，不善择之者亡。夫王者之与亡者，制人之与人制之也，是其为相县也亦远矣④。

①立身：做人。 佣：同“庸”，平庸，平常。 佣俗：平常的风俗习惯。 事行：做事。 佣故：平常的老规矩。 进退贵贱：指用人。 庸：通“用”。 之所以接下之人百姓者则庸宽惠：意思是，他用来对待臣下百姓的是宽厚和实惠。

②轻楛(kǔ)：轻率恶劣。 蠲(juān)疑：迟疑。 兑：通“锐”，指口才流利。 佞兑：指花言巧语的人。

③憍：同“骄”，骄横。 幽险诈故：阴险奸诈。 慢：怠慢，不顾。 籍敛：搜刮。 本务：指农业生产。

④人制之：被别人所制服。 县：通“悬”，悬殊。 是其为相县也亦远矣：它们之间的区别实在是太远了。

十　富　国

【说明】这是一篇阐述如何使国家富强的重要著作。

荀子指出，要发展经济、使国家富强，在政治上需要做到明分使群、尚贤使能、赏罚分明；经济上需要做到节用裕民、强本抑末、开源节流。而这些措施，皆本于礼义，人君则是掌握礼义的关键。人君在上，因其知虑、仁德足以养民、教民；民众在下，则需从事具体的生产工作。只有君民各尽其分，上下各司其职，国强民富才有稳定的保障。

墨子提出以“非乐”、“节用”等措施来解决“物之不足”的问题，针对这一主张，荀子指出，天下之公患并不在于物之不足，而在于人之争乱，争乱的根本原因是人不知礼义。因此，墨子之非乐、节用，只是治标不治本，甚至还会害本。荀子由此也提出了须以“儒术”治国的观点。

人君应避免非此即彼、偏于一端的两种做法：一是放弃应做的事业，专门向百姓施以小惠，虽能暂得民心，但不可长久；二是急于建立功业而不顾百姓安危，同样会因失去民心而不能长久。

本篇最后指出，依靠货财、约信和土地来与他国交往，并不是长久之计，所以必须依靠礼义。

万物同宇而异体，无宜而有用为人，数也①。人伦并处，同求而异道，同欲而异知，生也②。

①宇：四方上下，即指空间世界。 异体：形体不一样。 宜：适宜，适用，这里指固定的用处。 为：通“于”。 无宜而有用为人：虽无固定用处，却能为人所利用。 数：指自然的道理。

②伦：类。 人伦：指各种等类的人。 同求而异道：具有共同的要求，但达到要求的方法不同。 知：通“智”，智慧。 生：通“性”，本性。

皆有可也，知愚同；所可异也，知愚分①。势同而知异，行私而无祸，纵欲而不穷，则民心奋而不可说也②。如是，则知者未得治也；知者未得治，则功名未成也；功名未成，则群众未县也；群众未县，则君臣未立也③。无君以制臣，无上以制下，天下害生纵欲④。欲恶同物，欲多而物寡，寡则必争矣⑤。故百技所成，所以养一人也⑥。而能不能兼技，人不能兼官；离居不相待则穷，群而无分则争[7]。穷者患也，争者祸也。救患除祸，则莫若明分使群矣[8]。强胁弱也，知惧愚也，民下违上，少陵长，不以德为政，如是，则老弱有失养之忧，而壮者有分争之祸矣[9]。事业所恶也，功利所好也，职业无分，如是，则人有树事之患，而有争功之祸矣[10]。男女之合，夫妇之分，婚姻娉内送逆无礼，如是，则人有失合之忧，而有争色之祸矣[11]。故知者为之分也[12]。

①可：认可，肯定。　这句意思是：人们对于事物都有他自己认为是正确的看法，这一点智者和愚者是相同的；但是彼此认为是正确的看法并不一样，这就显出智者和愚者的不同了。

②势：地位。　祸：患，这里是惩罚的意思。　这句意思是：如果势位相同而智慧不同，谋取私利而受不到惩罚，放纵欲望而毫无阻碍，那么人们都将奋起相争而不可说服了。

③知者未得治：指智者不能获得治理社会的地位。　功名未成：事业和名望都没有完成，这里指一定的社会秩序和统治者的声望还没有确立起来。　县：通“悬”，这里比喻将物挂在空中，分出上下的意思。　群众未县：这里指人们还没有分出尊卑、贵贱、上下等级。　君臣未立：君与臣的关系没有确立。

④天下害生纵欲：天下将由于各自放纵欲望而产生种种祸患。

⑤欲恶同物：人们都爱好或憎恶同样的东西。　寡：少。

⑥百技：泛指从事各种行业的人。　这句意思是：一个人的生活所需，要靠各种行业制成的物品来供养。

⑦能：能力。　能不能兼技：一个人的能力是不可能兼通各种技

艺的。 官:指管理。 人不能兼官:一个人不可能兼管各种事务。 离居不相待:各人自顾自而不互相依靠。 穷:困穷,没有办法,这里指无法生活下去。 分(fèn):等级名分。 群而无分:一起生活而没有身份的区别和职业的分工。

⑧明:明确。 明分使群:确定上下职分和等级的差别来组织社会。

⑨陵:侵犯,侮辱。 为政:治理政事。 失养:没人供养。 分争:分离,争夺。

⑩这句意思是:如果人们对踏实干一番事业都十分厌恶,对功利都十分喜好,而每个人的职业又没有明确地规定,那么,人们就会有建树不起任何事业的忧患,而且还会有争夺功利的灾祸。

⑪合:结合。 分:名分。 娉(pìn):通"聘",互相通问定亲。 内:通"纳",纳币,送彩礼,收彩礼。 送:送女。 逆:迎娶。 娉内送逆:古代婚礼的一些礼节形式。

⑫这句意思是:所以聪明的人为此规定了各种名分等级制度。

足国之道,节用裕民,而善臧其余①。节用以礼,裕民以政②。彼裕民故多余,裕民则民富,民富则田肥以易,田肥以易则出实百倍③。上以法取焉,而下以礼节用之④。余若丘山,不时焚烧,无所臧之⑤。夫君子奚患乎无余⑥!故知节用裕民,则必有仁义圣良之名,而且有富厚丘山之积矣。此无它故焉,生于节用裕民也。不知节用裕民则民贫,民贫则田瘠以秽,田瘠以秽则出实不半,上虽好取侵夺,犹将寡获也;而或以无礼节用之,则必有贪利纠譑之名，而且有空虚穷乏之实矣[7]。此无它故焉，不知节用裕民也。《康诰》曰："弘覆乎天，若德裕乃身[8]。"此之谓也。

①足：富足。　足国：使国家富足。　道：根本方法和原则。　节用裕民：节省费用，使人民宽裕。　臧：同"藏"。　善臧：善于贮藏。　余：指多余的粮食和财物。

②这句意思是：要按礼所规定的不同身份地位的享用标准来节制消费，要通过政治上的各种措施政策使人民生活富裕。

③彼裕民故多余：此句中的"裕民"二字据上下文义疑当为"节用"。　易：治理。　田肥以易：田地肥沃而且得到治理。

④取：指税收。　以法取：按法令规定收税。

⑤这句意思是：余粮堆积得像小山一样，人们即使不断地烧毁还是多得没地方可藏。

⑥奚（xī）：何，为什么。　奚患：何必忧愁。

⑦秽（huì）：荒芜。　田瘠以秽：土地贫瘠而且荒芜。　出实不半：粮食产量还不到正常收成的一半。　好取：想方设法收取。　寡获：得到的很少。　无礼节用：不按礼的规定标准节约费用。一说"节用"二字与上面的"上虽好取侵夺"句中的"侵夺"二字互误。　譑（jiǎo）：通"挢"，取。　纠譑：榨取。

⑧《康诰》：《尚书》篇名。　弘：广大。　若：顺。　乃：你。　这句意思是："天是那么广大，地覆盖着万物，按照德的标准去做，就能使你得到富裕。"荀子引用这句话说明，只要按照"节用裕民"的办法去做，就能达到国富民强。

礼者，贵贱有等，长幼有差，贫富轻重皆有称者也[1]。

故天子袾裷衣冕，诸侯玄裷衣冕，大夫裨冕，士皮弁服②。德必称位，位必称禄，禄必称用，由士以上则必以礼乐节之，众庶百姓则必以法数制之③。量地而立国，计利而畜民，度人力而授事；使民必胜事，事必出利，利足以生民，皆使衣食百用出入相揜，必时臧余，谓之称数④。故自天子通于庶人，事无大小多少，由是推之⑤。故曰：朝无幸位，民无幸生⑥。此之谓也。

①差：差等，差别。 轻重：指尊卑。 称（chèn）：相称。 贫富轻重皆有称者：意思是，贫富贵贱都有与他们身份地位相称的规定。

②袾：通"朱"，红色。 裷：同"衮"（gǔn），画龙的衣服。 冕（miǎn）：礼帽。 天子袾裷衣冕：天子穿戴红色的龙袍和帽子。 玄（xuán）：黑色。 裨（pí）：一种礼服的名称。 皮弁（biàn）：用白鹿皮做的帽子。

③德必称位：品德与地位一定相称。 禄：俸禄。 乐：这里泛指音乐舞蹈。 节：调节。 众庶百姓：广大的老百姓。 法数：指治民的法度。 制：治理。

④计：计算。 畜：养。 度：量。 生民：养民。 揜（yǎn）：同"掩"。 相揜：相合，指平衡。 时：适时。 数：即上文"法数"的"数"。 称数：合乎法度。 这句意思是：根据土地大小来划分行政区域，根据得利多少来畜养人民，根据能力大小来授予工作，使老百姓都能胜任他们的工作，而从事这些工作必定要有收益，这些收益又要能够满足养活人民的需要，使他们衣食费用的支出和收入相平衡，然后又适时地贮藏余粮，这就叫做合乎法度。

⑤是：代词，指礼的各项规定。 由是推之：意思是，都按礼的规

定去办理。

⑥朝无幸位：朝廷里没有靠侥幸得到职位而不称职的官吏。　幸生：指不务正业（耕战），而得过且过的人。

轻田野之税，平关市之征，省商贾之数，罕兴力役，无夺农时，如是则国富矣①。夫是之谓以政裕民。

①商贾（gǔ）：古时对商人的统称。　罕：少。　这句意思是：减轻田地的赋税，适当地征收关卡集市的税收，减少商人的数量，少兴劳役，不夺农时，这样国家就富强了。

人之生，不能无群，群而无分则争，争则乱，乱则穷矣。故无分者，人之大害也；有分者，天下之本利也；而人君者，所以管分之枢要也①。故美之者，是美天下之本也；安之者，是安天下之本也；贵之者，是贵天下之本也②。古者先王分割而等异之也，故使或美，或恶，或厚，或薄，或佚乐，或劬劳，非特以为淫泰夸丽之声，将以明仁之文，通仁之顺也③。故为之雕琢刻镂、黼黻文章，使足以辨贵贱而已，不求其观；为之钟鼓管磬、琴瑟竽笙，使足以辨吉凶、合欢定和而已，不求其余；为之宫室台榭，使足以避燥湿、养德、辨轻重而已，不求其外④。《诗》曰："雕琢其章，金玉其相，亹亹我王，纲纪四方⑤。"此之谓也。

①本利：根本利益。　人君：君主。　枢要：关键，中心。　人君者，所以管分之枢要也：意思是，君主是掌管等级的中心。

②美：赞美。　之：代词，指君主，下文“安之”、“贵之”的“之”同。　安：维护。　贵：尊重。　这句意思是：因此，赞美君主就是赞美天下的根本，维护君主就是维护天下的根本，尊重君主就是尊重天下的根本。

③分割：划分。　等异：等级差别。　美：指地位高贵。　恶：指地位卑下。　厚：指待遇丰厚。　薄：指待遇菲薄。　佚(yì)：通“逸”，安逸。　劬(qú)：过分劳累。原本“佚”、“劬”二字后边均有一“或”字，据上下文义删。　非特以为淫泰夸丽之声：意思是，这并不是特意制造荒淫、骄恣、奢侈和华丽。一说“声”是衍字，“之”是“也”的误字。　仁：《非十二子》篇，“贵贤，仁也；贱不肖，亦仁也”，指隆礼尊贤的道德品质。　文：礼乐制度。　明仁之文：明确隆礼尊贤的礼乐等级制度。　顺：次序。　通仁之顺：贯彻隆礼尊贤的礼乐秩序。

④为之：制作。下同。　雕琢(zhuó)：雕刻玉石称雕琢。　刻：雕刻木器称刻。　镂(lòu)：雕刻金器称镂。　雕琢刻镂：泛指各种器具上雕刻的花纹。　黼(fǔ)：黑白相间的花纹。　黻(fú)：青黑相间的花纹。　章：红白相间的花纹。　黼黻文章：泛指礼服上的各种花纹。　观：美观。　磬(qìng)：用石或玉做的乐器。　合欢定和：意思是，使人们欢乐而又和谐。　不求其余：不追求其它的。　台：高而平的建筑物。　榭(xiè)：建在高土台上的房子。　外：他，别的。　不求其外：即不求别的。

⑤相：质料。　亹亹(wěi)：形容勤勉不倦。　纲纪：治理。　这几句诗的意思是：“精细雕刻花纹，又用金玉作为质料，多么勤勉的王啊！治理四方。”(见《诗经·大雅·棫朴》)

若夫重色而衣之，重味而食之，重财物而制之，合天下而君之，非特以为淫泰也，固以为王天下，治万变，材万物，养万民，兼利天下者，为莫若仁人之善也夫①！故其知虑足以治之，其仁厚足以安之，其德音足以化之，得之则治，失之则乱②。百姓诚赖其知也，故相率而为之劳苦以务佚之，以养其知也；诚美其厚也，故为之出死断亡以覆救之，以养其厚也；诚美其德也，故为之雕琢刻镂黼黻文章以藩饰之，以养其德也③。故仁人在上，百姓贵之如帝，亲之如父母，为之出死断亡而愉者，无它故焉，其所是焉诚美，其所得焉诚大，其所利焉诚多也④。《诗》曰："我任我辇，我车我牛，我行既集，盖云归哉⑤！"此之谓也。

①若夫：语首助词，至于的意思。　重：多种，丰厚。下文的"重味"、"重财物"的"重"字同。　制：掌握，利用。　合：统一。　君：统治。　王天下：统治天下。一说，"王"字当为"一"字。　治万变：治理国家各种事务。　材：同"裁"。　材万物：利用万物。　兼利：普遍地得到利益，原为"兼制"，据上下文义改。　仁人：品德高尚的人。这里指荀子理想中有德才的君主。　这句意思是：丰富色彩的衣服拿来穿，丰盛的美味拿来吃，丰厚的财物拿来用，使整个天下属于我的统治，这并不是为了搞荒淫、骄恣，只是因为统治天下，治理国家各种事务，改造万物，养育万民，使天下普遍地得到利益，能做到这样，没有比仁人更好的了！

②其：代词，指仁人。　知虑：智慧。下文"其知"的"知"同。　之：代词。指人民。下文"安之"、"化之"的"之"同。　安：安定。　德音：指道德声望。　化：感化。

③诚赖:确实依靠。 相率:争先恐后。 故相率而为之劳苦以务佚之:意思是,所以争先恐后地去为君主劳苦,务必使他得到安逸。 养:护养,这里有报答的意思。 厚:宽厚。 出死断亡:决死战斗。 覆救:捍卫。 藩饰:装饰。

④帝:上帝、老天爷。 贵之如帝:敬重他就像老天爷一样,这里只是借用民间对崇敬人物的赞词。 其:君主。 其所利焉诚多也:“也”字原脱,据文义语气补。 其所是焉诚美,其所得焉诚大,其所利焉诚多也:意思是,君主所确定的政令实在好,君主所取得的成绩实在大,君主所给予的利益实在多。

⑤任:担负。 辇:拉车。 集:成功。 盖:皆。 这几句诗的意思是:“我背扛车拉,我套车牵牛,我们交粮的任务完成了,告诉我们说,回去吧!”(见《诗经·小雅·黍苗》)荀子引这首诗,说明百姓辛勤劳动以侍奉君主。

故曰:君子以德,小人以力①。力者,德之役也②。百姓之力,待之而后功;百姓之群,待之而后和;百姓之财,待之而后聚;百姓之势,待之而后安;百姓之寿,待之而后长③。父子不得不亲,兄弟不得不顺,男女不得不欢④。少者以长,老者以养。故曰:“天地生之,圣人成之⑤。”此之谓也。

①以:用。

②役:使唤。 这句意思是:用力的人,受用德的人使唤。

③待:等待,依靠。 之:代词,指君子之德。 百姓之力,待之而后功:意思是,百姓的能力,只有依靠君子的德去教化才能取得成

功。 和:和睦。 势:地位。 安:安定。

④父子不得不亲:意思是,父子不得到君子的德去教化,就不可能有父慈子孝那样的亲爱。 顺:顺服,指和气。

⑤成:成就。 这句意思是:自然界生养了老百姓,圣人教育他们成长。

今之世而不然:厚刀布之敛以夺之财,重田野之税以夺之食,苛关市之征以难其事①。不然而已矣,有掎挈伺诈,权谋倾覆,以相颠倒,以靡敝之,百姓晓然皆知其污漫暴乱而将大危亡也②;是以臣或弑其君,下或杀其上,粥其城,倍其节,而不死其事者,无它故焉,人主自取之也③。《诗》曰:"无言不雠,无德不报④。"此之谓也。

①今之世:泛指那些政治昏暗的诸侯国。 厚:加重。 刀布:刀、布都是古代的钱币,这里泛指钱财。 敛:聚集。 苛:苛刻,繁重。 难其事:这里指阻碍货物交流。

②不然而已:不仅这样。 有:通"又"。 掎(jǐ)挈(qiè)伺诈:故意挑剔,伺机欺诈。 靡敝:败坏。 晓然:十分明白。 污漫:行为非常肮脏。 大:极大。 这句意思是:不仅这样,又故意挑剔,伺机欺诈,玩弄权术搞颠覆,颠倒是非,以败坏当今的时代,百姓都明白地知道君主的行为非常肮脏暴乱,将给国家带来极大的灾难和危亡。

③是以:所以。 弑(shì):古时称地位在下的人杀地位在上的人。 粥:同"鬻"(yù),出卖。 倍:通"背",背叛。 不死其事者:不为君主的事业卖命。 人主自取之也:原脱"也"字,据文义语气和《群书治要》引文补。

④雠(chóu):回答。　这两句诗的意思是:“说什么话就一定会得到相应的回答,给人恩德就一定会得到相应的报答。”(见《诗经·大雅·抑》)

兼足天下之道在明分①。掩地表亩,刺屮殖谷,多粪肥田,是农夫众庶之事也②。守时力民,进事长功,和齐百姓,使人不偷,是将率之事也③。高者不旱,下者不水,寒暑和节,而五谷以时孰,是天之事也④。若夫兼而覆之,兼而爱之,兼而制之,岁虽凶败水旱,使百姓无冻餧之患,则是圣君贤相之事也⑤。

①兼足天下:使整个天下富足。

②掩地表亩:翻耕田地,表明田地亩数。　屮:古“草”字。　刺屮殖谷:除去野草,种植谷物。

③率:同“帅”。　将率:即将帅。古时将帅兼管军民。　这句意思是:遵守农时,督促人民努力劳动,使农业发展,增长功利,使百姓和睦团结,使人不偷懒,是将帅的事。

④下者不水:地势低的土地不涝。　和节:和顺适宜。　孰:同“熟”。　以时孰:按时成熟。　天:这里指自然界。　天之事:“天”之后原衍“下”字,据上下文义删。

⑤兼:普遍。　覆:遮盖,这里是保护的意思。　制:管理。一说,当为“利”字之误。　兼而覆之,兼而爱之,兼而制之:意思是,普遍地保护百姓,普遍地爱护百姓,普遍地管理百姓。　岁:年头。　凶败水旱:遭受旱涝灾害。　餧:同“馁”(něi),饥饿。

墨子之言昭昭然为天下忧不足①。夫不足，非天下之公患也，特墨子之私忧过计也②。今是土之生五谷也，人善治之，则亩数盆，一岁而再获之；然后瓜桃枣李一本数以盆鼓，然后荤菜、百疏以泽量，然后六畜禽兽一而剸车，鼋鼍鱼鳖鳅鳣以时别一而成群，然后飞鸟、凫雁若烟海，然后昆虫万物生其间，可以相食养者不可胜数也③。夫天地之生万物也固有余，足以食人矣；麻葛、茧丝、鸟兽之羽毛齿革也固有余，足以衣人矣④。夫不足，非天下之公患也，特墨子之私忧过计也⑤。

①昭昭然：同“耿耿然”，不安的样子。

②特：只是。　过计：过虑。

③盆：古代一种量器。　则亩数盆，一岁而再获之：意思是，每亩收获数盆，一年收获两次。　一本：一株。　鼓：计算。　数以盆鼓：收获的数量以盆计算。　荤菜：指葱、姜、蒜一类的蔬菜。　疏：同“蔬”。　百疏：各种蔬菜。　泽：池泽。　以泽量：用泽来量，形容多。　一而剸（tuán）车：每一种都可以装满一车。一说，“一”指少量，一二只，“一而剸车”是说由少变多。　鼋（yuán）：大鳖。　鼍（tuó）：鳄鱼的一种，俗称猪婆龙。　鳣（shàn）：鳝鱼。　以时别：按时生育。　一而成群：每一种都可以繁殖成一群。　凫（fú）：一种水鸟，俗称野鸭。　相食养者：作为食物供人食用。

④固：本来。　食人：供人食用。　革：皮。

⑤夫不足：“夫”字后原衍“有余”二字，据上文“为天下忧不足”文义删。

天下之公患，乱伤之也①。胡不尝试相与求乱之者谁也②？我以墨子之“非乐”也，则使天下乱；墨子之“节用”也，则使天下贫；非将堕之也，说不免焉③。墨子大有天下，小有一国，将蹙然衣粗食恶，忧戚而非乐④。若是则瘠，瘠则不足欲，不足欲则赏不行⑤。墨子大有天下，小有一国，将少人徒，省官职，上功劳苦，与百姓均事业，齐功劳⑥。若是则不威，不威则罚不行。赏不行，则贤者不可得而进也；罚不行，则不肖者不可得而退也⑦。贤者不可得而进也，不肖者不可得而退也，则能不能不可得而官也⑧。若是则万物失宜，事变失应，上失天时，下失地利，中失人和，天下敖然，若烧若焦；墨子虽为之衣褐带索，嚽菽饮水，恶能足之乎⑨！既以伐其本，竭其原，而焦天下矣⑩。

①乱：混乱。　这句意思是：天下的公患，是混乱造成的。

②胡：为什么。　尝试：探索。　相与：相互，共同。　这句意思是：为什么不试着共同来寻求一下造成天下混乱的是谁呢？

③非乐：反对音乐。这是墨子的一个重要论点。他认为音乐对人没有一点益处，写了《非乐》篇反对音乐。荀子认为音乐可以“移风易俗”，达到“民和而不流”、“民齐而不乱”（《乐论》），所以他批评墨子的“非乐”是造成混乱的观点。　节用：这是墨子的又一个重要观点。他主张不论君主还是普通百姓都要一样“节用”，带有绝对平均主义的色彩。荀子也很强调“节用”，但他主张“节用以礼”，即按照等级的规定来“节用”，所以他批评墨子的“节用”观点，是“伐本”、“竭原”，是造成

社会贫困的原因。　堕:毁,诽谤的意思。　非将堕之也,说不免焉:意思是,这并非故意诽谤墨子,而是他的学说不免要得出这样的结果。

④墨子大有天下,小有一国:意思是,如果让墨子大而至于治理整个天下,小而至于掌管一个诸侯国的政权。　蹙(cù)然:忧愁的样子。忧戚:忧愁。

⑤瘠:薄,这里指生活待遇很菲薄。

⑥人徒:左右跟随的仆从。　省官职:减少官职。　上功:注重功业。

⑦进:任用。　不肖:不贤。　退:罢免。

⑧能不能不可得而官也:有能力和没有能力的都无法适当地任用,指不可能根据能力的大小因材任用。

⑨失宜:失调。　事变失应:事情发生变化而得不到恰当地处理。　敖:同“熬”。　敖然:犹如煎熬。　衣褐带索:身穿粗布衣服,腰系粗劣的带子。　嚽(chuò):同“啜”,吃。　菽:豆类的总称。　恶(wū):何,怎么。

⑩以:同“已”。　本:根本,指农业生产。　原:同“源”。　这句意思是:既然已破坏了根本,断绝了源泉,因而使整个天下的财物都枯竭了。

故先王圣人为之不然,知夫为人主上者不美不饰之不足以一民也,不富不厚之不足以管下也,不威不强之不足以禁暴胜悍也①。故必将撞大钟、击鸣鼓、吹笙竽、弹琴瑟,以塞其耳;必将錭琢刻镂、黼黻文章,以塞其目;必将刍豢稻粱、五味芬芳,以塞其口;然后众人徒、备官职、渐庆赏、严刑罚，以戒其心；使天下生民之属，皆知己之所愿欲之举在是于也，故其赏行；皆知己之所畏恐之举在是于也，故其罚威②。赏行罚威，则贤者可得而进也，不肖者可得而退也，能不能可得而官也。若是则万物得宜，事变得应，上得天时，下得地利，中得人和，则财货浑浑如泉源，汸汸如河海，暴暴如丘山，不时焚烧，无所臧之，夫天下何患乎不足也③？故儒术诚行，则天下大而富，使而功，撞钟击鼓而和④。《诗》曰："钟鼓喤喤，管磬玱玱，降福穰穰，降福简简，威仪反反。既醉既饱，福禄来反⑤。"此之谓也。故墨术诚行，则天下尚俭而弥贫，非斗而日争，劳苦顿萃而愈无功，愀然忧戚非乐而日不和⑥。《诗》曰："天方荐瘥，丧乱弘多。民言无嘉，憯莫惩嗟⑦。"此之谓也。

①为之不然：不这样做。　知：懂得，明白。　为人主上者：指君主。　一：统一。　禁暴胜悍：禁止强暴，战胜凶残。

②塞：满足。　錭：同"雕"。　刍(chú)豢：指牛、羊、猪、狗等家畜，这里泛指肉类食物。　渐：深，重。　庆赏：奖赏。　是于：同"于是"，在这里。　皆知己之所愿欲之举在是于也：意思是，都知道自己所希望得到的全在这里。　畏恐：害怕，这里有禁戒的意思。　罚威：惩罚发挥了威力。

③浑浑：形容水流很急。　汸汸(pāng)：形容水量很大。　暴暴：形容突起。

④儒术：荀子理想中的治国方法。如在《儒效》篇中所称颂的"法后王、统礼义、一制度"等。　诚行：真正实行。　大：同"泰"，安

平。　使而功：役使百姓而且取得功效。一说“使”为“佚”的误字，意思是安逸而有成效。

⑤喤喤：形容声音大。　玱玱（qiāng）：声音和谐。　穰穰（ráng）：形容多。　简简：形容大。　反反：慎重的样子。　威仪反反：威严的姿态从容镇静。　来反：往复。　这几句诗的意思是：“钟鼓和管磬的声音宏大而和谐，降福很多，降福很大，威严的姿态从容镇定。既醉又饱，福禄无穷。”（见《诗经·周颂·执竞》）。

⑥尚俭而弥贫：崇尚节俭反而更加贫穷。　非斗而日争：反对争斗反而每天都在争夺。　顿萃（cuì）：很困苦。　愀（qiǎo）然：悲观的样子。

⑦荐瘥（cuó）：疫病。　嘉：赞许。　憯（cǎn）：曾。　嗟：叹息。这几句诗的意思是：“上天正在连续降着疫病，丧乱盛行。人民没有赞许的言论，也未曾停止过叹息。”（见《诗经·小雅·节南山》）

垂事养民，拊循之，呕呕之，冬日则为之饘粥，夏日则与之瓜麮，以偷取少顷之誉焉，是偷道也①。可以少顷得奸民之誉，然而非长久之道也；事必不就，功必不立，是奸治者也②。傮然要时务民，进事长功，轻非誉而恬失民，事进矣而百姓疾之，是又不可偷偏者也③。徙坏堕落，必反无功④。故垂事养誉，不可；以遂功而忘民，亦不可：皆奸道也⑤。

①垂：委，弃置。　垂事养民：放弃应做的事业，专对百姓搞些小恩小惠。　拊（fǔ）循：安抚。　呕（wá）呕：慈爱。　饘（zhān）粥：稠粥。　麮（qù）：大麦粥。　少顷：片刻。　以偷取少顷之誉焉，是偷道

也：意思是，用一些小恩小惠来窃取短时间的名誉，这是一种苟且的做法。

②不就：不能成就。　是奸治者也：这是违背礼义的治国方法。

③傮（zāo）然：嘈杂的样子。　恬：安然。　疾：怨恨。　偷偏：不正当的极端行为。　这句意思是：吆五喝六地赶着时间强迫人民去从事劳役，一味追求事情的进展和功利，不顾毁掉荣誉，任凭失掉民心，事情虽进展了而百姓怨恨他，这又是一种不可以做的极端行为。

④徙坏：败坏。　徙坏堕落，必反无功：意思是，采取败坏堕落的方法，必然反而无功。

⑤遂功：成功。　奸道：不合礼义的做法，《儒效》篇说："知说失中谓之奸道。"又说："曷（何）谓中？曰：礼义是也。"

故古人为之不然：使民夏不宛暍，冬不冻寒，急不伤力，缓不后时，事成功立，上下俱富；而百姓皆爱其上，人归之如流水，亲之欢如父母，为之出死断亡而愉者，无它故焉，忠信调和均辨之至也①。故君国长民者，欲趋时遂功，则和调累解，速乎急疾；忠信均辨，说乎赏庆矣；必先修正其在我者，然后徐责其在人者，威乎刑罚②。三德者诚乎上，则下应之如景响，虽欲无明达，得乎哉③！《书》曰："乃大明服，惟民其力懋，和而有疾④。"此之谓也。

①宛：通"蕴"，暑气。　暍（hè）：中暑。　急不伤力，缓不后时：意思是，紧张时不损害劳力，缓和时不误农时。　富：富裕。一说通"福"。　俱富：都富裕。一说都幸福。　辨：通"遍"。　均辨：公平。

②君国长民者：指君主。　趋时：迅速。　累解：宽缓。　修正：

纠正。　徐：慢。　这句意思是：所以，统治国家的君主打算迅速取得统治的功效，用调和宽缓的方法要比用急于求成的方法快；用忠信公平的方法比庆赏还要令人喜欢；君主必须先纠正自己的缺点，然后慢慢去责备别人的缺点，其威力比刑罚还要大。

③景响：同“影响”，指如影随形，如响应声。　这句意思是：调和宽缓，忠信公平，正人先正己这三种美德，如果君子能真诚地实行，百姓在下就会积极响应，虽然不想显明通达，可能吗？

④惟：助词。　懋（mào）：勤勉。　这句意思是：“君主如果十分英明，那么人民一定会努力工作，既协调又迅速。”（见《尚书・康诰》）

故不教而诛，则刑繁而邪不胜；教而不诛，则奸民不惩；诛而不赏，则勤励之民不劝；诛赏而不类，则下疑俗俭而百姓不一[①]。故先王明礼义以壹之；致忠信以爱之；尚贤使能以次之；爵服庆赏以申重之；时其事，轻其任，以调齐之；潢然兼覆之，养长之，如保赤子[②]。若是，故奸邪不作，盗贼不起，而化善者劝勉矣[③]。是何邪？则其道易，其塞固，其政令一，其防表明[④]。故曰：上一则下一矣，上二则下二矣；辟之若草木，枝叶必类本[⑤]。此之谓也。

①诛：杀，惩罚。　刑繁：刑罚多。　不惩：得不到惩罚。　励：原为“属”，据文义和《群书治要》引文改。　勤励：勤劳，奋勉。　不劝：得不到鼓励。　诛赏而不类：赏罚不恰当。　下疑：人民疑惑。　俭：通“险”，险恶。　不一：不齐心一致。

②壹：整齐，统一。　次：安排顺序。　爵服：贵族的等级和等级的服装。　申重：反复强调表示重视，进行鼓励。　轻其任：减轻他们

的负担，这里有量力而任用的意思。　潢然：广大的样子。　这句意思是：先王明确礼义制度来统一人民；尽力做到忠信来爱护人民；按照品德和能力的大小安排不同等级的职位；反复强调用提高等级和奖赏来对立功者进行鼓励；根据时节安排事情，量力而任用人，用来调整统一百姓；普遍地保护百姓，抚养百姓，就好像保护初生的婴儿一样。

③化善者：改过自新的人。　劝勉：勉励。

④塞：充塞，灌输。　其塞固：他们灌输于民心的思想很牢固。这句意思是：是什么原因呢？这是由于先王施行的方法简易可行，他灌输于民心中的思想很牢固，他的政令严谨不偏，他的赏罚规定明确。

⑤辟：譬如。　本：根，这里指种类。　这句意思是：所以说，上面怎样，下面就怎样，这就好像草木，它的枝叶是由根决定的。

不利而利之，不如利而后利之之利也①。不爱而用之，不如爱而后用之之功也。利而后利之，不如利而不利者之利也。爱而后用之，不如爱而不用者之功也。利而不利也，爱而不用也者，取天下者也②。利而后利之，爱而后用之者，保社稷者也③。不利而利之，不爱而用之者，危国家者也。

①这句意思是：没有给人民利益，却要从人民中索取利益，不如先给人民以利益然后从人民中取得利益更有利。

②取天下者也：原为“取天下矣”，据文义和《文选》注引文改。

③社稷：指国家。　保社稷者也：原脱“者”字，据文义和《文选》注引文补。下文“危国家者也”的“者”同。

观国之治乱臧否，至于疆易而端已见矣①。其候徼支缭，其竟关之政尽察，是乱国已②。入其境，其田畴秽，都邑露，是贪主已③。观其朝廷，则其贵者不贤；观其官职，则其治者不能；观其便嬖，则其信者不悫，是闇主已④。凡主相臣下百吏之属，其于货财取与计数也，须孰尽察；其礼义节奏也，芒轫僈楛，是辱国已⑤。其耕者乐田，其战士安难，其百吏好法，其朝廷隆礼，其卿相调议，是治国已⑥。观其朝廷，则其贵者贤；观其官职，则其治者能；观其便嬖，则其信者悫，是明主已。凡主相臣下百吏之属，其于货财取与计数也，宽饶简易；其于礼义节奏也，陵谨尽察，是荣国已⑦。贤齐则其亲者先贵，能齐则其故者先官；其臣下百吏，污者皆化而修，悍者皆化而愿，躁者皆化而悫，是明主之功已⑧。

①臧否（pǐ）：好坏。　易：同“埸”。　疆易：边界。　端：头绪。这句意思是：看一个国家治乱好坏，到它的边境就可以看出头绪来了。

②候：斥候，即哨兵。　徼（jiǎo）：巡逻。　支：分散。　缭：环绕。竟：同“境”。　察：察看，检查。　这句意思是：他的哨兵在边境上不断巡逻，边境关卡检查得十分烦细，这是混乱的国家。

③田畴（chóu）：土地。　都邑露：指城墙倒塌。

④贵者：属于高位的人。　便嬖（bì）：君主的左右亲信。　其信者：受到君主信用的人。　悫（què）：诚实。　闇主：昏庸的君主。

⑤属：原为“俗”，据下文“凡主相臣下百吏之属”句例改。　取与：收取和支付。　须：一说为“顺”的误字。“顺”通“慎”。　须孰尽察：

十分慎密精细地检查。 节奏:礼节法度。 芒:同“茫”,昏暗。 轫:柔软,这里指松散。 僈:同“慢”,怠慢。 楛(kǔ):粗劣。 这句意思是:君主宰相以及所有各级官吏,对于财物收取和支付的计算,检查得十分慎密精熟,而对礼义法度则松散马虎,这是受人凌辱的国家。

⑥乐田:安心在田地里耕作。 安难:不躲避困难。 好法:依照法律行事。 隆礼:崇尚礼。 调议:议论协调。 治国:治理得好的国家。

⑦宽饶简易:指手续宽松简单。 陵:严明。 荣国:昌盛而有声望的国家。

⑧齐:相等。 皆化而修:都接受教化而变好。 愿:诚实。 这句意思是:如果德行相等,那么有亲属关系的人首先尊贵;如果能力一样,那么有旧关系的人首先任用。这样,所有的官吏凡是干过坏事的人都会受到教化而变好了,凶暴蛮横的人都会受到教化而变谨慎了,狡猾奸诈的人也会受到教化而变得诚实了,这是贤明君主的功绩。

观国之强弱贫富有征验:上不隆礼则兵弱,上不爱民则兵弱,已诺不信则兵弱,庆赏不渐则兵弱,将率不能则兵弱①。上好功则国贫,上好利则国贫,士大夫众则国贫,工商众则国贫,无制数度量则国贫②。下贫则上贫,下富则上富。故田野县鄙者财之本也,垣窌仓廪者财之末也;百姓时和、事业得叙者货之源也,等赋府库者货之流也③。故明主必谨养其和,节其流,开其源,而时斟酌焉④。潢然使天下必有余,而上不忧不足。如是,则上下俱富,交无所藏之,是知国计之极也⑤。故禹十年水,汤七年旱,而天下无菜色者，十年之后，年谷复熟，而陈积有余，是无它故焉，知本末源流之谓也⑥。故田野荒而仓廪实，百姓虚而府库满，夫是之谓国蹶⑦。伐其本，竭其源，而并之其末，然而主相不知恶也，则其倾覆灭亡可立而待也⑧。以国持之而不足以容其身，夫是之谓至贪，是愚主之极也⑨。将以求富而丧其国，将以求利而危其身，古有万国，今有十数焉，是无它故焉，其所以失之一也⑩。君人者，亦可以觉矣。

①征验：征兆验证。“验”字原脱，据文义和杨倞注补。　已：止，禁止，指规定不许做的事。　诺：允许。

②无制数度量：耗费东西没有一定的规定和限度。

③县鄙：泛指农村。　垣（yuán）：官府的货仓。　窌（jiào）：同“窖”。　仓廪（lǐn）：粮仓。　时和：天时和顺。　事业得叙：耕作适时。　这句意思是：田野与农村是财的本，官府的货仓和粮仓是财的末；百姓得到好的天时，耕作又适时，这是财货的源，按照等级征收的赋税和国库是财货的流。

④养其和：调养天时的和顺，指适应节气的变化。　这句意思是：所以贤明的君主必须谨慎地顺应时节的变化，节约开支，发展生产，时时慎重地考虑这些问题。

⑤这句意思是：如果这样，那么上下都富足，财物多得没地方藏，这是最懂得治国大计的。

⑥菜色：指饥饿的脸色。　熟：成熟，指好收成。　年谷复熟：庄稼又获得好收成。

⑦国蹶：国家灭亡。

⑧并之：聚集。　可立而待：马上就要来到。　这句意思是：断绝

了它的根本,枯竭了它的泉源,而且大力搜刮人民的资财,聚集于国库,如果君主和宰相不知道事情的严重性,那么灭亡很快就要到来。

⑨持:支持,供养。　至贪:一说"贪"当为"贫"字。　这句意思是:由整个国家来供养他,结果还落得个国灭身亡,这就是因为贪到了极点,是最愚蠢的君主。

⑩今有十数焉:一说"有"当为"无"。　这句意思是:本来想要追求自己的富贵却丧失了国家,本来想要追求私利却毁掉了自己,古时有很多国家,现在只剩下不到十国了,其所以这样,都是同一个道理。

百里之国,足以独立矣①。凡攻人者,非以为名,则案以为利也,不然则忿之也②。仁人之用国,将修志意,正身行,伉隆高,致忠信,期文理③。布衣紃屦之士诚是,则虽在穷阎漏屋,而王公不能与之争名,以国载之,则天下莫之能隐匿也④。若是,则为名者不攻也。将辟田野,实仓廪,便备用,上下一心,三军同力⑤;与之远举极战,则不可,境内之聚也保固,视可,午其军,取其将,若拨麷⑥。彼得之不足以药伤补败;彼爱其爪牙,畏其仇敌⑦。若是,则为利者不攻也⑧。将修小大强弱之义以持慎之,礼节将甚文,珪璧将甚硕,货赂将甚厚,所以说之者必将雅文辩慧之君子也⑨。彼苟有人意焉,夫谁能忿之⑩!若是,则忿之者不攻也。为名者否,为利者否,为忿者否,则国安于盘石,寿于旗翼⑪。人皆乱,我独治;人皆危,我独安;人皆失丧之,我按起而制之⑫。故仁人之用国,非特将持其有而已也,又将兼人⑬。《诗》曰:“淑人君子,其仪不忒。其仪不忒,正是四国⑭。”此之谓也。

①百里之国:指小国。

②忿(fèn):愤恨。 这句意思是:凡是进攻别国的,不是为了追求名声,就是为了贪图财利,再不然就是因为怀有愤恨。

③伉:同“亢”,极。 隆高:这里指礼义。 期:通“綦”,极。 这句意思是:仁人治理国家,一定要修养意志,端正自己的行为,崇尚礼义,很守忠信,极有法度。

④紃(xún)屦:用麻绳编的鞋。 诚是:确实做到这样。一说当为“诚若是”。 阎:巷。 穷阎漏屋:破烂的小巷,简陋的房子。 载:任用,这里指委任。 隐匿:埋没的意思。

⑤三军:军队的统称,指上、中、下或左、中、右三军。 这句意思是:大力开辟荒地,充实国家府库,改进器械装备,达到上下团结一心,三军共同努力。

⑥聚:指城镇。 午:同“迕”,遭遇。 麷(fēng):煮熟炒干的麦子。 这句意思是:孤单深入与别国进行苦战,那是不行的,如果国内的城镇坚实巩固,看到条件具备了,然后再去迎击它国的军队,这样战胜它的将领,就好像用棍子拨干麦子一样容易。

⑦药:医治。 爪牙:指下级官兵。 这句意思是:他在战争中得到的东西,也不够用来医治战争的创伤,补充败仗的损失;他爱他的官兵,畏惧仇敌。

⑧为利者:指为了利而战争的国家。

⑨将修小大强弱之义以持慎之:意思是,就要讲求处理小国大国强国弱国之间关系的道理,以持慎重对待的态度。 文:有条理,完

善。 珪璧(guī bì):诸侯朝聘、祭祀时所拿的玉器。 硕:大。 货赂:指敬献的礼物。 厚:厚重。 说之者:说客,使者。 雅文辩慧:文词优雅,善于辩论。

⑩这句意思是:他如果有点通情达理,谁还能愤恨呢?

⑪否:指不攻打。后两个“否”同。 为名者否:为名的人不来攻打。 盘石:即磐石。 旗:通“箕”。 旗翼:均为二十八宿的星宿名称,这里比喻长久。

⑫丧:衰败。 按:然后。 制:制裁,征服。原为“治”,据上下文义改。 人皆失丧之,我按起而制之:意思是,其他国家都衰败下去,我然后起来征服。

⑬特:独。 又:还要。 兼:并。 这句意思是:所以仁人治理国家,不仅是单独保持自己的国家就完了,还必须兼服他人,实现统一。

⑭淑人:善人,指有仁德的人。 仪:同“义”。 不忒(tè):没有差错。 这几句诗的意思是:“贤人君子,他的礼义没有差错。他的礼义没有差错,可以治理四方的国家。”(见《诗经·曹风·鸤鸠》)

持国之难易:事强暴之国难,使强暴之国事我易①。事之以货宝,则货宝单而交不结;约信盟誓,则约定而畔无日;割国之锱铢以赂之,则割定而欲无猒②。事之弥顺,其侵人愈甚,必至于资单、国举然后已,虽左尧而右舜,未有能以此道得免焉者也③。辟之是犹使处女婴宝珠,佩宝玉,负戴黄金,而遇中山之盗也,虽为之逢蒙视,诎要桡腘,若卢屋妾,由将不足以免也④。故非有一人之道也,直将巧繁拜请而畏事之,则不足以持国安身⑤。故明君不道也⑥。必将修礼以齐朝，正法以齐官，平政以齐民，然后节奏齐于朝，百事齐于官，众庶齐于下⑦。如是，则近者竞亲，远方致愿，上下一心，三军同力；名声足以暴炙之，威强足以捶笞之，拱揖指挥，而强暴之国莫不趋使，譬之是犹乌获与焦侥搏也⑧。故曰：事强暴之国难，使强暴之国事我易。此之谓也。

①持：保持，守。　事：侍奉。　这句意思是：保持国家的难和易：侍奉强暴的国家难，让强暴的国家侍奉我容易。

②单：同“殚”，尽。　畔：通“叛”，背叛。　锱铢（zī zhū）：古代重量单位，这里比喻作少量国土。　猒（yàn）：通“厌”，满足。　这句意思是：用货宝来侍奉强暴之国，货宝没了也就交结不成了；想靠订立盟约，然而约定好了说不定哪天就背叛了；想用割让土地来贿赂，然而割给后也不会满足他的欲望。

③顺：原为“烦”，据文义和《韩诗外传》引文改。　事之弥顺：侍奉他越恭顺。　资：货财。　国举：将自己的国家给人。　已：止，完结。　得免：获得避免。　未有能以此道得免焉者也：意思是，没有能用这种方法得到保全的。

④婴：缠绕，这里指系在脖子上。一说，通“璎”，女子首饰。　逢蒙视：不敢正视。　诎（qū）：通“屈”。　要：通“腰”。　桡（ráo）：曲。　膕（guó）：膝窝。　诎要桡膕：弯腰屈膝。　若：原为“君”，形近而误，今据文义改。　卢：通“庐”。　若卢屋妾：好像人家屋里的婢妾。　由：同“犹”。　由将：仍然。

⑤一人：即上文“兼人”的意思。一说是团结人民的意思。　繁：一说应为“敏”，敏捷。巧敏，指花言巧语。

⑥道：由，以。 不道：不这样做。

⑦齐：整齐，齐一。 节奏：指礼仪法度的各种规定。 这句意思是：必将用礼来整顿朝廷，严肃法纪来整顿百官，改进政治来整顿人民，然后朝廷礼义节奏严明，官吏各管其事，百姓团结一致。

⑧竞亲：争先恐后来亲近。 致愿：表示愿意依附。 暴：同“曝”，太阳光的强晒。 炙（zhì）：用火猛烤。 暴炙之：这里是威慑天下的意思。 捶笞（chī）：用鞭子抽打。 捶笞之：这里是镇服天下的意思。 拱揖指挥：拱着手指挥，形容轻而易举。 莫不趋使：没有不受趋使的。 乌获：传说为秦国的大力士，能举千斤。 焦侥：矮子，传说身高只有三尺。

十一　王　霸

【说明】“国者，天下之利用也，人主者，天下之利势也”，用国之人主必须懂得“得道以持之”，才能真正大安大荣，否则反会大危大累，甚至会造成像齐湣王那样“索为匹夫不可得”的悲惨结局。可见人主虽然高居上位，但不能自安，“安之者必将道也”。本篇通过分析不同的治国道路所产生的不同结果，深刻阐明了人主治国理政的正确道路和要领。

“义立而王、信立而霸、权谋立而亡”，三种治国道路及结果昭示出“何法之道、谁子之与”是人主治国的两个关键因素，人主最重要的职责就是慎重选择宰相，并以礼法治国。

人情莫不欲求乐，但“治国有道，人主有职”，明君“必将先治其国，然后百乐得其中”。所以人主若守国，则应“论一相”、“以官人为能”。论一相则须“唯诚能之求”；官人则要“论德使能而官施之”,此谓“礼法之大分”。人主若欲取天下,则应“道足以壹人”、得“聪明君子”,其实质与守国是一样的。其中选贤举能,尤为难事,人主往往会仅凭自己所好,“外贤而偏举”,所以应特别慎重,这关系到人主的荣辱安危和存亡。

荀子以法、佐、民、俗作为反映国家治理效果的四个要素,总结和分析了“礼法之枢要”、“人君者之枢机”以及造成不同民、俗的原因。

国者,天下之利用也,人主者,天下之利势也①。得道以持之,则大安也,大荣也,积美之源也②;不得道以持之,则大危也,大累也,有之不如无之③,及其綦也,索为匹夫不可得也,齐湣、宋献是也④。故人主天下之利势也,然而不能自安也,安之者必将道也⑤。

①利用:利器,最有力的工具。“利”字前原衍“制”字,据上下文义删。 人主:君主。 势:势力地位。 利势:最有权力的地位。 这句意思是:国家政权是天下最有力的工具,君主的地位是天下最有权力的地位。

②道:指治理国家的根本原则。 持:把持,掌握。 得道以持之:用正确的政治原则去掌握国家政权和君主的权势。 大安:最安定。 大荣:最强盛。 积美之源:聚集一切美好业绩和声誉的源泉。

③累:祸害。

④及:达到。 綦(qí):极。 索:求。 匹夫:普通老百姓。 齐

湣:即齐湣王,战国时齐国国君。他执政时,齐国一度仍较强大,由于他政治路线上的错误,最后被燕、赵、韩、魏、秦等国打败,死于莒(jǔ,在今山东莒县),齐国也由此衰落下去。　宋献:即宋康王,名偃,战国时宋国国君,被齐湣王打败,死于温(今河南温县)。　这句意思是:如果有了国家的政权、君主的势位而不能用正确的治国原则去对待它,这种情况达到最严重的程度时,那么君主想要当一个普通老百姓都不行了,齐湣王、宋康王就是例子。

⑤故:因此,所以。　自安:自动地安定。　将:行。　安之者必将道也:要使天下安定,一定要实行正确的治国原则。

故用国者,义立而王,信立而霸,权谋立而亡①。三者,明主之所谨择也,仁人之所务白也②。

挈国以呼礼义而无以害之,行一不义,杀一无罪,而得天下,仁者不为也,擽然扶持心国且若是其固也③!之所与为之者,之人则举义士也④;之所以为布陈于国家刑法者,则举义法也⑤;之所极然帅群臣而首乡之者,则举义志也⑥。如是,则下仰上以义矣,是綦定也⑦。綦定而国定,国定而天下定。仲尼无置锥之地,诚义乎志意,加义乎身行,箸之言语,济之日,不隐乎天下,名垂乎后世⑧。今亦以天下之显诸侯诚义乎志意,加义乎法则度量,箸之以政事,案申重之以贵贱杀生,使袭然终始犹一也⑨。如是,则夫名声之部发于天地之间也,岂不如日月雷霆然矣哉⑩!故曰:以国齐义,一日而白,汤武是也⑪。汤以亳,武王以鄗，皆百里之地也，天下为一，诸侯为臣，通达之属，莫不从服，无它故焉，以济义矣⑫。是所谓义立而王也。

①用国：治理国家。 立：树立，确立。 王：称王于天下。 信：守信用。 霸：称霸于各诸侯国。 权谋：玩弄权术。 这句意思是：遵循义可以称王于天下，恪守信用可以称霸于诸侯，玩弄权术就要灭亡。

②三者：指“义”、“信”、“权谋”。 明主：明智的君主。 谨择：谨慎地选择。 务白：务必搞明白。

③挈(qiè)：举，这里指管理。 呼：呼唤，提倡。 之：代词，指礼义。 擽(luò)然：石头坚固的样子。 固：坚定。 这句意思是：治理国家提倡用礼义而不以别的东西去妨害它，做一件不符合礼的事，杀一个无罪的人而取得天下，仁人是不这样做的，他像磐石那样坚定地用礼义来约束自己的思想和治理国家。

④之所与：“之”字是“其”的意思。下文“之人”、“之所”的“之”字同。 之所与为之者：凡是和他一起搞政事的人。 举：都是。下同。 义士：指遵守道德制度的人。

⑤布陈：颁布。

⑥之所：“之”字前原衍“主”字，据文义和上文句例删。 极：同“亟”，急迫。 极然：动作敏捷的样子。 乡：同“向”。 首乡：面向。 志：志向，目标。 这句意思是：他所迅速地率领群臣追求的目标，都是符合礼义的目标。

⑦綦：当作“基”，根基，基础。 綦定：基础巩固。 这句意思是：这样百姓臣下就都用礼义来敬慕君主了，基础就巩固了。

⑧无置锥之地：没有一点土地。 诚：真正。 乎：于。 加：施

加。　身行:自己的行动。　箸:同"著",表现。　诚义乎志意,加义乎身行,箸之言语:意思是,真正用义来端正自己的思想,用义来约束自己的行为,并且表现于言谈中。　济之日:成功的时候。　不隐乎天下:不被天下人埋没。

⑨显:显赫。　法则度量:各种法令制度。　案:语助词。　申重:反复强调,表示重视。　贵贱杀生:进行赏罚的意思。　袭:合,一致。　袭然:合一的样子。　犹一:如一。　这句意思是:当今天下显赫的诸侯们,如果真正能用义来端正思想,用义来衡量各种法令制度,把它运用于政事,坚持按义进行赏罚,并且做到始终如一。

⑩夫:彼,他的。　部:通"勃"。　部发:勃发,光大。

⑪齐:统一。　以国齐义:使国家统一于义,即用义来统一国家。白:显明。　一日而白:很快名声就能显赫于世。

⑫亳(bó):商汤王的国都,在今河南商丘县东南。　鄗(hào):一作"镐",周武王的国都,在今陕西西安市西南。　百里之地:形容疆域不大。　一:统一。　通达之属:车船、人迹能够达到的地方。　济:借助。　以济义矣:就是靠礼义来实现的。一说"济"疑为"齐",意思是:因为言行完全符合礼义的缘故。

德虽未至也,义虽未济也,然而天下之理略奏矣,刑赏已诺信乎天下矣,臣下晓然皆知其可要也①。政令已陈,虽睹利败,不欺其民②;约结已定,虽睹利败,不欺其与③。如是,则兵劲城固,敌国畏之;国一綦明,与国信之④。虽在僻陋之国,威动天下,五伯是也⑤。非本政教也,非致隆高也,非綦文理也,非服人之心也,乡方略,审劳佚,谨畜积，修战备，齺然上下相信，而天下莫之敢当⑥。故齐桓、晋文、楚庄、吴阖闾、越句践，是皆僻陋之国也，威动天下，强殆中国，无它故焉，略信也⑦。是所谓信立而霸也。

①未至：没有达到最完善的程度。　济：当作“齐”，完备。　未济：没有完全具备。　略：基本，大致。　奏：同“凑”，聚。　略奏：基本具备。　已：禁止，不允许。　诺：允许。　刑赏已诺信乎天下矣：刑与赏，什么是禁止的，什么是允许的，都能取信于天下。　晓然：清楚地知道。　要：约。　可要：可以相信。

②睹：看。　利败：成功失败。　欺：欺骗。　这句意思是：政令已经颁布，虽然看到有成败得失，也不失信于老百姓。

③约结：诸侯国之间缔结的盟约。　与：指结盟的诸侯国。

④国一：国家上下一致。　綦：通“期”，约定。　綦明：约定明确，不失信用。

⑤僻陋：偏僻。　伯：通“霸”。　五伯：即五霸，荀子指的是齐桓、晋文、楚庄、吴阖闾、越句践。

⑥非本政教：不是以政治教化为根本。　非致隆高：不是最崇尚礼法。　非綦文理：礼法制度还不是十分完备。　乡：同“向”，向往，专致，注重。　乡方略：注重方针策略。　审劳佚：注意恰当安排劳和逸。　畜：同“蓄”。　谨畜积：注意积蓄财物。　齺(zhuó)然：牙齿上下相合的样子。　当：敌。

⑦晋文：即晋文公，名重耳，春秋时晋国国君。　楚庄：即楚庄王，名旅，春秋时楚国国君。　吴阖闾(hé lǘ)：一作“阖庐”，原名光，春秋时吴国国君。　句：同“勾”。　越句践：春秋时越国国君。　强殆中国：强大足以危及中原国家。　略：取。　略信：指取信于天下。

挈国以呼功利，不务张其义、齐其信，唯利之求，内则不惮诈其民而求小利焉，外则不惮诈其与而求大利焉，内不修正其所以有，然常欲人之有①。如是，则臣下百姓莫不以诈心待其上矣。上诈其下，下诈其上，则是上下析也②。如是，则敌国轻之，与国疑之，权谋日行，而国不免危削，綦之而亡，齐闵、薛公是也③。故用强齐，非以修礼义也，非以本政教也，非以一天下也，绵绵常以结引驰外为务④。故强，南足以破楚，西足以诎秦，北足以败燕，中足以举宋⑤；及以燕赵起而攻之，若振槁然，而身死国亡，为天下大戮，后世言恶，则必稽焉⑥！是无它故焉，唯其不由礼义而由权谋也。三者，明主之所以谨择也，而仁人之所以务白也。善择者制人，不善择者人制之⑦。

①张：发扬。　齐：使一致，这里指始终如一地坚持。一说当为“济”。　唯利之求：唯利是图。　惮：害怕，顾及。　修正：治理。　以：同“已”。　所以有：指已经有的土地、财物。　欲：追求。　这句意思是：治理国家只提倡功利，而不致力于发扬礼义、坚持信用，只是唯利是图，对内不顾一切地欺诈老百姓以追求小利，对外不顾一切地欺骗结盟的诸侯国以追求大利，不好好治理自己已有的土地财物，却常常想占有别人的东西。

②析：分离，指上下离心离德。

③轻：轻视，看不起。　日行：越来越盛行。　綦：极。　綦之而亡：达到极点就要灭亡。　齐闵：即齐湣王。　薛公：名田文，号孟尝君，曾任齐闵王的相。

④齐:春秋战国时国名,在今山东北部和河北南部。 用强齐:掌握着强大的齐国。 修:整治。 非以一天下:不是用来统一天下。 绵绵:接连不断。 结引:勾结别国。 驰外:向外扩张。 务:事,这里指追求的目标。

⑤破:攻克。 楚:春秋战国时国名,在今湖北和湖南北部。 诎:同“屈”,屈服。 秦:春秋战国时国名,在今陕西省境内。 诎秦:使秦国屈服。 燕:春秋战国时国名,在今河北北部和辽宁南部。 宋:春秋战国时国名,在今河南商丘一带。 举宋:拿下宋国。

⑥赵:春秋战国时国名,在今山西北部和中部,河北西部和南部。 槁(gǎo):枯叶。 若振槁然:像摇落枯树叶一样容易。 戮:耻辱。 稽:考察,借鉴。 后世言恶,则必稽焉:意思是,后世的人谈起坏事都以它为教训。这里指公元前284年燕联合赵、韩、魏、秦攻占齐都临淄,齐湣王死于莒一事。

⑦制:制服,统治。 制人:制服别人。 人制之:被别人制服。

国者,天下之大器也,重任也,不可不善为择所而后错之,错险则危;不可不善为择道然后道之,涂薉则塞;危塞则亡①。彼国错者,非封焉之谓也,何法之道,谁子之与也②。故道王者之法,与王者之人为之,则亦王③;道霸者之法,与霸者之人为之,则亦霸;道亡国之法,与亡国之人为之,则亦亡。三者,明主之所以谨择也,而仁人之所以务白也。

①大器:最大的工具。 重任:重担。 择所:选择处所。从下文所讲的意思看,这里是指选择什么治国原则和什么样的人。 错:通

“措”,安置。　错险:安置在危险的地方。这里比喻把国家重任委托给危险的人。　涂:同“途”,道路,这里指治国的原则。　薉:同“秽”,杂草丛生,这里指政治污浊。　塞:行不通。　这句意思是:国家是天下最大的工具,是最重的担子,不可不妥善地选择恰当的治国原则和人安置它,把国家放在危险的治国原则上或委托给危险的人就会危险;不可不妥善地选择正确的治国原则然后去实行,治国的原则污浊就会行不通;国家危险、堵塞不通就会灭亡。

②国错:国家如何安置。一说当作“错国”。　封:封疆,划分疆界。　这句意思是:关于国家安置的问题,并不是指划分一下疆界,而是看实行什么样的治国原则,任用什么样的人。

③王者:能统一天下的人。　为之:为政,掌管政事。　这句意思是:所以实行王者之法,任用王者之人去执行,就能够称王天下。

故国者,重任也,不以积持之则不立①。故国者,世所以新者也,是惮惮,非变也,改玉改行也②。一朝之日也,一日之人也,然而厌焉有千岁之国何也③?曰:援夫千岁之信法以持之也,安与夫千岁之信士为之也④。人无百岁之寿,而有千岁之信士,何也?曰:以夫千岁之法自持者,是乃千岁之信士矣⑤。故与积礼义之君子为之则王,与端诚信全之士为之则霸,与权谋倾覆之人为之则亡⑥。三者,明主之所以谨择也,而仁人之所以务白也。善择之者制人,不善择之者人制之。

①积:积累。这里指长期积累的法制,即下文所说的“千岁之信

法”。 这句意思是：所以说国家是最重的担子，不用长期积累起来的正确法则去治理，国家就不能巩固。

②惮惮：疑当为“禅禅”（shàn），更迭。 玉：古代君王所佩戴的玉。 行：步伐。古代贵族，不同等级佩戴不同的玉，在举行仪式时，不同等级的人步伐也不同。 改玉改行：改换佩玉，变换步伐，指君臣地位的变化。 这句意思是：国家随时代的变化不断更新，这只是君臣之间地位的改变，而不是法制上的根本改变，这种变化只不过是改玉改步而已。

③一朝之日：表示时间很短。“一”字前原衍“故”字，本句为提问句，句首不应当有“故”字，今据文义删。 千岁之国：原为“千岁之固”，据《群书治要》引文改。 这句意思是：一朝一代君臣的时间都是很短的，然而为什么有安然存在的千年之国呢？

④援：援引。 夫：彼，那些。 信法：真实可行的法，泛指礼法。安：语助词。 与：和。 信士：坚守信法的士，荀子理想中才德兼备的知识分子。 这句意思是：回答说，这是由于援用了那些千年的信法来治理国家，而且和那些坚守信法的士一起去实行的结果。

⑤以夫千岁之法自持者：以千岁之法来要求自己的人。 是乃：这就是。

⑥端诚信全：品行端正、忠诚，坚守信用。 倾覆：反复无常，这里指搞颠覆活动。

彼持国者，必不可以独也；然则强固荣辱在于取相矣①！身能，相能，如是者王②。身不能，知恐惧而求能者，如是者强。身不能，不知恐惧而求能者，安唯便僻左右亲比己者之用，如是者危削，綦之而亡[③]。国者，巨用之则大，小用之则小；綦大而王，綦小而亡，小巨分流者存[④]。巨用之者，先义而后利，安不恤亲疏，不恤贵贱，唯诚能之求，夫是之谓巨用之[⑤]。小用之者，先利而后义，安不恤是非，不治曲直，唯便僻亲比己者之用，夫是之谓小用之。巨用之者若彼，小用之者若此；小巨分流者，亦一若彼，一若此也[⑥]。故曰："粹而王，驳而霸，无一焉而亡[⑦]。"此之谓也。

①彼持国者：那个掌握国家的人，指君主。　固：破败，与"强"的意思相反。

②身能：君主本人有才能。　如是者王：像这样的就可以称王于天下。

③安：发语词，于是。下同。　便僻：阿谀奉承。　亲比：亲近，靠近。　安唯便僻左右亲比己者之用：一味地任用善于阿谀逢迎和周围亲近自己的人。

④巨用之：立足于大处来治理国家，即下文所讲的"先义而后利……唯诚能之求"，也就是《王制》篇所说的"诚以其国为王者之所"的意思。　小用之：立足于小处来治理国家，即下文所讲的"先利而后义……唯便僻亲比己者之用"，也就是《王制》篇所说的"以其国为危殆灭亡之所"的意思。　小巨分流：介于巨用和小用两者之间。

⑤不恤：不顾。　唯诚能之求：只求任用真正有才能的人。

⑥一若彼，一若此：意思是，有些方面像"巨用之者"，有些方面像"小用之者"。

⑦粹：纯粹，指完全"巨用之者"。　驳(bó)：杂，指"小巨分流者"。

国无礼则不正①。礼之所以正国也，譬之犹衡之于轻重也，犹绳墨之于曲直也，犹规矩之于方圆也，既错之而人莫之能诬也②。《诗》云："如霜雪之将将，如日月之光明，为之则存，不为则亡③。"此之谓也。

①正：使端正，这里指得到治理。

②譬之：比如。　犹：好像。　衡：秤。　譬之犹衡之于轻重：就好比秤是衡量轻重的标准。　绳墨：木工划直线用的工具。　规：划圆的工具。　矩：划方形的曲尺。　诬：欺骗。　既错之而人莫之能诬也：治国的礼法标准既已确立，那就任何人都不能搞欺骗了。

③将将：广大普遍。　这几句诗的意思是："像霜雪覆盖大地那样普遍，像日月那样光明，实行它就存在，不实行它就灭亡。"荀子用这几句诗比喻礼法作用的重大，关系到国家安危存亡。此诗已失传。

国危则无乐君，国安则无忧民①。乱则国危，治则国安。今君人者，急逐乐而缓治国，岂不过甚矣哉②。譬之是由好声色而恬无耳目也，岂不哀哉③！夫人之情，目欲綦色，耳欲綦声，口欲綦味，鼻欲綦臭，心欲綦佚。此五綦者，人情之所必不免也④。养五綦者有具，无其具，则五綦者不可得而致也⑤。万乘之国可谓广大富厚矣，加有治辨强固之道焉；若是则恬愉无患难矣，然后养五綦之具具也⑥。故百乐者，生于治国者也；忧患者，生于乱国者也⑦。急逐乐而缓治国者，非知乐者也⑧。故明君者，必将先治其国，然后百乐得其中。闇君者，必将急逐乐而缓治国，故忧患不可胜校也，必至于身死国亡然后止也，岂不哀哉[9]！将以为乐，乃得忧焉；将以为安，乃得危焉；将以为福，乃得死亡焉。岂不哀哉！於乎！君人者亦可以察若言矣[10]！故治国有道，人主有职。若夫贯日而治详，一日而曲列之，是所使夫百吏官人为也，不足以是伤游玩安燕之乐[11]。若夫论一相以兼率之，使臣下百吏莫不宿道乡方而务，是夫人主之职也[12]。若是，则一天下，名配尧、禹。之主者，守至约而详，事至佚而功，垂衣裳不下簟席之上，而海内之人莫不愿得以为帝王。夫是之谓至约，乐莫大焉[13]。

①民：疑当作“君”，因下文谈到“忧乐”都是讲君主。

②君人：君主。　逐：追求。　岂不过甚矣哉：难道不是很错误的吗？

③由：同“犹”，好像。　恬：安然。　这句意思是：这就好比是追求声色而又安于没有耳目一样，难道不可悲吗？

④目欲綦色：眼睛想看最好的颜色。　臭：香味。　佚：通“逸”，安逸。　此五綦者，人情之所必不免也：意思是，这五种欲望，是人的情性所不可避免的。

⑤养：满足。　具：条件。　致：来到。　不可得而致：不可能得到。

⑥乘：兵车，四马一车为乘。　万乘之国：指大国。　治辨：治理。具具：条件具备。　这句意思是：万乘的大国可以说是广大而富足的了，如果加上有一条能把国家治理得坚强巩固的治国之道，这样就可以安然愉快而没有患难了，然后满足这五种欲望的条件也就具备了。

⑦百乐者：所有的快乐。　治国：安定的国家。

⑧非知乐者也：不是真正懂得如何取得快乐的人。

⑨闇君者：昏庸的君主。“者”字原脱，据上文“明君者”句例补。 不可胜校也：数不胜数。

⑩将：要。 乃：却。 将以为乐，乃得忧焉：想要得到快乐，却得到忧恐。 於乎：呜呼。 若言：以上的这些话。

⑪职：职责。 若夫：至于。 贯日：累日，几天。 治详：治理周详。 曲：委曲，各方面。 曲列：各方面依次办理。一说，“列”当作“别”，通“辨”，治理的意思。 伤：妨碍。 安燕：休息。 这两句意思是：所以治国要有正确的方法，君主有自己的职责。至于把几天才能治理详尽的事情在一天内依次办理好，这是可以任用百吏官人去做的，这些具体的事务不足以妨碍君主愉快地游玩和休息。

⑫论：选择。 相：相当于以后的宰相。 兼率之：率领全部臣下百吏。 宿道：归于正道。 乡方：向着正确的方向。 务：努力。 宿道乡方而务：沿着正确的道路和方向而努力。

⑬一天下：一说“一”字上脱“功”字。 之主者：这样的君主。 守：主管。 至约：极其简要。 守至约而详：所主管的虽极其简要却又十分周详。 事至佚而功：事情做起来虽极其安逸却十分有成效。 簟(diàn)席：用竹子编的席。 垂衣裳不下簟席：形容君主十分安逸的样子。

人主者，以官人为能者也；匹夫者，以自能为能者也①。人主得使人为之，匹夫则无所移之②。百亩一守，事业穷，无所移之也③。今以一人兼听天下，日有余而治不足者，使人为之也④。大有天下，小有一国，必自为之然后可,则劳苦耗顇莫甚焉;如是,则虽臧获不肯与天子易势业⑤。以是县天下,一四海,何故必自为之?为之者,役夫之道也,墨子之说也⑥。论德使能而官施之者,圣王之道也,儒之所谨守也⑦。传曰:“农分田而耕,贾分货而贩,百工分事而劝,士大夫分职而听,建国诸侯之君分土而守,三公总方而议;则天子共己而已矣⑧!”出若入若,天下莫不平均,莫不治辨,是百王之所同也,而礼法之大分也⑨。

①官人:任用人。 能:能力。 自能:自己会做。

②使人为之:役使别人去做。 移:转移。 这句意思是:君主可以役使别人去做,而老百姓则不能把事情转移给别人。

③百亩一守:一个人管理一百亩土地。 穷:尽。 事业穷:指耕种一百亩地的事业,只能尽一人之力去干。

④兼:全面。 听:听政,处理政事。 这句意思是:君主一个人要处理天下所有的政事,但是每天还有空余时间,而要处理的事不多,这是由于任用别人去干的缘故。

⑤顇:同“瘁”。 劳苦耗顇莫甚:没有比这更劳苦憔悴的了。臧获:奴婢。 易:交换。 势业:势位,地位。 这句意思是:大而治理整个天下,小而治理一个诸侯国,要是每一件事都得自己去做,那就没有比这更劳苦憔悴的了,如果这样,那么即使是奴婢也不愿和君主改换地位。

⑥以是:因此。 县:同“悬”,衡,这里是治理的意思。 一四海:统一天下。 役夫:服劳役的人。 墨子之说:指墨子主张的“节用”思想。荀子在《富国》篇中认为,墨子的“节用”主张,“将少人徒,省官职,上功劳苦,与百姓均事业,齐功劳”。所以,这里又把墨子之说和役

夫之道相提并论。

⑦论德使能：选拔有道德的人和使用有才能的人。 官施之：给予官职任用他们。 儒：即“大儒”、“雅儒”，荀子理想中德才兼备的政治家、思想家。 谨守：严格地遵守。

⑧劝：努力去做。 三公：司空、司马、司徒，古时天子之下最高官吏。 共：通“拱”，拱手。一说通“恭”，恭敬。 而已矣：原无“矣”字，据下文“天子共己而止矣”句例补。 这句意思是：古书上说，农民分田而耕种，商人分货而贩卖，手艺人分别业务而勤恳地做，士大夫分别职务处理政事，诸侯分别守卫他们的封地，三公则对全国政事的大政方针加以讨论决定，那么君主就可以拱手而等待事业的成功了。

⑨若：如此，这样。 出若入若：内外都是这样。 礼法之大分：礼法的总纲。 这句意思是：内外都按照上述原则去办理，那么天下万事万物没有不均平的，没有不治理得很好的，这是百代都一样的，是礼法的总纲。

百里之地可以取天下，是不虚，其难者在人主之知之也①。取天下者，非负其土地而从之之谓也，道足以壹人而已矣②。彼其人苟壹，则其土地且奚去我而适它③！故百里之地，其等位爵服，足以容天下之贤士矣；其官职事业，足以容天下之能士矣④；循其旧法，择其善者而明用之，足以顺服好利之人矣⑤。贤士一焉，能士官焉，好利之人服焉，三者具而天下尽，无有是其外矣⑥。故百里之地，足以竭势矣；致忠信，著仁义，足以竭人矣⑦。两者合而天下取，诸侯后同者先危⑧。《诗》曰：“自西自东，自南自北，无思不服⑨。”一人之谓也⑩。

①是不虚:这不假。　其难者在人主之知之也:困难在于君主要懂得小国怎样取天下的道理。

②负:带。　壹:团结,统一。　这句意思是:所谓取得天下并不是说带着土地来随从你的意思,而是在于你的治国之道能够统一天下人的心。

③苟:假如。　奚:怎么。　适:往。　这句意思是:假如那些人都被我所统一了,那么他们的土地怎么会离开我到其他国家去呢?

④等位:官吏的等级地位。　爵服:等级和区分等级地位高低的服装。　事业:职业。

⑤循其旧法,择其善者而明用之:意思是,遵循原有的法,选择其中好的部分加以利用。

⑥贤士一焉:有道德的人都给予一定的等级地位团结过来。官:被任用。　具:具备。　天下尽:指天下的人才都被网罗来。　无有是其外:没有在这外边的了。

⑦竭势:取得天下全部权力。　致:达到,实行。　著:显著,提倡。　竭人:取得天下所有的人民。

⑧两者合:指“竭势”、“竭人”两者都具备了。　天下取:取得天下。　诸侯后同者先危:归服得晚的诸侯将先危亡。

⑨这几句诗的意思是:“从西到东,从南到北,整个天下没有不顺服他的。”(见《诗经·大雅·文王有声》)荀子引这几句诗是为了阐明人心向背是统一天下的重要因素。

⑩一人:即“壹人”,统一天下人的心。

羿、蠭门者，善服射者也①。王良、造父者，善服驭者也②。聪明君子者，善服人者也③。人服而势从之，人不服而势去之，故王者已于服人矣④。故人主欲得善射，射远中微，则莫若羿、蠭门矣⑤；欲得善驭，及速致远，则莫若王良、造父矣⑥；欲得调壹天下，制秦、楚，则莫若聪明君子矣⑦。其用知甚简，其为事不劳而功名致大，甚易处而綦可乐也⑧。故明君以为宝，而愚者以为难⑨。

①羿(yì)：后羿，又称夷羿，传说是夏朝东方有穷氏的国君，善于射箭。 蠭(féng)门：又称逢门、蓬蒙、蠭蒙，传说是后羿的徒弟。 服：从事，治理。 善服射者：善于从事射箭的人。

②王良：春秋末晋国大夫赵简子的车夫。 造父：传说中周穆王的车夫。传说这二人都是驾车的能手。 驭(yù)：同“御”，即驾驶车马。

③服人：治理人民，使人民顺服。

④势从：权势随之而来。 已：止，终止的意思。 这句意思是：人民顺服了，权势就随之而来了；人民不顺服，权势也就失去了。所以说，要达到统一天下的君主，能够做到使人民顺服就可以了。

⑤欲得善射：想得到善于射箭的人。 中：命中。 中微：射中极小的目标，指射得准。 射远中微：射得又远又准。 莫若羿、蠭门矣：没有比羿和蠭门更好的了。

⑥及：达到。 及速致远：达到很快的速度而又能跑到很远的地方。

⑦调壹天下：治理和统一天下。 制秦、楚：制服秦和楚这样的大国。

⑧其：代词，指聪明君子。 知：同“智”。 其用知甚简：他所用的智力十分简约。 甚易处而綦可乐也：很容易地处理各种事情而又极其轻松愉快。

⑨难：难办。 这句意思是：所以明智的君主把任用聪明君子当作宝贝，而愚蠢的君主则把任用聪明君子当作难办的事。

夫贵为天子，富有天下，名为圣王，兼制人，人莫得而制也，是人情之所同欲也，而王者兼而有是者也①。重色而衣之，重味而食之，重财物而制之，合天下而君之②；饮食甚厚，声乐甚大，台谢甚高，园囿甚广，臣使诸侯，一天下，是又人情之所同欲也，而天子之礼制如是者也③。制度以陈，政令以挟；官人失要则死，公侯失礼则幽，四方之国有侈离之德则必灭④；名声若日月，功绩如天地，天下之人应之如景响，是又人情之所同欲也，而王者兼而有是者也⑤。故人之情，口好味而臭味莫美焉，耳好声而声乐莫大焉，目好色而文章致繁妇女莫众焉，形体好佚而安重闲静莫愉焉，心好利而穀禄莫厚焉⑥；合天下之所同愿兼而有之，皋牢天下而制之若制子孙，人苟不狂惑戆陋者，其谁能睹是而不乐也哉⑦！欲是之主并肩而存，能建是之士不世绝，千岁而不合，何也⑧？曰：人主不公，人臣不忠也。人主则外贤而偏举，人臣则争职而妒贤，是其所以不合之故也⑨。人主胡不广焉，无恤亲疏，无偏贵贱，唯诚能之求⑩？若是，则人臣轻职业让贤，而安随其后⑪；如是，则舜,禹还至,王业还起,功壹天下,名配舜、禹,物由有可乐如是其美焉者乎⑫!呜呼!君人者亦可以察若言矣!杨朱哭衢涂曰:“此夫过举蹞步而觉跌千里者夫!”哀哭之⑬。此亦荣辱安危存亡之衢已,此其为可哀,甚于衢涂⑭。呜呼!哀哉!君人者,千岁而不觉也⑮。

①贵为天子:取得天子那样尊贵的地位。 名为圣王:取得圣王那样的名声。 兼制人:制服所有的人。 人莫得而制:别人不能制服他。 是人情之所同欲:这是人们所共同具有的欲望。

②重(chóng):多种,丰厚。 衣:穿。 重色而衣之:丰富色彩的衣服拿来穿。 重财物而制之:丰厚的财物拿来用。 君:统治。 合天下而君之:使整个天下属于我的统治。

③厚:丰富,丰美。 谢:同“榭”。 台谢:建筑在台上的屋子。 园囿(yòu):泛指花园。 臣使诸侯,一天下:统治诸侯,统一天下。 天子之礼制如是者也:天子的礼法制度正是这样的。

④以:同“已”,已经。下同。 挟:通“浃”,周洽,完备。 官人:一般的官吏。 要:约,指规定。 失要:违反政策法令的规定。 公侯:指三公和诸侯。 幽:囚禁。 四方之国:指各个诸侯国。 侈:同“誃”(chǐ),分离。 侈离之德:分裂的行为。 灭:消灭。 这句意思是:制度已经公布,政令已经完备,一般官吏违反政令就要处死,三公和诸侯违背礼法就要囚禁,各诸侯国搞分裂就一定要消灭。

⑤应:响应,跟随。 景:同“影”。 应之如景响:跟随他如同影随形、响应声一样。

⑥口好味而臭味莫美焉:意思是,人们的嘴都喜好吃美味而没有比王者吃到的香味更香的了。 色:这里指颜色和女色。 文章:文

采，指华美的色彩和花纹。　致繁：极其丰富。　目好色而文章致繁妇女莫众焉：意思是，眼睛喜好看美色而没有比王者看到的丰富的色彩和美女更多了。　形体：身体。　佚：同"逸"，安逸。　安重闲静：安稳清闲。　穀禄：俸禄。

⑦皋牢：牢笼。"皋"原为"睪"，据《后汉书·马融传》注的引文改。　狂惑：指疯子。　戆陋：傻子。　这句意思是：天下人所有向往得到的东西，他全部具有，制服整个天下就像制服子孙一样，人如果不是疯子和傻子，谁能看着这些不高兴呢？

⑧是：指上文所讲的"合天下之所同愿兼而有之，皋牢天下而制之若制子孙"的情况。　欲是之主：想达到这种局面的君主。　并肩而存：形容很多。　建：建立。　能建是之士：能够帮助君主建立这种局面的士。　不世绝：不绝于世，代代都有。　合：遇合。　千岁而不合：长期不能遇合在一起。

⑨人主则外贤而偏举：君主排斥贤士而任用自己偏爱的人。　妒贤：嫉妒贤士。

⑩胡：为什么。　广：同"旷"，开阔。　胡不广焉：指在用人问题上要广泛些。　无偏贵贱：对贵贱不要有偏私。

⑪轻职业让贤：不看重职位，把职位让给有才能的人。

⑫还：旋即，立刻。　还至：立即到来。　王业：统一天下的大业。　功壹天下：有统一天下的功绩。　由：同"犹"。　由有：还有。　这句意思是：事情如果达到这样的情况，那么舜、禹的政治局面立刻会到来，统一天下的大业也就会立刻兴盛起来。他有统一天下的功绩，名声可以和舜、禹相配，事情还有比这样更快乐的吗？

⑬杨朱：战国时魏国人，主张"为我"，反对儒家讲的"仁义"和墨家的"兼爱"。　衢（qú）涂：十字路口。　过举：错走。　蹞（kuǐ）步：同

"跬步",半步。 跌:误差。 过举蹞步而觉跌千里者:意思是,在十字路口上错走半步,到觉悟后就已经差之千里了。这里是用来形容错走一步,会导致极大的错误。 哀哭之:为此而痛哭。

⑭此:这个,指任用人。 此其为可哀,甚于衢涂:意思是,在用人这个问题上做错了,比行路时走入歧途更可悲。

⑮千岁而不觉:长期不觉悟。

无国而不有治法,无国而不有乱法;无国而不有贤士,无国而不有罢士;无国而不有愿民,无国而不有悍民;无国而不有美俗,无国而不有恶俗①;两者并行而国在,上偏而国安,下偏而国危;上一而王,下一而亡②。故其法治,其佐贤,其民愿,其俗美,而四者齐,夫是之谓上一③。如是,则不战而胜,不攻而得,甲兵不劳而天下服④。故汤以亳,武王以鄗,皆百里之地也,天下为一,诸侯为臣,通达之属,莫不从服,无他故焉,四者齐也。桀、纣即厚于有天下之势,索为匹夫而不可得也,是无它故焉,四者并亡也⑤。故百王之法不同,若是,所归者一也⑥。

①治法:使国家安定的法令制度。 无国而不有治法:意思是,没有一个国家不存在使国家安定的法制。 乱法:引起国家动乱的法制。 罢:通"疲",病,品行不好。 罢士:品行不好的人。 愿:朴实。 愿民:指谨慎守法的人。 悍:凶暴。 悍民:指不守法的人。

②两者:指上述两种情况。 国在:国家存在。 上偏:指偏于前四者,即"治法"、"贤士"、"愿民"、"美俗"。 下偏:指偏于后四者,即

"乱法"、"罢士"、"悍民"、"恶俗"。又"下"字前原有"在"字,据上下文义删。　上一:上偏的四个方面都具备了。　下一:下偏的四个方面都具备了。

③这句意思是:所以他的法是治法,卿相是贤人,百姓是朴实的,风俗是美好的,这四个方面都具备了,就叫做"上一"。

④得:取得,即攻克。　甲兵:指军队。

⑤即:即使。　厚:多,重。原为"序",据《强国》篇"厚于有天下之势,索为匹夫不可得也,桀、纣是也"文义改。　四者并亡:指治法、贤士、愿民、美俗全不具备。

⑥这句意思是:所以历代君主治理国家的方法虽然不同,但就上述情况看,归根结底是一个道理:上一而王,下一而亡。

上莫不致爱其下,而制之以礼①。上之于下,如保赤子②。政令制度,所以接下之人百姓,有不理者如豪末,则虽孤独鳏寡必不加焉③。故下之亲上欢如父母,可杀而不可使不顺④。君臣上下,贵贱长幼,至于庶人,莫不以是为隆正⑤。然后皆内自省以谨于分,是百王之所同也,而礼法之枢要也⑥。然后农分田而耕,贾分货而贩,百工分事而劝,士大夫分职而听,建国诸侯之君分土而守,三公总方而议,则天子共己而止矣。出若入若,天下莫不平均,莫不治辨,是百王之所同,而礼法之大分也。

①制:统制,治理。

②之于:对于。　保:爱护,养育。　赤子:婴儿。

③接:对待。 理:合理。 豪末:丝毫。 鳏:无妻或丧妻的男子。 这句意思是:政令制度是用来对待下面的老百姓,即使是孤独鳏寡的人,也不能把丝毫不合理的事情加在他们身上。

④这句意思是:所以老百姓亲近君主就如同喜欢他们的父母一样,宁可被杀,也不会不顺从君主。

⑤庶人:众人,老百姓。 隆正:最高标准。

⑥内自省以谨于分:内心自我检查而谨守职分。 百王之所同:“所”字后原有“以”字,据上下两处都为“百王之所同”的文义删。 礼法之枢要:礼法的要领。

若夫贯日而治平,权物而称用,使衣服有制,宫室有度,人徒有数,丧祭械用皆有等宜,以是周挟于万物,尺、寸、寻、丈,莫得不循乎制度数量然后行,则是官人使吏之事也,不足数于大君子之前①。故君人者,立隆政本朝而当,所使要百事者诚仁人也,则身佚而国治,功大而名美,上可以王,下可以霸②;立隆正本朝而不当,所使要百事者非仁人也,则身劳而国乱,功废而名辱,社稷必危:是人君者之枢机也③。故能当一人而天下取,失当一人而社稷危。不能当一人而能当千人、百人者,说无之有也④。既能当一人,则身有何劳而为,垂衣裳而天下定⑤。故汤用伊尹,文王用吕尚,武王用召公,成王用周公旦⑥。卑者五伯,齐桓公闺门之内,县乐奢泰游抏之修,于天下不见谓修,然九合诸侯,一匡天下,为五伯长,是亦无他故焉,知一政于管仲也，是君人者之要守也⑦。知者易为之兴力而功名綦大，舍是而孰足为也⑧？故古之人，有大功名者，必道是者也；丧其国，危其身者，必反是者也⑨。故孔子曰："知者之知，固以多矣，有以守少，能无察乎！愚者之知，固以少矣，有以守多，能无狂乎⑩！"此之谓也。

①贯日而治平：连日治理事物。一说"平"字疑为"详"字之误，本篇上文正为"贯日而治详"。　权：衡量。　权物而称用：根据物品的性质而恰当地加以使用。　制：规格。　度：标准。　人徒：左右跟随的仆役。　丧祭械用：祭祀时用的器具。　等宜：和等级相符合的规定。　挟：通"浃"，洽。　周挟：普遍。"周"原为"用"，据《礼论》篇"方皇周挟，曲得其次序"以及其它各篇多次用"周挟"一词改。　以是周挟于万物：把这样的治理方法普遍运用于万物。　尺、寸、寻、丈：古代长度单位，这里泛指各种事情。　莫得不循乎制度数量然后行：只有遵守了制度数量的规定然后才能实行。　官人使吏：泛指掌管各项具体事务的各级官吏。　数：道，说。　大君子：指德才完备的人，这里指德才完备的君主。　是官人使吏之事也，不足数于大君子之前：意思是，这些事情都是官人使吏的事情，不值得在君主面前陈述。

②政：同"正"。　当：恰当。　要百事者：总领政事的人，指"相"。这句意思是：所以君主如果为本朝所确立的最高原则都正确，所任用的宰相真是有才德的人，那么就可以自己十分安逸而国家安定，功绩很大，名声很好，上可以统一天下，下可以称霸诸侯。

③社稷(jì)：指国家。　枢机：关键。

④能当一人：能恰当地任用一个人，指能任用有才德的相。　说无之有：没有这种说法。

⑤有：同“又”。 身有何劳而为：那么还有什么劳苦的事可做呢？

⑥伊尹：名挚，商汤王的相。 吕尚：本姓姜，又称姜尚，俗称姜子牙，姜太公，周文王的相，周文王死后，辅助周武王。 召公：姓姬（jī），名奭（shì），周文王的儿子，周武王的异母兄弟。 周公旦：姓姬，名旦，周武王之弟，周成王的宰相。

⑦卑者：次一等的。 闺门：内室，后宫。 县：同“悬”。 县乐：悬挂的乐器。 泰：同“汰”，侈。 奢泰：奢侈。 抏：同“玩”。 游抏：游玩。 修：追求。 县乐奢泰游抏之修：意思是专门追求享乐。见：被。 于天下不见谓修：但他没有被天下人说成追求享乐的人。 九合：多次召集。 匡：正，扶正，纠正的意思。 一匡天下：扶正了天下大事，使诸侯步调一致。 长：首领。 一：专一。 知一政于管仲：懂得把政事专一地交给管仲去管理。

⑧这句意思是：聪明的人很容易做到任用有才德的相，使国家兴盛而获得极大的功劳和名声，除了这个还有什么值得做的呢？

⑨道：行。 必道是者也：一定是按着这个道理去实行的。

⑩有以守少：又能够注意掌握住很少的东西，这里指能够掌握住任用有才德的相这个关键。 这句意思是：所以孔子说：“聪明的人知识本来很多，但他却能掌握住治理国家的关键，这能不明察吗！愚蠢的人知识本来很少，但他却整天忙于去处理很多具体的事，掌握不住关键，这能不乱吗！”

治国者分已定，则主相臣下百吏各谨其所闻，不务听其所不闻；各谨其所见，不务视其所不见①。所闻所见，诚以齐矣，则虽幽闲隐辟，百姓莫敢不敬分安制以化其上，是治国之征也②。

①分：等级职分。　谨其所闻：谨慎地对待他所应该听到的事情，指谨慎地处理其职权范围内的事情。　务：追求。

②所闻所见，诚以齐矣：指君、相、百吏在自己职责所管范围内的事情，都能用统一的原则去处理。　幽闲隐辟：偏远的地方。　安制：安于国家制度。　化：顺从。　征：象征，证验。　这句意思是：如果君、相、百吏在自己职责所管范围内的事情都能用统一的原则去处理，那么虽然处在偏远地方的百姓，也不敢不遵守自己的职分，安于国家的制度，而顺从君主，这就是安定国家的象征。

主道治近不治远，治明不治幽，治一不治二①。主能治近则远者理，主能治明则幽者化，主能当一则百事正②。夫兼听天下，日有余而治不足者，如此也，是治之极也③。既能治近，又务治远；既能治明，又务见幽；既能当一，又务正百：是过者也，过犹不及也，辟之是犹立直木而求其影之枉也④。不能治近，又务治远；不能察明，又务见幽；不能当一，又务正百：是悖者也，辟之是犹立枉木而求其影之直也⑤。故明主好要，而闇主好详。主好要则百事详，主好详则百事荒⑥。君者，论一相，陈一法，明一指，以兼复之，兼炤之，以观其盛者也⑦。相者，论列百官之长，要百事之听，以饰朝廷臣下百吏之分，度其功劳，论其庆赏，岁终奉其成功以效于君⑧。当则可，不当则废⑨。故君人劳于索之，而休于使之⑩。

①主道:君主治理国家的方法。 一:指主要的事。 二:指烦杂的事。

②百事:泛指一切事情。 正:合于法则。 这句意思是:君主如果能把身边的事情治理好,那么远处的事也就自然得到治理;君主如果能把明显的事治理好,那么那些还不明显的事也就自然会随着发生变化;君主如果能把主要的事处理恰当,那么其它一切事也就自然有了正确的原则。

③治之极:治理天下的最高水平。

④过犹不及:超过了犹如达不到一样。 辟:同"譬",比喻。 辟之是犹立直木而求其影之枉也:意思是,好比是树了一根直的木杆而要求它的影子是弯曲的一样。

⑤悖(bèi):混乱。

⑥好要:善于抓纲要。 好详:喜欢样样都管。 荒:荒废。

⑦指:同"旨",宗旨,指主要原则。 兼复:全部覆盖,这里指统帅一切。 炤:同"照",照耀。 盛:读为"成",成功。 这句意思是:君主的职责是:选择一个宰相,公布一个统一的法,明确一个主要的原则,以此来统帅一切,照耀一切,并以此来显示它的成就。

⑧论列:评论,选择。 论列百官之长:选择各部门官吏的长官。 要百事之听:总管百事的治理情况。 饰:同"饬",整顿,规定。 分:名分,职分。 度:衡量,考核。 庆赏:奖赏。 岁终:年终。 奉:捧,拿。 成功:成绩,功劳。 效:呈报。

⑨这句意思是:百官称职的就留用,不称职的就罢免。

⑩索:求取,选择。 休:安逸。 这句意思是:君主在选择宰相时是劳累的,而当使用宰相后自己就安逸了。

用国者，得百姓之力者富，得百姓之死者强，得百姓之誉者荣①。三得者具而天下归之，三得者亡而天下去之②。天下归之之谓王，天下去之之谓亡。汤、武者，循其道，行其义，兴天下同利，除天下同害，天下归之③。故厚德音以先之，明礼义以道之，致忠信以爱之，尚贤使能以次之，爵服赏庆以申重之，时其事、轻其任以调齐之，潢然兼复之，养长之，如保赤子④。生民则致宽，使民则綦理，辩政令制度，所以接下之人百姓，有非理者如豪末，则虽孤独鳏寡必不加焉⑤。是故百姓贵之如帝，亲之如父母，为之出死断亡而不愉者，无他故焉，道德诚明，利泽诚厚也⑥。

①用国者：治理国家的人，指君主。 力：尽力。 死：拼死打仗。 誉：称赞。 荣：有名望。

②三得者：指得到百姓的力、死、誉。 归：归顺。 亡：通“无”，不具备。

③兴天下同利，除天下同害：兴办对天下人都有利的事，除掉对天下人都有害的事。

④厚：这里是重视的意思。 德音：指道德声望。 先之：引导天下人民。 明：明确。 道：通“导”，教导。 致：做到。 尚贤：原为“赏贤”，据《富国》篇相同段落的文字改。 次：排列。 尚贤使能以次之：推崇贤人，使用有才能的人，并根据他们能力大小，安排不同等级的职位。 申重：反复强调，表示重视的意思。 时其事：根据时节安排事情。 轻其任：减轻他们的负担，这里有量力而任用的意思。 调齐：调整统一。 潢（huáng）然：广大的样子。 潢然兼复

之,养长之,如保赤子:普遍地保护百姓、抚养百姓,就好像保护初生的婴儿一样。

⑤生:养育。 致:同“至”,极。 致宽:非常宽厚。 綦理:极合理。 辩:同“辨”,治理,制定。 接下之人百姓:“下”字上原有“天”字,据上文“政令制度,所以接下之人百姓……”句例删。

⑥贵之如帝:把君主当老天爷那样来尊重。 出死断亡:出生入死。 愉:通“偷”。 不愉:不苟且偷生。一说,“愉”是愉快、心甘情愿的意思,“愉”上“不”字是衍文。 诚明:真正的显明。 利泽:恩惠。 诚厚:真正的深厚。

乱世不然,污漫突盗以先之,权谋倾覆以示之,俳优、侏儒、妇女之请谒以悖之,使愚诏知,使不肖临贤,生民则致贫隘,使民则綦劳苦①。是故百姓贱之如尪,恶之如鬼,日欲司间而相与投藉之,去逐之②。卒有寇难之事,又望百姓之为己死,不可得也,说无以取之焉③。孔子曰:“审吾所以适人,人之所以来我也④。”此之谓也。

①乱世:昏乱的社会。 污漫突盗:肮脏放荡,欺凌盗窃。 以示之:公开暴露出来。 俳优(pái yōu):古代唱戏的人。 侏儒:发育不全,特别矮小的人。 请谒(yè):拜见,请托。 俳优、侏儒、妇女之请谒以悖之:意思是,用俳优、侏儒、妇女等私下的请求来扰乱朝廷政事。 诏:教导。 使愚诏知:让愚蠢的人去教导有智慧的人。 使不肖临贤:让不贤的人居于贤人之上。 致贫隘:极其贫困。

②贱:鄙视,看不起。 尪:同“尫”(wāng),女巫。 恶:厌恶,讨厌。 司:同“伺”。 司间:寻找机会。 相与:共同,一起。 投藉:

抛弃和践踏。

③卒:同“猝”,突然。　寇难:敌人入侵。　望:指望。　说无以取之:这种治国方法毫无可取之处。

④人之所以来我也:“人”字上原有“适”字,据《群书治要》引文删。　这句意思是:孔子说,看我怎么待别人,别人就会用同样的态度来对待我。

伤国者何也①?曰:以小人尚民而威,以非所取于民而巧,是伤国之大灾也②。大国之主也,而好见小利,是伤国;其于声色、台榭、园囿也,愈厌而好新,是伤国③;不好修正其所以有,啖啖常欲人之有,是伤国④。三邪者在匈中,而又好以权谋倾覆之人断事其外,若是,则权轻名辱,社稷必危,是伤国者也⑤。大国之主也,不隆本行,不敬旧法,而好诈故⑥。若是,则夫朝廷群臣亦从而成俗于不隆礼义,而好倾覆也⑦。朝廷群臣之俗若是,则夫众庶百姓亦从而成俗于不隆礼义,而好贪利矣。君臣上下之俗莫不若是,则地虽广,权必轻;人虽众,兵必弱;刑罚虽繁,令不下通⑧。夫是之谓危国,是伤国者也。

①伤国者何也:危害国家的是什么?

②尚:上。　非:指非法手段。　这句意思是:回答说,让小人在人民头上作威作福,用非法的手段掠夺人民,而且搞得很巧妙,这是危害国家的大祸害。

③厌:满足。　愈厌而好新:越是满足就越喜好新奇。

④修正:整顿,治理。“修”原为“循”,据上文“内不修正其所以有”文义改。 啖啖(dàn):贪心的样子。

⑤三邪者:指上文三种“伤国”的情况。 匈:同“胸”。 断事其外:在外决断政事。 权轻:权力减小。

⑥本行:指礼义。 不隆本行:不推崇礼义。 不敬旧法:不谨守原有的法。 诈故:欺诈。

⑦则夫:那么。 成俗:形成一种风气。 这句意思是:如果这样,那么朝廷群臣也随之养成一种不隆礼义的风气,而热衷于互相倾轧。

⑧繁:多。 令不下通:政令不能下达。

儒者为之不然,必将曲辨①。朝廷必将隆礼义而审贵贱,若是,则士大夫莫不敬节死制者矣②。百官则将齐其制度,重其官秩,若是,则百吏莫不畏法而遵绳矣③。关市几而不征,质律禁止而不偏,如是,则商贾莫不敦悫而无诈矣④。百工将时斩伐,佻其期日,而利其巧任,如是,则百工莫不忠信而不楛矣⑤。县鄙将轻田野之税,省刀布之敛,罕举力役,无夺农时,如是,则农夫莫不朴力而寡能矣⑥。士大夫务节死制,然而兵劲⑦。百吏畏法循绳,然后国常不乱⑧。商贾敦悫无诈,则商旅安,货财通,而国求给矣⑨。百工忠信而不楛,则器用巧便而财不匮矣⑩。农夫朴力而寡能,则上不失天时,下不失地利,中得人和,而百事不废⑪。是之谓政令行,风俗美。以守则固,以征则强,居则有名,动则有功⑫。此儒之所谓曲辨也。

①辨：治理。　必将曲辨：一定对各方面都进行周详的治理。

②审贵贱：明确贵贱等级的区别。　节：名节。　制：法制。　敬节死制：看重名节，坚守法制。

③齐其制度：遵守一个统一的制度。　重：注重，指严格规定。秩：禄。　官秩：官职和俸禄。　遵绳：遵守法度的规定。

④关市：关口、市场。　几：通"讥"，查问。　关市几而不征：关卡和市场，只查问而不收税。　质律：古代评定市价的文书。　禁止：所要禁止的事情。　质律禁止而不偏：规定的市价，所要禁止的事情，公正而不偏。　敦悫：忠厚，诚实。

⑤百工：泛指各种工匠。　时斩伐：按时伐木材。　佻(yáo)：同"傜"，宽缓。　佻其期日：宽缓他们的日期。　利其巧任：充分发挥他们的技巧。　楛(kǔ)：粗劣，指偷工减料。

⑥县鄙：郊外，泛指农村。　轻田野之税：减轻土地赋税。　省：减少。　刀布：古代的钱币。　敛：收集。　罕：少。　罕举力役：减少劳役。　朴力而寡能：勤勤恳恳从事农业，而不从事其他事情。

⑦务节死制：同"敬节死制"。　而：连词，"则"的意思。

⑧常：常规，指基本法律制度。　国常：国家的基本法律制度。

⑨商旅安：商人安业。　货财通：货财流通。原为"货通财"，据《王制》篇"宾(商)旅安而货财通"文义改。　国求给：国家的需要都能得到供应。

⑩匮(kuì)：缺乏。

⑪人和：人民和谐一致。

⑫守：守卫自己国土。　征：出外作战。　居：守，指建设自己的国家。　动：指征伐别国。

十二　君　道

【说明】“君道”即为君之道，是治国理政的人主所要走的道路。本篇大致可分为两个部分：“《诗》曰：‘介人维藩，大师维垣。’此之谓也”之前，讨论“君”，主要说明了人主在治国理政中应具有什么样的认识；之后则讨论“道”，主要说明了人主应该怎样做。

相对于《王霸》篇提出的“何法之道（法）、谁子之与（人）”，本篇则进一步揭示了人在治国理政中才是更根本、更关键的因素。首先，“法不能独立，类不能自行，得其人则存，失其人则亡”，“君子者，法之原也”。法即礼法，礼法的要义是“分”，即每个人都有自己的身份，如君臣、父子、兄弟、夫妻等。君子之所以是法之原，就在于君子“审之礼”。再者，“械数者，治之流也，非治之原也；君子者，治之原也”。人主要懂得“上行下效”的规律，做到“好礼义，尚贤使能，无贪利之心”，否则臣下百吏也会徇私枉法，使“械数”变质。所以人主治国的根本是修身，“君者仪也，民者景也，仪正而景正”，“君者，民之原也”。应深刻认识到对治国起根本性、决定性作用的是人，治国其实就是要做到修身、爱民、好士。

“君之所道”，包括“附下一民”的爱民之道和修政美俗的好士之道。人君爱民，所要做的是“能群”、“明分”，而最高目标是“至道大形”——“天下从之如一体，如四胑之从心”。人君好士，最直接的途径是“慎取相”。“其取人有道，其用人有法。取人之道，参之以礼；用人之法，禁之以等”，其中“用人之法”包括了国家需要和具体才能两个角度。

有乱君，无乱国；有治人，无治法①。羿之法非亡也，而羿不世中；禹之法犹存，而夏不世王②。故法不能独立，类不能自行，得其人则存，失其人则亡③。法者，治之端也；君子者，法之原也④。故有君子，则法虽省，足以遍矣；无君子，则法虽具，失先后之施，不能应事之变，足以乱矣⑤。不知法之义而正法之数者，虽博，临事必乱⑥。故明主急得其人，而闇主急得其势⑦。急得其人，则身佚而国治，功大而名美，上可以王，下可以霸⑧；不急得其人，而急得其势，则身劳而国乱，功废而名辱，社稷必危⑨。故君人者，劳于索之，而休于使之⑩。《书》曰："惟文王敬忌，一人以择⑪。"此之谓也。

①这句意思是：有造成国家混乱的君主，而没有必定混乱的国家；有能够使国家安定的人，而没有使国家自行安定的法。

②羿（yì）：即后羿，传说是夏代东方有穷氏的国君，善于射箭。世：世世代代。　夏：夏朝。　这句意思是：羿的射箭方法没有失掉，但不是世代都有像羿那样善射的人；禹的法仍然存在，但夏朝不是世代都有像禹那样的王。

③故：所以。　类：指依法类推，处理某一类事情的案例、惯例。其人：指上文的"治人"。　这句意思是：所以说，法是不能自己发生作用的，依法类推也不能自动进行，有了善于治理国家的人，那么法就能起作用，否则就不能起作用。

④端：开始，根本。　原：通"源"，源泉，根本。　这句意思是：法是治理国家的根本，而君子则是实行法的根本。

⑤省：略，简单。　足以遍矣：指法的作用能够达到一切方面。具：通"俱"，全，这里指详细。　失先后之施：施行时先后颠倒。　应事之变：处理各种事变。

⑥正：确定。　数：这里指法的条文。　正法之数：确定法的条文。　博：多。　这句意思是：不懂得立法的根本原则而只注意确定各种法律条文，即使条条很多，碰到处理具体事情时也还必然要出差错。

⑦明主：明智的君主。　闇：同"暗"。　闇主：昏庸的君主。势：权势。

⑧佚：同“逸”，安逸。 王：指能统一天下，当天子。

⑨辱：耻辱。 名辱：名声不好。 社稷（jì）：指国家。

⑩之：代词，指“其人”。 休：安逸。 这句意思是：君主在选择人才时是劳累的，而当使用了合适的人才后自己就安逸了。

⑪这句意思是：“只有文王十分谨慎，亲自去选择一个人。”（见《尚书·康诰》）荀子引文与原文有出入，他借此说明选择一个合适的相的重要性。

合符节，别契券者，所以为信也；上好权谋，则臣下百吏诞诈之人乘是而后欺[①]。探筹投钩者，所以为公也；上好曲私，则臣下百吏乘是而后偏[②]。衡石称县者，所以为平也；上好倾覆，则臣下百吏乘是而后险[③]。斗斛敦槩者，所以为啧也；上好贪利，则臣下百吏乘是而后丰取刻与，以无度取于民[④]。故械数者，治之流也，非治之原也；君子者，治之原也[⑤]。官人守数，君子养原；原清则流清，原浊则流浊[⑥]。故上好礼义，尚贤使能，无贪利之心，则下亦将綦辞让，致忠信，而谨于臣子矣[⑦]。如是，则虽在小民，不待合符节、别契券而信，不待探筹投钩而公，不待衡石称县而平，不待斗斛敦槩而啧。故赏不用而民劝，罚不用而民服，有司不劳而事治，政令不烦而俗美[⑧]；百姓莫敢不顺上之法，象上之志，而劝上之事，而安乐之矣[⑨]。故藉敛忘费，事业忘劳，寇难忘死，城郭不待饰而固，兵刃不待陵而劲[⑩]。敌国不待服而诎，四海之民不待令而一，夫是之谓至平⑪。《诗》曰:“王犹允塞,徐方既来⑫。”此之谓也。

①符节:古时用竹、木、铜等做的作为凭信的东西,分成两半,双方各执一半。 契券:做凭据用的契约,一式两份,双方各拿一份。 信:信用。 所以为信:用来标志信用的。 上:君主。下同。 好(hào):喜。 权谋:权术。 诞诈:谎言欺诈。 乘是:乘这种时机。这句意思是:验证符节,辨认契券,是为了双方讲信用;如果君主好玩弄权术,那么臣下百官中那些好搞谎言欺诈的人就会乘这种机会进行欺骗。

②探筹:抽签。 投钩:类似抓阄(jiū)。 曲私:偏私,不公正。 偏:偏私。

③衡石:测量重量标准的工具,相当于今天的砝码。 称:同“秤”。 县:同“悬”,秤砣。下同。 平:公平。 倾覆:不平,指颠倒是非。 险:偏邪不正。

④斗、斛(hú)、敦(duì):都是量器。 槩:同“概”,平斗的用具,斗装满后,用它来刮平。 啧(zé):同“赜”,实际。 丰取刻与:多取少给。 度:标准。

⑤械数:指上述度量器具的规定。

⑥官人守数:官吏掌握着度量器具的规定。 养原:把握着本源。

⑦尚贤使能:推崇道德高尚的人,使用有才能的人。 綦(qí):极。 谨于臣子:严格遵守做臣子的本分。

⑧劝:勉,勤勉。 有司:管具体政事的人,指各级官吏。 烦:通“繁”,繁多。 俗美:风俗好。

⑨象:仿照,按照。 志:意志。

⑩藉敛:征税。 费:耗费。 藉敛忘费,事业忘劳:意思是,征税

时人民不以为是过分的负担，办事情时人民忘记疲劳。　寇难：有敌人来侵犯。　城郭：城墙。　饰：同“饬”，整饬、修理。　陵：磨。劲：坚强，这里指锐利。

⑪服：征服。　诎：同“屈”，屈服。　一：齐一，指行动一致。　至平：最安定。

⑫犹：道。　允：确实。　塞：充满。　徐方：古时族名，在今淮河下游地区。　既：尽、全。　这两句诗的意思是：“王道遍行于天下，连遥远的徐方也来归顺。”（见《诗经·大雅·常武》）

请问为人君？曰：以礼分施，均遍而不偏①。请问为人臣？曰：以礼待君，忠顺而不懈②。请问为人父？曰：宽惠而有礼③。请问为人子？曰：敬爱而致恭④。请问为人兄？曰：慈爱而见友⑤。请问为人弟？曰：敬诎而不苟⑥。请问为人夫？曰：致和而不流，致临而有辨⑦。请问为人妻？曰：夫有礼则柔从听侍，夫无礼则恐惧而自竦也⑧。此道也，偏立而乱，具立而治，其足以稽矣⑨。请问兼能之奈何？曰：审之礼也。古者先王审礼以方皇周浃于天下，动无不当也⑩。故君子恭而不难，敬而不巩，贫穷而不约，富贵而不骄，并遇变态而不穷，审之礼也⑪。故君子之于礼，敬而安之⑫；其于事也，径而不失⑬；其于人也，寡怨宽裕而无阿⑭；其所为身也，谨修饰而不危⑮；其应变故也，齐给便捷而不惑⑯；其于天地万物也，不务说其所以然而致善用其材⑰；其于百官之事、技艺之人也，不与之争能而致善用其功[18];其待上也,忠顺而不懈;其使下也,均遍而不偏;其交游也,缘类而有义[19];其居乡里也,容而不乱[20]。是故穷则必有名,达则必有功,仁厚兼覆天下而不闵,明达用天地理万变而不疑,血气和平,志意广大,行义塞于天地之间,仁知之极也,夫是之谓圣人审之礼也[21]。

①为:做。 偏:偏向。 这句意思是:请问怎样做一个君主?回答说:用礼义治理国家,普遍地实行它而不偏废。

②待:对待。一说是"侍"的误字,侍奉的意思。 懈:怠慢。

③宽惠:宽厚慈爱。

④致恭:十分恭敬。"恭"字原为"文",据文义和《韩诗外传》引文改。

⑤见友:表现友爱。

⑥敬诎:恭敬顺从。 不苟:不马虎。一说"苟"为"悖"的误字,不悖,顺服的意思。

⑦和:和睦。原为"功",据文义改。 不流:不放荡淫乱。 临:通"隆",指推崇礼义。 致临:极其推崇礼义。 辨:别,指夫妻有别。

⑧柔从:柔和顺从。 侍:侍候。 竦(sǒng):很恭敬的样子。

⑨具:双方,全面。 稽:考查,验证。 这句意思是:这些道理,只做到一方面,就会乱;只有各方面都做到,才是治。这是已经充分证实了的。

⑩奈何:怎么办。 审:透彻了解。 方皇:广大。 周浃(jiā):普遍。 这句意思是:请问怎样才能全面做到呢?回答说:要透彻地了解礼义。古时的君主透彻了解礼义,并把它普遍地实行于整个天下,因此,行动没有不正确的。

⑪难：通“戁”，恐惧，害怕。　巩：通“蛩”，恐惧。　约：卑躬屈膝。并遇变态而不穷：接连遇到变化了的情况也能从容应付。

⑫安之：安于它，这里指自觉遵守礼义。

⑬径：直接了当。　失：出差错。

⑭寡怨宽裕：很少责备人，又非常宽厚。　阿：奉承，偏袒。

⑮其所为身也：他对待自己。　危：通“诡”，违反，这里有阳奉阴违的意思。　谨修饰而不危：谨慎地约束自己而不违反礼义。

⑯变故：突然出现的意外事情。　齐给便捷：迅速，敏捷。

⑰务：必，追求。　所以然：指事情的原由。　致善用其材：达到最合理地使用它的物产。

⑱争能：指争在具体技能上的高下。

⑲交游：朋友间的交往。　缘类而有义：寻找志同道合的人并做到有礼义。原为“缘义而有类”，据文义和《韩诗外传》引文改。

⑳容而不乱：待人宽容而不过分。

㉑穷：地位低下。　达：显达，指地位高。　仁厚：仁爱宽厚，指有高尚的道德品质。　兼覆天下：覆育整个天下。　闵：通“穷”，尽。不闵：没有止境。　明达：明白，通达，指有很高的智慧。　明达用天地理万变而不疑：智慧能利用自然界处理万事万物的变化而不迷惑。　血气和平：心平气和。　志意广大：胸怀开阔。　行义：按照道德原则去做。　塞：充满。　知：同“智”。

请问为国？曰：闻修身，未尝闻为国也①。君者仪也，民者景也，仪正而景正②。君者槃也，民者水也，槃园而水园③。君射则臣决④。楚庄王好细腰，故朝有饿人⑤。故曰:闻修身,未尝闻为国也。

①为国:治理国家。 修身:培养自己的品德。

②仪:指日晷(guǐ),依照日影来测量时间的仪器。 景:影。 民者景也:这四字原无,据文义和《太平御览》引文补。

③槃:同"盘",指盆子。 民者水也:这四字原无,据文义和《太平御览》引文补。 槃园而水园:此句下原有"君者盂也,盂方而水方"一句,据《太平御览》引文删。

④决:古代射箭时套在右手大拇指上的象骨套子。 这句意思是:君主好射箭,臣下就会经常进行射箭演习。

⑤楚庄王:应为楚灵王(见《战国策·楚策》)。

君者,民之原也;原清则流清,原浊则流浊。故有社稷者而不能爱民,不能利民,而求民之亲爱己,不可得也①。民不亲不爱,而求其为己用,为己死,不可得也。民不为己用,不为己死,而求兵之劲,城之固,不可得也②。兵不劲,城不固,而求敌之不至,不可得也③。敌至而求无危削,不灭亡,不可得也④。危削灭亡之情举积此矣,而求安乐,是狂生者也⑤。狂生者,不胥时而乐⑥。故人主欲强固安乐,则莫若反之民;欲附下一民,则莫若反之政;欲修政美俗,则莫若求其人⑦。彼或蓄积而得之者不世绝,彼其人者,生乎今之世而志乎古之道⑧。以天下之王公莫好之也,然而是子独好之;以天下之民莫为之也,然而是子独为之⑨。好之者贫,为之者穷,然而是子犹将为之也,不为少顷辍焉[10]。晓然独明于先王之所以得之、所以失之，知国之安、危、臧、否若别白黑[11]。则是其人也，大用之，则天下为一，诸侯为臣；小用之，则威行邻敌；纵不能用，使无去其疆域，则国终身无故[12]。故君人者，爱民而安，好士而荣，两者无一焉而亡[13]。《诗》曰："介人维藩，大师维垣[14]。"此之谓也。

①社稷：指国家。　不可得也：是不可能的。

②劲：坚强，强大。　求兵之劲，城之固：意思是，希望军队强大，城防坚固。

③不至：不来到。

④危削：危险削弱。

⑤举：全都。　积：聚积。　狂生者：指不顾国家安危而一味追求安逸享乐的人。

⑥胥（xū）：须，等待。　不胥时而乐：指不顾时宜地寻求享乐。"乐"原为"落"，据宋本改。

⑦反之民：反过来依靠人民。　附下：使臣下归附。　一民：统一人民。　反之政：反过来搞好政事。　修政：处理好政事。　美俗：搞好风俗。"俗"原为"国"，据文义和《韩诗外传》引文改。

⑧彼或蓄积：那有德才的人是很多的。　之：代词，指有德才的人。　得之者：得到这种人的人。　不世绝：世世代代都有。　志：识，了解。

⑨王公：指诸侯国的国君。　莫好（hào）：都不喜好。　子：古时对男子的尊称。这里指有德才的人。　是子：这个人。原为"于是"，据文义和《韩诗外传》引文改。下同。　莫为之：都不做的事情。"为"原为"欲"，据《韩诗外传》引文改。

⑩贫:贫困。　穷:穷苦。　犹将为之:仍然坚持去做。"犹"字前原衍一"独"字,据《韩诗外传》引文删。　少顷:片刻。　辍(chuò):停止。　不为少顷辍焉:不因此而有片刻的停止。

⑪晓然独明:只有他是清楚地了解。　所以得之:为什么成功。　臧:好,指强大。　否(pǐ):坏,指衰弱。

⑫则是其人也:原为"是其人者也",据文义和《韩诗外传》引文改。　大用:重用。　威行邻敌:威望影响到邻邦和敌国。　纵:即使。　使无去其疆域:不要让他离开自己的国家。　终身:永远。　故:事故,变故,这里是祸害的意思。

⑬君人:君主。　而:则,就。　安:安宁,安定。　荣:荣耀,有名望。　两者无一:两者都没有。

⑭介人:善人,指有才德的士。　维:连词,"就是"的意思。　藩:篱笆。　大师:大众,指百姓。　垣:墙。　这两句诗的意思是:"有才德的士是篱笆,百姓是围墙。"(见《诗经·大雅·板》)

道者,何也?曰:君之所道也①。君者,何也?曰:能群也②。能群也者,何也?曰:善生养人者也,善班治人者也,善显设人者也,善藩饰人者也③。善生养人者人亲之,善班治人者人安之,善显设人者人乐之,善藩饰人者人荣之④。四统者俱而天下归之,夫是之谓能群⑤。不能生养人者,人不亲也;不能班治人者,人不安也;不能显设人者,人不乐也;不能藩饰人者,人不荣也。四统者亡而天下去之,夫是之谓匹夫⑥。故曰:道存则国存,道亡则国亡⑦。省工贾,众农夫,禁盗贼,除奸邪,是所以生养之也⑧。天子三公，诸侯一相，大夫擅官，士保职，莫不法度而公，是所以班治之也⑨。论德而定次，量能而授官，皆使人载其事而各得其所宜，上贤使之为三公，次贤使之为诸侯，下贤使之为士大夫，是所以显设之也⑩。修冠弁衣裳、黼黻文章、琱琢刻镂皆有等差，是所以藩饰之也⑪。故由天子至于庶人也，莫不骋其能，得其志，安乐其事，是所同也；衣暖而食充，居安而游乐，事时制明而用足，是又所同也⑫。若夫重色而成文章，重味而备珍怪，是所衍也⑬。圣王财衍以明辨异，上以饰贤良而明贵贱，下以饰长幼而明亲疏；上在王公之朝，下在百姓之家，天下晓然皆知其非以为异也，将以明分达治而保万世也⑭。故天子诸侯无靡费之用，士大夫无流淫之行，百吏官人无怠慢之事，众庶百姓无奸怪之俗，无盗贼之罪，其能以称义遍矣⑮。故曰：治则衍及百姓，乱则不足及王公⑯。此之谓也。

①君之所道也：君主所遵循的原则。“之所”两字原无，据《韩诗外传》引文补。

②能群：指善于按一定分工和等级把人们组织起来。

③生养：养活。　班：通“辨”，治。　班治：治理。　显设：任用，安排。　藩饰：装饰，指使人们从穿着上显示出身份地位来。

④之：代词，指君主。　乐：满意。　荣：敬重，颂扬。

⑤俱：通“具”。　四统者俱：具备上述四个要点。

⑥匹夫：指普通人。

⑦这句意思是：所以说，道存在，国家就存在；道丧失了，国家也就

灭亡。

⑧省:减少。　贾(gǔ):商人。　众:多,指增加。

⑨三公:指司空、司马、司徒,古代天子手下的最高官职。　相:相当于以后的宰相。　一相:一个相。　擅(shàn)官:担任某种专职官吏。　保职:谨守自己的职务。　莫不法度而公:一切按照法度办事而且公正不偏。

⑩论德而定次,量能而授官:根据品德的高低而排定等级,衡量能力的大小而授予官职。　载:担负,担任。　宜:适当。　皆使人载其事而各得其所宜:使人都能担负起适合他的能力的事情。"使"字下原有"其"字,据《荣辱》篇"皆使人载其事而各得其宜"句例删。

⑪修:整治。　弁:古代的一种帽子。　黼黻(fǔ fú):古代礼服上绣的青色和黑色的花纹。　文章:文彩,错综华丽的色彩或花纹。　琱:同"雕"。　琱琢刻镂(lòu):泛指雕刻。　这句意思是:穿戴的衣帽绣何种色彩的花纹,用的器具雕刻什么样的图案,都有等级差别。

⑫庶人:众人,指老百姓。　骋(chěng):尽量发挥。　志:志愿。　是所同也:这都是一样的。　事时制明:处理政事及时,法令制度严明。　用足:生活用品很充足。

⑬重(chóng)色:多种颜色。　重味而备珍怪:原为"重味而成珍备",据《正论》篇"食饮则重大(太)牢而备珍怪"文义改。　衍:富裕,有余。这句意思是:至于用各种颜色装饰成衣服上的文彩,尝着各种美味,并贮备着各种珍贵少见的食物,这显示着财物的富裕。

⑭财:通"裁",裁制,掌握。　辨:区别。　异:差别,等级。　圣王财衍以明辨异:圣王掌握着富余的财物是为了用来装饰各个等级的人,以表明上下等级的区别。　饰:装饰。　长(zhǎng):辈分高,年纪大。　非以为异:不是用来表示特殊的。　明分达治:明确等级名分,

使国家达到治理。

⑮靡费:浪费。 奸怪:奸诈怪僻。 其能以称义遍矣:这样才能称得上普遍实行了义。

⑯这句意思是:国家安定,那么连百姓都能得到富足的财物;国家混乱,那么连王公也不能得到足够的财物。

至道大形,隆礼至法则国有常,尚贤使能则民知方,纂论公察则民不疑,赏免罚偷则民不怠,兼听齐明则天下归之①。然后,明分职,序事业,材技官能,莫不治理,则公道达而私门塞矣,公义明而私事息矣②。如是,则德厚者进而佞说者止,贪利者退而廉节者起③。《书》曰:“先时者杀无赦,不逮时者杀无赦④。”人习其事而固,人之百事,如耳目鼻口之不可以相借官也;故职分而民不慢,次定而序不乱,兼听齐明而百事不留⑤。如是,则臣下百吏至于庶人莫不修己而后敢安止,诚能而后敢受职;百姓易俗,小人变心,奸怪之属莫不反悫,夫是之谓政教之极⑥。故天子不视而见,不听而聪,不虑而知,不动而功,块然独坐而天下从之如一体,如四胑之从心,夫是之谓大形⑦。《诗》曰:“温温恭人,维德之基⑧。”此之谓也。

①至:最高。 大形:充分的表现。 隆礼至法:尊崇礼,法制完备。 常:常规,有秩序。 方:方向。 纂(zuǎn):集合。 公察:公正的看法。 纂论公察:集中群众的议论而不凭借个人的看法。 疑:怀疑。 免:通“勉”,勤勉。原为“克”,据文义和《韩诗外传》引文

改。　罚偷：惩罚偷懒的人。　齐明：明察一切。　兼听齐明：听取各方面的意见，明察一切事物。

②明分职：明确名分职位。　材技官能：任用有技术、有才能的人。　这句意思是：然后，明确各人的等级名分和职位，区分各种事情的轻重缓急，任用有技术、有才能的人，一切都治理得井井有条，那么人们都按公办事，走私人的门路就堵塞了，为公的原则确定了，各种为私的事情也就停止了。

③进：进用，得到任用。　佞（nìng）说者：花言巧语，取媚于人的人。　止：停止，指罢官。　退：斥退，指罢免。　廉节：不贪私利。　起：兴起，指当政。

④先时：先于规定的时间，提前。　杀无赦：毫不留情地杀掉。　不逮时：落后于规定的时间，不及时。　这句意思是："当君主还没有让做时，就擅自作主提前行动的人要坚决杀掉；当君主已下令去做时，还消极怠工迟迟不去做的人也要坚决杀掉。"（见古文《尚书·胤征》）

⑤习：熟习。　人习其事：人熟习自己所做的事情。　固：不变动。　百事：泛指一切事情。　如耳目鼻口之不可以相借官也：意思是，就像耳朵、眼睛、鼻子、嘴巴的作用不可以互相借用一样。　职分：职位明确。　慢：怠慢。原为"探"，据《韩诗外传》引文改。　次定：等级确定。　留：停留。　百事不留：一切事情都能及时处理，不拖沓。

⑥修己：约束自己。　安止：安于自己所在的职位。"止"原为"正"，据元刻世德堂本改。　诚能：确实有能力。　受职：接受官职。　反：同"返"，变成。　悫（què）：诚实。　奸怪之属莫不反悫：奸诈怪僻的人没有不变成诚实的。　政教：政治教化。

⑦块然：独自一个人的样子。　肞：同"肢"。　这句意思是：所以天子不看就清楚，不听就明白，不考虑就了解，不做就成功。独自一个

人坐在那里而天下听从他的支配就像支配自己的身体,就像四肢听从心的支配一样,这就是道的充分表现。荀子认为君主只要任用了贤人,一切具体事情不必亲自去做,也能收到很好的成效。

⑧温温:宽厚柔顺的样子。 维:语助词。 这两句诗的意思是:“多么宽柔恭敬的人啊,这是道德的基础。”(见《诗经·大雅·抑》)

为人主者,莫不欲强而恶弱,欲安而恶危,欲荣而恶辱,是禹、桀之所同也①。要此三欲,辟此三恶,果何道而便?曰:在慎取相,道莫径是矣②。故知而不仁,不可;仁而不知,不可;既知且仁,是人主之宝也,而王霸之佐也③。不急得,不知;得而不用,不仁④。无其人而幸有其功,愚莫大焉⑤。

①为人主者:做君主的。 恶:讨厌。

②辟:同“避”,避免。 果:确实。 道:道路,途径。下同。 便:方便。 径:直接,方便。 在慎取相,道莫径是矣:意思是,在于谨慎地选取宰相,没有比走这个途径再方便的了。

③知:同“智”,聪明。下同。 佐:辅助。

④不急得:不急于得到宰相。

⑤幸:侥幸。 有其功:取得成功。 愚莫大焉:再愚蠢不过的了。

今人主有六患:使贤者为之,则与不肖者规之;使知者虑之,则与愚者论之;使修士行之,则与污邪之人疑之①。

虽欲成功,得乎哉②!譬之是犹立直木而恐其影之枉也,惑莫大焉③。语曰:好女之色,恶者之孽也④。公正之士,众人之痤也⑤。循道之人,污邪之贼也⑥。今使污邪之人论其怨贼而求其无偏,得乎哉⑦! 譬之是犹立枉木而求其影之直也,乱莫大焉。

①六:据下文看,疑当作“大”字。 与:和。 不肖者:不贤的人。 规:谋划,这里有定框框加以限制的意思。 论:议论,评论。 修士:有道德修养的人。 污邪之人:品德卑劣的人。 疑:疑惑,动摇不定。 这句意思是:当今君主最大的毛病是:让有贤能的人去做,却和不贤的人用框框去限制他;让有智慧的人去计谋,却和愚蠢的人去议论他;让品德高尚的人去实行,却和品德卑劣的人去怀疑他。

②得乎哉:能够办到吗?

③譬之:比如。 犹:好像。 恐:怕,担心。 枉:弯曲。 惑:迷惑,糊涂。

④语曰:俗话说。 好:美。 色:姿色。 恶者:丑人。 孽:祸害。 这句意思是:俗话说美女的姿色,在丑人看来就成了祸害。

⑤公正之士:没有私心的士。 痤(cuó):疮疖。

⑥循:遵守,遵循。 循道之人:遵循道的人。“循”字后原有“乎”字,据上文句例和《群书治要》引文删。 贼:害。

⑦论其怨贼:评论他所怨恨的人。

故古之人为之不然①。其取人有道,其用人有法。取人之道,参之以礼②;用人之法,禁之以等③。行义动静,度之以礼④;知虑取舍,稽之以成;日月积久,校之以功⑤。故卑不得以临尊，轻不得以县重，愚不得以谋知，是以万举不过也⑥。故校之以礼，而观其能安敬也⑦；与之举错迁移，而观其能应变也⑧；与之安燕，而观其能无流慆也⑨；接之以声色、权利、忿怒、患险，而观其能无离守也⑩。彼诚有之者与诚无之者若白黑然，可诎邪哉⑪！故伯乐不可欺以马，而君子不可欺以人⑫。此明王之道也。

①为之不然：不是这样做的。

②参：检验。 参之以礼：以礼作为检验他的标准。

③禁之以等：指用等级去限制所任用的人。

④义：读为“仪”，仪表。 行义动静：作风举动。 度：衡量。

⑤取舍：肯定或否定。 知虑取舍：指判断是非正确与否。 稽：考查。 日月积久：日积月累。 校（jiào）：考核。 这句意思是：对他们判断是非正确与否，要以做出的实际成效来考查，日积月累，用他们做出的实际功绩来考核。

⑥临尊：临驾在尊贵者的上面。 县：同“悬”，衡量。 谋知：替聪明的人出主意、想办法。 是以万举不过：因此做任何事情都不会有过错。

⑦安敬：安于恭敬。

⑧举：举起。 错：安放。 迁移：变动。 与之举错迁移：使他处于动荡变化的环境里。

⑨燕：同“宴”。 安燕：安逸的环境。 慆（tāo）：通“滔”，放荡。一说为“淫”的错字。 流慆：放荡淫乱。

⑩接之：让他接触。 声色：音乐，美色。 能无：能否。 离守：离开职守。

⑪诎:屈,歪曲。 这句意思是:确定他确实具备这些品德还是确实不具备这些品德,就像识别黑白一样清楚,这可以歪曲吗?

⑫伯乐:秦穆公时人,姓孙名阳,传说他善于识别马的优劣。

人主欲得善射,射远中微者,县贵爵重赏以招致之①。内不可以阿子弟,外不可以隐远人,能中是者取之②,是岂不必得之之道也哉!虽圣人不能易也③。欲得善驭,及速致远者,一日而千里,县贵爵重赏以招致之④。内不可以阿子弟,外不可以隐远人,能致是者取之,是岂不必得之之道也哉!虽圣人不能易也⑤。欲治国驭民,调壹上下,将内以固城,外以拒难,治则制人,人不能制也,乱则危辱灭亡可立而待也⑥。然而求卿相辅佐则独不若是其公也,案唯便嬖亲比己者之用也,岂不过甚矣哉⑦!故有社稷者莫不欲强,俄则弱矣;莫不欲安,俄则危矣;莫不欲存,俄则亡矣⑧。古有万国,今有十数焉,是无它故,莫不失之是也⑨。故明主有私人以金石珠玉,无私人以官职事业,是何也⑩?曰:本不利于所私也⑪。彼不能而主使之,则是主闇也⑫;臣不能而诬能,则是臣诈也⑬。主闇于上,臣诈于下,灭亡无日,俱害之道也⑭。夫文王非无贵戚也,非无子弟也,非无便嬖也,倜然乃举太公于州人而用之,岂私之也哉⑮!以为亲邪?则周姬姓也,而彼姜姓也⑯。以为故邪?则未尝相识也⑰。以为好丽邪?则夫人行年七十有二,齳然而齿堕矣⑱。然而用之者,夫文王欲立贵道,欲白贵名,以惠天下，而不可以独也，非于是子莫足以举之，故举是子而用之⑲。于是乎贵道果立，贵名果白，兼制天下，立七十一国，姬姓独居五十三人，周之子孙，苟不狂惑者，莫不为天下之显诸侯，如是者能爱人也⑳。故举天下之大道，立天下之大功，然后隐其所怜所爱，其下犹足以为天下之显诸侯㉑。故曰：唯明主为能爱其所爱，闇主则必危其所爱㉒。此之谓也。

①中微：射中微小的目标。　县：同“悬”，悬挂。　爵：等级地位。招致：招引来。　县贵爵重赏以招致之：宣布给高位厚赏来招引他们。

②阿：偏向，包庇。　隐：埋没。　中：符合。　能中是者取之：能符合这个标准的人就选取。

③之：前面一个“之”字是代词，指善于射箭的人，后面一个“之”是连词，“的”的意思。　易：改变。　这句意思是：这难道不是一定能得到善于射箭的人的方法吗！即使是圣人也不能改变这个方法。

④驭：指驾驶车马。　及速致远者：能够速度快而达到远地的人。“及”字原缺，据《王霸》篇“欲得善射，射远中微……欲得善驭，及速致远……”句例补。

⑤能致是者取之：能够达到这个标准的人就选取。

⑥驭民：统治好老百姓。　调壹：调整，统一。　固城：巩固城防。拒难：抵抗敌人侵略。　这句文字疑有脱误。意思是：君主想要治理好国家，统治好老百姓，使上下齐心一致，对内巩固城防，对外抵御入侵，国家治理好了就能制服敌国，而不会被敌国制服，若国家混乱，那么危险、耻辱、灭亡等情况很快就会到来。

⑦案：虚词。　便嬖：君主左右的亲信。　亲比己者：迎合自己的

人。 这句意思是:然而在选用卿相辅佐问题上独独不是那样地公道,专门任用左右的亲信和迎合自己的人,这难道不是大错吗!

⑧俄:不久,指很短的时间。

⑨今有十数:现在只有十几个。原为“今有数十”,据《富国》篇作“十数”文义改。 故:原因。 是:代词,指选用卿相辅佐。 莫不失之是也:没有不是在用人这个问题上做错了。

⑩私人:私自给人。

⑪本不利于所私:意思是,私自给官职,从根本上来讲是不利于你所偏爱的那个人的。

⑫彼不能:他没有才能。 闇:同“暗”,昏庸。

⑬诬能:冒充有才能。 诈:欺骗。

⑭灭亡无日:随时要灭亡。 俱:都。 俱害之道也:这是对君和臣都有害处的做法。

⑮非无:不是没有。 倜(tì)然:突出地,不同于众地。 太公:即姜太公,又称姜子牙,名尚,周文王的相,周文王死后,辅助周武王。州:古国名,在今山东安丘县东北。一说“州”通“舟”,“舟人”是渔夫的意思。 乃举太公于州人:竟然在州国的人中选拔了姜太公。 岂私之也哉:难道对他有私心吗?

⑯以为亲邪:认为他们是亲戚吗?

⑰故:过去有交情。 未尝相识:从来不相识。

⑱丽:好看,漂亮。 夫:那个人,指姜太公。 齳(yǔn)然:没牙齿的样子。“齳”原为“䶕”,据《韩诗外传》引文改。 堕:落。 齳然而齿堕矣:老得连牙齿都掉了。

⑲贵道:良好的政治秩序。 贵名:美好的名声。 是子:指姜太公。 这句意思是:然而周文王所以要使用姜太公,是因为文王想建

立良好的政治秩序，显扬美好的名声，使天下老百姓都受到恩惠。而要达到这些，光靠自己一个人是不行的，除了姜太公之外，别人都不足以选用，所以选拔了他而给予重用。

⑳贵名果白：原为“贵名果明”，据上文“欲白贵名”文义改。　兼制：全面统治。　苟不狂惑者：如果不是痴狂愚惑的人。

㉑举：实行。　隐：私，偏爱的意思。　所怜所爱：所怜悯的和所亲爱的人，指君主的子孙和亲信。　其下：指所怜所爱的人。　犹足以为：还能够做。

㉒唯：只有。　危：害。

墙之外，目不见也；里之前，耳不闻也；而人主之守司，远者天下，近者境内，不可不略知也①。天下之变，境内之事，有弛易齵差者矣，而人主无由知之，则是拘胁蔽塞之端也②。耳目之明，如是其狭也，人主之守司，如是其广也，其中不可以不知也如是其危也③。然则人主将何以知之？曰：便嬖左右者，人主之所以窥远、收众之门户牖向也，不可不早具也④。故人主必将有便嬖左右足信者然后可，其知惠足使规物，其端诚足使定物然后可，夫是之谓国具⑤。人主不能不有游观安燕之时，则不得不有疾病物故之变焉⑥。如是，国者，事物之至也如泉原，一物不应，乱之端也。故曰：人主不可以独也⑦。卿相辅佐，人主之基杖也，不可不早具也⑧。故人主必将有卿相辅佐足任者然后可，其德音足以镇抚百姓，其知虑足以应待万变然后可，夫是之谓国具⑨。四邻诸侯之相与，不可以不相接也，然而不必相亲也，故人主必将有足使喻志决疑于远方者然后可⑩，其辩说足以解烦，其知虑足以决疑，其齐断足以距难，不还秩不反君，然而应薄扞患足以持社稷然后可，夫是之谓国具⑪。故人主无便嬖左右足信者谓之闇，无卿相辅佐足任者谓之独，所使于四邻诸侯者非其人谓之孤，孤独而晻谓之危⑫。国虽若存，古之人曰亡矣。《诗》曰："济济多士，文王以宁⑬。"此之谓也。

①里之前，耳不闻也：意思是，一里以外的声音，耳朵就听不见了。一说"里"指居民区，周朝二十五家为一里。　守司：指管辖范围。境内：一国之内。　略知：知道个大概。

②弛易：懈怠，怠慢。　齵（yú）：牙齿不齐。　齵差：参差不齐。　无由知之：无从了解。　拘：局限。　胁：挟制。　端：开始。

③明：清楚。　狭：狭窄。　这句意思是：耳和眼所能达到的范围是这样的有限，而人主所要管辖的范围又是那样的广泛，在这种情况下，不可不知道这种局限和蔽塞的危险啊。

④窥（kuī）远：指能观察到很远的地方。　收：通"纠"，监督。众：指臣下百官。　牖（yǒu）向：窗户。　门户牖向：这里用来比喻君主左右的人是他的耳目。

⑤足信者：完全可靠的。　其：指便嬖左右。　知惠：通"智慧"。规物：谋划事物。　端诚：正直诚实。　定物：判断事物。　具：工具，这里指人材。　国具：治国的人材。

⑥游观安燕：游山逛水，吃喝玩乐。　物故：死亡。

⑦国者：指在国家里。　原：同"源"。　这句意思是：君主生活是

这样，但国家的事物却像流水一样不断地出现，一件事情不及时处理，就会出现混乱。所以说，君主不能单独一个人治理国家。

⑧綦：通“几”（jī），坐时的依靠物。 杖：手杖。 綦杖：形容卿相辅佐是君主所离不开的。

⑨德音：道德声望。 镇抚：安定。 知虑：智慧。

⑩相与：相邻近。 相接：相互来往。 不必相亲：不一定都是友好的邻邦。 喻志决疑：传达君主的意志，解决疑难问题。

⑪解烦：解决错综复杂的问题。 齐断：果断。 距：同“拒”。 秩：职责。 还秩：完成任务。 反：同“返”。 不还秩不反君：不完成任务不回到君主身边。 薄（bó）：通“迫”，紧迫。 扞：同“捍”，防御。 应薄扞患：应付紧迫的事，抵御患难。 持：把持住，捍卫住。

⑫非其人：不是恰当的人。 晻（àn）：同“暗”，不明。

⑬济济：人材众多的样子。 这两句诗的意思是：“有众多的贤人能人，文王才得以安宁。”（见《诗经·大雅·文王》）

材人①：愿悫拘录，计数纤啬而无敢遗丧，是官人使吏之材也②。修饰端正，尊法敬分而无倾侧之心；守职修业，不敢损益，可传世也，而不可使侵夺，是士大夫官师之材也③。知隆礼义之为尊君也，知好士之为美名也，知爱民之为安国也，知有常法之为一俗也，知尚贤使能之为长功也，知务本禁末之为多材也，知无与下争小利之为便于事也，知明制度权物称用之为不泥也，是卿相辅佐之材也④。未及君道也⑤。能论官此三材者而无失其次，是谓人主之道也⑥。若是，则身佚而国治，功大而名美，上可以王，下可以霸，是人主之要守也⑦。人主不能论此三材者，不知道此道，安值将卑势出劳，并耳目之乐，而亲自贯日而治详，一日而曲辨之，虑与臣下争小察而綦偏能，自古及今，未有如此而不乱者也⑧。是所谓视乎不可见，听乎不可闻，为乎不可成⑨。此之谓也。

①材人：量才用人。

②悫（què）：诚实。　拘录：同“劬（qú）碌”，勤劳。　纤啬（xiān sè）：细小的意思。　计数纤啬：细微的事情都能精心算计。　遗丧：遗漏。　官人使吏：这里指管理一般具体事务的官吏。

③修饰端正：修养品德，端正身行。　尊法敬分：尊崇法制，重视名分。　倾侧：不正。　修业：搞好业务。“修”原为“循”，据文义和元刻本改。　损益：减少和增加。　可传世也：可使这些制度、职务世代传下去。　侵夺：损害。　官师：官长。

④知：知道，懂得。下同。　好（hào）士：敬重有品德的人。　常法：确定不变的法令。　一俗：统一风俗。　长功：长远的功效。本：指农业。　末：指工商业。　材：同“财”。　务本禁末之为多材：从事农业，禁止工商业是为了增加国家的财富。　便于事：有利于办事情。　明制度权物称用：明确制度衡量事物要符合实用。　泥（nì）：拘泥，不变通。　不泥：不是拘泥不变通。

⑤未及：没有达到。

⑥论官：评定，任用。　无失其次：安排得不出差错。

⑦要守：必须遵守的要领。

⑧道此道：遵循着这个原则。　安：语助词。　值：同“直”，直接。卑势出劳：降低自己的身份，亲自去操劳。　并：同“屏”（bǐng），抛弃。

贯日:累日。 治详:处理各项大小事情。 一日而曲辨:一日之内就想把各种事情全都办完。“日”原为“内”字,据《王霸》篇作“一日而曲列之”文义改。 争小察:在一些小的问题上比精明。 綦(qí):极,尽。 綦偏能:极力追求某一方面的才能。

⑨这句意思是:这就叫做,去看那些看不到的东西,去听那些听不到的东西,去做那些做不到的事,完全是瞎费劲。

十三　臣　道

【说明】"臣道"即为臣之道，作为臣下如何尽忠职守是本篇讨论的重点。与《君道》篇相同，本篇也可大致分为两部分：自篇首至"桀、纣所以灭也"，讨论"臣"，主要介绍了不同类型的臣；自"事圣君者"至篇末，讨论"道"，从内外两方面论述了臣下应如何尽臣道。

关于臣的不同类型，根据对国家是否有贡献，可分为态臣、篡臣、功臣、圣臣；根据对君主是否有贡献，可分为顺、谄、忠、篡；尤其是君主有过失时，根据尽忠的方式和结果，又可分为谏、争、辅、拂。

为臣之道，外在对君尽忠，则需分辨圣君、中君、暴君之不同；内在自我修养，则以"仁者必敬人"为根本原则。作为臣道的补充说明，篇末还提到了三种特例，"非明主莫之能知"。

人臣之论：有态臣者，有篡臣者，有功臣者，有圣臣者①。内不足使一民，外不足使距难；百姓不亲，诸侯不信；然而巧敏佞说，善取宠乎上，是态臣者也②。上不忠乎君，下善取誉乎民；不恤公道通义，朋党比周，以环主图私为务，是篡臣者也③。内足使以一民，外足使以距难；民亲之，士信之；上忠乎君，下爱百姓而不倦，是功臣者也④。上则能尊君，下则能爱民；政令教化，刑下如影；应卒遇变，齐给如响；推类接誉，以待无方，曲成制象，是圣臣者也⑤。故用圣臣者王，用功臣者强，用篡臣者危，用态臣者亡。态臣用，则必死；篡臣用，则必危；功臣用，则必荣；圣臣用，则必尊。故齐之苏秦、楚之州侯、秦之张仪，可谓态臣者也⑥。韩之张去疾、赵之奉阳、齐之孟尝，可谓篡臣也⑦。齐之管仲、晋之咎犯、楚之孙叔敖，可谓功臣矣⑧。殷之伊尹、周之太公，可谓圣臣矣⑨。是人臣之论也，吉凶贤不肖之极也，必谨志之而慎自为择取焉，足以稽矣⑩。

①论：通“伦”，类别。　态：容态，这里指谄媚。　篡（cuàn）：夺，指夺取君主的权位。

②内不足使一民：对内不能够统一人民。　距：同“拒”。　外不足使距难：对外不能抵御敌人入侵。　信：信任。　说：通“悦”，喜悦。　巧敏佞（nìng）说：花言巧语，阿谀奉承。　善取宠乎上：善于博得君主的宠爱。

③下善取誉乎民：善于在人民中骗取声誉。　不恤（xù）：不顾。　公道通义：泛指法律制度和道德规范。　比周：互相勾结。

朋党比周：结党营私。　环：通“营”，迷惑。　以环主图私为务：专门干迷惑君主、谋取私利的事。

④士：这里指知识分子。

⑤刑：法，效法。　卒：同“猝”（cù），突然。　齐给：迅速，敏捷。　誉：通“与”，类。　无方：无常，变化不定。　曲：委曲，各方面。　制：制度。　象：法度。　这句意思是：对上能够尊敬君主，对下能爱护百姓；所施行的政策法令和教化措施，人们努力效法它，就如同影随形一样；应付突然的事变，十分迅速，就像响应声一样；以法类推处理各类事物，从容地对待变化无常的情况，处处都能符合规章制度，这就是“圣臣”。

⑥苏秦：战国时魏国人，曾游说燕、赵、韩、魏、齐、楚六国，联合抗秦，后在齐国被人刺死。　州侯：楚襄王的宠臣。　张仪：战国时魏国人，秦惠王时任秦国宰相，善于游说，曾使六国各自和秦结成联盟，打破了苏秦六国抗秦的合约。

⑦张去疾：战国时韩国宰相，生平不详。　奉阳：即奉阳君，战国时赵国赵肃侯的弟弟，曾任赵相。　孟尝：即孟尝君，姓田，名文，战国时齐国人，曾任齐相，后奔魏，魏昭王用他为相，合秦、赵、燕之兵共伐齐。

⑧咎（jiù）：同“舅”。　咎犯：春秋时晋国人，晋文公之舅，名狐偃，字犯，曾辅助晋文公称霸。　孙叔敖：春秋时楚国人，楚庄王时任楚国宰相。

⑨伊尹：名挚，商汤王的大臣。　太公：即姜太公，又称姜子牙，因封于吕，又叫吕尚，周文王的大臣，周文王死后，辅助周武王。

⑩是：这。　不肖：不贤。　谨志：谨慎地记住。　稽（jī）：验，借鉴。　这句意思是：这就是臣子的类别，是造成国家安危祸福以及贤

或不贤的典型。君主一定要牢牢记住，亲自慎重地选择大臣，以上事例是足以作为借鉴的。

从命而利君谓之顺，从命而不利君谓之谄①；逆命而利君谓之忠，逆命而不利君谓之篡②；不恤君之荣辱，不恤国之臧否，偷合苟容以持禄养交而已耳，谓之国贼③。君有过谋过事，将危国家、殒社稷之惧也，大臣、父兄有能进言于君，用则可，不用则去，谓之谏④；有能进言于君，用则可，不用则死，谓之争；有能比知同力，率群臣百吏而相与强君挢君，君虽不安，不能不听，遂以解国之大患，除国之大害，成于尊君安国，谓之辅⑤；有能抗君之命，窃君之重，反君之事，以安国之危，除君之辱，功伐足以成国之大利，谓之拂⑥。故谏、争、辅、拂之人，社稷之臣也，国君之宝也，明君之所尊厚也，而闇主惑君以为己贼也⑦。故明君之所赏，闇君之所罚也；闇君之所赏，明君之所杀也。伊尹、箕子可谓谏矣，比干、子胥可谓争矣，平原君之于赵可谓辅矣，信陵君之于魏可谓拂矣⑧。传曰："从道不从君⑨。"此之谓也。

①从命：服从君主的命令。　利君：有利于君主。　顺：恭顺。谄（chǎn）：谄媚、奉承。

②逆：违背。

③臧否（zāng pǐ）：好坏，安危。　偷合：迎合君主的言行。　苟容：放弃原则，只求保住自己的地位。　持禄：保持禄位。　养交：豢

养宾客。 而已耳:语气词,罢了。

④殒(yǔn):毁灭。 社稷:指国家。 惧:恐惧,这里指严重危险。 谏(jiàn):古代称下对上的规劝叫“谏”。 这句意思是:君主有了错误的计谋和错误的行动,将危害国家,甚至有毁灭国家的危险时,大臣或父兄能够向君主进言指出,如果君主采纳就留下,不采纳就离去,这就叫做“谏”。

⑤比:联合。 知:同“智”,这里指有见识的人。 率:率领。 相与:在一起。 挢:同“矫”,纠正。 遂:于是。 辅:辅助,辅佐。 这句意思是:大臣、父兄中有人能够联合有见识的人同心协力,率领群臣百吏一起努力纠正君主的过失,君主虽然感到不安,但不得不听从,于是解除了国家的大祸害,达到维护君主的尊贵、使国家得到安定的局面,这就叫做“辅”。

⑥抗君之命:抗拒君主的命令。 重:权力。 窃君之重:窃取昏庸君主的权力。 反君之事:反对国君的错误行为。 伐:战功。 功伐:泛指功劳。 拂(bì):通“弼”,校正弓的器具,这里指矫正。

⑦明君:明智的君主。 尊厚:尊敬和重用。 明君之所尊厚也:“之”字原脱,据文义和《群书治要》引文补。 闇主惑君:昏庸糊涂的君主。

⑧箕子、比干:商朝末年人。他们曾多次强劝纣王遵先王之道,结果,箕子被降为奴隶,比干被处死。 子胥:姓伍名员,字子胥,春秋时楚国人,原为吴国大夫。吴国打败越国,越王勾践向吴王求和,子胥规劝吴王夫差拒绝,吴王不听,反逼子胥自杀,后吴国被越国所灭。 平原君:即赵胜,战国时赵惠文王的弟弟,曾任赵相。秦国围攻赵的国都邯郸,情况紧急,平原君联合楚、魏解围存赵。 信陵君:即魏无忌,战国时魏安釐王的弟弟。秦军围攻赵国,无忌亲自率魏军破秦以存赵,

后秦国伐魏，他又率魏国之兵打败秦国。

⑨传：指古书。

故正义之臣设，则朝廷不颇①；谏、争、辅、拂之人信，则君过不远②。爪牙之士施，则仇雠不作③；边境之臣处，则疆垂不丧④。故明主好同而闇主好独⑤。明主尚贤使能而飨其盛，闇主妒贤畏能而灭其功⑥。罚其忠，赏其贼，夫是之谓至闇，桀、纣所以灭也⑦。

①设：任用。　颇（pō）：偏邪不正。　这句意思是：所以正义之臣得到重用，那么朝廷的政事就不会偏邪。

②信：被君主信用。一说读为“伸”，伸展，不受压制的意思。　不远：不久。　这句意思是：谏、争、辅、拂的人被信用，那么君主的过错就不会延续很久。

③爪牙之士：指勇士。　施：用。　雠（chóu）：同“仇”。　这句意思是：勇士得到任用，那么敌国就不敢发动进攻。

④处：驻守。　垂：同“陲”，边疆。　这句意思是：有得力的边疆大臣驻守，那么国土就不会丧失。

⑤好同：善于任用各种人材共事。　好独：喜欢独断专行。

⑥尚贤使能：推崇品德高尚的人，任用有才能的人。　飨（xiǎng）：宴享，这里有奖励、慰劳的意思。　盛：通“成”，成就，这里指功绩。　妒：嫉妒。　这句意思是：明智的君主，推崇品德高尚的人，任用有才能的人，而且奖励、慰劳他们的功绩；昏暗的君主则排斥品德高尚的人，怕用有才能的人，而且埋没他们的功绩。

⑦至闇：极端昏庸。

事圣君者，有听从无谏争①；事中君者，有谏争无谄谀；事暴君者，有补削无挢拂②。迫胁于乱时，穷居于暴国，而无所避之，则崇其美，扬其善，违其恶，隐其败，言其所长，不称其所短，以为成俗③。《诗》曰："国有大命，不可以告人，妨其躬身④。"此之谓也。

①事：侍奉。下同。　圣君：荀子理想中德才兼备的君主。　事圣君者：指侍奉圣君的大臣。

②补削：弥补缺陷，削除过失。　有补削无挢拂：只可弥补缺陷，消除过失，但不能强行纠正。

③迫：逼迫。　胁：挟制。　乱时：混乱的时代。　穷：困穷，没办法。　暴国：暴君统治的国家。　迫胁于乱时，穷居于暴国：被迫处于混乱的时代，不得已居住在暴君统治的国家。　崇：宣扬。　其：代词，指暴国。　违：通"讳"(huì)，回避。　以为成俗：把这当做既成的习惯来遵守。

④妨：害。　躬身：亲身。　这几句诗的意思是："国家将有重大事变的时刻，不能轻易地与别人说，免得害及自身。"引诗已失传。

恭敬而逊，听从而敏，不敢有以私决择也，不敢有以私取与也，以顺上为志，是事圣君之义也①。忠信而不谀，谏争而不谄，挢然刚折端志而无倾侧之心，是案曰是，非案曰非，是事中君之义也②。调而不流，柔而不屈，宽容而不乱，晓以至道而无不调和也，而能化易，时关内之，是事暴君之义也③。若驭朴马，若养赤子，若食餧人，故因其惧也而改其过，因其忧也而辨其故，因其喜也而入其道，因其怒也而除其怨，曲得所谓焉④。《书》曰："从命而不拂，微谏而不倦；为上则明，为下则逊⑤。"此之谓也。

①逊：谦让。 敏：敏捷，迅速。 决择：指对政事的决断和选择。 取与：指对官爵的剥夺和给与。 志：志向。 义：这里指言行的原则。

②挢然：形容坚强。 刚折：刚强果断。 端志：思想正直。 倾侧：歪斜。 无倾侧之心：指没有私心杂念。 案：乃，则。

③调：和，顺从。 不流：不随大流。 柔：柔顺。 晓：启发。"晓"后原有"然"字，据文义删。 化易：感化和改变。 关：关照。 内：同"纳"，使接受。 这句意思是：顺从而又不随大流，柔顺而又不屈从，宽容待人而又不违反原则，用正确的道理去启发君主，事事无不顺从和谐，然而能使君主感化改变，时时关照他，使他接受，这是侍奉暴君的原则。

④若：像。 驭（yù）：驾御车马。 朴马：未经训练的马。 赤子：婴儿。 食（sì）：给人吃东西。 餧：同"馁"，饥饿。 其：代词，这里指暴君。 辨：辨别，分析。 故：原因。 这句意思是：侍奉暴君要像驾驭未经训练的马那样小心，像抚养婴儿那样温和，像给饥饿的人吃东西那样细心。所以借着君主的畏惧，开导他改正错误；借着君主的忧虑，引导他分析忧虑的原因；借着君主的欢喜，给他讲述正确的道理；借着君主的愤怒，设法消除他怨恨的人：这就叫做曲折迂回地达到改变暴君性情的目的。

⑤这句意思是："服从命令而不违背，细心规劝而不厌倦，这样当君主的就会英明，当臣子的就做到了谦让。"这段引《书》的文字已

失传。

事人而不顺者，不疾者也①；疾而不顺者，不敬者也；敬而不顺者，不忠者也；忠而不顺者，无功者也；有功而不顺者，无德者也。故无德之为道也，伤疾、堕功、灭苦，故君子不为也②。

①疾：敏捷，迅速。 不疾：指怠慢。 这句意思是：侍奉君主而不顺从，这是怠慢的行为。

②无德：这里指缺乏顺从这种侍奉君主的最基本品德。 堕：毁灭。 这句意思是：所以把无德作为一种原则来奉行，那就会使敏捷成为弊病，使功绩毁掉，使勤苦埋没，所以君子不做这种事。

有大忠者，有次忠者，有下忠者，有国贼者。以德复君而化之，大忠也①；以德调君而辅之，次忠也②；以是谏非而怒之，下忠也③；不恤君之荣辱，不恤国之臧否，偷合苟容以持禄养交而已耳，国贼也④。若周公之于成王也，可谓大忠矣；若管仲之于桓公，可谓次忠矣；若子胥之于夫差，可谓下忠矣⑤；若曹触龙之于纣者，可谓国贼矣⑥。

①复：通“覆”，覆育。 以德复君而化之：用道德覆育君主而使他感化。

②以德调君而辅之：用道德来调养君主，辅助他治理好国家。“辅”原为“补”，据文义和《韩诗外传》引文改。

③以是谏非而怒之：用正确的道理来规劝君主的过错，而触怒

了他。

④以持禄养交:“以”字下原有“之”字,据本篇上文同一句式删。

⑤夫差(chāi):春秋末年吴国的国君。

⑥曹触龙:商纣王的大臣,生平不详。

仁者必敬人。凡人非贤,则案不肖也。人贤而不敬,则是禽兽也;人不肖而不敬,则是狎虎也①。禽兽则乱,狎虎则危,灾及其身矣②。《诗》曰:“不敢暴虎,不敢冯河。人知其一,莫知其它。战战兢兢,如临深渊,如履薄冰③。”此之谓也。故仁者必敬人。

①狎(xiá):戏弄。　这句意思是:对贤人不尊敬,就如同禽兽;对不贤的人不尊敬,就好比戏弄老虎。

②这句意思是:如同禽兽,就会犯上作乱;戏弄老虎,那么危险、灾难就会落到自己身上了。

③暴虎:空手打虎。　冯(píng)河:涉水过河。　战战兢兢:小心谨慎。　履(lǚ):踩:　这几句诗的意思是:“不敢空手打虎,不敢涉水过河,人们只知其一,不知其二。行动小心谨慎,如同面临深渊,如同脚踩薄冰。”(见《诗经·小雅·小旻》)

敬人有道①。贤者则贵而敬之,不肖者则畏而敬之;贤者则亲而敬之,不肖者则疏而敬之。其敬一也,其情二也②。若夫忠信端悫而不害伤,则无接而不然,是仁人之质也③。忠信以为质,端悫以为统,礼义以为文,伦类以为理，喘而言，臑而动，而一可以为法则④。《诗》曰："不僭不贼，鲜不为则⑤。"此之谓也。

①这句意思是：尊敬人有一定的原则。

②情：实。 这句意思是：同样是敬而实际内容不一样。

③若夫：至于。 端悫(què)：正直，诚实。 接：交往。 这句意思是：至于忠诚守信，正直而不伤害别人，无论与什么人交往都是这样去做的，这是仁人的本质。

④统：纲纪，准则。 文：文饰，这里是规范的意思。 伦类：指身份统属关系。 喘：小声说话。 臑：通"蠕"(rú)，行动很轻。 喘而言，臑而动：指细小的言行。 一：全部。 这句意思是：仁人以忠诚守信为本质，以正直诚实为准则，以礼义为规范，以身份统属关系为原则，这样即使是很细小的一言一行，也都可以作为别人学习的榜样。

⑤僭：通"谮"(zèn)，毁谤。 贼：害。 鲜：很少。 这两句诗的意思是："不毁谤别人，也不伤害别人，人们没有不把你当成表率的。"(见《诗经·大雅·抑》)

恭敬，礼也；调和，乐也；谨慎，利也；斗怒，害也①。故君子安礼乐利，谨慎而无斗怒，是以百举不过也②。小人反是。

①礼：礼节。 调和：协调和谐。 乐(yuè)：这里是音乐舞蹈的总称。 利：好处，利益。 斗怒：指相互愤恨、争斗。

②乐利：一说当作"乐乐"，喜爱乐。 百举不过也：一切行动都不会有过错。

通忠之顺，权险之平，祸乱之从声：三者非明主莫之能知也①。争然后善，戾然后功，出死无私，致忠而公，夫是之谓通忠之顺，信陵君似之矣②。夺然后义，杀然后仁，上下易位然后贞，功参天地，泽被生民，夫是之谓权险之平，汤、武是也③。过而通情，和而无经，不恤是非，不论曲直，偷合苟容，迷乱狂生，夫是之谓祸乱之从声，飞廉、恶来是也④。传曰：“斩而齐，枉而顺，不同而一⑤。”《诗》曰：“受小球大球，为下国缀旒⑥。”此之谓也。

①通：没有阻碍。 之：往，达到。 通忠之顺：排除对忠诚的阻碍，达到顺从。 权：变。 权险之平：改变国家危险的局面，达到安定。 祸乱之从声：祸乱已经出现了还随声附和。

②戾(lì)：背离，违背。 这句意思是：同君主争辩然后才能使君主有好处，违背了君主的意志然后才能为君主建立功勋，出生忘死，不图私利，极度的忠诚而公正，这就叫做“通忠之顺”。信陵君类似这样的大臣。

③贞：正。 这句意思是：夺取政权才能做到义；杀掉君主才能做到仁；上下变换地位才能做到正。功业能同天地并列，恩惠普及广大人民，这就叫做“权险之平”。商汤王、周武王就是这样的人。

④通情：同情，附和。 和：顺从。 经：原则。 狂生：《君道》篇说：“危削灭亡之情举积此矣，而求安乐，是狂生者也。”这是说不顾国家安危，而一味地追求安逸享乐。 飞廉、恶来：商朝末年人，都是纣王的大臣。 这句意思是：君主有了错误还去附和他，一味地顺从而不讲原则，不顾是非，不讲曲直，只知迎合君主以保住自己的地位，荒淫腐化追求享乐，这就叫做“祸乱之从声”。飞廉、恶来就是这样的人。

⑤斩(chán):不齐。　枉:不直。　这句意思是:古书上说:"正是不齐才能齐,不直才能顺直,不同才能统一。"荀子引用这句话,比喻忠臣事奉国君,虽采取的方法、途径不一样,但归宿是一致的。

⑥受:承受。　球:通"捄",法度。　小球大球:指大事小事的法度。　下国:指诸侯国。　缀旒(liú):挂在旌旗上的飘带,这里指表率。　这两句诗的意思是:"帝王承受了大事小事的法度,作为诸侯国的表率。"(见《诗经·商颂·长发》)

十四　致　士

【说明】本篇主要讨论了人主怎样做才能招贤纳士、善用人才。

本篇首先探讨了甄别人才的方法，君子要公正无私，明察事理，善于辨别忠奸善恶，不为流言蜚语所惑，才能进用贤良之人，罢黜奸邪之辈。

荀子指出，“刑政平而百姓归之，礼义备而君子归之”，一个国家只有政治昌明、礼义隆盛，士人和百姓才会归顺。土地和人民、道与法是国家的根本，而“君子也者，道法之总要也，不可少倾旷也”。贤能的君子对国家的安危存亡十分重要，只有任用君子，国家才能长治久安，若无君子，仅有良法，国家也会陷入危乱。君主不能只在口头上宣称重视贤人，而要付诸行动，切实地任用贤人，做到以诚相待、言行一致。

文中还指出，为政治国要循序渐进：首先当政者要做好表率，待民宽厚，推行礼义；然后以中和察断来辅助协调；最后再进贤退奸，实施刑赏，且“赏不欲僭，刑不欲滥”，赏和刑都不能超越法度、过分使用。

衡听、显幽、重明、退奸、进良之术①：朋党比周之誉，君子不听②；残贼加累之谮，君子不用③；隐忌雍蔽之人，君子不近④；货财禽犊之请，君子不许⑤。凡流言、流说、流事、流谋、流誉、流愬不官而衡至者，君子慎之⑥。闻听而明誉之，定其当不当，然后出其刑赏而还与之⑦。如是，则奸言、奸说、奸事、奸谋、奸誉、奸愬莫之试也⑧；忠言、忠说、忠事、忠谋、忠誉、忠愬莫不明通，方起以尚尽矣⑨。夫是之谓衡听、显幽、重明、退奸、进良之术。

①衡：平，不偏。　衡听：广泛地听取意见。　显幽：指把被埋没的人材挖掘出来。　重(chóng)明：即明明，表彰贤明的人。　这句意思是：广泛地听取意见、把被埋没的人材挖掘出来、表彰贤明的人、罢免奸邪的人、选用贤良的人的方法。

②誉：称赞，这里指吹捧。　朋党比周之誉：结党营私之徒的互相吹捧。

③贼：《修身》篇说，“害良曰贼”，陷害好人的意思。　残贼：残害。加累：加罪于别人。　谮(zèn)：诬陷别人的话。　不用：不采纳。

④隐忌：同“意忌”，忌妒。　雍：通“壅”。　雍蔽：阻塞。　隐忌雍蔽：忌妒和阻塞有才能的人。

⑤禽：家禽。　犊(dú)：小牛。　禽犊：泛指送人的礼物。　货财

禽犊之请:指用贿赂求私情的。　许:允许,答应。

⑥流:指无根据。　愬(sù):同“诉”,诉说。　不官:指不通过公开的途径。　衡:通“横”。　衡至:指通过邪门歪道来的言、事、誉等。　慎之:谨慎地对待它。

⑦誉:当为“詧”(察)的错字,指分辨的意思。一说通“举”,列举出来。　当不当:真实或不真实。原为“当而当”,据上下文义改。　出:定出,给予。原为“士”,据上下文义改。　还:通“旋”,立即。　还与:立即给与。　这句意思是:君子对那些流言、流说、流事、流谋、流誉、流愬等,要仔细地听,加以分辨,判断它们哪些是真实的,哪些是虚假的,然后立即给予他们赏或刑。

⑧奸说:《非十二子》篇说:“辩说譬谕,齐给便利,而不顺礼义,谓之奸说。”这里奸言、奸说、奸事、奸谋等,泛指违背礼义的言行。　莫之试也:没有敢来试探的了。

⑨明通:畅通无阻。　方起:并起。　尚:同“上”,指君主。　尽:通“进”。　方起以尚尽:指忠言、忠说等全都能上达到君主那里。

川渊深而鱼鳖归之,山林茂而禽兽归之,刑政平而百姓归之,礼义备而君子归之①。故礼及身而行修,义及国而政明,能以礼挟而贵名白,天下愿,令行禁止,王者之事毕矣②。《诗》曰:“惠此中国,以绥四方③。”此之谓也。川渊者,龙鱼之居也;山林者,鸟兽之居也;国家者,士民之居也④。川渊枯则龙鱼去之,山林险则鸟兽去之,国家失政则士民去之⑤。

①川渊:泛指江河湖泊。　刑政平:法令政治合理。

②及:达到。　行修:行为端正。　礼及身而行修:一个人具备了礼,行为就端正了。　政明:政治清明。　挟:同“浃”,周洽,普遍。礼挟:一说“礼”下当有“义”字。　能以礼挟而贵名白:意思是,能够普遍贯彻礼义,就会美名显扬。　愿:仰慕,敬服。　令行禁止:有令就行,有禁就止。　毕:完备。

③中国:国中,指国都。　绥:安定。　这两句诗的意思是:“施恩惠于国都中的人民,从而使天下的百姓都得以安定。”(见《诗经·大雅·民劳》)

④士民:泛指各行各业的居民。

⑤枯:干涸。　去:离开。　险:通“俭”,不丰盛,这里指树木稀疏。　失政:政治混乱。

无土则人不安居,无人则土不守,无道法则人不至,无君子则道不举①。故土之与人也,道之与法也者,国家之本作也②;君子也者,道法之总要也,不可少顷旷也③。得之则治,失之则乱;得之则安,失之则危;得之则存,失之则亡。故有良法而乱者有之矣,有君子而乱者,自古及今,未尝闻也。传曰:“治生乎君子,乱生乎小人④。”此之谓也。

①土:国土。　守:保持。　不至:不来到。　不举:实行不起来。

②本作:根本。　这句意思是:国土和人民,道和法,都是国家的根本。

③总要:总管。　少顷:片刻。　旷:缺少。

④乎:于。　这句意思是:古书上说,国家的安定出于君子,国家的混乱出于小人。

得众动天。美意延年。诚信如神。夸诞逐魂[1]。

①诞：欺诈，狂妄。　逐魂：伤神。　这四句意思是：得众则可以感动天地。精神快乐就能延长寿命。态度诚实就能应变自如。虚夸狂妄就会精疲力竭。此四句与上下文不连贯，可能是《不苟》篇的文字错入本文。

人主之患，不在乎不言用贤，而在乎不诚必用贤[1]。夫言用贤者，口也，却贤者，行也；口行相反，而欲贤者之至、不肖者之退也，不亦难乎[2]！夫耀蝉者务在明其火、振其树而已，火不明，虽振其树，无益也[3]。今人主有能明其德者，则天下归之若蝉之归明火也[4]。

①人主：君主。　患：毛病。　诚：真正。　必：必定。　而在乎不诚必用贤：而在于不去真正使用贤能的人。"不"字原脱，据文义和《群书治要》引文补。

②却：退去。　口行相反：嘴上说的和实际做的不一样。　不肖：不贤。　不亦难乎：不是很难的吗！

③耀：照。　耀蝉：夜晚用火照蝉，蝉见光后就投火而来，这是一种捕蝉的方法。　务：必定做到的。　振：摇动。

④明其德者：显示出他的美德的。"者"字原脱，据《中论》引文补。　明火：明亮的火光。

临事接民而以义变应，宽裕而多容，恭敬以先之，政之始也[1]；然后中和察断以辅之，政之隆也[2]；然后进退诛赏之,政之终也[③]。故一年与之始,三年与之终[④]。用其终为始,则政令不行而上下怨疾,乱所以自作也[⑤]。《书》曰:“义刑义杀,勿庸以即,女惟曰:未有顺事[⑥]。”言先教也[⑦]。

①多容:广泛地容纳人。 先:倡导,引导。 这句意思是:在处理事情、治理人民时,用礼义应付各种变化,待人宽缓而广泛地容纳贤人,以自己的恭敬行为来引导人民,这是治理好政事的第一步。

②中和察断:适当地审查判断。 辅:辅助。 隆:盛。一说是中(第二步)的意思。

③进:进贤,指任用有贤能的人。 退:退奸,指罢免奸邪的人。 政之终也:指治理国家最后的一个环节。

④这句意思是:所以第一年以第一个步骤治政,三年之后才可以用最后一个步骤治政。

⑤用其终为始:用最终的治理国家的方法去最先实行。 怨疾:怨恨。 自作:从这个地方产生。

⑥义刑义杀:正当的刑杀。 勿庸:不用。 女:通“汝”,你。 惟:同“唯”,只。 顺:通“慎”,谨慎。 这句意思是:《书》上说:“虽然是正当的刑杀,也不要立即执行,你只能说:自己没有慎重地处理好事情。”(见《尚书·康诰》)

⑦言先教:这就是说应该先进行教育。

程者,物之准也[①];礼者,节之准也[②]。程以立数,礼以定伦[③]。德以叙位,能以授官[④]。凡节奏欲陵,而生民欲宽[⑤];节奏陵而文,生民宽而安[⑥]。上文下安,功名之极也,不可以加矣。

①程:度量器具的总称。　准:标准。

②节:法度。

③立数:确定物的数量。　伦:即人与人之间的关系,这里指君、臣、父、子的等级关系。

④叙:通“序”,排列次序。　这句意思是:按照品德的高低排列等级地位,根据能力的大小授给一定的官职。

⑤节奏:礼法制度。　陵:严峻。　生民:抚养人民。　宽:和缓。

⑥文:文理,条理。　而:则。　这句意思是:礼法制度严峻,那么事情就有条有理;抚养人民和缓,那么百姓就安乐太平。

君者,国之隆也;父者,家之隆也①。隆一而治,二而乱。自古及今,未有二隆争重而能长久者②。

①隆:尊贵,指最高权威。

②争重:争夺权力。　这句意思是:国家或家庭只有尊重一个权威,才能达到安定,如果同时尊重两个权威,就会造成混乱。从古至今,还没有同时有两个最高权威在那里互相争夺权力而能长久存在的。

师术有四,而博习不与焉①。尊严而惮,可以为师②;耆艾而信,可以为师③;诵说而不陵不犯,可以为师④;知微而论,可以为师⑤。故师术有四,而博习不与焉。水深而回,树落则粪本。弟子通利则思师⑥。《诗》曰:“无言不雠,无德不报⑦。”此之谓也。

①术：方法，这里指条件。 博习：广博的知识。一说“博”当作“传”，指一般地传授知识。 与：参与。 不与：不包括在内。 这句意思是：做老师必须具备四个条件，而具有广博的知识这一条不包括在内。

②惮(dàn)：敬畏，这里是庄重的意思。 尊严而惮：尊严而且庄重。

③耆(qí)：六十岁。 艾：五十岁。 耆艾：泛指年纪大。 信：威信。 耆艾而信：年纪大而且有威信。

④诵说：诵读和解说。 陵：乱。 犯：违犯。 这句意思是：诵读和解说有条理，并且不违反礼法的，可以当老师。

⑤知微而论：了解精微的道理又能讲解清楚。一说“论”通“伦”，指道德规范。

⑥回：旋涡。 树落：树叶落。 本：树根。 树落则粪本：落下的树叶就是树根的肥料。 通利：通达顺利。 弟子通利则思师：学生通达顺利时就会思念老师的好处。

⑦雠(chóu)：回答。 这两句诗的意思是：“说什么话就一定得到相应的回答，给人恩德就一定会得到相应的报答。”(见《诗经・大雅・抑》)

赏不欲僭，刑不欲滥①。赏僭则利及小人，刑滥则害及君子②。若不幸而过，宁僭无滥③；与其害善，不若利淫④。

①僭(jiàn)：超越法度，指过分。 滥：滥用，也是指过分。 这句意思是：在实行奖赏时不要过分，在实行刑罚时也不要过分。

②利及小人:使小人占到便宜。　害及君子:使君子受到伤害。

③这句意思是:如果处理政事不幸而过了分,那么,宁可在赏上过分些,也不要在罚上过了分。

④淫:放荡不检,这里指犯罪的人。　这句意思是:与其伤害了好人,倒不如便宜了犯罪的人。

十五 议 兵

【说明】这是荀子论述军事问题的一篇文章。

荀子继承了儒家的传统，在军事上推崇的是汤、武的王者之兵，而非善于攻伐的兵家。王者以仁义为本，用兵是为了禁暴除害、安定天下，而非争夺利益。用兵的要领不在于权谋变诈，而是要善于“壹民”和“附民”。“仁人之兵”能获得百姓的拥护爱戴，从而君臣一心、三军同力，是战无不胜的。

荀子认为军队的战斗力不是孤立的，而是与国家的政治治理、民心向背息息相关，仁义和礼是修政用兵的“本统”。礼义隆盛、国家大治、百姓亲附，这才是军队强大的根本，而坚甲利兵、高城深池、严令繁刑，都不足为凭。

荀子最后指出，“以德兼人者王，以力兼人者弱，以富兼人者贫”。如果只强调武力征伐，不行德教，那么国家也会衰弱下去。若能行仁义之道，礼修政平，士服民安，则会“以守则固，以征则强，令行禁止，王者之事毕矣”。

临武君与孙卿子议兵于赵孝成王前[①]。王曰：“请问兵要[②]。”

临武君对曰：“上得天时，下得地利，观敌之变动，后之发，先之至，此用兵之要术也[③]。”

孙卿子曰：“不然。臣所闻古之道，凡用兵攻战之本在乎壹民[④]。弓矢不调，则羿不能以中微[⑤]；六马不和，则造父不能以致远[⑥]；士民不亲附，则汤、武不能以必胜也[⑦]。故善附民者，是乃善用兵者也[⑧]。故兵要在乎善附民而已。”

①临武君：楚国将领，姓名不详，何时到赵国无考。　孙卿子：即荀子。　赵孝成王：名丹，公元前265年—公元前244年在位。

②兵要：用兵的要领。

③后之发，先之至：意思是，观察好敌人动向以后再出动，而当敌人还没有到达之前先占据有利的据点。

④壹民：使民心一致。

⑤羿(yì)：后羿，相传是夏朝东方有穷氏部落的首领，擅长射箭。中微：射中很小的目标。

⑥六马：古代给皇帝驾车用六匹马。　造父：周朝人，擅长驾驭车马。

⑦亲附：亲近，归服。　汤：商汤王，商朝第一个国君。　武：周武

王,名发,周朝第一个国君。

⑧附民:使人民归服。　这句意思是:所以,善于使人民归服的人,就是善于用兵的人。

临武君曰:“不然。兵之所贵者势利也,所行者变诈也①。善用兵者,感忽悠闇,莫知其所从出,孙、吴用之无敌于天下,岂必待附民哉②?”

孙卿子曰:“不然。臣之所道,仁人之兵,王者之志也③。君之所贵,权谋势利也④;所行,攻夺变诈也,诸侯之事也。仁人之兵,不可诈也;彼可诈者,怠慢者也,路亶者也,君臣上下之间涣然有离德者也⑤。故以桀诈桀,犹巧拙有幸焉⑥。以桀诈尧,譬之若以卵投石,以指挠沸;若赴水火,入焉焦没耳⑦!故仁人上下,百将一心,三军同力⑧;臣之于君也,下之于上也,若子之事父,弟之事兄,若手臂之扞头目而覆胸腹也⑨。诈而袭之与先惊而后击之一也⑩。且仁人之用十里之国,则将有百里之听⑪;用百里之国,则将有千里之听;用千里之国,则将有四海之听;必将聪明警戒,和传而一⑫。故仁人之兵,聚则成卒,散则成列⑬;延则若莫邪之长刃,婴之者断;兑则若莫邪之利锋,当之者溃⑭;圜居而方止,则若盘石然,触之者角摧,案鹿埵、陇种、东笼而退耳⑮。且夫暴国之君,将谁与至哉?彼其所与至者,必其民也,而其民之亲我欢若父母,其好我芬若椒、兰,彼反顾其上,则若灼黥,若仇雠⑯;人之情,虽桀、跖，岂又肯为其所恶贼其所好者哉⑰？是犹使人之子孙自贼其父母也，彼必将来告之，夫又何可诈也？故仁人用，国日明，诸侯先顺者安，后顺者危，虑敌之者削，反之者亡⑱。《诗》曰：'武王载发，有虔秉钺；如火烈烈，则莫我敢遏⑲。'此之谓也。”

①贵：重视。 势利：有利的形势和有利的条件。 诈：《修身》篇说：“匿行曰诈。” 变诈：变化无常，行动隐秘，迷惑对方的手段。 这句意思是：兵家所重视的是有利的形势和有利的条件，所实行的是变化无常、迷惑对方的手段。

②感忽：变化极快。 悠闇：神秘莫测。 孙：指孙武，春秋时齐国人，著名的军事家。 吴：指吴起，战国时卫国人，也是有名的军事家。 岂：难道。 待：依靠。

③道：说。 志：志向。

④君：古代对男子的敬称，这里指临武君。

⑤彼：代词，那，那种。 怠慢：松懈。 亶（dàn）：通“瘅”，疲病。路亶：疲弱不堪。 涣然：离散。原为“滑然”，据《新序·杂事篇》引文改。 这句意思是：可以被欺诈的，只是那些防备松懈，疲弱不堪，君臣上下之间离心离德的军队。

⑥以桀诈桀：比喻一个用变诈手段的人去诈骗另一个用变诈手段的人。 巧拙：指变诈手段高明或拙劣。 幸：侥幸。

⑦譬之若：好比是。 以指挠沸：用手指去搅开水。 入焉焦没耳：进入里边就会被烧焦和淹没。

⑧三军：指全军。古代军队常分为左、中、右三军或上、中、下三军。

⑨事:侍奉。 扞:同"捍",保卫。 覆:掩盖,这里指保护。

⑩这句意思是:用欺诈去突然袭击与先惊动然后再去进攻,其结果都是一样。

⑪且:语助词。 用:治理。 百里之听:了解百里之内的情况。

⑫传:当作"抟"(tuán),把散碎的东西捏成团。 而:如。 必将聪明警戒,和传而一:意思是,必定是耳聪目明,警惕戒备,齐心协力,如同一个整体。

⑬卒:古代军队的一种编制,百人为卒。 列:行列。

⑭延:横着。 莫邪(yé):古代传说中的宝剑。 婴:同"撄"(yīng),触犯。 兑:通"锐",引申为直捣。 当:同"挡",阻挡。

⑮圜(huán)、方:都是指军队扎营的阵形。 盘石:即磐石。 摧:折断。 案:语助词。"案"后原衍"角"字,据上下文义删。 鹿埵(duǒ)、陇种、东笼:古代方言,形容军队被打败后狼狈逃窜的样子。

⑯且夫:至于。 好:喜欢。 芬:香,比喻盛德或美名。 椒(jiāo)、兰:都是香草。 灼(zhuó):烧。 黥(qíng):古代在脸上刺字的刑罚。 灼黥:这里形容面目丑恶可憎。 雠:同"仇"。 这句意思是:至于残暴的君主有谁帮他去打仗呢?跟着他去进攻别国的,一定是他统治的人民,但是他的人民亲爱我就如同喜欢父母,喜爱我如同芬芳的椒、兰,回头看他们自己的君主就像看到受过火烧、黥刑的人,面目丑恶可憎,就像看到有深仇大恨的敌人。

⑰贼:残害。 这句意思是:人的本性,即使像桀、跖那样,哪有肯为自己厌恶的人去残害自己所喜爱的人呢?

⑱仁人用:仁人当政。 明:昌盛。 顺:归服。 虑敌之者削:想要与他为敌的国家就剥夺他的封地。 反:背叛。

⑲武王:这里指商汤。 发:当作"旆"(pèi),旌旗。 虔(qián):

严肃，恭敬而有诚意。 秉（bǐng）：拿着。 钺（yuè）：大斧，古代的一种兵器。 遏（è）：阻止。 这几句诗的意思是："商汤征伐的时候，旌旗高竖，态度严肃，手执大斧，气势如烈火，无人敢挡！"（见《诗经·商颂·长发》）

孝成王、临武君曰："善！请问王者之兵设何道、何行而可①？"

孙卿子曰："凡在大王，将率末事也②。臣请遂道王者诸侯强弱存亡之效、安危之势③。君贤者其国治，君不能者其国乱；隆礼、贵义者其国治，简礼、贱义者其国乱④。治者强，乱者弱，是强弱之本也。上足印则下可用也，上不足印则下不可用也。下可用则强，下不可用则弱，是强弱之常也⑤。隆礼、效功，上也；重禄、贵节，次也；上功、贱节，下也：是强弱之凡也⑥。好士者强，不好士者弱；爱民者强，不爱民者弱；政令信者强，政令不信者弱⑦；民齐者强，民不齐者弱；赏重者强，赏轻者弱；刑威者强，刑侮者弱⑧；械用兵革攻完便利者强，械用兵革窳楛不便利者弱⑨；重用兵者强，轻用兵者弱；权出一者强，权出二者弱：是强弱之常也⑩。齐人隆技击，其技也，得一首者，则赐赎锱金，无本赏矣⑪。是事小敌毳则偷可用也，事大敌坚则涣焉离耳，若飞鸟然，倾侧反覆无日，是亡国之兵也，兵莫弱是矣，是其去赁市佣而战之几矣⑫。魏氏之武卒，以度取之，衣三属之甲，操十二石之弩，负服矢五十个，置戈其上，冠軸带剑，赢三日之粮，日中而趋百里[13]。中试则复其户，利其田宅，是数年而衰，而未可夺也，改造则不易周也，是故地虽大其税必寡，是危国之兵也[14]。秦人其生民也狭陿，其使民也酷烈，劫之以势，隐之以陿，忸之以庆赏，鰌之以刑罚，使下之民所以要利于上者，非斗无由也[15]；陿而用之，得而后功之，功赏相长也[16]；五甲首而隶五家，是最为众强长久，多地以正，故四世有胜，非幸也，数也[17]。故齐之技击不可以遇魏氏之武卒，魏氏之武卒不可以遇秦之锐士，秦之锐士不可以当桓、文之节制，桓、文之节制不可以敌汤、武之仁义[18]。有遇之者，若以焦熬投石焉[19]。兼是数国者，皆干赏蹈利之兵也，佣徒鬻卖之道也，未有贵上、安制、綦节之理也[20]，诸侯有能微妙之以节，则作而兼殆之耳[21]！故招延募选，隆势诈，尚功利，是渐之也；礼义教化，是齐之也[22]。故以诈遇诈，犹有巧拙焉；以诈遇齐，辟之犹以锥刀堕太山也，非天下之愚人莫敢试[23]。故王者之兵不试；汤、武之诛桀、纣也，拱挹指麾，而强暴之国莫不趋使，诛桀、纣若诛独夫[24]。故《泰誓》曰‘独夫纣’，此之谓也[25]。故兵大齐则制天下，小齐则治邻敌[26]，若夫招延募选，隆势诈，尚功利之兵，则胜不胜无常，代翕代张，代存代亡，相为雌雄耳矣，夫是之谓盗兵，君子不由也[27]。故齐之田单，楚之庄蹻，秦之卫鞅，燕之缪虮，是皆世俗之所谓善用兵者也，是其巧拙强弱则未有以相君也，若其道一也，未及和齐也；掎契司诈，权谋倾覆，未免盗兵也㉘。齐桓、晋文、楚庄、吴阖闾、越勾践是皆和齐之兵也，可谓入其域矣，然而未有本统也；故可以霸而不可以王，是强弱之效也㉙。”

①善：好，表示赞许。　设：设置，用。　道：方法。

②凡：一切。　率：通“帅”。　末：非根本的、次要的。

③效：效验。　这句意思是：我就来说一说王者诸侯为什么会有强、弱、存亡的不同情况，为什么会出现安稳、危险的不同形势。

④隆：崇尚。　义：言行符合礼的叫做义。　简：怠慢。　贱：轻视。

⑤印：同“仰”。　上足印则下可用：君主能够为在下的人所敬仰，那么在下的人就能够为君主所使唤。　常：常规，通常的情况。

⑥效功：论功行赏。　重禄：看重禄位。　贵节：重视气节。　上功：只重视战功。　凡：大概的情况。

⑦士：这里指武士。　信：守信用。

⑧齐：一致。　侮：轻蔑。　刑侮：刑罚不当，不受人们重视。

⑨攻完：坚固。　窳（yǔ）：不坚固。　楛（kǔ）：粗劣。　这句意思是：器械、用具、兵器、盔甲坚固适用的就强盛，反之则衰弱。

⑩重：谨慎。　轻：轻率。　权出一：权力集中。　权出二：权力分散。

⑪齐人：指齐国。　技击：各种作战杀敌的技巧。　锱（zī）：古代重量单位，八两为一锱。　赐赎锱金：赏赐给赎买金八两。一说，指赎买首级的金额，即奖金。一说，指奖金数量与士兵赎罪所交纳的金额相等。　本赏：指打了胜仗应给予的赏赐。　无本赏：齐国只看是否斩获敌人首级来进行奖赏，而不问战事的胜败，这就违背了赏赐的根

本原则,所以说是“无本赏”。

⑫事:指战役。 毳(cuì):同“脆”,脆弱。 偷:勉强。 无日:等不到一天。 赁(lìn):出租,这里指雇佣。 市佣:市场上等待别人雇用,靠出卖力气为生的人。 几:接近,差不多。 这句意思是:以上办法,战役小,敌人弱,还勉强可以,如果战役大,敌人强,就会军心涣散,四处奔逃,好像没有依靠的飞鸟一样,不用很长时间就会完蛋。这是亡国之兵,没有比这更弱的军队了。这就跟用从市场上雇佣来的人去作战差不多了。

⑬魏氏:指魏国。 武卒:指被检验合格的步兵。 度:考核,考试。 三属之甲:古代作战时,身上所披的三套护身甲。 操:操作,使用。 石(dàn):重量单位,一百二十斤为一石。 弩(nǔ):一种有机械装置,力量较强的弓。 操十二石之弩:能拉开十二石力量的弓。负:背。 服:同“箙”(fú),用竹木或兽皮等做成的装箭的器具。 戈:古代的一种兵器。 置戈其上:把戈扛在肩上。 冠:戴。 軸:同“胄”(zhòu),头盔。 赢:带着。 日中:指半天。 趋:快步行走。

⑭复其户:免除他家的徭役。 利其田宅:不收他的田宅税。一说,给予他好的田宅。 改造:指重新考选武卒。 不易:不容易。周:完备。 危国:危险的国家。 这句意思是:考中武卒的就免除其本户的徭役,田宅也不收税,数年之后,人虽衰老了,但其所享受的权利却不可剥夺,重新挑选武卒又不容易做得完备,因此,土地虽然广大而所收的税一定很少,这是危国的军队。

⑮秦人:指秦国。 生民:养活人民。 狭阸(è):狭隘,指人民生路狭窄。 酷烈:严厉。 劫之以势:用权势逼迫人民去从事战争。隐:穷困。 隐之以阸:用穷困限制人民的生路,使他们不得不去打仗。忸(niǔ):习惯。 忸之以庆赏:用战胜敌人则给予奖赏的习惯来使人

民去打仗。 鳝(qiū):逼迫。 鳝之以刑罚:用刑罚来逼迫人民去打仗。 使下之民:“下”字前原衍“天”字,据上下文义删。 要(yāo)利:求利。 非斗无由:不打仗就没有其它来源。

⑯功赏相长:立功则得到奖赏,得赏就更想立功,功赏互相促进。

⑰甲首:士兵的首级。 隶:隶属,役使。 正:通“征”,征税。 四世:指秦孝公、秦惠文王、秦武王、秦昭襄王。 这句意思是:秦国规定斩获敌人五个士兵的首级,就可以役使本乡五户人家。所以,他兵员始终最多,战斗力强大,长期不衰落,征税的土地也很多。可见,秦国四代都很强盛,并不是侥幸得来的,而是有其必然性的。

⑱遇:抵挡。 桓、文:齐桓公、晋文公,这两人都是春秋时的霸主。 节制:这是指很有纪律,很有教养的军队。

⑲焦:通“撨”,抚摸。 熬:用火烤干的东西。 焦熬:意思同上文“以指挠沸”相同。 投石:即上文“以卵投石”的意思。

⑳兼:全部,所有这些,这里指齐、魏、秦等国的军队。 干:求。 蹈:这里指贪图。 鬻(yù):卖。 佣徒鬻卖:受雇佣的人出卖力气。 贵上:尊重君主。 安制:安于制度。 綦(qí):极。 綦节:极尽忠义,不变节。

㉑微妙:指尽善尽美的意思。 节:这里指礼义。 作:起来。 殆:危险,这里指打败。 这句意思是:诸侯如果有能够精心尽力于把礼义搞好,那么他就能起来,把这些国家统统打败。

㉒招延:招集。“延”原为“近”,据上下文义改。下同。 募选:雇佣,挑选,用雇佣的形式来招集兵员。 渐:欺诈。 齐之:使人民齐心一致。

㉓辟:同“譬”,比如。 锥刀:小刀。 堕:毁。 太山:即泰山。 试:试探。

㉔挹(yì):通"揖"。 拱挹:拱手作揖。 麾(huī):同"挥"。 拱挹指麾:形容汤、武在指挥军队时态度从容,镇定自若。 独夫:指残酷暴虐,众叛亲离的君主。

㉕《泰誓》:《尚书》中的篇名。

㉖制:制服,战胜。 治:当作"殆"。 治邻敌:打败邻近的敌国。

㉗代:互相更迭的意思。 翕(xī):收敛,引申为衰弱。 张:扩大,引申为强盛。 代翕代张:时弱时强。 雌雄:指胜负。

㉘田单:战国时齐将,当燕攻齐时,他率军坚守即墨城(故城在今山东省平度县东南)。后用火牛阵大破燕军,收复了齐国一度丧失的七十余座城池。 庄蹻(qiāo):楚威王的将领,曾率军夺取了巴蜀黔中的地方。 卫鞅:即商鞅,战国中期著名的法家代表。 缪虮(miào jǐ):人名,其事迹不详。 君:长。 未有以相君:不相上下。 掎(jǐ):抓住。 契:同"挈",提。 司:通"伺"。 掎契司诈:抓住敌人的弱点,伺机行使诈术。 权谋倾覆:玩弄权术使敌人覆没。

㉙楚庄:楚庄王,春秋时楚国国君,春秋五霸之一。 吴阖闾(hé lǘ)、越勾践:春秋末期吴国国君与越国国君。 入其域:指进入了礼义教化的门了。 本统:根本,这里是指礼义。 效:效验。

孝成王、临武君曰:"善!请问为将。"

孙卿子曰:"知莫大乎弃疑,行莫大乎无过,事莫大乎无悔①。事至无悔而止矣,成不可必也②。故制号政令,欲严以威③;庆赏刑罚,欲必以信④;处舍收臧,欲周以固⑤;徙举进退,欲安以重,欲疾以速⑥;窥敌观变,欲潜以深,欲伍以参⑦;遇敌决战,必道吾所明,无道吾所疑⑧;夫是之谓六术[9]。无欲将而恶废，无急胜而忘败，无威内而轻外，无见其利而不顾其害，凡虑事欲孰而用财欲泰，夫是之谓五权[10]。所以不受命于主有三：可杀而不可使处不完，可杀而不可使击不胜，可杀而不可使欺百姓，夫是之谓三至[11]。凡受命于主而行三军，三军既定，百官得序，群物皆正，则主不能喜，敌不能怒，夫是之谓至臣[12]。虑必先事而申之以敬，慎终如始，终始如一，夫是之谓大吉[13]。凡百事之成也必在敬之，其败也必在慢之，故敬胜怠则吉，怠胜敬则灭，计胜欲则从，欲胜计则凶[14]。战如守，行如战，有功如幸[15]。敬谋无圹，敬事无圹，敬吏无圹，敬众无圹，敬敌无圹，夫是之谓五无圹[16]。慎行此六术、五权、三至，而处之以恭敬无圹，夫是之谓天下之将，则通于神明矣[17]。”

①知：智慧。　弃疑：不用没有把握的计谋。一说，指用人不疑。　无过：无过失。　无悔：不反悔。

②这句意思是：事情做到没有可反悔的地步就可以了，而不能要求一定成功。

③制号政令：指军队中的各种制度命令。　欲：要求。　以：而。

④必以信：坚决而讲信用。

⑤臧：同“藏”。　这句意思是：修筑营垒、收藏财物要周密而坚固。

⑥徙(xǐ)：迁移。　徙举：指军队的行动。　安以重：安全而稳重。疾以速：紧张而迅速。

⑦潜：隐蔽，秘密。　伍、参：指对侦察到的敌情加以分析、验

证。 这句意思是：侦察敌情及其变化，要秘密而深入，要反复分析和验证。一说，这是指派遣间谍人员用三人或五人潜入敌军之中进行侦察。

⑧道：遵循。 必道吾所明：一定要按照我所了解清楚的情况去行动。

⑨术：战术原则。

⑩孰：同“熟”，指深思熟虑。 用财：指用财物进行奖赏。 泰：宽裕，不吝啬。 权：权衡。 五权：五种值得权衡、应该考虑的情况。 这句意思是：不要只想到保住自己将帅的地位而唯恐失掉，不要急于求胜而忘记失败的可能性，不要只重视内部政令威严而轻视外敌，不要只看到事物的有利方面而不顾有害的一面，凡是考虑事情需要深思熟虑而在用财物实行奖赏的时候不要吝啬，这叫做“五权”。

⑪处：处所，指军队守备的地方。 完：完备。 击：攻打。 至：极，这里指必须遵守而不可改变的原则。 这句意思是：将领有三种情况不接受君主的命令：宁可被杀，但不可以使守备的地方不完备；宁可被杀，但不可以让军队去打不能取胜的仗；宁可被杀，但不可以使军队去欺骗百姓。这就是“三至”。

⑫行：带领。 百官得序：军中的官吏各当其任，各守其职。 群物皆正：军中各种事情都纳入正轨。 主不能喜：君主的奖赏不能使他（将领）沾沾自喜。 敌不能怒：敌人的权谋奸诈不能使他激怒。 至臣：最好的将领。

⑬申：重视。 敬：谨慎。 虑必先事而申之以敬：在行动之前一定要周密地考虑并且要慎之又慎。 大吉：非常吉利。

⑭慢：松懈，不经心。 怠：懈怠。 计：计谋。 从：顺利。 计胜欲则从：计谋措施高于想要达到的要求，办事就顺利。

⑮行：走，这里指行军转移。 这句意思是：出战攻打时如同防守一样慎重，行军转移时如同作战一样不松懈，有了功劳时如同侥幸取得一样不居功自傲。

⑯圹：同“旷”，松懈，疏忽。 这句意思是：在谋虑战事、从事战争、对待下属官吏、对待士兵、对待敌人五个方面都要始终谨慎而不疏忽大意，这就叫“五无圹”。

⑰处：对待。 天下之将：天下无敌的将领。 神明：最高的智慧。 通于神明：这里指用兵如神。

临武君曰：“善！请问王者之军制①。”

孙卿子曰：“将死鼓，御死辔，百吏死职，士大夫死行列②。闻鼓声而进，闻金声而退，顺命为上，有功次之③；令不进而进，犹令不退而退也，其罪惟均④。不杀老弱，不猎禾稼，服者不禽，格者不舍，奔命者不获⑤。凡诛，非诛其百姓也，诛其乱百姓者也；百姓有扞其贼，则是亦贼也⑥。以故顺刃者生，苏刃者死，奔命者贡⑦。微子开封于宋⑧，曹触龙断于军⑨，殷之服民所以养生之者也无异周人⑩。故近者歌讴而乐之，远者竭蹶而趋之，无幽闲辟陋之国，莫不趋使而安乐之，四海之内若一家，通达之属莫不从服，夫是之谓人师⑪。《诗》曰：‘自西自东，自南自北，无思不服⑫。’此之谓也。王者有诛而无战，城守不攻，兵格不击。上下相喜则庆之⑬。不屠城，不潜军，不留众，师不越时⑭。故乱者乐其政，不安其上，欲其至也⑮。”

临武君曰:“善!”

①军制:军队的法令、制度。

②鼓:鼓声,古代作战时,以鼓声作为全军进攻的号令。 将死鼓:大将指挥军队进攻时,至死不能后退。 辔(pèi):驾驭牲口的缰绳。 御死辔:驾驭战车的人,至死不能丢下马缰。 死职:至死不能擅离职守。 士大夫:指军士。 死行列:至死也不能离开队伍。

③金声:古代作战时,以敲钲(zhēng,一种形状像钟的乐器)作为全军停止进攻的号令。钲是用金属做的,可以叫敲钲的声音为金声。这句意思是:听到击鼓声就进攻,听到鸣金声就退却,服从命令是第一,建立战功是其次。

④均:相同,一样。

⑤猎:通“躐”(liè),践踏。 服者:不战而退的敌人。 禽:通“擒”,捉拿。 格者:抵抗的敌人。 舍:同“捨”,放弃。 奔命者:来投诚的敌人。 获:俘虏。 不获:不当俘虏看待。

⑥扞(hàn):保卫,掩护。

⑦顺刃:不战而退。 苏:通“傃”(sù),向。 苏刃者:顽固抵抗的敌人。 贡:献。 奔命者贡:把来投诚的敌人交给上面。一说,“贡”当作“置”,赦免的意思。

⑧微子开:即微子启,商纣王的庶兄,归顺周朝后被封于宋。

⑨曹触龙:生平事迹不详,据《臣道》篇“若曹触龙之于纣者”看,曹应当是殷纣王的将领。 断于军:斩首军前。

⑩这句意思是:殷朝归顺的人民与周朝的人民在生活上一样对待。

⑪蹶(jué):颠扑。 幽闲辟陋:偏僻,边远。 人师:人们的师表。

这句意思是：所以，生活在近处的人歌颂周的军队，欢迎它到来；离得远的人不怕颠扑地跑来，投奔周的军队；无论多么偏僻、边远的国家，都来愉快地为它效劳。真是四海之内若一家，整个天下都服从他，这就叫做人师。

⑫思：语助词。　这几句诗的意思是："从西到东，从南到北，没有不服从的。"（见《诗经·大雅·文王有声》）

⑬这句意思是：王者的军队只有讨伐不义而没有所谓的攻打，如果敌军在坚守城池的时候，不要去强攻，在顽强抵抗的时候，就不要去死拼。如果敌军上下一心，就对他们表示庆贺。

⑭这句意思是：不要毁坏敌人的城池和屠杀他们的人民，不搞偷袭，不把军队久留在外边，用兵也不要超过规定的时间。荀子这里讲的各项政策都是上文"凡诛，非诛其百姓也，诛其乱百姓者也"的具体体现。

⑮这句意思是：所以，那些混乱国家中的人民向往王者的政治措施，而不安于本国君主的统治，都盼望着王者的军队到他们的国家来。

陈嚣问孙卿子曰①："先生议兵，常以仁义为本。仁者爱人，义者循理，然则又何以兵为②？凡所为有兵者，为争夺也。"

孙卿子曰："非女所知也③。彼仁者爱人，爱人故恶人之害之也④；义者循理，循理故恶人之乱之也。彼兵者，所以禁暴除害也，非争夺也⑤。故仁人之兵，所存者神，所过者化，若时雨之降，莫不说喜⑥。是以尧伐驩兜，舜伐有苗，禹伐共工，汤伐有夏，文王伐崇，武王伐纣，此两帝、四王皆以仁义之兵行于天下也⑦。故近者亲其善，远方慕其义，兵不血刃，远迩来服，德盛于此，施及四极⑧。《诗》曰：'淑人君子，其仪不忒。其仪不忒，正是四国。'⑨此之谓也。"

①陈嚣：荀子的学生，生平事迹不详。

②循理：按照道理去做。 何以兵为：又为什么要用兵呢？

③女：同"汝"，你。

④爱人故恶人之害之也：正因为爱人所以就憎恶那些害人的人。

⑤这句意思是：用兵的目的是在于禁暴除害，而不在于争夺。

⑥存：驻守，统治。 神："尽善挟治之谓神"（《儒效》），指最完美、普遍地得到治理的政治局面。 说：同"悦"。 这句意思是：仁义之兵所统治的地方，就会达到大治的局面，仁人之兵所经过的地方，人民就会得到教化，就好像得到及时雨，没有人不高兴的。

⑦驩（huān）兜：古代神话中的人物，传说是尧舜时人（或部落）。 有苗：也称"三苗"，传说中尧舜时代的部落。 共工：古代神话中的人物，传说是尧舜时人（或部落）。 汤伐有夏：商汤讨伐夏桀，相传大战于鸣条（今山西运城县安邑镇北）。 文王：姓姬，名昌，周武王之父。 崇：商代诸侯国。 两帝、四王：原为"四帝"、"两王"，据《太平御览》等引文改。

⑧慕：仰慕。 义：原为"德"，据上下文义和《太平御览》等引文改。 不血刃：不杀人，不流血。 迩（ěr）：近。 这句意思是：因此，近处的人都喜爱他们的美德，远方的人都仰慕他们的仁义，所以军队用不着打仗，远近的人就都来归附了。德行如果达到这样好的程度，它的影响就会遍及到四方极远的地方。

⑨淑人：善人，荀子在这里指有仁德的人。　仪：同“义”。　不忒(tè)：没有差错。　这几句诗的意思是：“贤人君子，他的礼义没有差错。他的礼义没有差错，可以治理四方的国家。”(见《诗经·曹风·鸤鸠》)原脱“其仪不忒，正是四国”一句，据上下文义和《富国》篇所引同一诗句增补。荀子在这里借用这首诗来赞美仁义，是为了强调政治影响的重要作用。

李斯问孙卿子曰[①]：“秦四世有胜，兵强海内，威行诸侯，非以仁义为之也，以便从事而已[②]。”

孙卿子曰：“非女所知也，女所谓便者，不便之便也[③]。吾所谓仁义者，大便之便也。彼仁义者，所以修政者也[④]；政修则民亲其上，乐其君，而轻为之死[⑤]。故曰：凡在于君，将率末事也[⑥]。秦四世有胜，諰諰然常恐天下之一合而轧己也，此所谓末世之兵，未有本统也[⑦]。故汤之放桀也，非其逐之鸣条之时也[⑧]；武王之诛纣也，非以甲子之朝而后胜之也[⑨]：皆前行素修也，此所谓仁义之兵也[⑩]。今女不求之于本而索之于末，此世之所以乱也[⑪]。”

①李斯：荀子的学生，战国末期法家代表人物之一，协助秦始皇统一中国。

②便：方便，便利。　以便从事而已：不过是怎么有利就怎么去做罢了。

③不便之便也：不是真正便利的便利。

④修：治理。　修政：把政治治理好。

⑤轻:轻易,引申为毫不犹豫。 轻为之死:毫不犹豫地为君主去牺牲自己。

⑥君:原为“军”,据上文“凡在大王,将率末事也”文义改。

⑦諰諰(xǐ)然:恐惧的样子。 轧(yà):倾轧,颠覆。 末世:乱世。 这句意思是:秦国虽然四世都很强盛,但还是经常恐惧天下各诸侯国联合起来颠覆自己,这就叫做乱世的用兵方法,还没有建立起仁义根本来。

⑧放:驱逐。 这句意思是:所以说商汤驱逐夏桀,并不是只在于鸣条一战。

⑨甲子之朝:武王克纣的日子(见《尚书·牧誓》)。

⑩前行素修:指平时一贯施行仁义,实行教化。

⑪本:指仁义。 索:求取。 末:指李斯所说的“以便从事”。荀子对于秦国军事力量上的强盛,是肯定的。但他认为政治影响的作用比军事力量的作用更为根本和重要。

礼者,治辨之极也,强固之本也,威行之道也,功名之总也①。王公由之,所以得天下也;不由,所以陨社稷也②。故坚甲利兵不足以为胜,高城深池不足以为固,严令繁刑不足以为威,由其道则行,不由其道则废③。

①治辨:治理。 极:最高准则。 固:原为“国”,据《史记》引文改。 威行:威力盛行。 总:纲要。 这句意思是:礼是治理国家的最高准则,是使国家强盛坚固的根本,是威力盛行于天下的途径,是建功立名的总纲。

②王公:天子诸侯。 由:遵循。 陨(yǔn):毁坏。 社稷(jì):

指国家。

③繁:多。　其道:即上句所讲的“礼”。　废:废止。

楚人鲛革、犀、兕以为甲,坚如金石[①];宛钜铁釶,惨如蜂虿[②];轻利僄遬,卒如飘风[③]。然而兵殆于垂沙,唐蔑死;庄蹻起,楚分而为三四[④]。是岂无坚甲利兵也哉?其所以统之者非其道故也。汝、颍以为险,江、汉以为池,限之以邓林,缘之以方城,然而秦师至而鄢、郢举,若振槁然[⑤]。是岂无固塞隘阻也哉[⑥]?其所以统之者非其道故也。纣刳比干,囚箕子,为炮烙刑,杀戮无时,臣下懔然莫必其命,然而周师至而令不行乎下,不能用其民[⑦]。是岂令不严刑不繁也哉?其所以统之者非其道故也。

①鲛革:鲨鱼皮。　犀、兕(xī sì):都是野兽名。以上动物的皮革都可用来制甲。　坚:原为“鞈”(gé),据《史记》等引文改。

②宛:地名,在今河南南阳,战国时楚国的城邑。　钜铁:十分坚硬的铁。　釶(shī):矛。　惨:毒。　虿(chài):蝎类毒虫。

③轻利僄遬(piào sù):指士兵行动敏捷而迅速。　卒:同“猝”,突然来去。

④殆:危亡。　垂沙:古地名,不详所在。　唐蔑:即唐眛,楚国将领。　这句意思是:然而楚在垂沙一战(公元前 301 年)被秦、齐、韩、魏等国所击败,连将领唐眛也被杀死了,庄蹻起来造反以后,楚国就四分五裂了。

⑤汝、颍:都是水名,源出河南省境内。　江、汉:长江和汉水。

池：指护城河。 江、汉以为池：长江和汉水环绕着楚国一些重镇，如同护城河保护城镇一样。 限：界限，这里指边境的屏障。 邓林：楚国北部边境邓县一带的山林。 缘：环绕。 方城：山名，在楚国北部。 缘之以方城：指楚国在北部边境修筑的长城，从今河南泌阳县东北起，绕过方城山，沿着伏牛山以南延伸到邓县为止。 鄢（yān）：地名，在今河南鄢陵县西北。 郢（yǐng）：地名，在今湖北江陵县西北。鄢、郢都在战国时做过楚国国都。 举：攻克，占领。 秦师至而鄢、郢举：指秦国大将白起于公元前278年率军伐楚，攻克鄢、郢一事。 振：击落。 槁：树上的枯叶。

⑥固塞：坚固的防御物，如城、堡之类。 隘阻：险要的地形。

⑦刳（kū）：剖开。 比干：纣王的叔父，被纣王剖腹剜心。 箕子：纣王的叔父，被纣王囚禁，后降为奴隶。 炮烙：相传是纣王所制造使用的一种酷刑。 戮（lù）：杀。 杀戮无时：随意杀戮。 懔然：恐惧害怕的样子。 莫必其命：不知道是否一定能保全自己的生命。 用其民：调动他的人民来保卫他。

古之兵，戈、矛、弓、矢而已矣，然而敌国不待试而诎①；城郭不辨，沟池不扣，固塞不树，机变不张，然而国晏然不畏外而固者，无它故焉，明道而钧分之，时使而诚爱之，下之和上也如影响，有不由令者，然后诛之以刑②。故刑一人而天下服，罪人不邮其上，知罪之在己也③；是故刑罚省而威行如流，无它故焉，由其道故也④。古者帝尧之治天下也，盖杀一人，刑二人而天下治⑤。传曰："威厉而不试，刑错而不用⑥。"此之谓也。

①兵：兵器。 试：用。 诎(qū)：同“屈”，屈服。 敌国不待试而诎：不等使用这些武器，敌国就屈服了。

②辨：治理，这里指修固。 沟池：指护城河。 扣(hú)：同“掘”。原为“拑”。这两个字在篆文中形近，所以传抄错误，现据上下文义改。树：设立。 机变不张：不施展阴谋诈术。 晏：平静。外：指敌国。晏然不畏外而固者：原为“晏然不畏外而明内者”，据《史记》引文改。明道：指按照礼办事。 钧：同“均”。 钧分：按身份分配。原为“分钧”，据《史记》等引文改。 时使：按时使用民力。 和(hè)：附和。 下之和上也如影响：在下的附和在上的就如同影随形、响应声一样。

③邮：怨。

④流：指像水流一样畅通无阻。 威行如流：原作“威流”，无“行如”二字，据《史记》引文补。

⑤盖：语助词。 杀一人，刑二人：形容刑罚省。

⑥传曰：古书上说。 错：放置在一边。

凡人之动也，为赏庆为之，则见害伤焉止矣[①]。故赏庆刑罚势诈不足以尽人之力，致人之死[②]。为人主上者也，其所以接下之百姓者，无礼义忠信，焉虑率用赏庆刑罚势诈险陀其下，获其功用而已矣[③]。大寇则至，使之持危城则必畔，遇敌处战则必北，劳苦烦辱则必奔，霍焉离耳，下反制其上[④]。故赏庆刑罚势诈之为道者，佣徒粥卖之道也，不足以合大众、美国家，故古之人羞而不道也[⑤]。故厚德音以先之，明礼义以道之，致忠信以爱之，尚贤使能以次之，爵服庆赏以申之，时其事、轻其任以调齐之、长养之，如保赤子⑥。政令以定，风俗以一⑦。有离俗不顺其上，则百姓莫不敦恶，莫不毒孽，若祓不祥，然后刑于是起矣⑧。是大刑之所加也，辱孰大焉⑨？将以为利邪？则大刑加焉。身苟不狂惑戆陋，谁睹是而不改也哉⑩？然后百姓晓然皆知循上之法，象上之志而安乐之，于是有能化善、修身、正行、积礼义、尊道德，百姓莫不贵敬，莫不亲誉，然后赏于是起矣⑪。是高爵丰禄之所加也，荣孰大焉⑫？将以为害邪？则高爵丰禄以持养之，生民之属，孰不愿也⑬？雕雕焉县贵爵重赏于其前，县明刑大辱于其后，虽欲无化，能乎哉⑭？故民归之如流水，所存者神，所为者化⑮。而顺，暴悍勇力之属为之化而愿，旁辟曲私之属为之化而公，矜纠收缭之属为之化而调，夫是之谓大化至一⑯。《诗》曰："王犹允塞，徐方既来⑰。"此之谓也。

①焉：而，乃。　这句意思是：凡是人们的行动都是为了得到奖赏才去做，那么遇到损害自己利益的事情就不做了。

②致：达到。　这句意思是：所以奖赏、刑罚、威势、欺诈不能够使人们贡献出一切力量，以至于牺牲自己的生命。

③接：对待，引申为统治。　焉：语助词。　虑：大抵。　率：一律，通常。　险阸：威逼。"险"字原为"除"，据上下文义改。　这句意思是：当君主的人，他用来统治老百姓的，不用礼义忠信，而大抵都是用奖赏、刑罚、威势、欺诈去威逼他们，以获取他们的成果而已。

④大寇则至：大敌如果到来。　持：守。　危城：孤立无援的城。

畔:同“叛”。　北:败。　烦辱:烦杂而卑视的事情。　霍焉:迅速的样子。

⑤粥:同“鬻”,卖。　合大众:使人民团结一致。　美国家:治理好国家。　羞:耻辱。　不道:不这么去做。

⑥厚:重视。　德音:道德声望。　先:倡导,影响。　明:申明,陈述。　道:同“导”,引导。　致:尽力做到。　次:安排顺序。　申:反复强调表示重视。　轻其任:减轻他们的负担,这里有量力而任用的意思。　调齐:调整统一。　长养:养育。　赤子:初生的婴儿。这句意思是:所以,重视用道德声望来影响百姓,明确礼义制度来引导百姓,尽力做到忠信来爱护百姓,按照品德和能力大小安排不同等级的职位,反复强调用提高等级和奖赏来对立功者进行鼓励,根据时节安排事情,量力而任用人,用以调整统一百姓、养育百姓,就好像保护初生的婴儿一样。

⑦这句意思是:政策法令已经确定,社会风俗已经整齐一致。

⑧离俗:违背风俗。　敦:同“憝”(duì),怨恨。　毒孽:痛恨。祓(fú):消除,古代除灾去邪所举行的一种仪式。

⑨大刑:重刑。　辱孰大焉:还有比这更大的耻辱吗?

⑩苟:如果。　戆(gàng)陋:见识浅薄,愚笨。　这句意思是:如果不是疯子傻子,谁能看到受刑的耻辱而不赶快改过呢?

⑪晓然:十分清楚的样子。　循:顺从。原为“修”,据上下文义改。　象:模仿,随从。　化善、修身、正行、积礼义、尊道德:都是指按道德规范去约束自己的言行。　贵敬:重视和尊敬。　亲誉:亲近和赞美。

⑫高爵丰禄:高官厚禄。

⑬持养:供养。　属:类。　孰不愿也:谁不羡慕呢。

⑭雕雕焉：清楚的样子。　县：同“悬”，挂。　化：即化善，变好。这句意思是：前面放着奖赏荣誉，后面放着刑罚耻辱，两者十分明确，这样即使人们想要不向好的方面变化，可能吗？

⑮所存者神，所为者化：凡是做到这样的地方，就会达到大治的局面；凡是推行了的地方，人民都会向好的方面变化。

⑯而顺：文义不清。一说，当作“顺而”，即从而的意思。一说，按照下文句例，可能有脱文，当作“□□□□之属为之化而顺”。　愿：老实。　旁辟：便辟，不诚实。　曲私：专为自己打算。　矜纠收缭之属：指暴躁不讲道理的人。　调：调和。　大化至一：教化达到了顶点。

⑰犹：道。　允：确实如此。　塞：充满。　徐方：古代少数民族名，在今淮河下游地区。　既：都。　这两句诗的意思是：“王道遍行于天下，连遥远的徐方都来归顺。”（见《诗经·大雅·常武》）荀子在这里用来说明礼义教化的重要作用。

凡兼人者有三术①：有以德兼人者，有以力兼人者，有以富兼人者。彼贵我名声，美我德行，欲为我民，故辟门除涂，以迎吾入②；因其民，袭其处，而百姓皆安，立法施令莫不顺比③；是故得地而权弥重，兼人而兵俞强，是以德兼人者也④。非贵我名声也，非美我德行也，彼畏我威，劫我势，故民虽有离心，不敢有畔虑；若是则戎甲俞众，奉养必费；是故得地而权弥轻，兼人而兵俞弱，是以力兼人者也⑤。非贵我名声也，非美我德行也，用贫求富，用饥求饱，虚腹张口来归我食⑥；若是则必发夫禀窌之粟以食之，委之财货以富之，立良有司以接之，已朞三年，然后民可信也；是故得地而权弥轻，兼人而国俞贫，是以富兼人者也[⑦]。故曰：以德兼人者王，以力兼人者弱，以富兼人者贫。古今一也[⑧]。

①兼人：兼并别国。

②涂：同“塗”，道路。　辟门除涂：打开门，扫清路。

③因：依照。　袭：沿袭，照旧。　顺比：顺从。　这句意思是：按照那里老百姓的习惯，不改变他们居住的地方，使老百姓都能安宁地生活，这样老百姓对所颁布和实行的法令没有不顺从的。

④弥（mí）：更加。　俞：通“愈”。

⑤畏我威，劫我势：害怕我的威势，被我的威势所胁迫。　畔虑：背叛的意图。　戎甲：指军队。　奉养必费：给养费用必定很多。

⑥虚腹：饿着肚子。　食（sì）：养活。　来归我食：到我这里来求食。

⑦夫：语助词。　禀：同“廪”（lǐn），米仓。原为“掌”，据文义改。　窌（jiào）：地窖。　委：给予。　有司：官吏。　朞：同“期”，表示限定的时间。

⑧古今一也：从古到今，这个道理是一样的。

兼并易能也，唯坚凝之难焉[①]。齐能并宋，而不能凝也，故魏夺之[②]。燕能并齐，而不能凝也，故田单夺之[③]。韩之上地，方数百里，完全富足而趋赵，赵不能凝也，故秦夺之[④]。故能并之而不能凝，则必夺；不能并之又不能凝其有，则必亡⑤。能凝之则必能并之矣。得之则凝，兼并无强⑥。古者汤以薄，武王以滈，皆百里之地也，天下为一，诸侯为臣，无它故焉，能凝之也⑦。故凝士以礼，凝民以政；礼修而士服，政平而民安；士服民安，夫是之谓大凝⑧。以守则固，以征则强，令行禁止，王者之事毕矣⑨。

①凝：团聚，这里指保持和巩固。

②齐能并宋：公元前 286 年，齐国讨伐宋国，宋王出逃，齐灭宋。 魏夺之：公元前 284 年，魏与秦、赵、韩、燕共同伐齐，齐湣王出逃，齐被瓜分。

③燕能并齐：公元前 284 年，燕昭王派大将乐毅攻伐齐国，占领齐国城池七十余座，齐国名城仅剩下莒和即墨。后又为齐国田单夺回去。

④上地：即上党，古为上党郡，在今山西长治市北。 完全富足：指城邑完整，府库充盈。 趋赵：公元前 262 年秦伐韩，韩上党郡守冯亭降赵。 秦夺之：公元前 262 年，秦昭王派白起攻伐已降赵的上党，赵国派廉颇率大军抗秦，相持三年，不分胜负。后赵改用赵括为将，被白起大败于长平，秦占领了上党。

⑤凝其有：巩固他原有的土地、政权。 这句意思是：所以，只能兼并而不能巩固，那一定会得而复失；不能兼并又不能巩固他原有的土地、政权，那就一定亡国。

⑥得之则凝，兼并无强：得到了土地而且能够使它巩固下来，然后再去进行兼并，那么再强大的敌人也不在话下了。

⑦薄：同“亳”(bó)，古地名，在今河南商丘一带。 滈(hào)：同“镐”，古都名，在今陕西西安一带。

⑧凝士以礼,凝民以政:巩固士用礼,巩固人民用政。即《富国》篇说的"由士以上则必以礼乐节之,众庶百姓则必以法数制之"。 大凝:最大的巩固。

⑨毕:完备。 这句意思是:如果能达到这样的政治局面,用来守住国土就会十分坚固,用来征讨别国就会十分强大,就会令行禁止,这样王者的事业就完备了。

十六　强　国

【说明】这是一篇阐明如何使国家强大，进而统一天下的论文。

荀子认为，要使国家强盛，必须实行“隆礼尊贤”、“重法爱民”的治国理念。只有推行“道德之威”，使得礼乐完善、义法严明，百姓拥护，国家才会安定强大。

荀子把汤武和桀纣作了对比：桀纣“善为人所恶”，行污漫争夺贪利之事；汤武“善为人所好”，推行礼义辞让忠信之道，因此汤武能够赢得百姓的拥护，最终战胜桀纣。荀子以此来告诫当时齐楚等诸侯国，只有像汤武那样重视礼义，爱民好士，才能强大长久。

荀子还对秦国的现状进行了分析，秦国官吏恭谨、百姓淳朴、朝政简约、武力雄厚，因而国势强盛、疆域广阔，接近于“治之至”的境界。但它常害怕诸侯国联合起来攻击自己，离能令天下归服的王者差距甚远，这是由于秦国缺乏大儒，不能推行礼义之道。“慎礼义，务忠信”乃“君人者之大本”，只有日日勤勉为政，贵义敬义，才能成就王者之业。

刑范正，金锡美，工冶巧，火齐得，剖刑而莫邪已①。然而不剥脱，不砥厉，则不可以断绳；剥脱之，砥厉之，则劙盘盂、刎牛马忽然耳②。彼国者，亦强国之剖刑已③。然而不教诲，不调一，则入不可以守，出不可以战；教诲之，调一之，则兵劲城固，敌国不敢婴也④。彼国者亦有砥厉，礼义、节奏是也⑤。故人之命在天，国之命在礼⑥。人君者，隆礼尊贤而王，重法爱民而霸，好利多诈而危，权谋倾覆幽险而亡⑦。

①刑：同“型”。 范：模型。 刑范：指铸剑的模子。 金：这里指铜。 金锡美：指铸剑用的铜、锡材料好。 工冶巧：铸剑的技术高明。 火齐得：冶炼的火候得当。 剖刑：把模子打开。 莫邪（yé）：古代宝剑名。 已：完成。

②剥脱：刮去剑上不光滑的部分。 厉：通“砺”（lì），磨刀石，这里是磨的意思。 砥厉：磨炼，这里指把剑淬（cuì）火磨利。 劙（lí）：割。盘盂：泛指铜制的器具。 刎（wěn）：杀。 忽然：轻快的样子。

③这句意思是：一个国家，也就好像一把刚从模子里拿出来的剑一样，只是建成一个强国的基础。

④调一：调整，统一。 入：内。 守：保卫自己的国家。 出：

外。 战:与别国交战。 劲:强。 固:牢固。 婴:同“撄”,触犯。

⑤节奏:指礼义法度的各种具体规定。 这句意思是:一个国家也要经过磨炼,这就是要施行礼义、法度及其各种具体规定。

⑥天:指自然界。 这句意思是:所以人的命运取决于如何对待自然界,国家的命运取决于如何对待礼义。

⑦人君:君主。 隆:推崇。 王:统一天下。 霸:称霸于诸侯。诈:《修身》篇说,“匿行曰诈”,指行为诡秘。 权谋:耍权术。 倾覆:反复无常。 幽险:阴险。

威有三:有道德之威者,有暴察之威者,有狂妄之威者①。此三威者,不可不孰察也②。礼乐则修,分义则明,举错则时,爱利则形;如是,百姓贵之如帝,高之如天,亲之如父母,畏之如神明③。故赏不用而民劝,罚不用而威行,夫是之谓道德之威④。礼乐则不修,分义则不明,举错则不时,爱利则不形,然而其禁暴也察,其诛不服也审,其刑罚重而信,其诛杀猛而必,黭然而雷击之,如墙厌之⑤;如是,百姓劫则致畏,嬴则敖上,执拘则冣,得间则散,敌中则夺,非劫之以形势,非振之以诛杀,则无以有其下,夫是之谓暴察之威⑥。无爱人之心,无利人之事,而日为乱人之道,百姓讙敖,则从而执缚之,刑灼之,不和人心;如是,下比周贲溃以离上矣,倾覆灭亡,可立而待也,夫是之谓狂妄之威⑦。此三威者,不可不孰察也。道德之威成乎安强,暴察之威成乎危弱,狂妄之威成乎灭亡也⑧。

①威:威力,威势。　暴察:严厉督察。　狂妄:胡作非为。

②孰:通“熟”。　孰察:仔细考察。

③修:完备。　分(fèn)义:贵贱、上下等级关系的准则。　分义则明:上下等级关系都很明确。　错:通“措”。　举错:指各种措施。　举错则时:各种措施适合时宜。　形:表现。一说,当为“刑”,法度的意思。　爱利则形:爱人和利人都明显地表现出来。　帝:上帝。　高:看重,重视。　神明:神灵。荀子这里讲“贵之如帝”、“畏之如神明”,是形容百姓对统治者十分敬畏的心情。

④劝:劝勉,受到鼓励。　夫:语助词。

⑤其:代词,指君主。　禁暴也察:禁止暴乱能够做到明察。　审:审慎。　诛不服也审:杀不服从的人很审慎。　信:守信用,指坚决按照法令办事。　诛杀猛而必:诛杀犯死罪的人猛烈而且果断。　黭(yǎn)然:同“奄然”,突然到来的样子。　而:如。　厌:当作“压”,倒塌。

⑥劫:劫持,被胁迫。　嬴:同“羸”,松弛,宽缓。　敖:通“傲”,傲视。　执拘:捉拿,指强行集中。　冣(jù):同“聚”,集。原为“最”,据文义和《韩诗外传》引文改。　中(zhòng):击,攻打。　振:震动。　这句意思是:如果这样,老百姓受到威迫就产生畏惧,受到宽缓就会对上傲慢,强行集中就聚集在一起,得到空隙就跑掉,敌人来攻打就会被争夺过去。所以对老百姓不用势力去威迫,不用诛杀来恐吓,君主就不能统治他们了,这就叫做暴察之威。

⑦日为乱人之道:整天干那些扰乱人们的勾当。　讙(huān)敖:喧哗,指不服从统治。　执:拿,这里指逮捕。　灼:烧,烤。　不和人心:不调协人心。　比周:结党营私,这里指成群结队。　贲(bēn):通“奔”,跑。　贲溃:逃跑。　可立而待也:指很快就会到来。

⑧成乎：导致。　这句意思是：道德之威必然导致国家安定强盛，暴察之威必然导致国家衰弱，狂妄之威必然导致国家灭亡。

公孙子曰："子发将而伐蔡，克蔡，获蔡侯，归致命曰：'蔡侯奉其社稷而归之楚，舍属二、三子而治其地①。'既，楚发其赏，子发辞曰：'发诫布令而敌退，是主威也；徙举相攻而敌退，是将威也；合战用力而敌退，是众威也。臣舍不宜以众威受赏。'②"讥之曰："子发之致命也恭，其辞赏也固③。夫尚贤使能，赏有功，罚有罪，非独一人为之也，彼先王之道也，一人之本也，善善、恶恶之应也，治必由之，古今一也④。古者明王之举大事、立大功也，大事已博，大功已立，则君享其成，群臣享其功，士大夫益爵，官人益秩，庶人益禄，是以为善者劝，为不善者沮，上下一心，三军同力，是以百事成而功名大也⑤。今子发独不然：反先王之道，乱楚国之法，堕兴功之臣，耻受赏之属，无僇乎族党而抑卑其后世，案独以为私廉，岂不过甚矣哉⑥？故曰：子发之致命也恭，其辞赏也固。"

①公孙子：人名，事迹不详。　子发：名舍，曾任楚国的令尹（相当于后来的宰相）。　将（jiàng）：带兵。　伐：攻打。　蔡：春秋时国名，在今安徽省凤台县。　将而伐蔡：原为"将西伐蔡"，蔡在楚北边，不在西边，今据文义改。　克：攻下。　致命：古时臣受命外出完成任务后，回来向君主汇报情况叫做"致命"或"报命"。　奉：奉献。　社稷：指国家。　楚：春秋战国时诸侯国名，在今湖北和湖南北部一带。

舍:子发名。　属(zhǔ):通“嘱”,嘱托,嘱咐。

②既:过后。　诫:告示。　徙(xǐ):迁移。　徙举:这里指进军。合战:交战。　不宜:不应该。

③讥:评论。以下是荀子对这件事的评论。　恭:恭敬,有礼貌。　辞:推辞。　固:固执,机械。

④尚贤使能:推崇贤人,使用有才能的人。　非独一人为之:并不是某一个人的独特做法。　道:治国的根本原则。　一人之本:使人民都服从统治的根本原则。　善善、恶恶:奖励善,惩罚恶。　应:相应,指所奖励的善和惩罚的恶与实际善恶的情况相符合。　治必由之:治理国家必须遵循的。

⑤明王:明智的君主。　举:兴办。　博:通“尃”,同“敷”,治理。成:成就。　益爵:晋升爵位。　官人:泛指各级官吏。　益秩:晋级。庶人:众人,这里主要指士兵。　益禄:增加军饷。　沮(jǔ):止。　三军:全军,古时各诸侯国通常建立左、中、右或上、中、下三军。　大:显赫。

⑥不然:不是这样。　堕:挫伤。　兴功:建立功勋。　无:通“侮”。　无僇(lù):侮辱。　案:乃,而。　私廉:个人的廉洁。　这句意思是:现在唯独子发不是这样,他违反先王的原则,乱了楚国的法,挫伤立功诸臣的锐气,使受赏的人感到耻辱,不仅侮辱了他们的亲族,而且降低了他们后代的地位。然而子发却认为这样做是廉洁,这岂不是极端错误的吗?

荀卿子说齐相曰:“处胜人之势,行胜人之道,天下莫忿,汤、武是也;处胜人之势,不以胜人之道,厚于有天下之势,索为匹夫不可得也,桀、纣是也①。然则得胜人之势者,其不如胜人之道远矣。夫主相者,胜人以势也②;是为是,非为非,能为能,不能为不能,并己之私欲,必以道夫公道通义之可以相兼容者,是胜人之道也③。今相国上则得专主,下则得专国,相国之于胜人之势,亶有之矣④。然则胡不驱此胜人之势,赴胜人之道,求仁厚明通之君子而托王焉,与之参国政、正是非⑤?如是,则国孰敢不为义矣⑥?君臣上下,贵贱长少,至于庶人,莫不为义,则天下孰不欲合义矣⑦?贤士愿相国之朝,能士愿相国之官,好利之民莫不愿以齐为归,是一天下也⑧。相国舍是而不为,案直为是世俗之所以为,则女主乱之宫,诈臣乱之朝,贪吏乱之官,众庶百姓皆以贪利争夺为俗,曷若是而可以持国乎⑨?今巨楚县吾前,大燕鰌吾后,劲魏钩吾右,西壤之不绝若绳,楚人则乃有襄贲、开阳以临吾左,是一国作谋,则三国必起而乘我;如是,则齐必断而为四三,国若假城然耳,必为天下大笑⑩。曷若⑪?两者孰足为也⑫?

①荀卿子:即荀子。　说:劝说。　齐相:指田文,即孟尝君,他曾任齐闵王的相。　胜:制服。　势:权力地位。　莫忿:没有怨恨。　以:用。　厚:拥有很多的意思。　厚于有天下之势:拥有统治天下的重大权力。　索:求。　匹夫:指普通老百姓。

②主相:君主和相。　胜人以势也:用权势制服别人。

③并:同“屏”,屏弃,抛弃。　必以道:坚决遵循。　夫:语助词。　公道通义:泛指法律制度和道德规范。　并己之私欲,必以道夫公道

通义之可以相兼容者:抛弃自己的私欲,坚决遵循"公道通义"所规定的范围去办事。

④专主:得到君主的完全信用。 专国:完全把持国家权力。 亶(dǎn):诚然。

⑤胡:何,为什么。 驱(qū):驾驭,这里指运用。 赴:行。 仁厚:品德高尚。 明通:明白,通晓事理。 托王:推荐给君主。 正:判定。

⑥孰:谁。 为义:按义去做。

⑦合义:使行动符合义。

⑧齐:春秋战国时国名,在今山东北部和河北省南部。 这句意思是:贤者愿意在相国的朝廷里做事,有才能的人愿意在相国手下做官,好利的老百姓都愿意归顺齐国,这样就可以统一天下了。

⑨舍:抛弃。 是:代词,指"胜人之道"。 直:只。 世俗之所以为:社会上普通人的所作所为。一说,"所"下"以"字疑衍。 女主:指君主的夫人。 乱之宫:乱于宫廷内。 俗:习惯。 曷:何,怎么。 持:治理。

⑩县:同"悬",挂,这里有威胁的意思。 燕:春秋战国时国名,在今河北北部和辽宁南部。 鳍(qiū):逼迫。 魏:春秋战国时国名,在今河南北部、陕西东部、山西西南部和河北南部。 钩:钩取,这里指进犯。 西壤:西面和魏国交界的地方。 不绝若绳:像还没有断绝的绳子一样,形容很危险。 楚人:一说当为"鲁人"。 襄贲(féi)、开阳:都是地名,在今山东省临沂县。 作谋:这里指图谋进攻。 乘:乘机进犯。 断:分裂。 四三:形容四分五裂。 假:借。 国若假城然耳:国家就像是借别国的城池一样。借来的东西终当归还,暗喻齐将有灭亡的危险。

⑪曷若：如何，怎么办。

⑫两者：指“行胜人之道”和“不以胜人之道”。　孰足为：哪种方法可行。

夫桀、纣，圣王之后子孙也，有天下者之世也，势籍之所存，天下之宗室也，土地之大，封内千里，人之众，数以亿万，俄而天下倜然举去桀、纣而奔汤、武，反然举恶桀、纣而贵汤、武[①]。是何也？夫桀、纣何失，而汤、武何得也？曰：是无它故焉，桀、纣者善为人所恶也，而汤、武者善为人所好也[②]。人之所恶何也？曰：污漫争夺贪利是也[③]。人之所好者何也？曰：礼义辞让忠信是也[④]。今君人者，辟称比方则欲自并乎汤、武，若其所以统之，则无以异于桀、纣，而求有汤、武之功名，可乎[⑤]？故凡得胜者，必与人也；凡得人者，必与道也[⑥]。道也者何也？曰：礼义辞让忠信是也[⑦]。故自四五万而往者，强胜，非众之力也，隆在信矣；自数百里而往者，安固，非大之力也，隆在修政矣[⑧]。今已有数万之众者也，陶诞比周以争与；已有数百里之国者也，污漫突盗以争地[⑨]。然则是弃己之所安强，而争己之所以危弱也；损己之所不足，以重己之所有余[⑩]；若是其悖缪也，而求有汤、武之功名，可乎[⑪]？辟之是犹伏而咶天，救经而引其足也，说必不行矣，愈务而愈远[⑫]。为人臣者，不恤己行之不行，苟得利而已矣，是渠冲入穴而求利也，是仁人之所羞而不为也[⑬]。故人莫贵乎生，莫乐乎安；所以养生安乐者，莫大乎礼义。人知贵生乐安而弃礼义，辟之是犹欲寿而殁颈也，愚莫大焉[14]。故君人者，爱民而安，好士而荣，两者无一焉而亡。《诗》曰："价人维藩，大师维垣[15]。"此之谓也。

①世：世家，后代。　势籍：权位，指王位。　宗室：指王室。一说，"室"是"宔"(zhǔ)的误字。宗宔，古代君主宗庙中放祖先牌位的石头造的小屋，表示宗主的意思。　势籍之所存，天下之宗室也：意思是，他们有王位的时候，是全天下的宗主。古代宗法制度规定，天子是全天下的宗主(最高族长)。　俄而：不久。　倜(tì)然：断然疏远的样子。　举：皆，全部。　去：离开，背离。　反(fān)然：改变的样子。贵：敬重。

②善为人所恶：好做人们所憎恶的事。

③污漫：欺诈。

④辞让：谦让。　忠信：守信用。

⑤君人者：君主。　辟：通"譬"。　辟称：譬喻，比如。　并乎汤、武：与汤、武并列。　统：统率。　这句意思是：现在有些君主一来就把自己比作和汤、武一样，然而看一看统率他们行动的东西，却和桀、纣毫无区别，这样的人想求得汤、武的功业、名声，可能吗？

⑥与：接近，符合。　这句意思是：凡是取得胜利的人，必然是获得民众拥护的；凡是获得民众拥护的，必定是合于道的。

⑦礼义辞让："义辞"两字原脱，据上文"礼义辞让忠信是也"一句文义补。

⑧而往：以上。　隆：崇尚，注重。　大：指地广。　这句意思是：所以，士兵有四五万人以上的国家，能够常胜不败，不是靠人多的力

量，而在于注重信用；地域在数百里以上的国家，能够安定强固，不是靠地广的优越条件，而在于搞好政治。

⑨陶：通“謟”(tāo)，所言可疑，难以确信。　陶诞：所言可疑，荒诞欺伪。　比周：结党营私，互相勾结。　与：与国，即盟国。　突盗：侵犯。

⑩所不足：指“信”和“修政”。　重：增多。　所有余：指“人”和“地”。

⑪悖缪：荒谬悖理。

⑫咶：同“舐”(shì)，用舌头舔东西。　经：上吊。　引：拉。　务：做。　这句意思是：这就好比是爬在地上想去舔天，救上吊的人去拉他的脚，这样的主张必定行不通，越是努力去做，离开所要达到的目的就越远。

⑬恤：顾。　渠冲：古代打仗时攻城用的大车。　这句意思是：做臣子的人，不顾自己的德行不好，而只求得到眼前的一点私利就行了，这就像用攻城的大车去攻小洞而求利一样，这是有道德的人感到羞耻而不去做的。

⑭歾(wěn)颈：自杀。

⑮价人：善人，指贤士。　藩：篱笆。　大师：大众，指百姓。　垣：围墙。　这两句诗的意思是：“有才德的士是篱笆，百姓是围墙。”(见《诗经·大雅·板》)

力术止，义术行①。曷谓也？曰：秦之谓也。威强乎汤、武，广大乎舜、禹，然而忧患不可胜校也，諰諰然常恐天下之一合而轧己也，此所谓力术止也②。曷谓乎威强乎汤、武？汤、武也者，乃能使说己者使耳[3]。今楚父死焉，国举焉，负三王之庙而辟于陈、蔡之间，视可，司间，案欲剡其胫而以蹈秦之腹[4]。然而秦使左案左，使右案右，是乃使仇人役也，此所谓威强乎汤、武也[5]。曷谓广大乎舜、禹也？曰：古者百王之一天下，臣诸侯也，未有过封内千里者也。今秦南乃有沙羡与俱，是乃江南也，北与胡、貉为邻，西有巴戎，东在楚者乃界于齐，在韩者逾常山乃有临虑，在魏者乃据圉津，即去大梁百有二十里耳，其在赵者剡然有苓而据松柏之塞，负西海而固常山，是地遍天下也，此所谓广大乎舜、禹也[6]。威动海内，强殆中国，然而忧患不可胜校也，諰諰然常恐天下之一合而轧己也[7]。然则柰何[8]？曰：节威反文，案用夫端诚信全之君子治天下焉，因与之参国政，正是非，治曲直，听咸阳，顺者错之，不顺者而后诛之[9]。若是则兵不复出于塞外而令行于天下矣，若是则虽为之筑明堂于塞外而朝诸侯，殆可矣[10]。假今之世，益地不如益信之务也[11]。

①力术：强力的方法。　义术：《大略》篇说，“行义以礼，然后义也”；本篇下文说，“夫义者，所以限禁人之为恶与奸者也”；可见荀子所讲的“义术”是指用政治、道德标准来统一人们的言行，禁止那些破坏现行制度的人的统治方法。　这句意思是：用强力的方法将遇到阻碍，用义的方法才能通行无阻。据杨倞引刘向《新序》的记载，这一段是荀子答李斯的话。今本《新序》无。

②胜：尽。　校：计算。　諰諰（xǐ）然：忧虑害怕的样子。

轧(yà):倾轧。

③说:通“悦”,喜悦。 乃能使说己者使耳:才能役使拥护自己的人。

④楚父:指楚顷襄王的父亲楚怀王。怀王三十年(公元前299年)往秦国会见秦昭王,被扣留,后死在秦国。 国举:国都被攻克。指楚顷襄王二十一年(公元前278年),秦将白起攻克楚国首都郢(yǐng),楚兵溃败,退保东北的陈城(在今安徽亳县以北和河南开封以东之间)。负:背。 三王:指楚国开创、受封和称霸的三个君主,即鬻(yù)熊、熊绎、庄王。 庙:这里指神主牌位。 辟:同“避”。 蔡:战国时国名,在今安徽凤台县。 视可:观察可乘之机。 司:通“伺”。 司间:等待可乘的空隙。 剡(yǎn):抬起。 胫:小腿。 案欲剡其胫而以蹈秦之腹:意思是,想抬起他的腿去踩秦人的肚子。形容楚国对秦国怀有刻骨的仇恨。

⑤案:则。 使左案左,使右案右:意思是,让他往左就往左,让他往右就往右。 乃使仇人役:能役使仇恨自己的人。

⑥沙羡:地名,在今湖北省武昌境内。 与俱:都属于秦国。胡、貉(mò):我国古代称北方和东北方的两个少数民族。 巴:古代国名,在今四川东部和湖北西部一带。 戎(róng):我国古代指西部民族。 东在楚者乃界于齐:东方占有楚国的土地和齐国边界相接。韩:战国时国名,在今河南中、北部及山西南部。 逾:超过,越过。常山:即恒山,在今山西、河北北部一带。 临虑:地名,在今河南省。魏:战国时国名,在今河南北部、陕西东部、山西西南部及河北南部。圉(yǔ)津:一说当作“围津”,地名,在今河南省境内。 去:距离。大梁:魏国的国都,今河南省开封市。 赵:战国时国名,在今山西东部和河南黄河以北的一部分。 剡然:侵占夺取的样子。 苓:古地

名，地址不详。　松柏之塞：指赵国与秦国交接的边界地区，因以种植的松树、柏树为界线，所以称为“松柏之塞”。　负：背向。　西海：指西方。　负西海而固常山：背向西方，东面以常山作为屏障。　此所谓广大乎舜、禹也：这一句原在下文的“諰諰然常恐天下之一合而轧己也”一句下，据上下文义移此。

⑦海内：指全天下。　中国：中原。指今黄河中、下游一带的地方。　强殆中国：指秦国强盛，威胁到中原各国。

⑧柰：同“奈”。　柰何：怎么办。

⑨反：通“返”，返回。　文：指礼义，《臣道》篇中说：“礼义以为文。”　节威反文：节制强力，回到礼义。　案：同“按”，然后。　端诚信全：正直诚实，德才兼备。　与之：同他们一起。　治：辨别。　咸阳：战国时秦国的国都，在今陕西咸阳市东。　听咸阳：在国都咸阳听政。　错：通“措”，放置，这里指不干涉。

⑩塞外：国境之外。　明堂：古时天子宣布命令及举行重大典礼的地方。　筑明堂于塞外：一说“于塞外”三字是衍文。　殆可矣：差不多可以办到了。　这句意思是：如果能做到这样，那就不用再出兵去征伐，也能使政令推行于整个天下；如果是这样，那即使是建筑一座“明堂”，叫诸侯来朝拜，也差不多可以做到了。

⑪假今：当今。　益：增加。　务：努力去做，包含有急切的意思。益地不如益信之务也：努力去增加土地不如努力去增加信用更为急切。

应侯问孙卿子曰：“入秦何见①？”孙卿子曰：“其固塞险，形势便，山林川谷美，天材之利多，是形胜也②。入境，观其风俗，其百姓朴，其声乐不流污，其服不挑，甚畏有司而顺，古之民也[③]。及都邑官府，其百吏肃然，莫不恭俭敦敬忠信而不楛，古之吏也[④]。入其国，观其士大夫，出于其门，入于公门，出于公门，归于其家，无有私事也；不比周，不朋党，倜然莫不明通而公也，古之士大夫也[⑤]。观其朝廷，其朝闲，听决百事不留，恬然如无治者，古之朝也[⑥]。故四世有胜，非幸也，数也[⑦]。是所见也。故曰：佚而治，约而详，不烦而功，治之至也，秦类之矣[⑧]。虽然，则有其諰矣。兼是数具者而尽有之，然而县之以王者之功名，则倜倜然其不及远矣[⑨]。是何也？则其殆无儒邪[⑩]？故曰：'粹而王，駮而霸，无一焉而亡[⑪]。'此亦秦之所短也。"

①应侯：即范雎(jū)，战国时魏国人，秦昭王时曾任秦相，受封于应(在今河南宝丰西南)，所以称应侯。

②固塞：坚固的防御设备，指城堡等。　固塞险：城、堡等关塞险要。　形势便：地理形势有利，指自然环境优越。　是形胜也：这是客观形势的优越条件。

③朴：质朴，朴实。　声乐：音乐。　流污：下流，庸俗。　挑：同"佻"(tiāo)，妖艳。　有司：泛指各类主管具体事务的官吏。　顺：顺从。

④都邑：县城。　官府：衙门。　肃然：严肃认真的样子。　敦：忠厚。　楛(kǔ)：恶劣。

⑤朋党：搞宗派小集团。　倜然：很突出的样子。　明通：畅通无阻。　公：公正，没有私心。

⑥朝闲：退朝。“朝”原脱，据上下文义补。　听决：处理。　不留：指政事全部处理完毕。　恬然：安闲的样子。　恬然如无治者：安闲得好像没有事情似的。

⑦四世：指秦孝公、惠文王、武王、昭襄王四代。　幸：侥幸。　数：必然的道理。

⑧佚：通“逸”，安逸。　约：简易。　详：周全。　烦：劳累。　这句意思是：安闲而治理得很好，简易而又周到，不劳烦而有成效，这是国家治理得最好的政治局面，秦国已经类似这样了。

⑨则有其諰矣：指秦国仍然有所恐惧。　兼：具备。　数具：指“佚而治”等三个方面。　县：同“悬”，这里是衡量的意思。　倜倜然：相差很远的样子。

⑩殆：大概、恐怕。　儒：即“大儒”，荀子理想中德才兼备的政治家、思想家。　邪：同“耶”，语气词。

⑪粹：纯粹，指完全按照治国原则治理国家。　駮：同“驳”，混杂，指不彻底实行政治路线。

积微，月不胜日，时不胜月，岁不胜时①。凡人好敖慢小事，大事至然后兴之务之，如是则常不胜夫敦比于小事者矣②。是何也？则小事之至也数，其县日也博，其为积也大③。大事之至也希，其县日也浅，其为积也小④。故善日者王，善时者霸，补漏者危，大荒者亡⑤。故王者敬日，霸者敬时，仅存之国危而后戚之，亡国至亡而后知亡，至死而后知死，亡国之祸败不可胜悔也⑥。霸者之善箸焉，可以时托也；王者之功名，不可胜日志也⑦。财物货宝以大为重，政教功名反是，能积微者速成。《诗》曰：“德輶如毛，民鲜克举之⑧。”此之谓也。

①积微：积累微小的成效。　不胜：不如。　月不胜日：意思是，每月积累不如每日积累。　时：季度。　岁：年。

②敖：同“傲”。　敖慢：轻视。　兴：实行。　敦比：治理。　则常不胜夫敦比于小事者矣：意思是，那就常常不如那些努力去治理小事的人。

③数（shuò）：频繁。　县：同“悬”，联系。　县日：所联系的日数，指办事时所用的日子。　博：多。　这句意思是：小事来得频繁，办理小事所用的时间也就多，积累起来数量也就大了。

④希：同“稀”，少的意思。　浅：少。

⑤善：爱惜。　补漏：补漏洞。　补漏者危：平时不努力，等出了漏洞才去补救就危险了。　大荒：事事荒废的意思。

⑥敬：重视。　仅存：勉强存在。　戚：忧愁。　不可胜悔：悔不胜悔。

⑦箸：同“著”，明显。　托：一说是“记”的误字。时记，用季度来记录。　志：记。　不可胜日志：每天记录也记不胜记。　这句意思是：霸者所做的好事是明显的，可以用季度来记录；王者的功名，则是每天记录都记不完。

⑧德：道德。　輶（yóu 尤）：轻。　鲜：少。　克：能。　这两句诗的意思是：“道德似乎轻如羽毛，但很少有人能把它高高举起来。”（见《诗经·大雅·烝民》）荀子引用这两句诗是用来说明道德教化的重要性。

凡奸人之所以起者，以上之不贵义，不敬义也[①]。夫义者，所以限禁人之为恶与奸者也[②]。今上不贵义，不敬义，如是，则下之人百姓皆有弃义之志而有趋奸之心矣，此奸人之所以起也。且上者下之师也，夫下之和上，譬之犹响之应声，影之象形也[③]。故为人上者，不可不顺也[④]。夫义者，内节于人而外节于万物者也，上安于主而下调于民者也[⑤]。内外上下节者，义之情也[⑥]。然则凡为天下之要，义为本，而信次之[⑦]。古者禹、汤本义务信而天下治，桀、纣弃义倍信而天下乱[⑧]。故为人上者，必将慎礼义，务忠信然后可。此君人者之大本也。

①以上之不贵义：因为君主不重视义。　敬：尊崇。

②这句意思是：所谓义，就是用来限制、禁止人做坏事的。

③下之和上：臣下百姓跟从君主。　犹：如同，好像。

④为人上者：指君主。　顺：通“慎”，谨慎。

⑤节：节制，适当。

⑥情：实情。　义之情：义的实际内容。　这句意思是：人和万物、君臣上下的关系都十分得当，这就是义的实际内容。

⑦为天下：治理天下。　要：关键。　本：根本，首要。　信次之：信用是第二位的。

⑧本义：遵循义。　倍：同“背”，背离。　倍信：不讲信用。

堂上不粪，则郊草不瞻旷芸；白刃扞乎胸，则目不见流矢；拔戟加乎首，则十指不辞断[①]。非不以此为务也，疾养缓急之有相先者也②。

①粪:打扫,扫除。 郊草:野外的草。 瞻:看望。 旷:荒芜。 芸:通“耘”,即除草。一说,“瞻旷”二字为衍文。 扞:抵触。 拔:迅速。一说,“拔”当作“枝”,因戟上有枝,故称枝戟。 这句意思是:厅堂都没有打扫,那就顾不上看望野外的草锄了没有;明亮的刀锋已经触到了胸口,那么眼睛就顾不上去看飞来的箭了;迅速到来的戟架在头上,这时也就不顾十指被切断的危险而用手去挡了。

②此:指“郊草”、“流矢”和“十指”。 疾:痛。 养:通“痒”。 有相先者:有先后之分。 荀子用这些比喻,说明要使国家强盛,首先要巩固礼义制度。

十七　天　论

【说明】这是一篇深入探讨天人之际的经典文献，在揭示"天人之分"内涵的同时，也透射出天人合一的思想光芒，集中反映了中国古人辩证的天人观。

荀子主要从两个方面进行论述：一是如何看待天，二是人如何自处。关于如何看待天，荀子指出"天行有常，不为尧存，不为桀亡"，这是全篇论证的逻辑基础。人只有认识到"天行有常"，才会懂得应天以治，脱离对天人格化的迷思和依赖，而"明于天人之分"。相对于人，"不为而成，不求而得，夫是之谓天职"；天本无形，万物之生成，"不见其事而见其功"，所以人应"不与天争职"，亦"不求知天"。天虽有天职、天功，但社会的治乱并不是天造成的。不论是让人恐惧的"星队、木鸣"，还是让人喜悦的"雩而雨"，都不是天在有意为难人或成全人。对天的敬奉，"君子以为文,而百姓以为神”。面对天地万物,“从天而颂之,孰与制天命而用之”,人应循天道,尽人事,“故错人而思天,则失万物之情!”

关于人如何自处,荀子发出了“循道而不贰,则天不能祸”的人类理性的强音,但这并不是在强调天人的对立,恰恰是要人顺应天道,自修德政。“天职既立,天功既成,形具而神生”,人之生本天职、天功所成,故应仿象天理以治身心。万物相异相杂,人若向外探求,势必困惑于众异而不知其统。人者,天地之心也,若从自身入手,则明人道自能明天道,“夫是之谓知天”,故“官人守天,而自为守道也”。君子道礼义之常,“敬其在己者,而不慕其在天者”。社会祸乱生于“人祆”,社会欲治,则君臣、父子、夫妇之伦常不可或缺。“国之命在礼”,人君为政则在隆礼尊贤,行道则在百王之道贯,以礼表道,“道无不明”。

“道者,体常而尽变,一隅不足以举之”(《解蔽》)。究天人之际,需要高度的智慧,既要能深察天人之异,还要能洞观天人之同。这方面需结合《解蔽》、《正名》等篇进行综合研究,方可窥斑见豹,而不致盲人摸象。须知最高意义的天非有形或拟想之一物，不可因上求因，逐于无穷，以为万物之外有个第一因。更须知“心者，形之君也而神明之主也，出令而无所受令”（《解蔽》），“心也者，道之工宰也”（《正名》），人能知道，端赖此心。“凡人之患，偏伤之也”（《不苟》），“贰则疑惑”（《解蔽》），只有深刻体察贯穿全书的“辨异”、“推类”（《正名》）的思维方式，合外内而以心体道，才能避免思维认识上的偏执一端、二元对立。“天有其时，地有其财，人有其治，夫是之谓能参”，天地人并称三才。中国文化的根本精神是人文精神，特重人道，道不远人，人只有尽心尽道，才不会拜神、逐物，向外驰求，才能究天人之际，在保持人的主体性、独立性和能动性的同时，又懂得遵循天道，避免陷入“人类中心主义”。

天行有常，不为尧存，不为桀亡①。应之以治则吉，应之以乱则凶②。强本而节用，则天不能贫③；养备而动时，则天不能病④；循道而不贰，则天不能祸⑤。故水旱不能使之饥，寒暑不能使之疾，袄怪不能使之凶⑥。本荒而用侈，则天不能使之富；养略而动罕，则天不能使之全；倍道而妄行，则天不能使之吉⑦。故水旱未至而饥，寒暑未薄而疾，袄怪未至而凶⑧。受时与治世同，而殃祸与治世异，不可以怨天，其道然也⑨。故明于天人之分，则可谓至人矣⑩。

①天：这里指自然界。　行：运行，变化。　常：常规，固定的次序。　天行有常：自然界的运行变化是有固定的次序的。

②应：适应，对待。　之：代词，指“常”。　治：合理的措施。　应之以治：用合理的措施去对待它。　乱：不合理的措施。　凶：灾难。

③本：这里指农业生产。

④养：供养，指衣食等生活资料。　备：充足。　动时：活动适时。

⑤循：遵循。原为“修”，据文义改。　不贰：专一，坚定不移。

⑥使之饥：“饥”后原衍“渴”字，据上下文义删。　祆：同“妖”。祆怪：指自然灾害和自然界的变异情况。

⑦本荒：农业生产荒废。　侈：浪费。　略：简略，不足。　罕：稀少。　动罕：懒惰。一说“罕”当作“逆”。“动逆”，活动不适时的意思。全：健全。　倍：通“背”，违背。

⑧薄：迫近，接触。　疾：病。

⑨受时：遇到的天时。　治世：社会安定时期。　道：这里指“应之以乱则凶”的道理。　然：使这样。

⑩天人之分：天和人的分别。　至人：最高明的人。

不为而成，不求而得，夫是之谓天职①。如是者，虽深，其人不加虑焉；虽大，不加能焉；虽精，不加察焉：夫是之谓不与天争职②。天有其时，地有其财，人有其治，夫是之谓能参③。舍其所以参，而愿其所参，则惑矣④。

①为：做。　求：谋求。　夫：发语词。　是：指示代词，“这”的意思。下同。　天职：自然界的职能。荀子认为自然界产生万物是

“不为而成，不求而得”，这就从根本上否定了天有意志。

②如是者：像这样的情况。　深：深远。　其人：指上文的“至人”。　加：施加。　能：能力，作用。　精：微妙。　这句意思是：像这样的情况，自然界的职能虽然十分深奥，那最高明的人是不去加以探求的；虽然十分广大，也不去夸大它的作用；虽然十分微妙，也不去对它多加考察。这就叫不与天地争职能。

③时：时令，指四季、寒暑、昼夜、风雨、水旱等变化。　财：资源。　治：治理，这里指人治理自然和社会的努力。　参：参与，配合。　能参：能和天地相互配合。

④舍：放弃。　所以参：指人治理自然和社会的努力。　愿：向往。　所参：指天时，地财。　这句意思是：放弃人治理自然和社会的努力，而一心向往与天地争职能，那就是糊涂了。

列星随旋，日月递炤，四时代御，阴阳大化，风雨博施，万物各得其和以生，各得其养以成①。不见其事而见其功，夫是之谓神②。皆知其所以成，莫知其无形，夫是之谓天③。唯圣人为不求知天④。

①随旋：相随旋转。　递：交替。　炤：同“照”，照耀。　御：进。　代御：一个接着一个。　阴阳大化：阴阳二气相互作用和转化。　博：普遍。　博施：普遍地施加于万物。　其：代词，指上述“列星随旋，日月递炤”等现象。　和：相互协调。

②神：指自然而然的功能。　这句意思是：看不见大自然是怎样做的，却可以看到它的功效，这就叫做“神”。

③以：通“已”。　无形：没有形迹可见。　这句意思是：人们都知

道大自然已经生成的万物，却不知道它在生成万物中那种没有形迹可见的过程，这就叫做“天”。一说，“夫是之谓天”当作“夫是之谓天功”。

④唯：只有。　这句意思是：唯有圣人不去对自然界生成万物的所以然进行冥思苦想。《君道》篇说：“君子……其于天地万物也，不务说其所以然而致善用其材。”可作参考。

天职既立，天功既成，形具而神生①。好恶、喜怒、哀乐臧焉，夫是之谓天情②；耳、目、鼻、口、形，能各有接而不相能也，夫是之谓天官③；心居中虚，以治五官，夫是之谓天君④；财非其类，以养其类，夫是之谓天养⑤；顺其类者谓之福，逆其类者谓之祸，夫是之谓天政⑥。暗其天君，乱其天官，弃其天养，逆其天政，背其天情，以丧天功，夫是之谓大凶⑦。圣人清其天君，正其天官，备其天养，顺其天政，养其天情，以全其天功⑧。如是，则知其所为，知其所不为矣，则天地官而万物役矣⑨。其行曲治，其养曲适，其生不伤，夫是之谓知天⑩。

①形：指人的形体。　神：指人的精神活动。　形具而神生：人的形体具备了，人的精神活动随而产生。

②焉：于此，指人的形体。　天情：人所自然具有的情感。

③接：接触。　能各有接：耳、目、鼻、口、形各有不同的感触外物的能力。　不相能：不能互相代替。　天官：人所自然具有的感官。

④中虚：指胸腔。　治：支配，管理。　君：君主，古代人认为心是五官的主宰，所以拿君来比喻它。

⑤财:同“裁”,制裁,利用。　非其类:人类以外的万物。　其类:指人类。　这句意思是:人们利用自然界的万物,来养育自己,这就叫做“天养”。

⑥天政:自然的规则。　这句意思是:顺应人类的需要来供养人们就是福,反之就是祸,这种自然的规则,就叫做“天政”。

⑦暗其天君:意思是把心弄得昏暗不清。　大凶:巨大的灾难。

⑧清:使纯净,使清明。　正:端正。　备:充分,完备。　养其天情:使人的感情得到调养。

⑨所为:指人所能做和应做的事。　所不为:指人所不能做和不应做的事。　官:任用。　役:役使。　天地官而万物役:天地为人类服务,而万物供人类役使。

⑩行:行动。　曲:委曲,各方面。　曲治:各方面都治理得很好。　曲适:各方面都恰当。　生:生命。　这句意思是:人们的行动各个方面都处理得很好,保养身体完全恰当,人的生命就不会被伤害,这就叫做“知天”。

故大巧在所不为,大智在所不虑①。所志于天者,已其见象之可以期者矣②。所志于地者,已其见宜之可以息者矣③。所志于四时者,已其见数之可以事者矣④。所志于阴阳者,已其见和之可以治者矣⑤。官人守天,而自为守道也⑥。

①大巧:指最能干的人。　大智:指最聪明的人。　这句意思是:最能干的人在于他不去做那些不能做和不应做的事,最聪明的人在于他不去考虑那些不能考虑和不应考虑的事。

②志：知，认识。下同。　已：同“以”。下同。　见：同“现”，显现。下同。　期：预期，推测。　这句意思是：对于天的认识，是要根据已经显现出来的自然现象预测未来的变化。

③宜：适宜，指作物生长的适宜条件。　息：繁殖生长。　这句意思是：对于地的认识，是要根据已经了解到的适合作物生长的条件合理地繁殖。

④四时：四季。　数：指四时节气变化的次序。　事：从事，指安排农业生产。　这句意思是：对于四时的认识，是要根据已经表现出来的节气变化的次序，正确地安排农业生产。

⑤和：和谐，调和。原为“知”，据上文“万物各得其和以生”文义改。　这句意思是：对阴阳变化的认识，是要根据已经看到的阴阳和谐的现象进行调理。

⑥官人：这里指掌管天文历法的人。　守天：观察天象。　自为：指圣人自己做的事。　守道：掌握治理自然和社会的原则。　这句意思是：大巧大智的人任用专人观察天象，而自己却掌握着治理自然和社会的根本原则。

治乱天邪？曰：日月、星辰、瑞历，是禹、桀之所同也；禹以治，桀以乱，治乱非天也①。时邪？曰：繁启、蕃长于春夏，畜积、收臧于秋冬，是又禹、桀之所同也；禹以治，桀以乱，治乱非时也②。地邪？曰：得地则生，失地则死，是又禹、桀之所同也；禹以治，桀以乱，治乱非地也。《诗》曰：“天作高山，大王荒之；彼作矣，文王康之③。”此之谓也。

①治乱天邪：社会安定、混乱是天造成的吗？　瑞历：历象，指日

月星辰运转的现象。

②时邪：社会安定、混乱是时令造成的吗？ 繁：众多。 启：萌芽。 繁启：指农作物纷纷发芽出土。 蕃：茂盛。 畜：同“蓄”。

③高山：指岐山，在今陕西省岐山县东北。 大王：太王，亦称古公亶(dǎn)父，周文王姬昌的祖父。 荒：大。 康：安定。 这几句诗的意思是：“天生这座高山，太王使它名望增大；太王已使它名望增大了啊！文王又把它安定下来。”(见《诗经·周颂·天作》)

天不为人之恶寒也，辍冬；地不为人之恶辽远也，辍广；君子不为小人匈匈也，辍行[①]。天有常道矣，地有常数矣，君子有常体矣[②]。君子道其常，而小人计其功[③]。《诗》曰：“礼义之不愆兮，何恤人之言兮[④]。”此之谓也。

①恶：厌恶。 辍(chuò)：废止。 辍广：缩小本来广大的面积。 匈匈：同“汹汹”，吵吵嚷嚷。

②常道：一定的常规。 常数：一定的法则。 常体：一定的规范。

③道：遵循。 常：指“常体”。 计：计较。 功：效果，指目前的利益。

④愆(qiān)：差错，引申为违背。“礼义之不愆兮”六字原脱，据文义和《正名》篇引同诗补。 何恤：何必顾虑。 这两句诗的意思是：“在礼义上没有违背，何必顾虑别人的议论呢？”引诗已失传。

楚王后车千乘，非知也；君子啜菽饮水，非愚也：是节然也[①]。若夫志意修，德行厚，知虑明，生于今而志乎古，则是其在我者也②。故君子敬其在己者，而不慕其在天者；小人错其在己者，而慕其在天者③。君子敬其在己者，而不慕其在天者，是以日进也；小人错其在己者，而慕其在天者，是以日退也④。故君子之所以日进，与小人之所以日退，一也⑤。君子小人之所以相县者，在此耳⑥！

①后车：随从的车辆。 乘（shèng）：古代一车四马为一乘。 千乘：形容车辆很多。 知：同“智”，聪明。 啜（chuò）：吃。 菽：豆类，这里泛指粗粮。 节然：偶然，凑巧。

②志意修：指意志端正。“志”原为“心”，据《正论》篇作“志意修，德行厚，知虑明……”文义改。 德行厚：品行高尚。 知虑明：思虑精明。 志乎古：懂得古代的事。 在我：在于自己的努力。

③敬：敬重，重视。 慕：指望。 在天者：由自然决定的。 错：同“措”，舍弃。

④日进：日益进步。 日退：日益后退。

⑤一也：道理是一样的。

⑥县：同“悬”，悬殊，差别。 在此：就在这里，指君子“敬其在己者”，小人“慕其在天者”。

星队，木鸣，国人皆恐①。曰：是何也？曰：无何也，是天地之变，阴阳之化，物之罕至者也②。怪之，可也；而畏之，非也③。夫日月之有蚀，风雨之不时，怪星之党见，是无世而不常有之④。上明而政平，则是虽并世起，无伤也；上闇而政险，则是虽无一至者，无益也⑤。夫星之队，木之鸣，是天地之变，阴阳之化，物之罕至者也。怪之，可也；而畏之，非也。

①队：同“坠”，坠落。 星队：指流星落地的现象。 木鸣：指社树，古代祭神用的树，因风吹而发出声音，古人以为怪异。 国人：众人。

②物之罕至者：事物中很少出现的现象。

③怪：感到奇怪。

④有蚀：发生日蚀、月蚀。 不时：不按时节。 党：同“傥”，偶然。 党见：偶然出现。 常：通“尝”，曾经。 是无世而不常有之：这些现象是任何一个时代都曾经出现过的。

⑤上明：君主贤明。 政平：政治稳定。 并世起：指上述自然界的异常现象在同一个时代都出现。 上闇：君主昏庸。 政险：政治险恶。 无一至者：指上述自然界的异常现象都不出现。

物之已至者，人祆则可畏也①。楛耕伤稼，楛耘失岁，政险失民，田薉稼恶，籴贵民饥，道路有死人，夫是之谓人祆②；政令不明，举错不时，本事不理，夫是之谓人祆③；礼义不修，内外无别，男女淫乱，父子相疑，上下乖离，寇难并至，夫是之谓人祆④。祆是生于乱⑤。三者错，无安国⑥。其说甚尔，其菑甚惨⑦。勉力不时，则牛马相生，六畜作祆，可怪也，而亦可畏也⑧。传曰：“万物之怪，书不说⑨。”无用之辩，不急之察，弃而不治⑩。若夫君臣之义，父子之亲，夫妇之别，则日切瑳而不舍也⑪。

①人祆:人为的灾祸,人为的怪现象。　这句意思是:在已经发生的事情中,人为的怪现象是最可怕的了。

②楛(kǔ):粗劣。　楛耕伤稼:耕作粗劣,伤害庄稼。　楛耘失岁:锄草粗糙,影响收成。原为“耘耨失薉”,据文义和《韩诗外传》引文改。　薉(huì):同“秽”,荒芜。　籴(dí):买粮食。　籴贵:粮价贵。

③政令:政治法令。　举:兴办。　错:通“措”,停止。　举错:泛指国家的各种措施。　本事不理:不抓农业生产。

④修:整顿。　内:指女。　外:指男。　父子相疑:“父”字上原衍“则”字,据文义和《韩诗外传》引文删。　乖离:背离。　寇难:外患内乱。

⑤祆是生于乱:人祆就是这种人为的混乱造成的。

⑥三者:指上述三种“人祆”。　错:交错。

⑦尔:通“迩”,浅近。　菑:同“灾”,灾难。　这句意思是:人祆产生的道理很浅近,但它带来的灾难却是很惨重的。

⑧勉力:役使人力。　牛马相生:牛马相互生怪胎。　六畜:猪、牛、马、羊、狗、鸡。“勉力不时,则牛马相生,六畜作祆”三句,与前后文义不相接,疑是传抄之误。一说,这三句当在上文“本事不理”下。　而亦可畏也:“亦”字原为“不”字,据文义改。

⑨传:指古代文籍。　这句意思是:古书上说,“天下的怪现象,书上是不讲的”。

⑩这句意思是:没有用的辩说,不切需要的考察,应当抛弃不要。

⑪瑳:同“磋”。　切瑳:琢磨研究。　日切瑳而不舍也:天天琢磨研究而不能有一刻的停止。

雩而雨,何也[①]?曰:无何也,犹不雩而雨也[②]。日月食而救之，天旱而雩，卜筮然后决大事，非以为得求也，以文之也③。故君子以为文，而百姓以为神。以为文则吉，以为神则凶也。

①雩(yú)：古代求雨的祭祀。　雨：下雨。　这句意思是：祭神求雨而下了雨，这是为什么？

②犹：如同。　这句意思是：回答说，这没有什么，如同不祭神求雨而下雨是一样的。

③食：同"蚀"。　救：古时人们发现日月蚀的现象后，就敲盘打鼓呼救。　卜：古时用龟甲兽骨占吉凶叫卜。　筮(shì)：古时用蓍草占吉凶叫筮。　非以为得求也：不是因为能祈求到什么。　以文之也：用来文饰政事。

在天者莫明于日月，在地者莫明于水火，在物者莫明于珠玉，在人者莫明于礼义①。故日月不高，则光晖不赫②；水火不积，则晖润不博③；珠玉不睹乎外，则王公不以为宝④；礼义不加于国家，则功名不白⑤。故人之命在天，国之命在礼⑥。君人者，隆礼尊贤而王，重法爱民而霸，好利多诈而危，权谋倾覆幽险而尽亡矣⑦。

①在天者莫明于日月：在天上的没有比日月更明亮的了。

②晖：同"辉"。　赫：显赫。　这句意思是：所以，日月如果不高悬于天空，它的光辉就不显赫。

③积：聚积。　晖：指火的光亮。　润：指水的润泽。　晖润不博：光泽不多。

④睹：当作“睹”(dǔ)，明亮，光彩显露。

⑤白：显著。 这句意思是；礼义不用于治理国家，那么它的功绩和名声就不会显著。

⑥这句意思是：所以人的命运在于如何对待自然界，国家的命运在于是否实行礼义。

⑦君人者：指君主。 隆礼尊贤：尊尚礼义，敬重贤人。 王：称王于天下。 重法爱民：重视法制，爱护人民。 霸：称霸于诸侯。 好利多诈：贪图私利而狡诈。 权谋：权术，阴谋。 倾覆：反复无常，指搞颠覆活动。 幽险：阴险。

大天而思之，孰与物畜而制之①！从天而颂之，孰与制天命而用之②！望时而待之，孰与应时而使之③！因物而多之，孰与骋能而化之④！思物而物之，孰与理物而勿失之也⑤！愿于物之所以生，孰与有物之所以成⑥！故错人而思天，则失万物之情⑦。

①大：推崇。 思：思慕。 孰与：如何，哪里比得上。 物畜：协助天地长养万物。 制：控制。 这句意思是：推崇天而思慕它，哪里比得上协助天地长养万物呢？

②从：顺从。 颂：赞美。 制天命而用之：掌握自然的变化次序而利用它。

③望时：盼望天时。 待之：等待天的恩赐。 应时而使之：顺应季节的变化而使天时为人们服务。

④因：听任。 骋能：施展人的才能。 这句意思是：满足于万物自然增多，哪里比得上施展人的才能而使万物更加自然合理地发展呢？

⑤思物而物之:想着让万物为自己占有。 理物而勿失之:治理万物而使万物都能得到充分合理的利用。

⑥愿:仰慕。 物之所以生:万物是怎样产生的。 有:通“右”,帮助,促进。 这句意思是:整天盼望着想要之物如何产生,哪里比得上使得已有之物更加充分地发挥作用呢?

⑦错:通“措”,置,放弃。 错人而思天:放弃人的努力而指望天的恩赐。 失:丢掉。 万物之情:万物的实情。意思是说,自然界是没有意志的,它不会恩赐给人什么东西。

百王之无变,足以为道贯①。一废一起,应之以贯②。理贯,不乱;不知贯,不知应变③。贯之大体未尝亡也,乱生其差,治尽其详④。故道之所善,中则可从,畸则不可为,匿则大惑⑤。水行者表深,表不明则陷⑥;治民者表道,表不明则乱⑦。礼者,表也⑧。非礼,昏世也;昏世,大乱也⑨。故道无不明,外内异表,隐显有常,民陷乃去⑩。

①百王:指历代的帝王。 道贯:一贯的原则。 这句意思是:经过历代都没有变更的东西,足以作为一个一贯适用的原则。

②一废一起:指朝代的兴衰。 贯:这里指“道贯”。 这句意思是:朝代有兴衰变化,但是都要用一个一贯的原则去适应它。

③理贯,不乱:整理出一贯的原则来,社会就可以不至昏乱。 不知贯,不知应变:不懂得一贯的原则,就不知道如何去适应事物的变化。

④大体:指主要内容。 其差:运用道发生差错。 其详:运用道周密详尽。 这句意思是:这个一贯的原则的主要内容并没有消亡。

社会混乱，是由于运用这个一贯的原则发生偏差；社会安定，是由于运用这个一贯的原则十分完备。

⑤道之所善：按道的标准衡量认为是正确的东西。 中（zhòng）：指同道相符合。 畸（jī）：指跟道偏离。 匿：通“慝”（tè），差错。 这句意思是：所以，要以道认为是正确的作为标准，凡符合道的就照着去办，偏离道的就不要做，违背了道就会造成极大的惑乱。

⑥水行者：指涉水的人。 表：标志，标准。 这句意思是：涉水的人要靠指示水的深浅的标志，如果标志不清楚，就会掉入深水淹死。

⑦这句意思是：统治人民的君主，要以道作为标准，如果这个标准不清楚，国家就要混乱。

⑧礼者，表也：礼就是治国的标准。

⑨非礼：违背礼。 昏世：昏暗的时代。

⑩道无不明：道必须各方面都规定得明确。 外内：外指外事，内指内政。《商君书·外内》说：“民之外事，莫难于战。”“民之内事，莫苦于农。” 外内异表：对外事内政的处理有不同的标准。 隐显：看不见的与看得见的。 有常：有一定的常规。 民陷乃去：人们的灾难就可以避免。

万物为道一偏，一物为万物一偏①。愚者为一物一偏，而自以为知道，无知也②。慎子有见于后，无见于先③；老子有见于诎，无见于信④；墨子有见于齐，无见于畸⑤；宋子有见于少，无见于多⑥。有后而无先，则群众无门⑦；有诎而无信，则贵贱不分⑧；有齐而无畸，则政令不施⑨；有少而无多，则群众不化⑩。《书》曰：“无有作好，遵王之道。

无有作恶，遵王之路⑪。”此之谓也。

①万物：指各种具体的事物。 一偏：一部分，一方面。

②愚者：愚昧的人。 这句意思是：愚昧的人只认识一种事物的一部分，就自以为认识了整个道，这实在是太无知了。

③慎子：即慎到，战国中期法家。 后：指被动地跟在事物的后面，即荀子在《非十二子》中批评慎到“上则取听于上，下则取从于俗”的意思。 先：指根据事物的变化而有所倡导。慎到主张法治，但他认为人们只要跟在法后面，“若无知之物”，“推而后行，曳而后往”，“动静不离于理”就行了（见《庄子·天下》篇），反对运用智慧，任用贤人而有所建树、有所倡导，这是有片面性的。因此，荀子在《非十二子》中批评他“尚法而无法”，在《解蔽》中批评他“蔽于法而不知贤”，而在本文中又批评他“有见于后，无见于先”。

④老子：即老聃，道家代表人物，相传是春秋时楚国人。 诎：同“屈”，委曲求全。 信：同“伸”，有所作为。在荀子看来，老子认为人在自然和社会面前是无能为力的，只能消极顺应自然，无为而治，反对积极制服自然，治理社会。因此，荀子批评他“有见于诎，无见于信”。

⑤墨子：即墨翟（dí），墨家的创始人。 畸：不齐。荀子认为只有“不齐”，即明确等级，才能达到社会的“齐”。所以他说：“使有贫、富、贵、贱之等，足以相兼临者，是养天下之本也。”（见《王制》）然而墨子却主张“兼爱”，取消差等。因此，荀子在《非十二子》中批评墨子“僈差等”，而在本文中又批评他“有见于齐，无见于畸”。

⑥宋子：即宋钘（xíng），战国时宋国人。 少：指欲望少。 多：指欲望多。宋钘认为人的欲望是少的，很容易满足，只要有“五升之饭足矣”（见《庄子·天下》篇）。而荀子认为，人生来就“好利”、“好声色”，

是贪得无厌的,因此他批评宋钘“有见于少,无见于多”。

⑦群众无门:群众就没有前进的方向。荀子认为,如果人人都推一推才动一动,而没有人带头引导,那么广大群众也就会失去前进的方向了。

⑧贵贱不分:贵者和贱者无法区分。荀子认为,按着老子“有诎而无信”的思想去做,人人都委曲求全,贵者也不去积极进取,那么贵者和贱者就无法区分了。

⑨政令不施:政令无法推行。荀子在《王制》中说:“众齐则不使。”所以他认为像墨子那样只讲平等,否认等级差别,那么政令就无法推行了。

⑩群众不化:人们得不到教化。荀子认为,人生是多欲的,多欲就会产生争夺,争夺就会造成混乱,所以要用礼义法度加以教化。如果象宋钘那样认为人的欲望本来不多,很容易满足,那么人们也就不会发生争夺,因而也就得不到教化了。

⑪《书》:即《书经》,《尚书》。 无有:不要。 作好(hào):有所偏好。 作恶(wù):有所偏恶。 这句意思是:“不要偏重个人的好恶,应当遵循圣王的道路前进。”(见《尚书·洪范》)

十八　正　论

【说明】本篇可分为两部分。前半部分以从今至古的时间顺序，集中回应了后人对圣王或王制的种种怀疑、误解，如“桀、纣有天下，汤、武篡而夺之”、“太古薄葬”等。后半部分则与社会治理有关，通过列举子宋子的观点，指出此类学说的主要错误，是没有把握住根本的人性、人情、人欲问题，也不知以王制为最高标准。治国的根本是要依循圣王之道，深入把握人性而导归于礼义。前后两部分所涉及的内容实际上可分别概括为王制和人性，两者正是“伪”和“性”的关系，是荀子讨论社会治理最基本、最核心的一对范畴。

本篇的难点是如何理解“尧、舜擅让”。结合全书，此处尝试给出两点参考意见：一是要真正理解圣王天子的德行。所谓“无敌于天下”，不是指没有敌人，而是指圣王与万物为一体，圣人之心没有对立、界限。二是要充分认识“天下”的概念。天下“至重”、“至大”、“至众”，既说“至”，则不可如一般事物那样以有封界之形体论，至者，无体无不体。所谓“擅让”，须有授者、受者与所授之物体，有人物彼此之分界，但天子“道德纯备”，本无人我之界限，亦何有授受之二者；且天下至大无体，故不可作为所授之物体。世人说言“尧、舜擅让”，原于不知天子、天下之真义，而以俗情比附至理。

世俗之为说者曰：“主道利周。”是不然①。主者，民之唱也；上者，下之仪也②。彼将听唱而应，视仪而动③。唱默则民无应也，仪隐则下无动也④。不应不动，则上下无以相胥也⑤。若是，则与无上同也，不祥莫大焉⑥。故上者下之本也；上宣明则下治辨矣，上端诚则下愿悫矣，上公正则下易直矣⑦。治辨则易一，愿悫则易使，易直则易知⑧；易一则强，易使则功，易知则明：是治之所由生也⑨。上周密则下疑玄矣，上幽险则下渐诈矣，上偏曲则下比周矣⑩。疑玄则难一，渐诈则难使，比周则难知；难一则不强，难使则不功，难知则不明：是乱之所由作也。故主道利明不利幽，利宣不利周⑪。故主道明则下安，主道幽则下危⑫。故下安则贵上，下危则贱上⑬。故上易知则下亲上矣，上难知则下畏上矣⑭。下亲上则上安，下畏上则上危。故主道莫恶乎难知，莫危乎使下畏己⑮。传曰："恶之者众则危⑯。"《书》曰："克明明德⑰。"《诗》曰："明明在下⑱。"故先王明之，岂特宣之耳哉⑲！

①世俗：社会上一般习俗。　世俗之为说者：指按社会上通常的见解而持某种说法的人。　周：周密，这里指隐蔽真情。　主道利周：君主治理国家的方法最好是隐蔽真情，不让下面的人了解。　是不然：这不对。

②唱：倡导，号召，这里指引导者。　上：指君主。　下：指臣民。仪：榜样，准则。

③这句意思是：臣民们将随着君主的引导而前进，按照君主的榜样而行动。

④默：沉默，这里是不公开说明的意思。　唱默：引导方向不公开说明。　仪隐：行动标准隐秘。

⑤胥：同"须"，待。原为"有"，据上下文义改。　相胥：相待，这里指互相依靠。　这句意思是：下边不响应，不行动，那么上下就不能够相互依靠了。

⑥这句意思是：如果这样，那就跟没有君主一样，这是最大的祸害。

⑦本：根本。　宣：公开。　宣明：无所隐瞒。　治辨：治理，这里指明确治理的方向。　端诚：正直诚实。　愿悫：谨慎忠厚。　易直：平易正直。

⑧易一：容易统一。　易使：容易役使。　易知：容易了解和掌握下情。

⑨这句意思是:容易统一就能达到国家强盛,容易役使就能收到成效,容易了解和掌握下情就能做到心中有数,这是社会所以出现安定局面的根源。

⑩玄:同"眩",迷惑。下同。 幽险:隐瞒实情,令人难测。 渐诈:欺诈。 偏曲:偏私不公正。 比周:互相勾结,结党营私。

⑪这句意思是:所以,君主治理国家,各种政令措施以公开明白为好,而不宜于隐蔽真情。

⑫危:不安。 这句意思是:君主治理国家的政令措施如果公开明白,臣民们就会安定,否则就会引起人人自危而不安。

⑬贵:尊重。 贱:轻视。

⑭畏:惧怕。 这句意思是:君主的政令措施易于了解,臣民们就会亲近君主,否则就会惧怕君主而无所措手足。

⑮恶(wù):可恶,坏。 这句意思是:所以,君主治国没有比臣民们不了解他的政令措施更坏的了,没有比臣民们惧怕君主更危险的了。

⑯传(zhuàn):古书。 这句意思是:古书上说,憎恨君主的人多了,君主的统治就危险了。

⑰《书》:《尚书》。 这句意思是:《尚书》上说:"能使优良的品德发扬光大。"(见《尚书·康诰》)

⑱《诗》:《诗经》。 明明在下:《解蔽》篇引作"明明在下,赫赫在上"。意思是,在下的明亮是因为在上的光辉显耀(见《诗经·大雅·大明》)。荀子引这句诗是要说明臣民们的守法、亲上是因为君主政令措施的公开明白。

⑲特:独,仅仅。 宣:原为"玄",据上下文义改。 这句意思是:所以,先王要是做到光明显露,难道仅仅是公开而已吗!

世俗之为说者曰:“桀、纣有天下,汤、武篡而夺之。”是不然。以桀、纣为常有天下之籍则然,亲有天下之籍则不然,天下谓在桀、纣则不然①。古者天子千官,诸侯百官②。以是千官也,令行于诸夏之国,谓之王③;以是百官也,令行于境内,国虽不安,不致于废易遂亡,谓之君④。圣王之子也,有天下之后也,势籍之所在也,天下之宗室也,然而不材不中,内则百姓疾之,外则诸侯叛之,近者境内不一,遥者诸侯不听,令不行于境内,甚者诸侯侵削之,攻伐之⑤;若是,则虽未亡,吾谓之无天下矣。圣王没,有势籍者罢不足以县天下,天下无君,诸侯有能德明威积,海内之民莫不愿得以为君师⑥;然而暴国独侈,安能诛之,必不伤害无罪之民,诛暴国之君若诛独夫⑦;若是,则可谓能用天下矣。能用天下之谓王⑧。汤、武非取天下也,修其道,行其义,兴天下之同利,除天下之同害,而天下归之也⑨。桀、纣非去天下也,反禹、汤之德,乱礼义之分,禽兽之行,积其凶,全其恶,而天下去之也⑩。天下归之之谓王,天下去之之谓亡⑪。故桀、纣无天下,而汤、武不弑君,由此效之也⑫。汤、武者,民之父母也;桀、纣者,民之怨贼也。今世俗之为说者,以桀、纣为君,而以汤、武为弑,然则是诛民之父母,而师民之怨贼也,不祥莫大焉⑬。以天下之合为君,则天下未尝合于桀、纣也,然则以汤、武为弑,则未尝有说也,直堕之耳!故天子唯其人⑭。天下者,至重也,非至强莫之能任；至大也，非至辨莫之能分；至众也，非至明莫之能和⑮。此三至者，非圣人莫之能尽⑯。故非圣人莫之能王。圣人备道全美者也，是县天下之权称也⑰。桀、纣者，其知虑至险也，其志意至闇也，其行为至乱也⑱；亲者疏之，贤者贱之，生民怨之⑲；禹、汤之后也，而不得一人之与⑳；刳比干，囚箕子，身死国亡，为天下之大僇，后世之言恶者必稽焉；是不容妻子之数也㉑。故至贤畴四海，汤、武是也；至罢不容妻子，桀、纣是也㉒。今世俗之为说者，以桀、纣为有天下而臣汤、武，岂不过甚矣哉㉓！譬之，是犹伛巫跛匡大自以为有知也㉔。故可以有夺人国，不可以有夺人天下；可以有窃国，不可以有窃天下也㉕。夺之者可以有国，而不可以有天下㉖；窃可以得国，而不可以得天下，是何也？曰：国，小具也，可以小人有也，可以小道得也，可以小力持也㉗；天下者，大具也，不可以小人有也，不可以小道得也，不可以小力持也。国者，小人可以有之，然而未必不亡也；天下者，至大也，非圣人莫之能有也㉘。

①常：通“尝”，曾经。　籍：位。　这句意思是：认为桀、纣曾经占有了天下的势位是对的，但是，认为桀、纣是用自己的德才占有了天下的势位，那就不对了，认为天下的人心真正归向桀、纣，也不对。一说，两“天下之籍”都当作“天子之籍”；“亲有天下之籍则不然”句中，“不”字为衍文。

②千官、百官：泛指官吏众多。

③以：用。　以是千官：任用这些官吏。　诸夏之国：指中原地区

的各诸侯国。　王:指天子。

④废易:指诸侯国君主被废黜。　遂:通“坠”,坠落。　遂亡:指诸侯国灭亡。　君:这里指诸侯国的国君。

⑤有天下之后:是天子的后代。　势籍:势位,这里指天子的势位。　天下之宗室:天下的宗主,即为天下各氏族所归服仰望的。材:同“才”,才能。　中:指符合礼义。　不材不中:没有才能,道德品质也不符合礼义。　内:指国内。　疾:憎恨,厌恶。　甚者:更严重的。　侵削:侵夺。　攻伐:攻打。

⑥没(mò):同“殁”,死。　罢(pí):无能,不贤。　县:同“悬”,衡。县天下:平正天下,即掌管天下大事。　德明威积:声望大,威信重。君师:君主。

⑦暴国:暴君统治的国家。　侈:奢侈放纵。　安:于是。　独夫:指众叛亲离、孤立无援的人。　诛暴国之君若诛独夫:杀掉残暴的国君就像杀掉独夫一样。

⑧能用天下:善于治理天下。

⑨修:行。　道:原则,这里指礼义。　同利:共同的利益。　同害:共同的祸害。　归:归向,归顺。　这句意思是:不是汤、武夺取天下,而是由于实行了礼义,发展了天下共同的利益,扫除了天下共同的祸害,因此,天下就自然地归顺了他们。

⑩去:离开,这里是被夺去的意思。　分:等级名分。　这句意思是:桀、纣并不是被夺去了天下,而是由于他们自己背离了禹、汤的德行,违背了礼义的等级名分,行为和禽兽一样,做尽了凶狠、罪恶的事,因而天下的人民抛弃了他们。

⑪这句意思是:天下的人心都归顺他,就叫做王;天下人心都背弃他,就叫做灭亡。

⑫弑:臣杀君。　效:效验,证明。

⑬师:服从,效法。

⑭合:聚,这里指归顺,向往。　则未尝有说也:“则”字后原有“天下”二字,据上下文义删。　堕:诬蔑,诽谤。　这句意思是:如果认为只有天下的人心归向他,才能成为君主,那么,天下的人心从来就没有归顺过桀、纣,这样说来,那种认为汤、武弑君的说法,是没有任何理由的,这是对汤、武的诽谤。所以,能不能当天子,要看他本人的德行。

⑮重:重大,艰难。　这句意思是:治理天下是最重大的任务,不是最强有力的人是不能胜任的;天下的事情是最广大的,没有极高分辨能力的人是不能处理得各得其分的;天下的人是最多的,不是最贤明的人是不能使他们和睦一致的。

⑯三至:指“至强、至辨、至明”。　尽:极,这里指完全做到。

⑰备:完备。　权称:这里指标准。　这句意思是:圣人是道德完备、一切都完美的人,他是衡量万事万物是非的标准。

⑱知虑:思虑。　志意:原作“至意”,据文义改。　闇:昏暗,这里指卑下。　其行为至乱也:“其行”后原有“之”字,据文义删。　乱:淫乱。

⑲贱:轻视。　生民:指老百姓。

⑳与:赞助。　这句意思是:桀、纣虽然是禹、汤的后代,然而得不到一个人的帮助。

㉑刳(kū):剖心。　比干、箕子:都是殷纣王的叔父。他们多次劝谏纣王遵先王之道,纣王不听,于是杀比干,把箕子降为奴隶。　僇(lù):耻辱。　稽:考察。　后世之言恶者必稽焉:后代的人谈起最坏的人都一定要以他们为例证。　数:必然的道理。　是不容妻子之数也:这是连妻子儿女也保不住的必然的道理。

㉒畴:通“寿”,保全、保持。

㉓臣:统治。 岂不过甚矣哉:这难道不是极端错误吗!

㉔犹:好像。 伛(yǔ):驼背。 匡(wāng):瘦弱之人,这里指巫。大:一说当作“而”。 知:同“智”。 这句意思是:打个比方说,这就好像是驼背瘸腿的巫婆自以为十分高明。

㉕可以有夺人国,不可以有夺人天下:一说两“夺”字下的“人”字均为衍文。 窃:用不正当的手段夺取。 这句意思是:可以用强力夺取别人的国家,但是不可能用强力夺取别人的天下;可以用不正当的手段篡夺政权,但是不可能用不正当的手段得到天下的人心。

㉖夺之者可以有国:用夺取的方法可以占有一个诸侯国。“夺之”前原有“可以”二字,据文义删。

㉗具:器具、工具。 小人:德才低劣的人。 道:术,方法。 小道:这里指用强取、篡夺等手段。 持:保持。 这句意思是:一个诸侯国只是一个小的器具,可以为小人所占有,可以通过玩弄权术得到它,可以凭借较小的力量来掌握它。

㉘这句意思是:一个诸侯国,小人可以占有它,然而没有不灭亡的;天下是极重大的,不是圣人是不能占有它的。

世俗之为说者曰:“治古无肉刑,而有象刑①。墨黥②;慅婴③;共,艾毕④;菲,對屦⑤,杀,赭衣而不纯⑥。治古如是。”是不然。以为治邪⑦?则人固莫触罪,非独不用肉刑,亦不用象刑矣⑧。以为轻刑邪⑨?人或触罪矣,而直轻其刑,然则是杀人者不死,伤人者不刑也⑩。罪至重而刑至轻,庸人不知恶矣,乱莫大焉⑪。凡刑人之本,禁暴恶恶，且征其未也⑫。杀人者不死，而伤人者不刑，是谓惠暴而宽贼也，非恶恶也⑬。故象刑殆非生于治古，并起于乱今也⑭。治古不然，凡爵列官职赏庆刑罚皆报也，以类相从者也⑮。一物失称，乱之端也⑯。夫德不称位，能不称官，赏不当功，罚不当罪，不祥莫大焉⑰。昔者武王伐有商，诛纣，断其首，县之赤旆⑱。夫征暴诛悍，治之盛也⑲。杀人者死，伤人者刑，是百王之所同也，未有知其所由来者也⑳。刑称罪则治，不称罪则乱。故治则刑重，乱则刑轻㉑。犯治之罪固重，犯乱之罪固轻也㉒。《书》曰："刑罚世轻世重㉓。"此之谓也。

①治古：古代安定的时代。　肉刑：指黥（qíng，在脸上刺字涂墨）、劓（yì，割鼻子）、剕（fèi，剁脚）、宫（割掉男子生殖器）、大辟（砍头）等刑罚。　象刑：象征性的刑罚。

②墨黥：用黑墨画脸代替黥刑。一说当为"墨幪"（méng），用黑布蒙在犯人头上，以代黥刑。

③慅（cǎo）：通"草"。　婴：同"缨"，帽子的带子。　慅婴：让犯人戴上用草做的帽带代替劓刑。

④共：通"宫"，宫刑。　艾（yì）：芟，割。　毕：同"韠"（bì），古代朝服上的蔽膝。　共，艾毕：割去犯人衣服上的蔽膝部分代替宫刑。

⑤菲：通"剕"。　紨（fēng）：原为"对"，据文义改。　紨屦（jù）：麻鞋。　菲，紨屦：让犯人穿麻鞋代替剕刑。

⑥赭（zhě）衣：赤褐色的衣服。　不纯：衣服不镶边，这里指没有衣领。　杀，赭衣而不纯：让犯人穿去掉衣领的赭衣来代替杀头的

刑罚。

⑦邪(yé):同“耶”,“吗”的意思。　以为治邪:以为安定的时代就应该是这样的吗?

⑧固:本来。　触:犯。　这句意思是:如果人们本来就没有犯罪,不但不用肉刑,而且也不必用象刑。

⑨这句意思是:认为这是减轻刑罚吗?原无“轻刑邪”三字,据上下文句例补。

⑩这句意思是:人如果犯了罪,而径直用很轻的刑罚,那么就会使杀人的人不偿命,伤人的人不受刑。

⑪庸人:平常人,普通人。

⑫本:根本,这里作目的讲。　恶(wù)恶:反对作恶。　征:通“惩”,惩戒,通过惩罚来警戒。　未:未来,这里指以后发生的罪行。　这句意思是:用刑罚处治犯人的目的,就在于禁止暴行,反对作恶,并且警戒以后发生的类似罪行。

⑬惠:恩惠,这里是纵容的意思。　宽:宽容。　这句意思是:杀人的人不被处死,伤人的人不被判刑,这叫做纵容暴行,宽容犯罪的人,这就不能反对作恶了。

⑭殆:语气助词,“大概”、“恐怕”的意思。　乱今:当今昏乱的时代。　这句意思是:所以象刑这种说法并不是产生于古代安定的时代,而是产生于当今昏乱的时代。

⑮爵列:爵位。　赏庆:奖励。　报:报酬,报答。　类:类别,这里指善或恶两类。　以类相从:善恶各得所报。

⑯物:事情,这里指赏罚。　称:相称,恰当。　端:开始。　这句意思是:赏罚的事情有一件处理得不恰当,就会引起混乱。

⑰当(dàng):合适,恰当。　这句意思是:如果品德和地位不相

称，才能和官职不相称，奖赏和功劳不相称，刑罚和罪行不相称，这就是最大的不吉祥。

⑱有商：即殷商。　旆（pèi）：旌旗。　断其首，县之赤旆：传说周武王斩殷纣王，并将他的头挂在红色的旗子上示众。

⑲悍：凶暴。　这句意思是：惩罚残暴凶悍的人这是国家最安定的表现。

⑳百王：指历代的帝王。　其：代词，指"杀人者死，伤人者刑"。　未有知其所由来者也：没有人知道它的来源。

㉑这两句意思是：刑罚与所犯的罪相称社会就安定，刑罚与所犯的罪不相称社会就混乱。社会安定是由于刑罚重，社会混乱是由于刑罚轻。

㉒固：必然。　这句意思是：在安定的时代犯罪，刑罚必定是重的；在混乱的时代犯罪，刑罚必定是轻的。

㉓这句意思是：《尚书》上说，"随着社会治乱的不同，刑罚就会有轻重的区别"（见《尚书·吕刑》）。

世俗之为说者曰："汤、武不能禁令！是何也？曰：楚、越不受制①。"是不然。汤、武者，至天下之善禁令者也②。汤居亳、武王居鄗，皆百里之地也，天下为一，诸侯为臣，通达之属，莫不振动从服以化顺之，曷为楚、越独不受制也③？彼王者之制也，视形势而制械用，称远迩而等贡献，岂必齐哉④？故鲁人以榶，卫人用柯，齐人用一革，土地刑制不同者，械用备饰不可不异也⑤。故诸夏之国同服同仪，蛮夷戎狄之国同服不同制⑥。封内甸服，封外侯服，侯、卫宾服，蛮夷要服，戎狄荒服⑦。甸服者祭，侯服者祀，宾服者享，要服者贡，荒服者终王⑧。日祭，月祀，时享，岁贡，终王，夫是之谓视形势而制械用，称远近而等贡献，是王者之制也⑨。彼楚、越者，且时享岁贡终王之属也，必齐之日祭月祀之属然后曰受制邪⑩？是规磨之说也，沟中之瘠也，则未足与及王者之制也⑪。语曰："浅不足与测深，愚不足与谋知，坎井之鼃不可与语东海之乐⑫。"此之谓也。

①禁令：国家禁止人们从事某项活动和做某种事情的法令。 楚、越：春秋战国时国名，楚在今湖北、湖南一带，越在今浙江一带。 制：管制、约束。 这句意思是：社会上有这么一种说法："汤王、武王不能使天下人都服从他们的法令。为什么这么说呢？回答说：楚国、越国不受他们的法令的制约。"

②至：极，最。 善：善于。 这句意思是：不是这样，汤王、武王是天下最善于使天下服从他们法令的人。

③亳（bó）：商汤王的都城，在今河南商丘县东南。 鄗（hào）：周武王的都城，在今西安市西南。 通达之属：指当时交通可达到的地区。 振：同"震"，恐惧。 振动从服：因恐惧而服从。 化顺：受教化而归顺。 曷：同"何"。 这句意思是：汤王居住在亳的地方，武王居住在鄗的地方，他们本来的地方虽然方圆只有百里，但是却达到了统一天下，诸侯称臣，所有边远的地区也都畏惧他们的威力而服从统治，受到教化而归顺他们，怎么能说唯独楚国、越国不受他们的制约呢？

④械用：器械用具。 迩（ěr）：近。 这句意思是：所谓天子的制

度，是按照地区的不同而规定使用的器械用具，根据距离的远近而规定进贡的物品，又何必要一样呢？

⑤糖（táng）：碗。　柯：盂（yú），古代盛食物的器具。　一革：不详，大概是一种皮制的酒器。以上都是各诸侯国使用的不同的食物用具。　刑：同“型”。　土地刑制不同者：指各个地区环境和风俗不同等。一说“刑制”当为“形势”。　备饰：各种装饰物。　异：差别。

⑥诸夏之国：指当时中原地区各诸侯国。　服：服事天子。　仪：制度。　这句意思是：中原地区各诸侯国同是服事天子，而且制度也相同；四方边远地区的属国也同是服事天子，但制度却不相同。

⑦封内：指天子所居都城周围五百里之内的地方。　甸：王田。　甸服：指耕种王田，以服事天子。　封外：封内之外的五百里之内的地方。　侯：同“候”，斥候，古代指侦察敌情，担任警卫。　侯服：指担任警卫，以服事天子。　侯、卫：指侯圻（qí）和卫圻。从侯拆至卫圻，共为五圻，分别为侯、甸、男、采、卫。每圻为五百里（见《尚书·康诰》）。　宾服：按时进贡，以服事天子。　要：约束。　要服：用礼义教化约束，使之顺服天子。　荒：不确定。　荒服：不定时向天子进贡。

⑧祭：指日祭。　祀：指月祀。　享：指时（四季）享。　贡：指岁贡。　终：通“崇”。　终王：崇王，指承认天子的统治地位。　这句意思是：甸服内的供给天子每日祭祀用的物品，侯服内的供给天子每月祭祀用的物品，宾服内的供给天子四季祭祀用的物品，要服内的每年给天子进贡，荒服内的只要承认天子的统治地位，而不必定时进贡。

⑨终王：原无，据上下文义补。　是王者之制也：制，原为“至”，据上下文均作“彼王者之制”文义改。

⑩齐：齐等，一样。　这句意思是：楚国、越国服事天子是属于时

享、岁贡、终王的范围之内，难道一定要他们跟属于日祭、月祀范围内的诸侯国一样，然后才说这是服从统治吗？

⑪规磨之说：有差错的说法。一说是揣测的说法。　沟中之瘠：因贫困死在沟中的人，这里指知识缺乏的人。　则未足与及王者之制也：那是没有资格去谈论王者的制度的。

⑫坎井：坏井。　鼃：同“蛙”。　这句意思是：俗话说：“浅的东西是不足以用来测量深的，愚蠢的人是不足以参与智谋活动的，废井里的青蛙是不足以谈论东海里的乐趣的。”

世俗之为说者曰：“尧、舜擅让①。”是不然。天子者，势位至尊，无敌于天下，夫有谁与让矣②！道德纯备，智惠甚明，南面而听天下，生民之属，莫不振动从服以化顺之，天下无隐士，无遗善，同焉者是也，异焉者非也，夫有恶擅天下矣③？曰：“死而擅之。”是又不然。圣王在上，决德而定次，量能而授官，皆使民载其事而各得其宜④；不能以义制利，不能以伪饰性，则兼以为民⑤。圣王已没，天下无圣，则固莫足以擅天下矣⑥！天下有圣而在后子者，则天下不离，朝不易位，国不更制，天下厌然与乡无以异也；以尧继尧，夫又何变之有矣⑦？圣不在后子而在三公，则天下如归，犹复而振之矣，天下厌然与乡无以异也⑧；以尧继尧，夫又何变之有矣？唯其徙朝改制为难⑨。故天子生，则天下一隆致顺而治，论德而定次⑩；死，则能任天下者，必有之矣⑪。夫礼义之分尽矣，擅让恶用矣哉⑫？曰：“老衰而擅。”是又不然。血气筋力则有衰，若夫智虑取舍则无衰⑬。曰：“老者不堪其劳而休也⑭。”是又畏事者之议也⑮。天子者，势至重而形至佚，心至愉而志无所诎，而形不为劳，尊无上矣⑯。衣被则服五采，杂间色，重文绣，加饰之以珠玉⑰；食饮则重大牢而备珍怪，期臭味，曼而馈，伐皋而食，雍而彻乎五祀，执荐者百人侍西房⑱；居则设张容，负依而立，诸侯趋走乎堂下⑲；出户而巫觋有事⑳；出门而宗祝有事㉑；乘大路趋越席以养安㉒；侧载睪芷以养鼻㉓；前有错衡以养目㉔；和鸾之声，步中武、象，驺中韶、护以养耳㉕；三公奉軶持纳，诸侯持轮、挟舆、先马，大侯编后，大夫次之，小侯、元士次之，庶士介而夹道，庶人隐窜莫敢视望㉖：居如大神，动如天帝，持老养衰，犹有善于是者与不㉗？老者，休也。休，犹有安乐恬愉如是者乎㉘！故曰：诸侯有老，天子无老，有擅国，无擅天下，古今一也㉙。夫曰尧、舜擅让，是虚言也，是浅者之传，陋者之说也，不知逆顺之理，小、大、至、不至之变者也，未可与及天下之大理者也㉚。

①擅：同“禅”。　擅让：把帝位让给别人。

②敌：匹敌，相等。　无敌于天下：天下没有谁能和天子的地位相等。《君子》篇说：“天子无妻，告人无匹也。”　有：通“又”。　夫有谁与让矣：又能把帝位让给谁呢？

③纯备：完备。　惠：同“慧”。　南面：指帝位，古代天子位置面向南，臣的位置面向北。　听天下：决断天下大事。　无隐士：没有被

埋没的人材。　无遗善：没有被遗漏的好事。　焉：代词，指尧、舜。　同焉者是也：合乎尧舜的就是正确的。　恶（wū）：何，为什么。　夫有恶擅天下矣：又有什么理由要禅让天下呢？

④决：判断。原为“图”，据文义和旧校一本作“决”改。　次：次序。　载（zài）：担负，担任。　这句意思是：圣王的统治，是根据德行的好坏来规定等级次序，按照才能的大小而授予官职，使老百姓担任的事都适合各自的特长。

⑤伪：人为。　饰：通“饬”，整治，改造。　兼：尽，全部。　这句意思是：如果不能用礼义克制求利的欲望，不能通过后天的努力来改造恶的本性，那么都只能做普通的老百姓。

⑥这句意思是：如果圣王死后，又没有继起的圣王，那根本就没有人能够接受禅让。

⑦后子：儿子。原无“子”字，据下文“圣不在后子”文义补。　厌然：顺服的样子。　乡：同“向”，过去。　这句意思是：如果天下有继起的圣王，而且就是原来圣王的儿子，那么天下的人心就不会离开，朝廷内的地位次序没有改变，国家制度也没有变更，天下的人服从新圣王的统治，同以往没有两样，这是以尧继尧，又有什么改变可说呢？

⑧三公：太师、太傅、太保，这里泛指大臣。　这句意思是：如果继承圣王的不是他的儿子，而是三公，这样天下人又归顺了新圣王，这就好像天下重新振兴起来，而天下的人也会像以前一样服从新圣王的统治。

⑨徙（xǐ）：迁移，改变。　这句意思是：只有改变朝廷内的地位次序，更换国家制度，比较困难。

⑩一隆：统于一尊。　天下一隆：天下都只尊崇圣王一个人。　论：判断，评定。　这句意思是：所以圣王活着的时候，天下的人就只

尊崇他一人,人们极其有秩序,社会很安定,根据品德的好坏规定等级名次。

⑪这句意思是:圣王死了,能够治理天下的人必然会出现。

⑫这句意思是:圣王只求在礼义名声上做到最完美的程度,何必通过禅让来获取名声呢?

⑬若夫:至于。 智虑:智慧和思虑。 取舍:判断,分辨事物的能力。

⑭不堪:不能忍受。 劳:劳累。 休:休息。

⑮畏事者:怕苦怕累的人。

⑯形:形体,身体。 佚:同“逸”,安逸。 诎:同“屈”,屈服。尊:尊贵。

⑰衣被:衣服。 服:动词,穿。 五采:五色。 间色:两种颜色相混合叫做间色。 文绣:华丽的绣花。 这句意思是:穿的是有各种颜色、绣上华丽文彩并用珠玉加以装饰的衣服。

⑱大牢:即“太牢”,指牛、羊、猪三牲都齐备。 珍怪:珍贵而少见的食物。 期:同“綦”(qí),极,尽。 臭(xiù)味:指香味。 曼:同“万”,古代的一种列队舞蹈。 馈(kuì):送上食物。 曼而馈:跳着舞蹈,列队送上食物。 皋:同“鼛”(gāo),大鼓。 伐皋:敲鼓。原为“代睾”,据《淮南子·主术训》“鼛鼓而食,奏雍而彻”文义改。 雍:乐章名。 彻:同“撤”。 五祀:古代的五种祭祀,灶是五祀之一,这里五祀专指祭灶。 执荐者:服事天子吃饭的人。 侍:伺候。

⑲张:同“帐”。 容:类似床头的小曲屏风。 负:背对着。依:通“扆”,宫殿里门窗之间画着斧形的屏风。 立:原为“坐”,古礼天子见诸侯是立着的,《礼记·曲礼》:“天子当依而立,诸侯北面而见天子曰觐。”今据改。 趋:快走。 这句意思是:天子听朝接见诸侯

的时候，要布置帐幕、小屏风，背对着屏风而立，诸侯在殿堂下快步向前朝见。

⑳巫觋(xí)：古代专门从事求神卜卦的人，女的叫巫，男的叫觋。这句意思是：出宫门则有巫觋为天子扫除不祥。

㉑出门：出王城门。 宗：大宗伯，古代主管祭祀的官。 祝：大祝，古代祈求福祥的官。原为“祀”，据上下文义改。 这句意思是：出王城门则有宗祝为天子求神祈福。

㉒大路：即“大辂”，天子乘坐的车。 越席：用蒲草编的席子。 养安：养护身体。

㉓侧：旁边。 载：放置。 睪芷(yì zhǐ)：一种香草。

㉔错：涂金，即镀金。 衡：车前的横木。

㉕和、鸾(luán)：都是车上的铃，挂在车前横木上的叫和，挂在车架上的叫鸾。 武、象：周武王时的乐舞名。 步中武、象：车慢行时合乎武、象乐的节奏。 驺(zōu)：通“趋”，这里指车快行。 韶：舜时的乐名。 护：商汤时的乐名。 驺中韶、护：车快行时合乎韶、护乐的节奏。

㉖軶(è)：同“轭”，牲口驾车时夹在脖子上的曲木。 纳：同“軜”(nà)，古时一车四马，两旁两匹马的内侧缰绳。 持轮：扶着车轮。 挟舆：在车的两旁。 先马：牵着马在前引路。 大侯：大国的公侯。编后：跟在后面。 小侯：偏远小国的侯伯。 元士：上士。 庶士：军士。 庶士介而夹道：士兵披着甲在道路两旁警卫。 隐窜：隐藏回避。

㉗持：保持，保护。 不：同“否”。 犹有善于是者与不：还有比这更好的吗？

㉘恬：心神安逸。 愉：和悦。

㉙这句意思是：所以说，诸侯有告老退休的时候，天子却没有，只有诸侯擅让一个国家的事，绝没有天子擅让天下的事，从古到今，都是这样。

㉚陋：《修身》篇“少见曰陋”，指见闻不广。 逆顺：顺不顺，对不对。 小：指一国。 大：指天下。 至：指上文的天子“至重”、“至佚”、“至愉”。 变：不同。 这句意思是：因此说，尧、舜禅让，这完全是假话，是知识肤浅人的传说，这些人不懂得怎样做不对、怎样做才对的道理，不知道“大”和“小”、“至”和“不至”的不同，所以没有资格去谈论天下的大道理。

世俗之为说者曰：“尧、舜不能教化。是何也？曰：朱、象不化①。”是不然也。尧、舜者，至天下之善教化者也，南面而听天下，生民之属莫不振动从服以化顺之②。然而朱、象独不化，是非尧、舜之过，朱、象之罪也③。尧、舜者，天下之英也④；朱、象者，天下之嵬，一时之琐也⑤。今世俗之为说者，不怪朱、象而非尧、舜，岂不过甚矣哉？夫是之谓嵬说。羿、蠭门者，天下之善射者也，不能以拨弓曲矢中微⑥；王梁、造父者，天下之善驭者也，不能以辟马毁舆致远⑦；尧、舜者，天下之善教化者也，不能使嵬琐化。何世而无嵬，何时而无琐，自太皞、燧人莫不有也⑧。故作者不祥，学者受其殃，非者有庆⑨。《诗》曰：“下民之孽，匪降自天；噂沓背憎，职竞由人⑩。”此之谓也。

①教化：教育，感化。 尧、舜不能教化：尧、舜不能使所有的人受

到教育感化。　朱：丹朱，尧的儿子，传说他游手好闲，品德不好。象：舜的异母弟弟，传说他曾设计杀害舜。

②尧、舜者：原无“者”字，据上下文义语气补。

③这句意思是：然而唯独丹朱、象不能被教化，这不是尧、舜的过失，而是丹朱、象的罪过。

④英：英豪。

⑤嵬（wéi）：指奸诈的人。　一时：当时。　琐：小，指行为卑鄙的人。

⑥羿：传说夏代东方有穷氏的国君，善于射箭。　蠭门：即“逢蒙”，相传是夏代善射的人，曾跟羿学射。　拨弓：不正的弓。　曲矢：弯曲的箭。　中：射中。　微：指微小的目标。原脱，据《议兵》篇“弓矢不调，则羿不能以中微；六马不和，则造父不能以致远”文义及下文“不能以辟马毁舆致远”句例补。

⑦王梁：即“王良”，传说是春秋时善于驾车的人。　造父：传说是周穆王的车夫，善于驾车。　辟：同“躄”（bì），脚有病。　毁舆：坏车。

⑧太皞（hào）：又称伏羲，传说是古代东方部落的首领。　燧（suì）人：传说是人工取火的发明者。

⑨作者：指编造这种世俗之说的人。　不祥：不好。　学者：接受和传播这种世俗之说的人。　殃：祸害。　非者有庆：不接受这种世俗之说的人，值得庆幸。

⑩孽：罪孽。　匪：同“非”。　噂沓（zǔn tà）：当面谈笑。　背憎：背后憎恨。　职竞由人：全是在于人为。　这几句诗的意思是：“老百姓的罪孽，不是从天上降下来的；当面有说有笑，背后却又互相攻击，这完全是在于人为啊！”（见《诗经·小雅·十月之交》）

世俗之为说者曰："太古薄葬，棺厚三寸，衣衾三领，葬田不妨田，故不掘也。乱今厚葬，饰棺，故抇也①。"是不及知治道，而不察于抇不抇者之所言也②。凡人之盗也，必以有为，不以备不足，则以重有余也③。而圣王之生民也，皆使当厚优犹知足，而不得以有余过度④。故盗不窃，贼不刺，狗豕吐菽粟，而农贾皆能以货财让⑤；风俗之美，男女自不取于涂，而百姓羞拾遗⑥。故孔子曰："天下有道，盗其先变乎⑦！"虽珠玉满体，文绣充棺，黄金充椁，加之以丹矸，重之以曾青，犀、象以为树，琅玕、龙兹、华觐以为实，人犹且莫之抇也⑧。是何也？则求利之诡缓，而犯分之羞大也⑨。

夫乱今然后反是：上以无法使，下以无度行，知者不得虑，能者不得治，贤者不得使⑩。若是，则上失天性，下失地利，中失人和⑪；故百事废，财物诎，而祸乱起⑫。王公则病不足于上，庶人则冻馁羸瘠于下⑬；于是焉桀、纣群居而盗贼击夺以危上矣⑭。安禽兽行，虎狼贪，故脯巨人而炙婴儿矣⑮。若是，则有何尤抇人之墓、抉人之口而求利矣哉⑯？虽此倮而薶之，犹且必抇也，安得葬薶哉⑰？彼乃将食其肉而龁其骨也⑱。夫曰"太古薄葬，故不抇也；乱今厚葬，故抇也"，是特奸人之误于乱说，以欺愚者而淖陷之，以偷取利焉，夫是之谓大奸⑲。传曰："危人而自安，害人而自利⑳。"此之谓也。

①太古：远古。　衾（qīn）：被子。　三领：三套。　掘：挖，这里指盗墓。　扫（hú）：挖掘，这里也指盗墓。　这两句意思是：社会上有这么一种说法：远古的时候，实行薄葬，棺材板只有三寸厚，衣服被子只有三套，葬在田地里却不妨碍耕种，所以不会有人去盗墓。当今的乱世，实行厚葬，用珠宝装饰棺椁，所以有人盗墓。

②所言：一说“言”字为“由”字之误。　这句意思是：这是不懂得治理社会的道理，又不去考察盗墓与不盗墓的原因的人的说法。

③以：因为。　则以重有余：“则”字前原有“足”字，据文义删。这句意思是：人所以要偷盗，必定有原因的，不是为了补充自己的不足，就是为了更多地得到一些财物。

④之：对于。　当厚：疑当作“富厚”。　犹：通“裕”。　知足：前原有“不”字，据上下文义删。　这句意思是：圣王养育百姓，使他们都达到富裕知足，而不允许财物过多，超过限度。

⑤刺：探取，这里指偷盗。　豕（shǐ）：猪。　菽粟：泛指粮食。狗豕吐菽粟：猪狗连粮食都不吃了，这里指粮食很多。　贾（gǔ）：商人。

⑥取：通“聚”，聚集。　涂：通“塗”，道路。　男女自不取于涂：男女自然就不会在一条路上走。　羞拾遗：以捡别人丢掉的东西为耻辱。

⑦这句意思是：所以孔子说：“天下有正道，盗贼会首先改变他们的恶习。”

⑧椁（guǒ）：棺外的套棺。　丹矸（gān）：朱砂，又叫丹砂，即硫化汞。　曾青：又称铜精，即碳酸铜，一种绘画用的颜料。　加之以丹矸，重之以曾青：用朱砂、曾青等颜料粉饰棺椁。　犀、象以为树：用犀牛角和象牙做树枝。　琅玕、龙兹、华觐（jìn）：都是珠玉的名称。　以

为实:用这些珠玉做树上的果实。 人犹且莫之抇也:人们尚且不去盗墓。

⑨诡:诡计,诡诈之心。 缓:慢,这里是少的意思。 犯分:违反名分,这里指触犯刑法。 这句意思是:这是为什么呢?是由于人求利的诡计少了,而认为触犯刑法是最大的耻辱。

⑩以无法使:不按法制,随意发令。 以无度行:不按制度,随意行动。 虑:思虑。 这句意思是:当今混乱的时代,与古代安定的时代相反,君主不按法制发令,臣民不按法度行事,有智慧的人不让他参与政事,有能力的人不让他去治理国家,有德行的人得不到任用。

⑪天性:指天时。 地利:有利的地理条件。 人和:人们齐心一致。

⑫诎(qū):穷尽。

⑬病:担忧。 餧(něi):饥饿。 羸(léi)瘠:贫困。 这句意思是:王公贵族担心财物不够用,老百姓挨冻受饿十分贫困。

⑭这句意思是:于是像桀、纣那样昏庸无能的人大量出现,而盗贼到处抢夺财物,危害国家。

⑮安:于是。 贪:贪婪。 脯(fǔ):肉干。 巨人:大人。 炙(zhì):用火烧。 脯巨人而炙婴儿:形容吃人肉。

⑯有:同“又”。 何尤:何必怨恨。 抉(jué):剜出。 抉人之口:剜开人的口取珠玉。

⑰倮:同“裸”,赤身露体。 薶:同“埋”。 安得葬薶哉:哪里还能得到埋葬呢?

⑱彼:代词,指那些吃人肉的人。 龁(hé):咬,啃。

⑲特:只是。 奸人:邪恶诡诈的人。 误于:谬为。 淖:溺。原为“潮”,据上下文义改。 淖陷:陷害。 这句意思是:这只是那些

奸邪的人故意制造的谬论，欺骗那些愚蠢的人，使他们陷于迷惑，以便从中取利，这种人是最坏的。荀子反对薄葬，主张厚葬是为了“致重其君”，“致重其亲”（《礼论》），维护尊贵者的地位。

⑳这句意思是：古书上说：“危害别人而保全自己，损害别人而便利自己。”

子宋子曰：“明见侮之不辱，使人不斗[①]。人皆以见侮为辱，故斗也；知见侮之为不辱，则不斗矣。”应之曰：然则亦以人之情为不恶侮乎[②]！曰：“恶而不辱也。”曰：若是则必不得所求焉[③]。凡人之斗也，必以其恶之为说，非以其辱之为故也[④]。今俳优、侏儒、狎徒詈侮而不斗者，是岂钜知见侮之为不辱哉[⑤]！然而不斗者，不恶故也。今人或入其央渎，窃其猪彘，则援剑戟而逐之，不避死伤，是岂以丧猪为辱也哉[⑥]？然而不惮斗者，恶之故也[⑦]。虽以见侮为辱也，不恶则不斗；虽知见侮为不辱，恶之则必斗。然则斗与不斗邪，亡于辱之与不辱也，乃在于恶之与不恶也[⑧]。夫今子宋子不能解人之恶侮，而务说人以勿辱也，岂不过甚矣哉[⑨]？金舌弊口，犹将无益也[⑩]。不知其无益，则不知；知其无益也，直以欺人，则不仁[⑪]。不仁不知，辱莫大焉。将以为有益于人，则与无益于人也，则得大辱而退耳！说莫病是矣[⑫]。

①子宋子：即宋钘（xíng）。　见：被，受到。下同。　明见侮之不辱，使人不斗：明白受到欺侮并不是耻辱的道理，人们就不会发生争

斗了。

②这句意思是：这样，是不是说人的感情是不憎恶受欺侮的呢？

③这句意思是：如果是这样，就必然得不到宋子所追求的目标了。

④为说：作为理由。 故：缘故。 这句意思是：凡是人们之间发生争斗，必定是由于感到憎恶，而不在于感到耻辱。

⑤俳(pái)优：古代歌舞艺人。 侏儒：身材矮小发育不正常的人。 狎(xiá)徒：用一些低级趣味的东西相互逗笑的人们。 詈(lì)：责骂。 詈侮：彼此责骂、侮辱。 钜：通“讵”(jù)。 岂钜：怎么。 岂钜知见侮之为不辱哉：这哪里是因为他们懂得了受到欺侮而并不是耻辱的道理了呢！

⑥央：大。 渎(dòu)：通“窦”，洞穴，窟窿。 央渎：指家中的出水洞。 彘(zhì)：猪。 援：拿着。 逐：追赶。

⑦惮(dàn)：畏惧。

⑧亡于：不在于。 这句意思是：虽然认为受到欺侮是耻辱的事，但只要没有憎恶的心，就不会去争斗；虽然知道受到欺侮不是耻辱这个道理，但只要憎恶它，就必然要去争斗。可见争斗与不争斗并不在于是否感到耻辱，而在于是否感到憎恶。

⑨解：解除。 务说(shuì)：一定要劝说。

⑩金舌：以金为舌，形容极为能说。 弊口：说破了口，形容说得极多。 这句意思是：即使是极能辩说的人，说破了嘴也是没有用的。

⑪直：只是。 这句意思是：不懂得这种说法无益于人，那就是愚蠢；明知道这种说法无益于人，但还要用它来欺骗人，那就是不道德。

⑫与：通“举”，全都。 得：受到。 退：回。 这句意思是：宋子自认为他的说法对人有益，实际上是没有一点益处的，最后只能落得个最大的耻辱而回。没有什么说法比他的说法毛病更大的了。

子宋子曰："见侮不辱。"应之曰：凡议，必将立隆正然后可也，无隆正则是非不分而辨讼不决[①]。故所闻曰："天下之大隆，是非之封界，分职名象之所起，王制是也[②]。"故凡言议期命，是非以圣王为师，而圣王之分，荣辱是也[③]。是有两端矣，有义荣者，有势荣者，有义辱者，有势辱者[④]。志意修，德行厚，知虑明，是荣之由中出者也，夫是之谓义荣[⑤]。爵列尊，贡禄厚，形势胜，上为天子诸侯，下为卿相士大夫，是荣之从外至者也，夫是之谓势荣[⑥]。流淫污僈，犯分乱理，骄暴贪利，是辱之由中出者也，夫是之谓义辱[⑦]。詈侮捽搏，捶笞膑脚，斩断枯磔，藉靡后缚，是辱之由外至者也，夫是之谓势辱[⑧]。是荣辱之两端也，故君子可以有势辱而不可以有义辱，小人可以有势荣而不可以有义荣。有势辱无害为尧，有势荣无害为桀[⑨]。义荣势荣，唯君子然后兼有之；义辱势辱，唯小人然后兼有之。是荣辱之分也。圣王以为法，士大夫以为道，官人以为守，百姓以成俗，万世不能易也[⑩]。

今子宋子案不然，独诎容为己，虑一朝而改之，说必不行矣[⑪]。譬之，是犹以砖涂塞江海也，以焦侥而戴太山也，蹎跌碎折不待顷矣[⑫]。二三子之善于子宋子者，殆不若止之，将恐得伤其体也[⑬]。

①议：议论、立论。 隆正：指判断是非的最高准则。 辨讼(sòng)：争辩诉讼。 这句意思是：所以凡是立论必须要有一个最

高的准则才能进行，否则，是非、争论就不能正确地判断。

②大隆：即“隆正”。 封界：界限。 分职：指等级官职。 名象：名物制度。 王制：指治国的总纲领。参见《王制》篇。 这句意思是：天下最高的准则，判断是非的界限，确定各种官职、名物制度的根据，就是“王制”。

③期：约定。 命：指规定事物的名称。 是非：一说疑为“莫非”。 圣王之分：这里的“分”指大分，总纲。 这句意思是：所以凡是立论或规定事物的名称，这些是非都要以圣王为准则，而圣王是以荣辱作为总纲的。

④是：代词，指荣辱。 是有两端矣：荣辱各有两个方面。 义：指符合道德规范的言行，这里指自身具有的东西。 势：客观形势，这里指外面加上去的东西。

⑤修：完美，这里指纯洁。 中：内，指本身。 这句意思是：意志纯洁，德行敦厚，智虑精明，这种光荣是自身具有的，叫做义荣。

⑥贡：指天子、诸侯所享受的贡品。 禄：指卿相士大夫所享受的俸禄。 形势：权势，地位。 从外至：从外边得到的，指依靠权势得到。

⑦流淫：下贱邪恶。 僈：通“漫”，放荡。 污僈：行为丑恶不检点。 犯分乱理：违反等级名分，扰乱事理。

⑧捽(zú)：揪着头发。 搏：用手打。 捶笞(chī)：鞭打。 膑(bìn)脚：古代去掉膝盖骨的刑罚。 斩：砍头。 断：断尸。 枯：暴尸。 磔(zhé)：车裂。 靡：通“縻”，绳子。 藉靡：捆绑。 后缚：反绑，原为“舌纆”，据文义改。 藉靡后缚：指五花大绑。

⑨害：妨碍。

⑩百姓以成俗：原为“百姓以为成俗”，据上下句例删“为”字。

易：更改。　这两句意思是：这就是荣辱的大纲。圣王把它作为标准，士大夫以此为正道，一般的官吏都遵守它，老百姓都以此为习惯，这是永远不能改变的。

⑪案：却，转折词。　诎容：屈辱容忍。　这句意思是：现在宋子却不是这样，不仅自己甘心受辱，还想很快改变人们关于荣辱的观点，他的这种学说必然是行不通的。

⑫涂：泥。　焦侥：传说中的矮人。　蹎：同“颠”，倒。　这句意思是：打个比方说，这就好像用砖和泥去堵塞江海，让矮小的人去背泰山，那么，立刻就会跌倒。

⑬二三子：几个人。　得：一说当作“复”，反的意思。　这句意思是：那些崇拜宋子学说的人，如果不赶快纠正这种看法，那就恐怕要自食其果，伤害自己了。

子宋子曰：“人之情，欲寡；而皆以己之情为欲多，是过也①。”故率其群徒，辨其谈说，明其譬称，将使人知情之欲寡也②。应之曰：然则亦以人之情为目不欲綦色，耳不欲綦声，口不欲綦味，鼻不欲綦臭，形不欲綦佚③。此五綦者，亦以人之情为不欲乎④？曰：“人之情欲是已⑤。”曰：若是则说必不行矣。以人之情为欲此五綦者而不欲多，譬之是犹以人之情为欲富贵而不欲货也，好美而恶西施也⑥。

古之人为之不然。以人之情为欲多而不欲寡，故赏以富厚，而罚以杀损也，是百王之所同也⑦。故上贤禄天下，次贤禄一国，下贤禄田邑，愿悫之民完衣食⑧。今子宋子以是之情为欲寡而不欲多也。然则先王以人之所不欲者赏，而以人之所欲者罚邪？乱莫大焉⑨。今子宋子严然而好说，聚人徒，立师学，成文典，然而说不免于以至治为至乱也，岂不过甚矣哉⑩！

①这句意思是：宋子说："人的本性是少欲的，而现在人们都说自己的本性是多欲的，这是错误的。"

②辨：同"辩"。　称：引证。　将使人知情之欲寡：原为"将使人知情欲之寡"，据上文"人之情欲寡"文义改。　这句意思是：因此宋子率领着他的门徒，四处辩论他的学说，阐明他的比喻和引证，想使别人接受他的人的本性是少欲的观点。

③綦：极尽。　目不欲綦色：眼睛不想看到各种美丽的颜色。"目"字前原衍"欲"字，据上下文义删。

④这句意思是：这五个方面的享受，难道人的本性都不要求吗？

⑤这句意思是：回答说："这正是人的本性所要求的。"

⑥西施：春秋时期越国的美女。　这句意思是：如果认为人的本性都要求这五方面的享受，而又说人的欲望不多，那就好像是说人的本性想富贵却不要财物，喜好美色却讨厌西施一样。

⑦杀(shài)损：减少。　这句意思是：古时候的人不是这样的，认为人的本性是欲望多而不是欲望少，所以有功劳就给以丰富的奖赏，有过失就给予减少俸禄的惩罚，这是历代君主共同的做法。

⑧禄：受俸禄，这里指享受。　禄天下：享有天下的俸禄，指当三公。　禄一国：享有一国的俸禄，指当诸侯。　禄田邑：享有封地内的俸禄，指当士大夫。《君道》篇说："上贤使之为三公，次贤使之为诸侯，下贤使之为士大夫。"可作参考。　完衣食：保全基本的衣食生活。

⑨这句意思是：现在宋子认为人的本性是欲望少而不是欲望多，

那么先王难道是以人们不想要的东西来进行奖赏，而以人们想要的东西来进行惩罚吗？如果是这样，那就会造成极大的混乱。

⑩严然：同“俨然”，庄重。　好(hào)说：对自己的学说沾沾自喜。文典：文章，指宋钘的著作，据《汉书·艺文志》记载，有《宋子》十八篇。“典”原为“曲”，据上下文义改。　说不免于以至治为至乱也：宋子的学说必然陷于把极好的事当做极坏的事。

十九　礼　论

【说明】这是一篇系统阐述礼学思想的重要文献。

荀子认为“礼”是在“人生而有欲，欲而不得”的情况下，圣王为调节欲望、避免争乱而制定的。礼包括等级制度、道德规范、礼节仪式等方面，这些内容可以归结为“养”和“别”。所谓“养”，就是“养人之欲，给人之求”，即通过调整财物的分配，让每个人合理的欲望和要求都能得到满足。所谓“别”，就是“贵贱有等，长幼有差，贫富轻重皆有称”，即按照人的个体差异确立差等秩序。

荀子提出了“隆礼”的思想，认为“礼”对于国家，正如绳墨对于曲直一样，是衡量一切的最高标准，是治国的根本，是“人道之极”，“天下从之者治，不从者乱；从之者安，不从者危；从之者存，不从者亡”。

荀子认为礼有三本：“天地者，生之本也；先祖者,类之本也;君师者,治之本也。"礼敬天地、先祖和君师,是一种大报本的精神。文中还对丧礼和祭礼作了重点分析,指出丧礼和祭礼要"事死如生,事亡如存",对待死者仍存爱敬思慕之心,以显尊尊亲亲之义,"葬埋,敬藏其形也;祭祀,敬事其神也",如果厚其生而薄其死,则"是奸人之道而倍叛之心也"。儒家提倡的葬礼和祭礼,其根本内涵是人文教化,由尽人道而知天道,"其在君子,以为人道也;其在百姓,以为鬼事也"。

礼起于何也?曰:人生而有欲,欲而不得,则不能无求,求而无度量分界,则不能不争①。争则乱,乱则穷②。先王恶其乱也,故制礼义以分之,以养人之欲,给人之求③。使欲必不穷乎物,物必不屈于欲,两者相持而长,是礼之所起也④。

①欲:指人的要求和欲望。 无度量分界:指没有一定的限度和界限。

②穷:困穷,指毫无办法。

③分:区分,指划分等级。 养:调养,养育。 这句意思是:先王厌恶这种混乱的局面,所以制定礼义,划分等级,以调节人们的欲望,满足人们的要求。

④屈(jué):竭尽。 持:扶持,制约。 长:久远。 这句意思是:

使人们的欲望不至于因为物资的不足而得不到满足，使物资也不至于为人们的欲望所用尽，物资和欲望相互制约而能长久地保持协调，这就是礼的起源。

故礼者，养也①。刍豢稻粱，五味调香，所以养口也②；椒兰芬苾，所以养鼻也③；雕琢刻镂黼黻文章，所以养目也④；钟鼓管磬琴瑟竽笙，所以养耳也⑤；疏房檖貇越席床笫几筵，所以养体也⑥。故礼者，养也。

①这句意思是："礼"就是"养人之欲，给人之求"。

②刍豢：牛羊猪犬等，泛指肉类食物。　香：当作"盉"，通"和"。调香：调和。

③椒兰：两种香草。　芬苾(bì)：芳香。

④雕琢刻镂：泛指各种刻有花纹的铜玉等器具。　黼黻(fǔ fú)文章：泛指各种绣着华丽花纹的服装。

⑤磬(qìng)：用玉或石做的一种打击乐器。

⑥疏：通，指敞亮。　檖(suì)：深远。　貇：同"貌"，指庙，古时也把宫室称做庙。　疏房檖貇：敞亮的房子，宽大庄严的宫室。　越席：蒲席。　笫(zǐ)：竹编的床席。　几筵：古时人席地而坐，倚靠的叫几，垫席叫筵。

君子既得其养，又好其别①。曷谓别？曰：贵贱有等，长幼有差，贫富轻重皆有称者也②。故天子大路越席，所以养体也③；侧载睪芷，所以养鼻也④；前有错衡，所以养目也[5]；和鸾之声，步中武、象，趋中韶、护，所以养耳也[6]；龙旗九斿，所以养信也[7]；寝兕、持虎、蛟韅、丝末、弥龙，所以养威也[8]；故大路之马必信至教顺然后乘之，所以养安也[9]。孰知夫出死要节之所以养生也[10]！孰知夫出费用之所以养财也[11]！孰知夫恭敬辞让之所以养安也[12]！孰知夫礼义文理之所以养情也[13]！故人苟生之为见，若者必死[14]；苟利之为见，若者必害；苟怠惰偷懦之为安，若者必危[15]；苟情说之为乐，若者必灭[16]。故人一之于礼义，则两得之矣；一之于情性，则两丧之矣[17]。故儒者将使人两得之者也，墨者将使人两丧之者也，是儒墨之分也[18]。

①别：区别，即下文讲的贵贱、贫富等等级区别。

②曷：何。　等：等级。　差：差别。　轻重：卑尊。　称：相称，合宜。

③大路：即“大辂”，古代君主坐的车。

④侧：两旁。　载：放置。　睪芷（yì zhǐ）：香草。　侧载睪芷：车两旁放置香草。

⑤错：涂金，即镀金。　衡：车前的横木。　错衡：指涂金的横木。

⑥和鸾（luán）：车铃。　步：指车慢行。　中：符合。　武：武王乐。　象：武王舞。　趋：指车快行。　韶：舜乐。　护：汤乐。　这句意思是：车行的快慢都合乎音乐、舞蹈的节奏。

⑦斿（yóu）：旗上的飘带。　信：通“伸”，又通“神”，指神气。

⑧寝兕（sì）：卧着的犀牛。　持：通“跱”。　持虎：蹲着的虎。寝兕、持虎都是画在君主车轮上的图案。　韅（xiǎn）：马肚带。　蛟韅：

蛟鱼皮做的马肚带。 末:通“幦”(mì),车帘。 丝末:丝织的车帘。弥:车耳,车两旁人倚靠的地方。 弥龙:车耳上画上龙。

⑨信至:马训练得十分熟练。原为“倍至”,据《史记》引文改。教顺:马训练得十分驯服。

⑩孰:谁。 要:求。 出死要节:舍生而求名节。 这句意思是:谁知道舍生而求名节正是为了满足生存的欲望呢!

⑪出费用:不怕用钱。 这句意思是:谁知道不怕花钱的人正是为了达到求财的目的呢!

⑫养安:达到安定,没有争乱。

⑬礼义文理:指礼义的各种规范和仪式。 情:情感。 这句意思是:谁知道遵守礼义规范和仪式的人正是为了培养崇高的情感呢!

⑭这句意思是:所以人如果只是偷生,这样的人就一定会死。

⑮怠惰偷儒:松懈懒惰,是上文“恭敬辞让”的反面。

⑯说:同“悦”。 灭:灭亡,指丧失礼义道德品质。

⑰一之于礼义:用礼义道德规范来统率自己的言行。 两:指礼义和性情。

⑱墨者:指由战国初墨翟创立的墨家学派,他们注重实际功用,主张“节葬”、“非乐”,反对繁琐的礼乐仪式。荀子在《解蔽》篇中批评墨家是“蔽于用而不知文”。

礼有三本:天地者,生之本也;先祖者,类之本也;君师者,治之本也①。无天地,恶生?无先祖,恶出?无君师,恶治②?三者偏亡,焉无安人③。故礼,上事天,下事地,尊先祖而隆君师,是礼之三本也④。

①本：根本，本源。　天地者，生之本也：天地是生存的根本。　类：种族，氏族。

②恶（wū）：何，怎么。

③偏亡：缺一方面。　焉：则。　这句意思是：这三者缺一方面，人们就没法安宁。

④事：指祭祀。　隆：推重。

故王者天太祖，诸侯不敢坏，大夫士有常宗，所以别贵始①。贵始，得之本也②。郊止乎天子，而社止于诸侯，道及士大夫，所以别尊者事尊，卑者事卑，宜大者巨，宜小者小也③。故有天下者事七世，有一国者事五世，有五乘之地者事三世，有三乘之地者事二世，持手而食者，不得立宗庙，所以别积厚者流泽广，积薄者流泽狭也④。

①太祖：一个朝代的开创皇帝。　天太祖：以太祖配天，即和天同祭。　不敢坏：不敢毁坏始祖的庙。　宗：祖宗。　常宗：指一个祖先下来的宗族系统。一说，专指由嫡长子传下来的大宗。　别贵始：重视各自宗族的始祖。《史记》引文作“辨贵贱”，也可通。

②得：同“德”。

③郊：祭天。　社：祭地。　道：通“禫”（dàn），古代除去孝服时举行的祭祀。　这句意思是：只有君主才能祭天，只有诸侯以上才能祭地，士大夫以上都可以有除丧服的祭祀，这是为了区别开只有尊贵的才能侍奉尊贵的，卑贱的只能侍奉卑贱的，应当大的就大，应当小的就小。

④七：原作“十”，据《史记》等改。　事七世：事奉七代祖先，即可以立七代祖先的神庙。　有一国者：指诸侯。　乘（shèng）：一辆车。

五乘之地:五十里封地。古代十里为成,每成出兵车一辆,五乘指大夫一级。 三乘之地:三十里封地,指士一级。 持手而食者:指劳动人民。 积:同"绩",功业。 积厚:功业大。"积厚"后原衍"积厚"二字,据上下文义和《史记》等删。 流泽:流传给人们的恩德。

大飨,尚玄尊,俎生鱼,先大羹,贵食饮之本也①。飨,尚玄尊而用酒醴,先黍稷而饭稻粱;祭,齐大羹而饱庶羞,贵本而亲用也②。贵本之谓文,亲用之谓理,两者合而成文,以归大一,夫是之谓大隆③。故尊之尚玄酒也,俎之尚生鱼也,豆之先大羹也,一也④。利爵之不醮也,成事之俎不尝也,三臭之不食也,一也⑤。大昏之未发齐也,太庙之未入尸也,始卒之未小敛也,一也⑥。大路之素末也,郊之麻絻也,丧服之先散麻也,一也⑦。三年之丧,哭之不反也,清庙之歌,一唱而三叹也,县一钟,尚拊、膈,朱弦而通越也,一也⑧。

①大飨(xiǎng):在太庙中合祭历代祖先。 尚:上,供上。 玄尊:盛着清水的酒杯,这里是以清水作为酒的意思。 俎:祭器。 俎生鱼:俎上放置生鱼。 先:先献。 大羹:不加调味的肉汁。 本:根本,指以上清水、生鱼、不加调味的肉汁等是各种饮食的根本。 贵食饮之本:这是由于尊重饮食的根本。

②飨:同"享",指四季的祭祖。 而用:然后再供上。 酒醴:甜酒。 黍稷:指五谷粮食。 饭稻粱:指供上熟米饭。 祭:每月的祭祀。 齐:通"跻",升,供上。 饱庶羞:指供上各种美味的食品。

贵本而亲用:既尊重饮食的根本,又要便于食用。

③文:文饰,指礼的形式。　理:常理。　合而成文:指“贵本”、“亲用”结合起来,就成为完备的礼的制度。　大:通“太”。　大一:太古时代。　以归大一:从而合乎太古时代的情况。　大隆:最隆重。这句意思是:尊重饮食的根本是礼的形式,便于食用是合乎常理的,把两者结合起来,就成为完备的礼的制度,从而合乎太古时代的情况,这就是最隆重的礼。

④豆:古时盛食品的器皿,也用作祭器。原为“俎”,据《史记》等改。　一也:指和太古时代是一样的。下同。

⑤利:古代祭祀时用一个活人代表死者受祭,叫做“尸”,劝“尸”吃东西的人叫“利”。　利爵:利献上的酒。　醮(jiào):喝净。　利爵之不醮:代表死者受祭的人不把利献上的酒喝净。　成事:祭祀完毕。俎不尝:不尝俎上的生鱼。　臭:通“侑”(yòu),劝食。　三臭之不食也:劝食的人三次劝受祭人吃,而自己不吃。以上三者是讲礼完毕时的情况。

⑥大昏:大婚礼。　齐:通“醮”,古代婚礼的一种仪式。　大昏之未发齐:指举行大婚礼而还没有去迎亲的时候。　太庙之未入尸:指祭祀太庙而“尸”还没有进入的时候。　始卒之未小敛:指人刚死而还没有换上寿衣的时候。以上三者是讲礼开始时的情况。

⑦素末:即上文的“丝末”,丝织的车帘。原为“素未集”,据上下文义改。　絻:同“冕”。　麻絻:麻布帽。　散麻:腰间系上麻带。以上三者是讲礼的服饰等从质朴。

⑧反:原为“文”,据文义和《史记》等改。　不反:哭声直号。　清庙:《诗经·周颂》篇名。　一唱而三叹:一人先唱三人后和。　县:同“悬”,挂。　拊、膈:都是古代乐器。原为“拊之膈”,据文义和《史记》

等改。 朱弦:指瑟。 通越:在瑟底通孔,使瑟音低沉。以上三者是讲礼的仪式等从质朴。

凡礼,始乎棁,成乎文,终乎悦校①。故至备,情文俱尽;其次,情文代胜;其下,复情以归大一也②。天地以合,日月以明,四时以序,星辰以行,江河以流,万物以昌;好恶以节,喜怒以当,以为下则顺,以为上则明,万变不乱。贰之则丧也③。礼岂不至矣哉!立隆以为极,而天下莫之能损益也④。本末相顺,终始相应,至文以有别,至察以有说⑤。天下从之者治,不从者乱,从之者安,不从者危,从之者存,不从者亡。小人不能测也⑥。

①棁:据《史记》当作"脱",简略。 校:当作"恔"(xiào),快意,称心。 悦校:满意。 这句意思是:礼,开始时简单,逐渐比较完备,最后达到满意。

②至备:指礼达到最完备的程度。 情:感情。 文:礼的仪式。 情文代胜:或者情胜过文,或者文胜过情,指不能把情和文两个方面很好地协调统一起来。 复:返回。 这句意思是:所以,礼达到最完备的程度,就能把感情和仪式两方面都充分、完善地表达出来;其次是,或者感情胜过仪式,或者仪式胜过感情;再其次,那就是只注重质朴的感情,而符合于太古时代的情况。

③合:和谐,调和。 明:明亮。 昌:昌盛。 节:节制,适当。 当:得当。 以为下则顺,以为上则明:用礼来约束老百姓,老百姓就顺从;用礼来规范君主,君主就英明。 万变不乱:指以礼为标准,经历万变也不会混乱。原为"万物变而不乱",据文义和《礼记》改。

贰:违背。　丧:失。

④立隆以为极:建立完备的礼制作为一切事物和言行的最高准则。　损益:减少或增加,指更改。

⑤本末:指礼的根本原则,和礼在各方面的具体规定。　相顺:有一定次序。　终始相应:指上文所讲礼的终和始的情况是互相呼应的。　至文:指礼义制度十分完备。　至察:极其细密。　至文以有别,至察以有说:礼义制度十分完备,而有明确的贵贱等级区别;礼义制度又极其细密,而有严格的是非标准。

⑥测:测量,引申为深刻了解。

礼之理诚深矣,“坚白”、“同异”之察入焉而溺;其理诚大矣,擅作典制辟陋之说入焉而丧;其理诚高矣,暴慢恣睢轻俗以为高之属入焉而队①。故绳墨诚陈矣,则不可欺以曲直;衡诚县矣,则不可欺以轻重;规矩诚设矣,则不可欺以方圆;君子审于礼,则不可欺以诈伪②。故绳者,直之至;衡者,平之至;规矩者,方圆之至;礼者,人道之极也③。然而不法礼,不足礼,谓之无方之民;法礼,足礼,谓之有方之士④。礼之中焉能思索,谓之能虑;礼之中焉能勿易,谓之能固⑤。能虑,能固,加好之者焉,斯圣人矣⑥。故天者,高之极也;地者,下之极也;无穷者,广之极也;圣人者,道之极也。故学者,固学为圣人也,非特学为无方之民也⑦。

①诚:真正,实在。　坚白:即“离坚白”,名家公孙龙辩论的命题之一。　同异:即“合同异”,名家惠施辩论的命题之一。这里泛指那

些繁琐难懂的辩说。 溺:淹没,这里指站不住脚。 擅作典制:擅自编造典章制度。 辟陋之说:指那些奇谈怪论。 丧:消亡。 暴慢恣睢轻俗以为高:指那些胡作非为,放荡不羁,看不起一般风俗而盲目自大的人。 队:通"坠",失败。

②陈:陈列,放置。 故绳墨诚陈矣,则不可欺以曲直:所以真正把绳墨这些标准放在那里,就不能混淆曲直来欺骗人了。 衡:秤。 审:明察。

③直之至:直之中最直的。 人道:指为人、治国的原则。 极:最高、最根本。

④法礼:遵照礼去做。 足礼:重视礼。 无方:无道,指不走正道而走邪道的意思。

⑤勿易:不变。 这句意思是:在礼的范围内能思考,叫做能谋虑;在礼的范围内能不变,叫做坚定。

⑥加好之者:在礼上能达到最完善的地步的。原脱"之"字,据《史记》和《王制》篇中"为之,贯之,积重之,致好之者,君子之始也"文义补。

⑦非特学:不是要学。 这句意思是:所以学者,本来是要学做圣人的,不是要学做无道的人。

礼者,以财物为用,以贵贱为文,以多少为异,以隆杀为要①。文理繁,情用省,是礼之隆也。文理省,情用繁,是礼之杀也。文理情用相为内外表里,并行而杂,是礼之中流也②。故君子上致其隆,下尽其杀,而中处其中③。步骤驰骋厉骛不外是矣,是君子之坛宇宫廷也④。人有是,士君子也；外是，民也；于是其中焉，方皇周挟，曲得其次序，是圣人也⑤。故厚者，礼之积也；大者，礼之广也；高者，礼之隆也；明者，礼之尽也⑥。《诗》曰："礼仪卒度，笑语卒获⑦。"此之谓也。

①多少：指衣物车马等多少不同，如下段所讲丧礼中"皆有衣衾多少厚薄之数"等。　隆：丰厚，隆重。　杀（shài）：减等，简省。　要：纲要，恰当。　这句意思是：礼，以财物作为行礼的费用，以贵贱装饰不同体现礼的文饰，以多少不同区别上下，以隆重与简省的运用恰当为纲要。

②杂：通"集"，会合，兼用。　这句意思是：仪式和感情互相配合，并行而兼用，这就是适中的礼。

③这句意思是：所以君子对大礼要隆重，对小礼要简省，对中等的礼要适中。这就是说，要根据不同情况和对象采取相应的礼。

④步骤：走。　厉：疾飞。　骛：奔跑。　步骤驰骋厉骛：表示三种不同速度，这里比喻礼好像是君子的宫廷，君子一切行动都不应超出礼的范围。

⑤有：通"域"，居住。　是：此，指礼的范围。　人有是：人在礼的范围内活动。　外是：不在礼的范围内活动。　方皇：同"仿偟"。　挟：通"浃"。　周挟：周遍。　方皇周挟：指随意活动的意思。　曲：全部。　这句意思是：人的活动都在礼的范围内，可称为士君子了；不在礼的范围内，就成了普通人了；如果在礼的范围内，能随意活动而又一切都符合礼的次序要求，这就是圣人了。

⑥厚、大、高、明：四者都是形容圣人、君子的品德。　这句意思是：圣人、君子所以有敦厚这种品德，是不断积累礼的结果；所以有大

度这种品德，是普遍遵循礼的结果；所以有高尚这种品德，是推崇礼的结果；所以有明察的品德，是完全按照礼的结果。

⑦卒：尽，完全。　获：得当。　这两句诗的意思是："礼义完全符合法度，那么一笑一言就都能得当了。"（见《诗经·小雅·楚茨》）

礼者，谨于治生死者也①。生，人之始也；死，人之终也：终始俱善，人道毕矣②。故君子敬始而慎终，终始如一，是君子之道，礼义之文也。夫厚其生而薄其死，是敬其有知而慢其无知也，是奸人之道而倍叛之心也③。君子以倍叛之心接臧穀，犹且羞之，而况以事其所隆亲乎④！故死之为道也，一而不可得再复也，臣之所以致重其君，子之所以致重其亲，于是尽矣⑤。故事生不忠厚、不敬文，谓之野；送死不忠厚、不敬文，谓之瘠⑥。君子贱野而羞瘠，故天子棺椁七重，诸侯五重，大夫三重，士再重，然后皆有衣衾多少厚薄之数，皆有翣蒌文章之等，以敬饰之，使生死终始若一，一足以为人愿，是先王之道，忠臣孝子之极也⑦。天子之丧动四海，属诸侯⑧。诸侯之丧动通国，属大夫⑨。大夫之丧动一国，属修士⑩。修士之丧动一乡，属朋友。庶人之丧，合族党，动州里⑪。刑余罪人之丧，不得合族党，独属妻子，棺椁三寸，衣衾三领，不得饰棺，不得昼行，以昏殣，凡缘而往埋之，反无哭泣之节，无衰麻之服，无亲疏月数之等，各反其平，各复其始，已葬埋，若无丧者而止，夫是之谓至辱⑫。

①谨:谨慎,郑重。

②终始俱善:对待生和死都按礼处理得十分妥善。

③慢:怠慢。 倍:同“背”。 倍叛之心:指不能始终如一,背叛了自己在对待别人活着时的那种敬重的态度。

④接:对待。 臧:奴仆。 穀:小孩。 犹且:尚且。 所隆:指君主。 亲:父母。

⑤这句意思是:死这件事,只有一次而不可能有二次,所以臣下对于君主最敬重的感情,子女对于父母最敬重的感情,在如何对待君主和父母的死这一点上,体现得最完全了。

⑥不敬文:不注重礼节。 瘠:薄。

⑦椁(guǒ):套棺。 七:原作“十”,据文义改。 衣衾(qīn):衣被。 翣蒌(shà shà):当作“蒌翣”,古代棺材上的一种装饰物。 一足以为人愿:一切都适合人的愿望。

⑧属:合,汇聚。下同。 这句意思是:天子的丧事惊动天下,诸侯都汇聚而来参加丧礼。

⑨通国:友好国家。

⑩一国:指同朝的官吏。 修士:上士,指士中地位比较高的那一部分人。

⑪族党:同族。 州里:乡里。

⑫刑余罪人:指犯法而受到制裁的人。 三领:三件。 昏殣(jìn):黄昏时埋葬。 凡:平常。 缘:因袭,照旧,这里指不更换服装。 凡缘:死者的妻子穿戴和平常一样的衣服。 无亲疏月数之等:指没有守丧的规定。 各反其平,各复其始:指对刑余罪人埋葬后,他的亲属就回复到平时的、原来的那种状态,不应有丧痛的表示。

礼者，谨于吉凶不相厌者也①。紸纩听息之时，则夫忠臣孝子亦知其闵已，然而殡殓之具，未有求也；垂涕恐惧，然而幸生之心未已，持生之事未辍也；卒矣，然后作具之②。故虽备家，必踰日然后能殡，三日而成服③。然后告远者出矣，备物者作矣④。故殡久不过七十日，速不损五十日。是何也？曰：远者可以至矣，百求可以得矣，百事可以成矣，其忠至矣，其节大矣，其文备矣⑤。然后月朝卜日，月夕卜宅，然后葬也⑥。当是时也，其义止，谁得行之！其义行，谁得止之⑦！故三月之葬，其貌以生设饰死者也，殆非直留死者以安生也，是致隆思慕之义也⑧。

①相厌：相掩，互相混淆。　这句意思是：礼是谨慎地对待吉凶，使其不互相混淆。

②紸：当作“注”。　纩(kuàng)：新棉絮。　紸纩听息：把新棉絮放在快死者的鼻前，观察病者的气息，试其是否断气。　闵：病危。　未有求也：还不能准备。　持生之事：侍奉活着的人的事。　辍(chuò)：停止。　作具之：准备殡殓的物品。

③备家：指殡殓物品有准备的人家。　踰：越。　踰日：指隔几日。　成服：穿丧服。

④这句意思是：然后去外地报丧的人出发了，准备治丧物品的人开始去办理了。

⑤节：指子女对父母的孝节。　文：指器用和仪式都很完备。

⑥月朝：当作“日朝”，早上。　卜日：卜卦选择葬期。　月夕：当作“日夕”，晚上。　卜宅：选择葬地。一说，当作“月朝卜宅，月夕卜

日”，意思是，上旬选择葬地，下旬选择葬日。

⑦义：这里指按照礼的规定去办理丧事的原则。　这句意思是：在这个时候，按照礼的规定办完丧事，谁又能要求去做更多的事呢！按照礼的规定去办理丧事，谁又能要求停止不做呢！

⑧须：同“貌”，像，效法。　殆非：并不是。　这句意思是：所以三个月以后再埋葬，三个月之内像活着时的陈设来装饰死者，这并不是为了留下死者来安慰活人，而是对死者表达尊重悼念感情的意思。

丧礼之凡①：变而饰，动而远，久而平②。故死之为道也，不饰则恶，恶则不哀，尒则玩，玩则厌，厌则忘，忘则不敬③。一朝而丧其严亲，而所以送葬之者不哀不敬，则嫌于禽兽矣，君子耻之④。故变而饰，所以灭恶也；动而远，所以遂敬也；久而平，所以优生也⑤。

①凡：总括，概要。

②这句意思是：尸体逐渐变形，因此要整饰；从殓到殡葬，死者放的地方越移越远；时间长了，哀痛的心情逐渐减轻而平复。

③恶：丑恶，这里指尸体变形，很难看的样子。一说，指丧礼不像样。　尒：同“迩”，近。　玩：轻视。　厌：讨厌，厌弃。　忘：当作“怠”，怠慢，下同。

④严亲：指君主和父母。　嫌：疑似。　嫌于：近于。

⑤遂：达到。　优生：对活着的人有好处。

礼者，断长续短，损有余，益不足，达爱敬之文，而滋成行义之美者也①。故文饰、粗恶、声乐、哭泣、恬愉、忧戚，是反也，然而礼兼而用之，时举而代御②。故文饰、声乐、恬愉，所以持平奉吉也；粗恶、哭泣、忧戚，所以持险奉凶也③。故其立文饰也，不至于窕冶；其立粗恶也，不至于瘠弃；其立声乐恬愉也，不至于流淫惰慢；其立哭泣哀戚也，不至于隘慑伤生：是礼之中流也④。故情貌之变，足以别吉凶，明贵贱亲疏之节，期止矣；外是，奸也；虽难，君子贱之⑤。故量食而食之，量要而带之⑥。相高以毁瘠，是奸人之道也，非礼义之文也，非孝子之情也，将以有为者也⑦。故说豫娩泽，忧戚萃恶，是吉凶忧愉之情发于颜色者也⑧。歌谣謸笑，哭泣谛号，是吉凶忧愉之情发于声音者也⑨。刍豢稻粱酒醴餰鬻，鱼肉菽藿酒浆，是吉凶忧愉之情发于食饮者也⑩。卑絻、黼黻、文织，资粗、衰绖、菲繐、菅屦，是吉凶忧愉之情发于衣服者也⑪。疏房檖貌越席床笫几筵，属茨倚庐，席薪枕块，是吉凶忧愉之情发于居处者也⑫。两情者，人生固有端焉⑬。若夫断之继之，博之浅之，益之损之，类之尽之，盛之美之，使本末终始莫不顺比，足以为万世则，则是礼也⑭。非顺孰修为之君子，莫之能知也⑮。

①滋成：养成。　行义：按照礼规定的原则去做。　这句意思是：礼，是要做到取长补短，减少有余，弥补不足，既表达了爱慕崇敬的仪式，而且养成事事按照礼的原则去做的美德。

②粗恶：粗劣，这里指礼的仪式简略。　恬愉：安祥愉快。　反：相反。　时举而代御：随时变换使用。

③持：对待。　奉：伺候。　持平奉吉：对待平安吉庆的事。　粗

恶：这里原为“粗衰”，据上文“粗恶”文义改。下同。

④立：设置，运用。　窕冶：妖艳。　瘠弃：刻薄。　流淫惰慢：放荡懈怠。　隘慑（shè）：过分悲伤。　伤生：伤害身体。

⑤期：当作“斯”，此。　外是：不是这样。　奸：奸邪。　虽难：虽然很难。　贱：轻视。《不苟》篇说，“君子行不贵苟难”，“君子不贵者，非礼义之中也”，可作参考。　这句意思是：所以人们情貌的变化，只要能够达到区别吉事凶事，表明贵贱、亲疏的礼的差别就可以了。如果不是这样，就是奸人的行为，虽然做起来很困难，君子也看不起他。

⑥要：同“腰”。　量要而带之：根据腰的粗细扎带子。

⑦相高以毁瘠：指用毁伤自己身体来追求更高的名利。这是荀子对那些沽名钓誉的人的批判，如《不苟》篇中对田仲、史鳝的揭露和批判，即是一例。　将以有为：将有所追求，指别有企图。

⑧说：同“悦”。　豫：快乐。　娩（wǎn）：明媚。　娩泽：面色润泽。　萃：同“悴”（cuì），面色憔悴。　这句意思是：所以喜悦欢乐、面色润泽和忧伤悲戚、脸色憔悴是吉凶哀乐的情感在面部的表现。

⑨歌谣：唱歌。　謸：同“傲”，开玩笑。　谛：同“啼”。

⑩餰：同“饘”（zhān），稠粥。　鬻：同“粥”，稀粥。　菽：豆类。藿：豆叶。　酒浆：当作“水浆”。刍豢、稻粱、酒醴、鱼肉是办吉事的饮食；餰鬻、菽藿、水浆是办凶事的饮食。

⑪卑絻：同“稗冕”，祭服。　文织：有色彩花纹的丝织品。　资粗：粗布。　衰绖（cuī dié）：丧服。　菲繐：薄而稀的布。　菅（jiān）屦：用菅草编的鞋。

⑫属茨：用草编成屋顶的房子。　倚庐：守丧人住的简陋木头房。　席薪：居丧时以柴草为垫席。　枕块：居丧时以土块为枕。

⑬两情者：指吉和凶、忧和愉的感情。　人生固有端焉：指两情是

人生固有的,不是出于礼。

⑭类之:指和上面相似的东西以此类推。 顺比:协调。宋台州本在“顺比”下有“纯备”二字。 这句意思是:至于去长补短,使小的扩大,大的减少,益不足,损有余,同类事情按惯例尽量办好,使它丰盛完美,使文理情感始终都很协调,完全可以成为万世不变的法则,这就是礼。

⑮顺:通“慎”。 孰:同“熟”。 这句意思是:若不是对礼十分谨慎、精熟,而且努力去做的君子,是不能明白这个道理的。

故曰:性者,本始材朴也;伪者,文理隆盛也①。无性则伪之无所加,无伪则性不能自美②。性伪合,然后成圣人之名,一天下之功于是就也③。故曰:天地合而万物生,阴阳接而变化起,性伪合而天下治。天能生物,不能辨物也;地能载人,不能治人也;宇中万物、生人之属,待圣人然后分也④。《诗》曰:“怀柔百神,及河乔岳⑤。”此之谓也。

①材朴:自然的材质。 伪:人为。 文理:礼法的条理。

②无所加:没法进行加工、改造。

③性伪合:本性和人为相合。 成:成全。此字原脱,据宋本补。 一:统一。 就:完成。这里,荀子论述了人的社会地位和道德都不是先天命定的,而是后天形成的。

④辨:治理。 载:生养。 宇中:天地之间,世界上。 属:类。分:名分。 这句意思是:天能生万物,但不能治理万物;地能生养人类,但不能治理人类;世界上的万物和人类,必须依靠圣人制定礼法,然后才能各得其位。

⑤乔岳:高山。 这两句诗的意思是:“安抚百神,以及深川高

山。”（见《诗经·周颂·时迈》）荀子引诗比喻圣人能治理万物。

丧礼者，以生者饰死者也，大象其生以送其死也①。故事死如生，事亡如存，终始一也②。始卒，沐浴鬠体饭唅，象生执也③。不沐则濡栉三律而止，不浴则濡巾三式而止④。充耳而设瑱，饭以生稻，唅以槁贝，反生术也⑤。设亵衣，袭三称，缙绅而无钩带矣⑥。设掩面儇目，鬠而不冠笄矣⑦。书其名，置于其重，则名不见而柩独明矣⑧。荐器则冠有鍪而毋縰，瓮庑虚而不实，有簟席而无床笫，木器不成斫，陶器不成物，薄器不成用，笙竽具而不和，琴瑟张而不均，舆藏而马反，告不用也⑨。具生器以适墓，象徙道也⑩。略而不尽，貌而不功，趋舆而藏之，金革辔靷而不入，明不用也⑪。象徙道，又明不用也，是皆所以重哀也。故生器文而不功，明器貌而不用⑫。凡礼，事生，饰欢也；送死，饰哀也；祭祀，饰敬也；师旅，饰威也：是百王之所同，古今之所一也，未有知其所由来者也⑬。故圹垄，其貌象室屋也；棺椁，其貌象版盖斯拂也⑭；无帾丝歶缕翣，其貌以象菲帷帱尉也⑮；抗折，其貌以象槾茨番阏也⑯。故丧礼者，无它焉，明死生之义，送以哀敬而终周藏也⑰。故葬埋，敬藏其形也；祭祀，敬事其神也；其铭诔系世，敬传其名也⑱。事生，饰始也；送死，饰终也。终始具而孝子之事毕，圣人之道备矣。

①饰：装饰。　大象：大致效法。　这句意思是：丧礼，用活着时那样去妆饰死者，大致就像活着时那样来送死者。

②事死如生，事亡如存：原为“如死如生，如亡如存”，据上下文义和本篇末“事死如事生，事亡如事存”文义改。　终始一也：指对生死存亡都按礼的规定一样对待。

③始卒：刚死时。　沐(mù)：洗头。　浴：洗澡。　鬠(kuò)：把头发束在一起。　体：指剪指甲等。　饭唅：把玉、珠、贝、米之类放在死者的嘴里，放的东西视死者的贵贱等级而定。　象生执：仿效活着时所做的那样。

④濡(rú)：沾湿。　栉(zhì)：梳篦总称。　律：梳头发。　式：同“拭”，擦拭。

⑤充耳：塞耳。　瑱(tiàn)：塞耳的玉。　皜(hào)：洁白。　皜贝：白色的贝壳。原为“槁骨”，据文义改。　反生术：和生时的做法相反。

⑥设：陈设。原为“说”，据宋台州本改。　亵(xiè)衣：内衣。　袭三称：殓前给死者加外衣三套。　缙：同“搢”，插。　绅：古代贵族束在腰间的大带。　缙绅：插笏(古代官吏上朝时拿着的手板)的腰带。

⑦儇：通“幎”，掩盖。　设掩面儇目：用绢帛盖住死者的面目。笄(jī)：簪，即插在头发上的一种饰物。　不冠笄：男不戴帽，女不插笄。

⑧书其名：把死者的名字书写在旌旗上。　重(chóng)：木做的神主牌。长三尺至九尺不等，看死者等级而定。　柩独明：指死者的名字仅出现于柩前。

⑨荐器：陈设陪葬的器物。　鍪(móu)：帽子。　毋：无。縰(shǐ)：包头发的丝织物。　庑：即“甒”(wǔ)。　瓮庑(wèng wǔ)：都

是陶制器皿。　虚而不实：里面不放东西。　簟(diàn)席：细苇席。　无床笫：棺中不设床垫。　不成斫(zhuó)：不雕饰。　不成物：只具形状，未成完整能用的器皿。　薄器：竹或苇做成的器物。　用：原为“内”，据上下文义和《礼记》改。　不和、不均：指不能调节音调，弹奏乐曲。　舆：指丧车。　藏：埋。　马反：驾车的马返回不埋。　告：言，表示。

⑩生器：活着时的用器，指弓矢盘盂之类。　适：往。　象徙道：像搬家一样。

⑪略而不尽：简略而不全备。　貌而不功：只取其粗略的外貌，而不用精细加工。　趋舆而藏之：赶着车把伴葬物运到墓地埋葬。　金：车铃。　革：车鞅，套在马脖子上的皮带。　辔(pèi)：嚼子和缰绳。　靷(yǐn)：车上套马用的皮带，俗称车套。　不入：不埋。

⑫文而不功：只起礼的仪式作用而不起实际功用。　明器：随葬品，亦称鬼器。

⑬事：侍奉。　事生，饰欢也：侍奉生者，是为了表达欢乐。　师旅：指军事活动中的礼仪。　百王：历代的帝王。　未有知其所由来者也：没有人知道礼的来源。

⑭圹(kuàng)：墓穴。　垄：坟墓。　版：车辆旁挡风沙的厢板。　盖：车顶盖。　斯：疑“靳”字之误，“靳”借作“鞎”(hén)，即车鞎，车前革制的车饰。“斯”后原衍“象”字，据文义删。　拂：即“茀”，车后的遮障。　这句意思是：所以，坟墓的外貌象房屋，棺椁的外貌象车子。

⑮无：通“幠”(hū)，幕布一类的东西。　帾：通“褚”(chǔ)，帐子一类的东西。这两种东西都是棺木上的装饰物。　丝歶(yú)：不详，可能是丝织的丧车车饰。　缕翣：即“蒌翣”，棺饰。　菲：挡门的草帘。　帱(chóu)：单帐子。　尉：通“罻”(wèi)，网状的帷帐。　这句意思是：

棺饰和丧车饰的外貌象门帘帷帐。

⑯抗：挡土的葬具。　折：垫在坑下的葬具。　槾（mán）：用泥涂抹墙壁和房顶。　茨（cí）：用茅草或苇盖房。　番：通“藩”，篱笆。阏（yān）：遮塞，这里指挡风尘的门户。　这句意思是：挡土的那些葬具的外貌象墙壁、屋顶和篱笆、门户。

⑰明：表明。　周：周全，完备。　这句意思是：因此，丧礼没有别的意思，只是用来表明生与死的意义，用哀痛崇敬的心情送死，而最后周全地加以埋葬。

⑱铭：把死者的事迹刻在器物上。　诔（lěi）：哀悼死者的文字、文章。　系世：世代传袭的记载，像家谱一类的东西。

刻死而附生谓之墨，刻生而附死谓之惑，杀生而送死谓之贼①。大象其生以送其死，使死生终始莫不称宜而好善，是礼义之法式也，儒者是矣②。

①刻：刻薄。　附：增添，丰厚。　墨：指墨家的节葬主张。一说，墨是瘠薄的意思。　杀生而送死谓之贼：以人殉葬就叫做贼。

②称宜：合宜。　好善：很完善。　法式：法则仪式。

三年之丧，何也？曰：称情而立文，因以饰群，别亲疏贵贱之节，而不可益损也①。故曰：无适不易之术也②。创巨者其日久，痛甚者其愈迟，三年之丧，称情而立文，所以为至痛极也③。齐衰、苴杖、居庐、食粥、席薪、枕块，所以为至痛饰也④。三年之丧，二十五月而毕，哀痛未尽，思慕未忘，然而礼以是断之者，岂不以送死有已，复生有节也哉[⑤]？凡生乎天地之间者，有血气之属必有知，有知之属莫不爱其类。今夫大鸟兽则失亡其群匹，越月踰时，则必反铅；过故乡，则必徘徊焉，鸣号焉，踯躅焉，踟蹰焉，然后能去之也[⑥]。小者是燕爵犹有啁噍之顷焉，然后能去之[⑦]。故有血气之属莫知于人，故人之于其亲也，至死无穷。将由夫愚陋淫邪之人与？则彼朝死而夕忘之；然而纵之，则是曾鸟兽之不若也，彼安能相与群居而无乱乎[⑧]！将由夫修饰之君子与？则三年之丧，二十五月而毕，若驷之过隙，然而遂之，则是无穷也[⑨]。故先王圣人安为之立中制节，一使足以成文理，则舍之矣[⑩]。

①称情：根据哀情轻重。　立文：制定丧礼的规定。　饰群：指区别人们不同的身份。　节：礼节。

②适：往。　易：变。　术：方法，原则。　这句意思是：到哪里都不会变的原则。

③创巨者：创伤大的。

④齐衰(zī cuī)：熟麻布做的一种丧服。　苴(jū)杖：哭丧时拄的竹杖。　居庐：同“倚庐”，守丧人住的小木屋。

⑤礼：丧礼。　断：终止，指脱掉丧服。　已：止。　复生：除丧后恢复平常生活。　有节：有一定的限度。

⑥血气之属：指动物、人类。　知：知觉。　则：若。　匹：配偶。失亡其群匹：离开了同类或配偶。　踰时：过一定日子。　反：返回。　铅：同“沿”，巡视。　踯躅(zhí zhú)：徘徊不进。　踟

蹰(chí chú):犹豫不决,来去不定。

⑦爵:同"雀"。 啁噍(zhōu jiū):小鸟悲叫声。 顷:顷刻,一会儿。

⑧无穷:没有穷尽,这里形容对父母的感情没有终止的时候。将由:依照。 愚陋:指颠倒是非,见识浅薄的人。《修身》篇说:"非是、是非谓之愚","少见曰陋"。 淫邪:指不按礼义而走邪道的人。纵之:听任这样去做。 这句意思是:这种愚陋淫邪的人,亲人早晨死了,晚上就忘到脑后去了,如果听任他们这样去做,那就会连鸟兽都不如了,这种人怎么能和别人友善地相处而不作乱呢!

⑨修饰之君子:指按照礼义要求去做有品德的人。 若驷之过隙:好像快马从空隙中飞跑过去一样,形容时间过得飞快。 遂之:按照心愿去做,指不按时除丧。

⑩安:语助词。 立中制节:制定适当的服丧年月加以限制。舍:捨,指除去丧服。 这句意思是:所以,先王圣人为人们制定适当的服丧年月加以限制,使人们只要已经达到礼的规定,就可以除去丧服了。

然则何以分之①?曰:至亲以期断②。是何也?曰:天地则已易矣,四时则已遍矣,其在宇中者莫不更始矣,故先王案以此象之也③。然则三年何也?曰:加隆焉,案使倍之,故再期也④。由九月以下,何也⑤?曰:案使不及也⑥。故三年以为隆,缌、小功以为杀,期、九月以为间⑦。上取象于天,下取象于地,中取则于人,人所以群居和一之理尽矣⑧。故三年之丧,人道之至文者也⑨。夫是之谓至隆,是百王之所同,古今之所一也。

①这句意思是:如何来区分亲疏的丧礼呢?

②至亲:指父母。　期(jī):周年。下同。　断:终,指丧终。

③易:改变。　遍:轮流一遍。　在宇中者:指万物。　更始:更新,重新开始。　案:语助词,下同。　象:象征新的开始。

④加隆:加倍隆重。　倍:加倍。　再期:二年。

⑤由:从。　九月:穿丧服九个月。

⑥案使不及也:使其丧礼不如父母的丧礼隆重。

⑦缌:用细麻布做成的丧服,服期三个月。　小功:指穿用较细熟麻布做成的丧服,服期五个月。　杀(shài):减等。　间:在隆杀之间。这句意思是:所以,服丧三年是最隆重的礼,服丧三个月或五个月是减等的礼,服丧九个月是中等的礼。

⑧这句意思是:礼是根据天地的运行和人的情感要求制定的,这样不同身份的人所以能和谐相处的道理就完全体现出来了。

⑨至文:最完善的礼义制度。

君之丧所以取三年,何也?曰:君者,治辨之主也,文理之原也,情貌之尽也,相率而致隆之,不亦可乎①?《诗》曰:“恺悌君子,民之父母②。”彼君者,固有为民父母之说焉③。父能生之,不能食之;母能食之,不能教诲之;君者,已能食之矣,又善教诲之者也,三年毕矣哉④!乳母,饮食之者也,而三月;慈母,衣被之者也,而九月;君,曲备之者也,三年毕乎哉⑤!得之则治,失之则乱,文之至也⑥。得之则安，失之则危，情之至也⑦。两至者俱积焉，以三年事之犹未足也，直无由进之耳⑧！故社，祭社也；稷，祭稷也；郊者，并百王于上天而祭祀之也⑨。

①治辨：治理。　原：根本。　文理之原：礼义的根本，《王制》篇“君子者，礼义之始（根本）也”，意思与此同。　情：指忠诚的感情。　貌：指恭敬的礼貌。　相率：共同。　相率而致隆之：指人们共同来推重君主。　不亦可乎：不也是应当的吗！

②恺悌（kǎi tì）：和蔼可亲。　这两句诗的意思是：“和蔼可亲的君主啊，是老百姓的父母。”（见《诗经·大雅·泂酌》）

③彼君者：原为“彼君子者”，据上下文义删“子”字。　说：说法，道理。

④食（sì）：喂食。“不能食之”的“食”原作“养”，据下文“母能食之”、“君者，已能食之矣”文义改。　毕：完毕。

⑤慈母：养母。　曲备：各方面都具备。

⑥这句意思是：按这样去做，国家就能治理好，不这样去做，国家就会混乱，这是最完美的礼法制度。

⑦情之至：指最充分地表达了感情。

⑧两至：指“文之至”和“情之至”。　俱积：都具备。　直：但。　直无由进之耳：但不可能再增多了。

⑨社：土地神。　稷：谷神。　郊：祭祀天。　这句意思是：社祭只祭土地神，稷祭只祭谷神，而郊祭则以百王和天一起祭。郊祭是最隆重的祭祀典礼，荀子用它作比喻来说明对君主的丧礼也应当像郊祭一样隆重，因为君主的恩德，包括和超过父母等所能给予的恩德。荀子通过对君丧父丧的比较，来树立君主的权威，以加强中央集权。

三月之殡，何也[1]？曰：大之也，重之也，所致隆也，所致亲也，将举错之，迁徙之，离宫室而归丘陵也，先王恐其不文也，是以繇其期，足之日也[2]。故天子七月，诸侯五月，大夫三月，皆使其须足以容事，事足以容成，成足以容文，文足以容备，曲容备物之谓道矣[3]。

①殡：指殓后至埋葬前停丧的一段时间。

②错：同“措”。 举错：指为丧葬准备东西和办各种事。 繇：通“遥”。 繇其期：延长殡的日期。 足之日：使殡的时间充足。

③须：待，等待葬的时间。 容：容许。 事：指丧葬用品和要办的事。 足以容事：能够办理各种丧葬用品和事情。 成：完成。 备：完备。 道：这里指丧礼的原则。

祭者，志意思慕之情也[1]。愅诡唈僾而不能无时至焉[2]。故人之欢欣和合之时，则夫忠臣孝子亦愅诡而有所至矣[3]。彼其所至者，甚大动也；案屈然已，则其于志意之情者惆然不嗛，其于礼节者阙然不具[4]。故先王案为之立文，尊尊亲亲之义至矣[5]。故曰：祭者，志意思慕之情也，忠信爱敬之至矣，礼节文貌之盛矣，苟非圣人，莫之能知也[6]。圣人明知之，士君子安行之，官人以为守，百姓以成俗[7]。其在君子，以为人道也；其在百姓，以为鬼事也[8]。故钟鼓管磬，琴瑟竽笙，韶、夏、护、武、汋、桓、箾、象，是君子之所以为愅诡其所喜乐之文也[9]。齐衰、苴杖、居庐、食粥、席薪、枕块，是君子之所以为愅诡其所哀痛之文也。师旅有制，刑法有等，莫不称罪，是君子之所以为愅诡其所敦恶之文也⑩。卜筮视日，斋戒修涂，几筵馈荐告祝，如或飨之⑪。物取而皆祭之，如或尝之⑫。毋利举爵，主人有尊，如或觞之⑬。宾出，主人拜送，反易服，即位而哭，如或去之⑭。哀夫！敬夫！事死如事生，事亡如事存，状乎无形影，然而成文⑮。

①志意：心意。　这句意思是：祭祀，是人们的心意和思慕感情的表达。一说，“情”当作“积”，意思是：祭祀，是人们心意思慕积在心中的缘故。

②愅（gé）：变。　诡：异。　愅诡：变异感动的样子。　唈僾（yì ài）：郁闷不乐的样子。　这句意思是：这种事情使人心情感动而不舒畅，但不能不在一定时期内发生。

③这句意思是：因此，在人们欢乐、团聚的时候，那些忠臣孝子也就会受到感动而思念自己的君主和双亲，而且会有所表现。

④甚大动：很感动。　案：语气助词。　屈：竭尽。　屈然：空无所有的样子。　惆然不嗛（qiè）：悲哀不愉快。　阙（quē）：同“缺”。阙然不具：欠缺而不完备。　这句意思是：忠臣孝子这种思念君亲的感情是很强烈的，但因为没有祭祀的礼仪，只能在心中空想而已。这样，他们的心意思慕在感情方面是悲哀不愉快的，在礼仪方面是欠缺而不完备的。

⑤尊尊亲亲：尊敬君主，孝敬父母。

⑥苟：假如。

⑦安行：安心地去实行。　官人：指专管祭祀的官员。　守：主管。　成俗：成为风俗。

⑧鬼事:鬼神的事情。

⑨韶:舜乐。 夏:大夏,禹乐名。 护:通“濩”,大濩,汤乐名。 武:周武王时的乐名。 汋(sháo):周文王的舞曲名。 桓:周代明堂祭祀武王的乐歌。 箾(shuò):周文王的舞曲名。“箾”后原衍“简”字,据文义删。 象:周武王伐纣的乐。 这句意思是:各种乐器和乐曲是君子表示他的喜乐感情变化的礼仪形式。

⑩称罪:刑罚和罪恶相称。 敦:通“憝”,憎恨。

⑪卜筮视日:卜卦看日子的吉凶。 涂:通“除”。 修涂:修饰,扫除。 馈荐:指祭祀时进献的牲畜和黍稷。 祝:辅助祭祀的人。告祝:祭礼的仪式之一。 如或飨之:好像鬼神真来享受一样。

⑫物取而皆祭之:各种物品都取一点来祭祀。

⑬毋利举爵:不用劝食的人代主人敬酒。 有尊:即“侑尊”,指献酒。 觞(shāng):喝酒的器物,这里指喝酒。 如或觞之:如同鬼神真的喝酒一样。

⑭反易服:返回后,脱去祭服,换上丧服。 如或去之:如同神灵离去一样。

⑮状:好像。 这句意思是:悲哀啊,恭敬啊,对待死者像对待生者一样,对待亡者如同对待活着的一样,好像没有形影,然而都是合乎为人、治国的礼义规定的。

二十　乐　论

【说明】这是一篇系统阐述乐教思想的重要文献。

本篇前半部分阐述了先王制乐的原因和方略。乐源于人的情感，若无引导则易混乱，因此先王制乐，以雅颂之声感发人的善心，从而抵御邪气、止息争乱，用意非常深远。乐可以引导君臣上下、父子兄弟、乡里族长之间形成和睦的关系，令人们志意宽广、同心协力，在其熏染下自发地遵守礼义道德，从而起到"移风易俗"的效果。由于声乐具有"入人也深"、"化人也速"的巨大影响力，因而先王制乐十分慎重，"贵礼乐而贱邪音"。墨子不明白先王立乐的用意，否定音乐的积极作用，文中对此作了批判。

本篇后半部分进一步阐发了礼乐对于修身治国的重要性。在修身上，君子"以钟鼓道志，以琴瑟乐心"，以礼乐陶冶性情、规范言行，则能"乐行而志清，礼修而行成”，而且“乐合同，礼别异”，礼乐相互配合，可以“管乎人心”，提升人的德行修养。在治国上，推崇礼乐，则“贵贱明，隆杀辨，和乐而不流，弟长而无遗，安燕而不乱”，足以正身安国，进而安定天下，实现王道；反之，如果礼乐衰微，风俗败坏，“其声乐险”、“贱礼义而贵勇力”，则陷于乱世。

夫乐者，乐也，人情之所必不免也，故人不能无乐①。乐则必发于声音，形于动静，而人之道，声音、动静、性术之变尽是矣②。故人不能不乐，乐则不能无形，形而不为道，则不能无乱③。先王恶其乱也，故制雅、颂之声以道之，使其声足以乐而不流，使其文足以辨而不諰，使其曲直、繁省、廉肉、节奏，足以感动人之善心，使夫邪污之气无由得接焉④。是先王立乐之方也，而墨子非之，奈何⑤！

①乐(yuè)者：指音乐、歌舞。　乐(lè)也：喜乐，指喜乐的感情。这句意思是：音乐是人的喜乐感情的表现，这是人的情性所不可缺少的，所以人不能没有音乐。

②形：表现。　人之道：做人的道理。　性术：本性和所选择的道路。　性术之变：指思想感情的变化。　这句意思是：人有喜乐的感情，就一定会流露于声音中，表现在动静上，而做人的一些基本道理和声音、动静、思想感情的变化都表现在音乐之中。

③道：同“导”，引导。

④恶(wù):厌恶。　雅、颂:雅和颂是《诗经》中的两类诗,配有不同的乐曲,这里的雅和颂是指乐曲,即雅乐、颂乐。　流:淫乱。　文:指乐章。下同。　辨:辨别清楚,这里指辨清乐曲的含义。　諰(xǐ):当作"偲",邪。　曲直:声音回旋曲折与平直。　繁省:声音复杂与简单。　廉肉:声音的清晰与饱满。　善心:善良的心,这里指后天形成的善心,同孟子的性善论是不同的。参见《性恶》篇。　使夫邪污之气无由得接焉:使那些邪气无从接触到。

⑤方:道,原则。　墨子:名翟(dí),战国初期鲁国人,墨家学派的创始人。墨子曾写了《非乐》篇,主张全部取消音乐。

故乐在宗庙之中,君臣上下同听之,则莫不和敬①;闺门之内,父子兄弟同听之,则莫不和亲②;乡里族长之中,长少同听之,则莫不和顺③。故乐者,审一以定和者也,比物以饰节者也,合奏以成文者也④;足以率一道,足以治万变⑤。是先王立乐之术也,而墨子非之,奈何!

①宗庙:祖庙。　和敬:和睦相敬。

②闺门之内:指家庭内。

③族长:即族党,指同族人之内。

④审:审定,确定。　一:这里指中音。　比:配。　物:指乐器。　饰:通"饬",整饬,调整。　这句意思是:所以,音乐要审定一个中音作为基本音来确定乐调的和谐,然后配上各种乐器来调整节奏,一起合奏来构成一支和谐的乐曲。

⑤率:统率。　一道:即上文所讲的"人之道",也就是本段所讲的君臣上下、父子兄弟、长少之间的"和敬"、"和亲"、"和顺"等根本道

理。 万变:即上文所讲的声音、动静、性术等思想感情的变化。 这句意思是:乐足以统率为人的根本道理,足以调整人们的各种思想感情的变化。

故听其雅、颂之声,而志意得广焉①;执其干戚,习其俯仰屈伸,而容貌得庄焉②;行其缀兆,要其节奏,而行列得正焉,进退得齐焉③。故乐者,出所以征诛也,入所以揖让也④。征诛揖让,其义一也⑤。出所以征诛,则莫不听从;入所以揖让,则莫不从服。故乐者,天下之大齐也,中和之纪也,人情之所必不免也⑥。是先王立乐之术也,而墨子非之,奈何!

①志意得广:心胸意向就变得宽广。

②干:盾牌。 戚:斧头。干和戚都是用来表演反映打仗内容的舞具。 俯仰屈伸:指舞蹈的动作。 庄:庄重。

③缀(zhuì)兆:舞蹈排列的位置,缀指行列的标帜,兆指行列的地段。 要(yāo):符合。

④征诛:征伐杀敌。 揖让:礼让。

⑤其义一也:它们的意义是一致的,指下文所讲的“莫不听从”、“莫不从服”,即说明乐在征诛和揖让中的作用、目的,都是为了使人们服从、遵守礼法制度。

⑥大齐:指行动完全整齐统一。 中和:指性情符合礼法的要求。 纪:纲纪。

且乐者，先王之所以饰喜也；军旅鈇钺者，先王之所以饰怒也①。先王喜怒皆得其齐焉②。是故喜而天下和之，怒而暴乱畏之。先王之道，礼乐正其盛者也，而墨子非之③，故曰：墨子之于道也，犹瞽之于白黑也，犹聋之于清浊也，犹欲之楚而北求之也④。

①饰：装饰，表现。　鈇（fū）：同“斧”。　鈇钺（yuè）：大斧，古代以此指刑杀。

②齐：恰当，适宜。

③其：代词，指先王之道。　先王之道，礼乐正其盛者也：在先王之道中，礼和乐恰恰是最重要的。

④瞽（gǔ）：瞎子。　清浊：指声音的清晰与浑厚。　犹欲之楚而北求之也：就好像想去南边的楚国而往北行一样。

夫声乐之入人也深，其化人也速，故先王谨为之文①。乐中平则民和而不流，乐肃庄则民齐而不乱。民和齐则兵劲城固，敌国不敢婴也②。如是，则百姓莫不安其处，乐其乡，以至足其上矣③。然后名声于是白，光辉于是大，四海之民，莫不愿得以为师④。是王者之始也⑤。乐姚冶以险，则民流僈鄙贱矣⑥。流僈则乱，鄙贱则争。乱争则兵弱城犯，敌国危之⑦。如是，则百姓不安其处，不乐其乡，不足其上矣。故礼乐废而邪音起者，危削侮辱之本也。故先王贵礼乐而贱邪音。其在序官也，曰：“修宪命，审诗商，禁淫声，以时顺修，使夷俗邪音不敢乱雅，太师之事也⑧。”

①这句意思是：声乐对人的影响很深，改变人的感情很快，所以先王谨慎地修饰声乐。

②婴：同“撄”，侵犯。

③这句意思是：如果这样，老百姓没有不安居乐业，而最充分地去奉养君主的。

④白：显赫。　师：君长。

⑤始：根本。

⑥姚冶：即“窕(yáo)冶”，妖艳，形容音乐不正派。　险：邪。　流僈：放纵散漫。

⑦犯：疑当为“脆”(cuì)，弱。

⑧序：同“叙”，叙述。　序官：叙述官的职责和权限，这里指《王制》篇中“序官”那一段。　宪命：法令文告。　商：通“章”。　审诗商：审查诗歌。原为“审诛赏”，据《王制》篇文义改。　以时顺修：顺应时势的变化，随时修订诗篇乐章。　夷俗邪音：这里指一些落后的风俗习惯和不健康的音乐。　雅：正声，指正派的音乐。　太师：乐官之长。

墨子曰：“乐者，圣王之所非也，而儒者为之，过也①。”君子以为不然。乐者，圣人之所乐也，而可以善民心，其感人深，其移风易俗易，故先王导之以礼乐而民和睦②。夫民有好恶之情而无喜怒之应，则乱③。先王恶其乱也，故修其行，正其乐，而天下顺焉④。故齐衰之服，哭泣之声，使人之心悲⑤；带甲婴軸，歌于行伍，使人之心伤⑥；姚冶之容，郑、卫之音，使人之心淫⑦；绅、端、章甫，舞韶歌武，使人之心庄⑧。故君子耳不听淫声,目不视女色,口不出恶言。此三者,君子慎之。

①为之:提倡它。　过:错误。

②移风易俗易:原为“移风易俗”,据上文“其化人也速”文义补“易”字。

③好(hào):喜好。　应:相应。　这句意思是:人们有好恶的感情而没有表达喜怒的东西来和它相应,那就要乱了。

④行:德行。

⑤齐衰(zī cuī):丧服。

⑥婴:戴。　軸:同“胄”(zhòu),头盔。　伤:当作“扬”,发扬,振作。

⑦郑、卫之音:指春秋时郑、卫两国的新乐。

⑧绅:指古代贵族束在腰间的大带子。　端:礼服。　章甫:礼帽。　韶:相传是古代虞舜时代的一种乐曲。　武:相传是周武王时代的一种乐曲。

凡奸声感人而逆气应之,逆气成象而乱生焉①。正声感人而顺气应之,顺气成象而治生焉。唱和有应,善恶相象,故君子慎其所去就也②。

①逆气:歪风邪气。　成象:形成风气。

②唱和有应,善恶相象:有唱的就一定有和的,互相呼应,善恶的风气也就随着唱和什么乐曲而形成。　去:舍弃。　就:取,留。

君子以钟鼓道志，以琴瑟乐心[①]。动以干戚，饰以羽旄，从以箫管[②]。故其清明象天，其广大象地，其俯仰周旋有似于四时[③]。故乐行而志清，礼修而行成，耳目聪明，血气和平，移风易俗，天下皆宁，美善相乐[④]。故曰：乐者，乐也。君子乐得其道，小人乐得其欲[⑤]。以道制欲，则乐而不乱；以欲忘道，则惑而不乐。故乐者，所以道乐也。金石丝竹，所以道德也[⑥]。乐行而民乡方矣[⑦]。故乐者，治人之盛者也[⑧]；而墨子非之。

①道：同"导"，引导。　乐心：这里是陶冶性情的意思。　这句意思是：君子用钟鼓琴瑟等音乐来引导志向，陶冶性情。

②羽：野鸡毛。　旄(máo)：牦牛尾。羽、旄都是古代舞蹈中的用具。　从：伴随。　箫：原为"磬"，据文义和元刻本改。

③清明：指乐声清脆、明朗。　俯仰周旋：指舞蹈动作。　似于四时：好像春夏秋冬四季那样有规律的变化。

④故乐行而志清，礼修而行成：所以音乐得到推行，人们的志向就纯洁，礼义原则完备，人们的德行就能养成。　美善相乐：赞美好的品德，互相都很喜乐。

⑤这句意思是：君子喜欢音乐是为了提高道德修养，小人喜欢音乐是为了满足个人欲望。

⑥金石丝竹：泛指各种乐器，这里也是指音乐。

⑦乡：同"向"。　乡方：向着正确的方向、道路。

⑧这句意思是：所以音乐是治理人们的一个重要方面。

且乐也者，和之不可变者也；礼也者，理之不可易者也①。乐合同，礼别异②。礼乐之统，管乎人心矣③。穷本极变，乐之情也；著诚去伪，礼之经也④。墨子非之，几遇刑也⑤。明王已没，莫之正也⑥。愚者学之，危其身也⑦。君子明乐，乃其德也⑧。乱世恶善，不此听也⑨。於乎哀哉！不得成也⑩。弟子勉学，无所营也⑪。

①这句意思是：音乐体现着人们和谐一致的根本原则，礼体现着社会秩序的根本原则。

②这句意思是：音乐使人们达到和谐一致，礼使人们区分为不同的身份地位。

③统：总括，总体。　管：约束，管束。

④这句意思是：从根本上改变人的性情，是乐的本质；表明诚心，去掉虚伪，是礼的原则。

⑤几遇刑也：接近于犯罪。

⑥没：同“殁”（mò），死，消失。　这句意思是：明智的王已经没有了，没有人去纠正墨子“非乐”的错误了。

⑦这句意思是：愚蠢的人照着墨子“非乐”的错误主张去做，就会危害自己。

⑧这句意思是：君子提倡音乐，乃是他重视德行的表现。一说，“德”当作“人”，与上下合韵；又一说，“乃其德也”疑当作“乃斯听也”，与下文“不此听也”文义相对。

⑨恶（wù）：厌恶。　听：分辨。　这句意思是：混乱的时代厌恶好的品德，不能分辨这些是非。

⑩於（wū）乎：同“呜呼”。　於乎哀哉：感叹词。　不得成也：指音

乐不能充分发挥作用。

⑪营:通“荧”,迷惑。　这句意思是:学生们好好地学习啊,不要被那些邪说迷惑了。

声乐之象:鼓大丽,钟统实,磬廉制,竽、笙肃和,筦、籥发猛,埙、篪翁博,瑟易良,琴妇好,歌清尽,舞意天道兼①。鼓,其乐之君邪!故鼓似天,钟似地,磬似水,竽、笙、筦、籥似星辰日月,鞉、柷、拊、鞷、椌、楬似万物②。曷以知舞之意?曰:目不自见,耳不自闻也,然而治俯仰诎信进退迟速,莫不廉制,尽筋骨之力以要钟鼓俯会之节,而靡有悖逆者,众积意謘謘乎③!

①象:象征。　丽:通“厉”,猛烈。　鼓大丽:鼓声大而高。　统:一说当作“充”。　钟统实:钟声洪亮而浑厚。　廉:有棱角,这里引申为声音的清晰。　制:有节制,这里引申为有节奏。　肃和:整齐和谐。原为“箫和”,据上下文义改。　筦(guǎn)、籥(yuè):均是古代编管乐器。　发猛:振奋激昂。　埙(xūn):陶土制的吹乐器。　篪(chí):单管横吹乐器。　翁博:通“滃渤”,低沉而宽广。　易良:声音平和。　妇好:同“女好”,形容声音柔和婉转。　清尽:清晰完美。　天道兼:和自然界相合,引申为能表现自然界的万事万物。

②竽、笙、筦、籥似星辰日月:原“竽、笙”后衍“箫和”二字,据上下文义删。　鞉(táo)、柷(zhù)、拊(fǔ)、鞷(gé)、椌(qiāng)、楬(qià):均为古代打击乐器。

③曷:何,怎么。　治:整治。　诎信:同“屈伸”。　要(yāo):应合。　靡:没有。　悖(bèi)逆:混乱。　众:指跳舞的人。　积:练习。

謘謘(chí):谆谆,态度认真。 众积意謘謘乎:舞者们练习的态度是多么认真啊。

吾观于乡而知王道之易易也①。主人亲速宾及介,而众宾皆从之,至于门外,主人拜宾及介,而众宾皆入,贵贱之义别矣②。三揖至于阶,三让以宾升,拜至,献酬,辞让之节繁③。及介省矣④。至于众宾,升受,坐祭,立饮,不酢而降⑤。隆杀之义辨矣⑥。工入,升歌三终,主人献之;笙入三终,主人献之⑦;间歌三终,合乐三终,工告乐备,遂出⑧。二人扬觯,乃立司正⑨。焉知其能和乐而不流也⑩。宾酬主人,主人酬介,介酬众宾,少长以齿,终于沃洗者⑪。焉知其能弟长而无遗也⑫。降、说屦升坐,修爵无数⑬。饮酒之节,朝不废朝,莫不废夕⑭。宾出,主人拜送,节文终遂⑮。焉知其能安燕而不乱也⑯。贵贱明,隆杀辨,和乐而不流,弟长而无遗,安燕而不乱。此五行者,足以正身安国矣⑰。彼国安而天下安。故曰:吾观于乡而知王道之易易也。

①乡:这里指乡人饮酒的礼仪。 易易:非常容易。

②速:迎接。 介:指中等地位的宾客。古代乡饮礼中,对有地位和名望的贤人叫做宾,宾的主要陪同者叫介,其他陪客叫众宾。 贵贱之义别矣:接待贵者和贱者的礼节仪式在这里就区别分明了。

③拜至:对来的宾客进行拜礼。 献酬:主人拿酒献宾,宾用酒回敬,主人又用酒自饮以答谢。 这句意思是:经过三次揖让,宾客才走

上堂阶，再经过三次揖让，宾客才登上厅堂，然后行拜礼，互相献酒，这些谦让的礼节是十分繁多的。

④及介省矣：对介的礼节比对宾的礼节就要省略了。

⑤升受：升堂受酒。　坐祭：坐着祭酒。　不酢（zuò）：客人不用酒回敬主人。　降：退下。

⑥隆：隆重。　杀（shài）：减省。　辨：分辨，清楚。

⑦工：乐工。　升歌：升到堂上而演奏歌曲。　终：演奏、歌唱一篇歌或诗为一终。　笙入三终：吹笙的人进入堂下，奏乐三曲。

⑧间歌三终：堂上乐工先歌唱一曲，然后堂下吹笙的人吹奏一曲，这叫做间歌，这样演奏三遍叫三终。　合乐：唱歌吹笙一起合演。　工告乐备：乐工报告乐已完毕。

⑨觯（zhì）：酒杯。　二人扬觯：主人的两个侍从举杯向宾和介敬酒。　立：设立。　司正：专门负责监礼的人。

⑩焉：于是。

⑪齿：年龄。　少长以齿：按年龄长幼排列次序。　终：最后。　沃洗者：洗酒器等的人。

⑫弟：同“悌”（tì），尊敬兄长。　这句意思是：于是可以看到人们能够尊敬长辈，而且不遗漏一个人。

⑬说：通“脱”。　屦（jù）：鞋。　修：行。　爵：酒杯。　这句意思是：下堂脱鞋，然后升堂就坐，互相不断地敬酒。

⑭莫：同“暮”。　这句意思是：乡饮酒的适当程度是，在早朝后饮酒，不影响早上应该做的事，在傍晚饮酒，不影响晚上要办的事。

⑮节文：礼节仪式。　终遂：完成。

⑯燕：同“宴”，安。　安燕：休息。　这句意思是：于是从这里可以看到人们在休息饮酒时也不过分，而遵守礼节制度。

⑰正身:端正自己的品行,使符合于道德规范。

乱世之征,其服组,其容妇,其俗淫,其志利,其行杂,其声乐险,其文章匿而采,其养生无度,其送死瘠墨,贱礼义而贵勇力,贫则为盗,富则为贼①。治世反是也。

①征:象征。 组:丝织有花纹的宽带。 服组:服装妖艳。 容妇:男的模仿妇女,指妖里妖气的打扮。 杂:污,行为恶劣。 匿:通"慝"(tè),邪恶。 匿而采:内容邪恶而辞藻华丽。 瘠:菲薄。 墨:指墨子节葬的主张。 盗:《修身》篇说,"窃货曰盗"。 贼:《修身》篇说,"害良曰贼",指残害好人。

二十一 解 蔽

【说明】这是一篇阐释思维方法的哲学论文。

荀子目睹"诸侯异政、百家异说"的局面，试图从历史经验的分析对比中，寻求政治上成败兴衰、治乱得失的认识论根源，力求从思维方法上为国家的统一安定提供理论指导。

荀子指出，认识上的蔽塞乃君之乱国、臣之乱家、诸子之乱术，以及常人招致祸患的重要原因。蔽塞的共同原因在于，人通常只看到事物的一面，而看不到与之对立统一的另一面。解蔽之方则为，人要从万事万物中把握一以贯之的"道"，"道"本身不变，但是可以穷尽一切事物的变化。

人何以能够知"道"呢？藉由"心"。人心通常的状态为散乱，心中既有认知会干扰对未知事物的认识，各种不同认知彼此之间亦互相冲突对立。这就需要运用"虚壹而静"这一修心功夫来对治。荀子重点阐释了何为“虚”、“壹”、“静”，只有通过这些功夫，才能达到“大清明”的境界，从而把握道，去除认识上的偏蔽。

凡人之患，蔽于一曲，而闇于大理①。治则复经，两则疑惑矣②。天下无二道，圣人无两心③。今诸侯异政，百家异说，则必或是或非，或治或乱④。乱国之君，乱家之人，此其诚心莫不求正而以自为也，妒缪于道而人诱其所迨也⑤。私其所积，唯恐闻其恶也⑥。倚其所私，以观异术，唯恐闻其美也⑦。是以与治离走而是己不辍也⑧。岂不蔽于一曲而失正求也哉⑨！心不使焉，则白黑在前而目不见，雷鼓在侧而耳不闻，况于蔽者乎⑩！德道之人，乱国之君非之上，乱家之人非之下，岂不哀哉⑪！

①患：病。　蔽：蔽塞，这里指认识上的局限。　曲：局部，片面。　闇：同“暗”，不清楚。　大理：全面的道理。　这句意思是：人们认识上的通病，是被事物的一个片面所局限，而不明白全面的道理。

②治：纠正。　复：符合。　经：正道，即“大理”。　两则疑惑矣：原为“两疑则惑矣”，据另一版本和下文“心枝则无知，倾则不精，贰则疑惑”文义改。　这句意思是：人们纠正了片面认识，才能使认识符合正道，对正道三心二意则必然迷惑。

③这句意思是：天下只有一个道，圣人对道不能三心二意。

④异政：不同的政治措施。　异说：不同的学说。　这句意思是：当今，各诸侯国实行的政治措施不同，各个学派所持的学说也不一样，

那么，必定有的是，有的非，有的导致国家安定，有的导致国家混乱。

⑤乱家：指背离正道、蔽于一曲的学派。 妒：嫉妒。 缪：通"谬"，迷误。 妒缪：这里是背离的意思。 迨：及，达到。 所迨：这里指所获得的片面认识。 这句意思是：造成国家混乱的君主，蔽于一曲的各派学者，他们的本意没有不想求正道，而其主观上也自以为是这样做的，但是因为他们背离了正道，别人就会以其所好而引诱他们。

⑥私：偏爱。 积：积累，这里指自己掌握的知识。 恶(è)：坏。这句意思是：偏爱自己的知识，唯恐听到别人说他的坏话。

⑦倚：靠，依据。 倚其所私：依据自己的偏见。 异术：不同的学说。 美：好。

⑧离：原为"虽"，据上下文义改。 辍(chuò)：停止。 这句意思是：因此，背离正道而走，还自以为是，不知改正。

⑨这句意思是：这难道不是由于被事物的一个片面所局限，而失去了追求正道的本意吗！

⑩心：古时人们认为心是一身之主，是统摄人的情志和认知的。心不使：指不去用心思考。 雷鼓：鼓声如雷。 蔽：原为"使"，据上下文义改。

⑪德：通"得"。 非：反对，责难。 这句意思是：对于获得正道的人，乱国之君在上面责难他，蔽于一曲的各派学者在下面反对他，这难道不是很可悲的吗！

故为蔽①：欲为蔽、恶为蔽，始为蔽、终为蔽，远为蔽、近为蔽，博为蔽、浅为蔽，古为蔽、今为蔽②。凡万物异则莫不相为蔽，此心术之公患也③。

①故:语气词,同“夫”。

②欲:喜好。 恶(wù):憎恨,讨厌。 欲为蔽、恶为蔽:意思是,只看到欲的一面会成为认识上的局限,只看到恶的一面也会成为认识上的局限。

③心术:思想方法。 这句意思是:一切事物都有差异,只看到事物的一面就会造成认识上的片面和局限,这是思想方法上共同的毛病。

昔人君之蔽者,夏桀、殷纣是也①。桀蔽于末喜、斯观,而不知关龙逢,以惑其心而乱其行②;纣蔽于妲己、飞廉,而不知微子启,以惑其心而乱其行③。故群臣去忠而事私,百姓怨非而不用,贤良退处而隐逃,此其所以丧九牧之地而虚宗庙之国也④。桀死于鬲山,纣县于赤旆,身不先知,人又莫之谏,此蔽塞之祸也⑤。成汤监于夏桀,故主其心而慎治之,是以能长用伊尹而身不失道,此其所以代夏王而受九有也⑥。文王监于殷纣,故主其心而慎治之,是以能长用吕望而身不失道,此其所以代殷王而受九牧也⑦。远方莫不致其珍,故目视备色,耳听备声,口食备味,形居备宫,名受备号,生则天下歌,死则四海哭,夫是之谓至盛⑧。《诗》曰:“凤凰秋秋,其翼若干,其声若箫,有凤有凰,乐帝之心⑨。”此不蔽之福也。

①人君:君主。

②末喜:即“妹喜”,夏桀的妃子。 斯观:人名,当是夏桀的臣子。

关龙逢:夏桀的大臣,因规劝桀而被杀。　这句意思是:夏桀只看到末喜、斯观,而不知道信任关龙逢,所以导致思想的迷惑和行为的昏乱。

③妲(dá)己:殷纣王的妃子。　飞廉:殷纣王的大臣。　微子启:殷纣王的哥哥。

④事:用。　非:同"诽"。　怨非:怨恨咒骂。　不用:不愿替君主出力。　退处:指退出朝廷,不参与政事。　隐:隐居。　九牧:九州,指全国,古代传说全国共有九州。　虚:同"墟",荒芜之地。这里作动词,毁灭的意思。　宗庙:古代天子和诸侯祭祀祖先的地方,象征着国家政权。　虚宗庙之国:毁灭了国家政权。

⑤鬲(lì)山:即历山,今称历阳山,在安徽省和县西北;一说在安徽省巢县西南,传说桀死在此山。原为"亭山",据杨倞引另一版本改。　县:同"悬"。　赤旆(pèi):红色的旗子。　纣县于赤旆:传说周武王斩殷纣王,并将他的头挂在旗杆上示众。　身不先知:他们自己不能预见到。　谏:古代称下对上的规劝叫谏。

⑥成汤:即商汤王,名履,商朝的第一个君主。　监:通"鉴",借鉴。　主:掌握。　主其心:掌握自己的思想,即保持头脑的清醒。慎治之:小心谨慎地治理国家。　伊尹:商汤王的宰相,曾辅助成汤灭夏兴商。　代:取代。　有:通"域"。　九有:即九州。　受九有:指统治天下。

⑦吕望:即姜尚,姜太公,西周初著名的政治家,辅助周文王、武王建立周朝。

⑧致:送,指进贡。　致其珍:进贡珍贵的物品。　备:充足,各种各样。下同。　目视备色:眼睛看到各种鲜艳的色彩。　形:身体。　号:称号,这里指各种赞美的称号。

⑨秋秋:同"跄跄",形容跳舞时优美的姿态。　干:盾牌。　这几

句诗的意思是:“凤凰翩翩起舞,它那扇动着的翅膀像盾牌一样威武雄壮,它那悠扬的叫声像箫声一样和谐动听,有凤啊又有凰,使得帝王乐开怀!”引诗已失传。

昔人臣之蔽者,唐鞅、奚齐是也①。唐鞅蔽于欲权而逐载子,奚齐蔽于欲国而罪申生,唐鞅戮于宋,奚齐戮于晋②。逐贤相而罪孝兄,身为刑戮,然而不知,此蔽塞之祸也③。故以贪鄙、背叛、争权而不危辱灭亡者,自古及今,未尝有之也④。鲍叔、宁戚、隰朋仁知且不蔽,故能持管仲而名利福禄与管仲齐⑤。召公、吕望仁知且不蔽,故能持周公而名利福禄与周公齐⑥。传曰:“知贤之谓明,辅贤之谓能。勉之强之,其福必长⑦。”此之谓也。此不蔽之福也。

①唐鞅:战国时宋康王的臣子,后被宋康王所杀。　奚齐:晋献公的宠妃骊姬的儿子。

②欲权:贪图权位。　载:当作“戴”。戴子,指宋太宰戴讙(huān),后被唐鞅所驱逐而逃往齐国。　唐鞅蔽于欲权而逐载子:唐鞅只贪图权位而驱逐了戴子。　欲国:企图夺得国家权力。　罪:加罪,陷害。　申生:晋献公的太子,奚齐的异母兄。骊姬为使奚齐继承君位,就时常在晋献公前说申生坏话,晋献公信了她的话,杀申生,立奚齐为太子。　戮(lù):杀。　宋:春秋战国时国名,在今河南商丘县一带。　晋:春秋战国时代国名,在今山西河北一带。

③贤相:有才德的宰相。　孝兄:有孝名的哥哥。

④贪鄙:贪婪卑鄙。

⑤鲍叔、宁戚、隰(xí)朋:都是齐桓公的大臣。　知:同“智”,智慧。仁知且不蔽:有道德有智慧,而且不蔽于一曲。　持:支持,辅助。

⑥召公:姓姬,名奭(shì),周武王的异母兄弟。　周公:即周公旦。

⑦传(zhuàn):古书。　这句意思是:古书上说:“能够识别贤人叫做明,辅助贤人叫做能,在这方面勤奋努力,他的幸福一定长久。”

昔宾孟之蔽者,乱家是也①。墨子蔽于用而不知文②;宋子蔽于欲而不知得③;慎子蔽于法而不知贤④;申子蔽于势而不知知⑤;惠子蔽于辞而不知实⑥;庄子蔽于天而不知人⑦。故由用谓之道,尽利矣;由俗谓之道,尽嗛矣;由法谓之道,尽数矣;由势谓之道,尽便矣;由辞谓之道,尽论矣;由天谓之道,尽因矣⑧。此数具者,皆道之一隅也⑨。夫道者,体常而尽变,一隅不足以举之⑩。曲知之人,观于道之一隅而未之能识也,故以为足而饰之,内以自乱,外以惑人,上以蔽下,下以蔽上,此蔽塞之祸也⑪。

孔子仁知且不蔽,故学乱术足以为先王者也⑫。一家得周道,举而用之,不蔽于成积也⑬。故德与周公齐,名与三王并,此不蔽之福也⑭。

①孟:通“萌”,民。　宾孟:战国称往来各诸侯国之间的游士为“宾孟”。

②墨子:即墨翟(dí)。　用:功用。　文:文饰,指礼乐等制度。这句意思是:墨子只强调实际功用,而不懂得礼乐制度的必要。

③宋子:即宋钘(xíng)。　得:指如何去正确地得到欲。《正名》篇说,“凡语治而待寡欲者,无以节欲而困于多欲者也”。又说,“心之所可中理,则欲虽多,奚伤于治!……心之所可失理,则欲虽寡,奚止于乱”。可作此解参考。　这句意思是:宋子只看到人寡欲的一面,所以片面强调“寡欲”,而不懂得如何使人去正确地得到欲。

④慎子:即慎到。　这句意思是:慎子只看到法的作用,而不明白贤人的作用。

⑤申子:即申不害。　这句意思是:申子只了解人的权势重要,而不了解人的智慧重要。

⑥惠子:即惠施。　辞:《正名》篇说,“辞也者,兼异实之名以论一意也”,指逻辑命题、判断。　这句意思是:惠子只知道玩弄命题、判断,而不知道事物的实际。

⑦庄子:即庄周。　天:指自然。　这句意思是:庄子只讲消极地顺应自然,而看不到人的力量。

⑧利:功利。　故由用谓之道,尽利矣:如果只从功利来讲道,那就会都去追求功利了。　俗:通“欲”。　嗛:同“慊”,满足。这里指满足欲望。　数:法律条文。　便:方便,便利,看方便做事。　论:辩论,这里指强词夺理的辩说。　因:顺从,这里指消极地听天由命。

⑨一隅(yú):一角,一个方面。

⑩体:实体,本身。　常:不变。　尽:穷尽。　举:概括。　这句意思是:所谓道,它本身不变,但能穷尽事物的一切变化。所以,一个方面不足以概括道。

⑪曲知:认识片面。　饰:修饰,炫耀。　故以为足而饰之:所以把片面认识当做全面认识而加以炫耀。

⑫乱:古代有治、乱两种意思,这里是治的意思。　乱术:治理国

家的方法。

⑬一家:指孔子。　周:全面。　举而用之:按照它去做。　成积:已有的知识。

⑭三王:三代之王,指夏禹,商汤,周文王、周武王。

圣人知心术之患,见蔽塞之祸,故无欲、无恶,无始、无终,无近、无远,无博、无浅,无古、无今①。兼陈万物而中县衡焉②。是故众异不得相蔽以乱其伦也③。

①无欲、无恶:不要只看到欲,也不要只看到恶。

②兼陈:全都排列起来。　中:中间。　县:同"悬",悬挂。　衡:秤,指标准。　县衡:建立一个标准。　这句意思是:把各种不同的事物都排列出来,在中间建立一个正确的标准,去加以判别。

③伦:秩序。　这句意思是:这样,各种事物的差异就不至于造成认识上的片面和局限,以至搞乱事物的本身秩序。荀子认为事物之间的差异会使人们只看到一面而看不到另一面,造成认识上的片面性。因此,他认为只有同时把握事物各个方面,加以比较衡量,才能获得正确的认识。

何为衡?曰:道。故心不可以不知道,心不知道,则不可道而可非道①。人孰欲得恣而守其所不可以禁其所可②?以其不可道之心取人,则必合于不道人而不合于道人③。以其不可道之心与不道人论道人,乱之本也。夫何以知④!心知道然后可道⑤。可道然后能守道以禁非道,以其可道之心取人，则合于道人而不合于不道之人矣。以其可道之心与道人论非道，治之要也。何患不知[⑥]？故治之要在于知道。

①可：肯定。　这句意思是：心必须了解道，如果心不了解道，那么必然会否定正道而肯定邪道。

②孰：谁。　恣：放纵，无拘束。　这句意思是：人们在能随心所欲的情况下，谁会愿意守着自己所不同意的事，而不去做自己所同意做的事呢？

③不合于道人：原为“不知合于道人”，据下文“以其可道之心取人，则合于道人而不合于不道之人”文义删“知”字。　这句意思是：用他那否定道的心去选择人才，那么合他意的一定是那些不守道的人，决不会是那些守道的人。

④这句意思是：用否定道的心和不守道的人去议论守道的人，这就是社会产生混乱的祸根，这怎么能认识道呢！

⑤心知道：“心”字前原衍“曰”字，据上下文义删。

⑥这句意思是：用肯定道的心和守道的人去议论不守道的人，这是社会得到治理的关键，这还怕不能认识道吗？

人何以知道？曰：心。心何以知？曰：虚壹而静[①]。心未尝不臧也，然而有所谓虚[②]；心未尝不两也，然而有所谓一[③]；心未尝不动也，然而有所谓静[④]。人生而有知，知而有志。志也者，臧也[⑤]；然而有所谓虚，不以所已臧害所将受谓之虚[⑥]。心生而有知，知而有异，异也者，同时兼知之[7]；同时兼知之，两也；然而有所谓一，不以夫一害此一谓之壹[8]。心，卧则梦，偷则自行，使之则谋[9]。故心未尝不动也，然而有所谓静，不以梦剧乱知谓之静[10]。未得道而求道者，谓之虚壹而静，作之则[11]。将须道者，虚则入[12]；将事道者，壹则尽[13]；将思道者，静则察[14]。知道察，知道行，体道者也[15]。虚壹而静，谓之大清明[16]。万物莫形而不见，莫见而不论，莫论而失位[17]。坐于室而见四海。处于今而论久远，疏观万物而知其情，参稽治乱而通其度，经纬天地而材官万物，制割大理而宇宙理矣[18]。恢恢广广，孰知其极[19]！睪睪广广，孰知其德[20]！涫涫纷纷，孰知其形[21]！明参日月，大满八极，夫是之谓大人[22]！夫恶有蔽矣哉[23]！

①虚：虚心，这里指不以已有的知识妨碍再接受别的知识，即不是先入为主。　壹：专心一志。　静：平静，宁静。　这句意思是：心怎样才能认识道呢？回答说：要能“虚壹而静”。

②臧：同“藏”，贮藏，指记忆。下同。　这句意思是：心里不是没有记忆，然而有所谓虚心，即不是先入为主。

③两：指同时认识不同的事物。原为“满”，据下文“同时兼知之，两也；然而有所谓一”文义改。　一：专一。　这句意思是：心不是不能同时认识不同事物，然而有所谓“专一”。

④这句意思是：心不是不活动的，然而有所谓平静。

⑤知：认识能力。下同。　志：记忆。　这句意思是：人生下来就会有认识，有认识就会有记忆，记忆就是藏。

⑥这句意思是:然而有所谓虚心,不因已有的认识去妨碍将要接受的认识,这就叫做“虚”。

⑦这句意思是:心生来就有认识的能力,有认识就能认识不同事物,能认识不同事物就是同时知道很多事物。

⑧这句意思是:然而有所谓专一,不因对那一种事物的认识而妨碍对这一种事物的认识,这叫做“一”。

⑨卧:睡觉。 偷:松懈,指思想不集中。 偷则自行:思想不集中就会胡思乱想。 谋:思考。

⑩剧:烦杂,指胡思乱想。 不以梦剧乱知谓之静:不让梦中的想象和胡思乱想干扰认识,这叫做“静”。

⑪这句意思是:对于没有认识道而寻求道的人,那就告诉他“虚壹而静”,作为认识的准则。

⑫将:想要。 须:求。 入:接受。原作“人”,据上下文义改。又“虚”字上原有“之”字,据上下文义删。 这句意思是:想要求道的人,能虚就可以接受道。

⑬事:从事,这里有学习的意思。 尽:全面,彻底,这里指全面认识道。 壹则尽:原作“壹则尽尽”,重一“尽”字,今删。又“壹”字上原有“之”字,据上下文义删。 这句意思是:想要学习道的人,能专心一志就可以全面认识道。

⑭思:思考,研究。 这句意思是:想要研究道的人,能静就可以明察道。

⑮这句意思是:认识道又理解得十分清楚,认识道又能照着去做,这才是体会了道的人。

⑯大清明:指认识上的极其透彻、毫无偏蔽的境界。

⑰见:看见,这里指识别、辨别。 论:通“伦”,等类,这里有归类、

排列次序的意思。　位:位置,指每一类事物在万物中所占的一定的位置。　这句意思是:达到了“大清明”的境界,那么万物的一切形象就都能为你所辨别;一切能辨别清楚的,就都能加以归类、排列次序;一切能归类、排列次序的,就一定不会搞错它们的位置,从而恰当地发挥其作用。

⑱疏:通。　参稽:检验,考察。　通:通晓。　度:界限。　经纬:治理,安排。　材:通“裁”,控制。　材官:管理,利用。　制割:掌握。　理:原为“里”,据文义改。　这句意思是:达到了“大清明”境界,那就可以坐在室内而认识天下,处于当今而论述往古,通观万物而掌握它们的实际情况,考察社会的治乱而通晓它的界限,治理天地而利用万物,掌握自然和社会的全面道理而整个宇宙都得到治理。

⑲恢恢:宽广。　广广:通“旷旷”,深远的样子。　极:极限,边际,这里指智慧的边际。

⑳睪睪:读为“皞皞”(hào),广大的样子。

㉑涫涫(guàn):同“滚滚”,水沸腾的样子,形容极活跃。　纷纷:繁杂的样子。

㉒明:指智慧的光辉。　大:指智慧的广大。　满:充满。　八极:八方(东、南、西、北、东南、东北、西南、西北),这里形容极其广大。　大人:荀子理想中达到了“大清明”境界的人。　这句意思是:智慧的光辉和日月一样明亮,智慧的广大充满整个宇宙之间,这样的人就叫做“大人”。

㉓恶(wū):何,哪。　这句意思是;这哪里有片面性呢!

心者,形之君也而神明之主也,出令而无所受令①。自禁也,自使也,自夺也,自取也,自行也,自止也②。故口可劫而使墨云，形可劫而使诎申，心不可劫而使易意，是之则受，非之则辞③。故曰：心容，其择也无禁必自见，其物也杂博，其情之至也不贰④。《诗》云：“采采卷耳，不盈顷筐，嗟我怀人，寘彼周行⑤。”顷筐易满也，卷耳易得也，然而不可以贰周行⑥。故曰：心枝则无知，倾则不精，贰则疑惑⑦。壹于道以赞稽之，万物可兼知也⑧。身尽其故则美，类不可两也，故知者择一而壹焉⑨。

①君：君主，这里是支配者的意思。 神明：智慧，精神。 出令：发出命令。 这句意思是：心是身体的支配者，精神的主管者，它对身体发出命令而不接受命令。

②禁：限制。 夺：去掉，放弃。 取：接受。 这句意思是：心的限制或使用，放弃或接受，行动或停止，都是自己作主的。

③劫：强制。 墨：同“默”，不说话。 云：说。 诎：同“屈”，弯曲。 申：同“伸”，舒展。 易意：改变意志。 辞：推辞，不接受。 这句意思是：所以嘴可以被强迫不说话或说话，身体可以被迫屈伸，心却不能被强迫改变意志，它认为正确的就接受，错误的就不接受。

④心容：心的状态。 择：选择。 见：现，显露。 物：动词，指认识事物。 杂博：繁多。 情：通“精”，专一。 贰：三心二意。 这句意思是：所以说，心的状态是这样的，它对是非的选择不受任何限制而必然自主地表现出来，它认识事物虽然很繁多，但当它十分专心时就不会疑惑不定。

⑤采：即“採”。 卷耳：即苓耳，一种形如鼠耳，叶子青白色可供食用的植物。 顷筐：畚箕一类的容器。 嗟：叹词。 寘：同“置”，放。 彼：代词，指顷筐。 周行：指大路。 这几句诗的意思是：“采

啊采呀，采着卷耳，总是装不满小小的顷筐。唉！我怀念着那心爱的人，索性将它放在大路上不采了。”（见《诗经·周南·卷耳》）

⑥这句意思是：顷筐虽然容易满，卷耳也容易采，但是不可以三心二意地在大路上呆着。

⑦心枝：思想分散。　倾：偏斜，这里是不专心的意思。　这句意思是：所以说，思想分散，就不可能获得知识；思想不专心，认识就不可能精深；三心二意，就会疑惑。

⑧壹于道：原无此三字，据下文“故君子壹于道而以赞稽物”文义补。　赞：帮助。　这句意思是：专一于道，用来帮助对万物的考察，这样万物就都可以被认识了。

⑨故：道理，指上文所讲的“壹于道以赞稽之”这个道理。　这句意思是：一个人能完全做到上述的道理，那就完美了，任何一类事物的道理，都不是三心二意能认识的，所以聪明的人总是选择一件事，专心一志地去研究。

农精于田而不可以为田师，贾精于市而不可以为市师，工精于器而不可以为器师①。有人也，不能此三技而可使治三官，曰：精于道者也，非精于物者也②。精于物者以物物，精于道者兼物物③。故君子壹于道而以赞稽物。壹于道则正，以赞稽物则察，以正志行察论，则万物官矣④。

①精：精通。　不可以为：不能做。　田师：官名，与下文的市师、器师，分别为管理农、商、工的官。　贾（gǔ）：商人。　市师：原为“贾师”，据上下文义改。

②三技：指农、贾、工三种技巧。 三官：指田师，市师，器师。 非精于物者也：原无“非”字，据上下文义补。 这句意思是：有这样的人，他虽然没有农、商、工的三种技能，但他能做管理这三种行业的官，这是因为他是精通于道的人，而不只是精通某一事物的人。

③物物：前一个“物”是动词，治理的意思；后一个“物”是名词，指具体事物。 这句意思是：精通具体事物的人，只能治理某一类事物，而精通道的人，却能治理一切事物。

④论：道理，指对于事物的理解。 官：治理。 这句意思是：专一于研究道，思想就能正确，用道来帮助考察事物，对事物就能明察，以正确的思想去使用他的明察，那么万物都可以得到治理了。

昔者舜之治天下也，不以事诏而万物成①。处一危之，其荣满侧；养一之微，荣矣而未知②。故《道经》曰：“人心之危，道心之微③。”危微之几，唯明君子而后能知之④。故人心譬如槃水，正错而勿动，则湛浊在下，而清明在上，则足以见须眉而察理矣⑤。微风过之，湛浊动乎下，清明乱于上，则不可以得大形之正也⑥。心亦如是矣。故导之以理，养之以清，物莫之倾，则足以定是非决嫌疑矣⑦。小物引之，则其正外易，其心内倾，则不足以决粗理矣⑧。故好书者众矣，而仓颉独传者，壹也⑨。好稼者众矣，而后稷独传者，壹也⑩。好乐者众矣，而夔独传者，壹也⑪。好义者众矣，而舜独传者，壹也。倕作弓，浮游作矢，而羿精于射⑫。奚仲作车，乘杜作乘马，而造父精于御⑬。自古及今,未尝有两而能精者也⑭。曾子曰:“视其庭可以搏鼠,恶能与我歌矣⑮!”

①诏:告诉。 这句意思是:古时候舜治理天下,不用每一件事都给以指示,可是一切事情都办得很成功。

②处:处在,这里是遵循的意思。 一:专一,指上文的“壹于道”。 危:谨慎,警惧。 微:细微。 这句意思是:遵循专一于道的原则,并能时时警惧,光明就会充满周围;自觉培养专一于道,注意每一个细微之处,那么光明就会在不知不觉中到来。

③《道经》:可能是一种古书的名字,现已无可查考。 人心:遵循道的心。 道心:掌握了道的心。 这句意思是:所以《道经》上说:“遵循专一于道的原则,并能时时警惧,这是人心的境界;自觉培养专一于道,并注意每一个细微之处,这是道心的境界。”

④几:极其细微、细小的区别。 这句意思是:对于“危”与“微”的极其细小的区别,只有明智的君子才能知道。

⑤槃:盘。 正:端正。 错:同“措”,放置。 湛:同“沉”。 湛浊:指泥滓、脏物。 须眉:胡须眉毛。 理:指皮肤上的纹理。

⑥大形:指人的形体。一说“大”当作“本”。 大形之正:形体的正确形状。

⑦这句意思是:心也是这样,如果用正确的道理来引导它,使它保持清明状态,不让外物干扰它,那么它完全能够判定是非,解决嫌疑。

⑧粗:原为“庶”,据宋本改。 这句意思是:如果用小东西来影响它,那么它的正确认识会因外物的干扰而改变,思想也就会随之出现偏向。这样一来就连粗浅的道理也不可能判断了。

⑨好(hào):喜欢。 仓颉(jié):传说黄帝时的史官,是他创造了

文字。 这句意思是：所以喜欢文字的人很多，但只有仓颉的名声流传了下来，这是因为他专一的缘故。

⑩后稷（jì）：传说古代尧时的农官，周朝的始祖。

⑪夔（kuí）：传说是舜的乐官。

⑫倕（chuí）：传说古代的巧匠，是他创造了弓。 浮游：一说当为"夷牟"，传说他创造了箭。 羿（yì）：即后羿，传说夏代有穷氏的国君，善射。

⑬奚仲：传说夏禹时的车正（管理车的官）。 乘杜：或称相土，传说是周朝祖先契的孙子，是他最先以马驾车。 造父：传说周穆王的车夫。

⑭这句意思是：从古到今，从来没有不专一而能够通精事物的人。

⑮曾子：名参，孔子的弟子。 视：原为"是"，据文义改。 庭：通"莛"或"筳"（tíng），草茎或小竹棍。这里指唱歌用来打拍子的小棍。这句意思是：曾子说，唱歌时，看着打拍子的小棍，心想可以用它来打老鼠，这样的人怎么能专心和我一起唱歌呢！一说，"庭"指庭院，是说唱歌时看到院子里的老鼠，想去捉它。

空石之中有人焉，其名曰觙①。其为人也，善射以好思②。耳目之欲接，则败其思③；蚊虻之声闻，则挫其精④。是以辟耳目之欲，而远蚊虻之声，闲居静思则通⑤。思仁若是，可谓微乎⑥？孟子恶败而出妻，可谓能自强矣，未及思也⑦。有子恶卧而焠掌，可谓能自忍矣，未及好也⑧。辟耳目之欲，而远蚊虻之声，可谓能自危矣，未可谓微也⑨。夫微者至人也⑩。至人也，何强，何忍，何危⑪？故浊明外景，清明内景⑫。圣人纵其欲，兼其情，而制焉者理矣⑬。夫何强，何忍，何危？故仁者之行道也，无为也；圣人之行道也，无强也⑭。仁者之思也，恭；圣人之思也，乐⑮。此治心之道也⑯。

①空石：石洞。　觙（jí）：人名。一说，这可能是荀子用来影射孔子的孙子子思（名伋）的。

②射：射覆，古代的猜迷游戏。　善射：善于猜迷。　好思：喜欢思考。

③接：接触。　败：干扰。　这句意思是：耳朵听到声音，眼睛看到颜色，就扰乱了他的思考。

④挫：挫折，指妨碍。　精：聚精会神。

⑤辟：通“避”，避开。　远：远离。　闲居：独居。　通：通达，明白。

⑥这句意思是：如果思考“仁”也像这样，能说达到了精微吗？

⑦恶：憎恶，厌恶。　败：败坏。　出妻：休妻，古代男子断绝与妻子的关系叫休。　自强：很要强。　未及思也：原在“辟耳目之欲”句下，据上下文义移此。　这句意思是：孟子怕败坏自己的名声，而赶走妻子，这可以说是能自强的了，但不能说思考得很够了。

⑧有子：即有若，孔子的学生。　焠（cuì）：烧。　自忍：自我克制。　好：即好思。　这句意思是：有若看书时，害怕睡着了，用火烧手掌，这可以说是能自我克制的了，但未能达到喜好思考的程度。

⑨辟耳目之欲，而远蚊虻之声，可谓能自危矣：原为“辟耳目之欲，可谓能自强矣，未及思也；蚊虻之声闻则挫其精，可谓危矣”，据上下文义删改。　这句意思是：避开耳目的欲望，远远躲开蚊虻的声音，这可

以说是能自我警惧的了，但未能达到认识道的精微的程度。

⑩至人：荀子理想中最完美的人物。 这句意思是：能够达到精微的程度，就是最完美的人。

⑪这句意思是：既然是最完美的人，还有什么要自强、自忍、自危呢？

⑫浊明：外明而内暗，这里指那些对道认识肤浅的人。 景：指光色。 外景：指火，火的光色表现于外。 清明：内外透彻光明，这里指完全认识了道的人。 内景：指水，水的光色表现在内。 这句意思是：所以说，那些没真正掌握道的人，像火一样，只是外表明白；而那些真正掌握了道的人，像水一样，那是心里明亮。

⑬兼：全，尽。 这句意思是：圣人纵其欲，尽其情，然而治理一切事情都很合理。

⑭无为：不是故意这样去做。 强：勉强。 这句意思是：所以，仁者按照道办事，不是故意这样去做的；圣人按照道办事，不是勉强这样去做的。

⑮恭：小心谨慎。 乐：愉快。 这句意思是：仁者在思虑时是小心谨慎的，圣人在思虑时是轻松愉快的。

⑯道：方法。 这句意思是：这就是治心的根本方法。

凡观物有疑，中心不定，则外物不清①；吾虑不清，则未可定然否也②。冥冥而行者，见寝石以为伏虎也，见植林以为立人也，冥冥蔽其明也③。醉者越百步之沟，以为蹞步之浍也④；俯而出城门，以为小之闺也：酒乱其神也⑤。厌目而视者，视一以为两；掩耳而听者，听漠漠而以为哅哅:势乱其官也⑥。故从山上望牛者若羊,而求羊者不下牵也,远蔽其大也;从山下望木者,十仞之木若箸,而求箸者不上折也,高蔽其长也⑦。水动而景摇,人不以定美恶,水势玄也⑧。瞽者仰视而不见星,人不以定有无,用精惑也⑨。有人焉,以此时定物,则世之愚者也⑩。彼愚者之定物,以疑决疑,决必不当⑪。夫苟不当,安能无过乎⑫?

①这句意思是:观察事物时有疑惑,心中捉摸不定,那么对外界的事物就认识不清。

②定:判断。　然否:是非。

③冥冥:昏暗。这里指黑夜。　寝石:横卧的石头。　植林:树木。　立:原为"后",据文义改。　明:指视觉。　冥冥蔽其明:这是因为黑暗蒙蔽他的视觉。

④跬(kuǐ):半步。　浍(kuài):小沟。

⑤俯:低头。　闺:上圆下方的小门。

⑥厌:通"压",这里指按。　厌目:用手按眼睛。　漠漠:无声。　哅哅:同"匈匈",喧嚣声。　势:指外力。　官:感觉器官。

⑦仞(rèn):古时七尺或八尺叫一仞。　箸(zhù):筷子。　这句意思是:所以,从山上望山下的牛,跟羊一样小,然而寻找羊的人却不会下山去牵它,因为他知道远缩小了牛的大;从山下望山上的树,几丈高的树像筷子那样短小,然而找筷子的人不会上山去取它,因为他知道高缩短了树的长。

⑧玄:通"眩",动荡不定。　这句意思是:水晃动而照在水中的影子也晃动,人们不会以这时的影子来判断美丑,这是因为水晃动就会扰乱水中的影子。

⑨瞽(gǔ):瞎子。 精:指视力。 惑:迷乱,不清。 用精惑也:这是因为瞎子的眼睛是看不清东西的。

⑩这句意思是:如果有人在这种情况下判断事物,那么他就是世上愚蠢的人。

⑪这句意思是:这种愚蠢的人判断事物,是用疑惑的感觉来判断不清楚的事情,他的判断一定是不准确的。

⑫苟:假如。 这句意思是:如果判断都是不准确的,哪能办事不出错误呢?

夏首之南有人焉,曰涓蜀梁,其为人也,愚而善畏[①]。明月而宵行,俯见其影,以为伏鬼也;卬视其发,以为立魅也;背而走,比至其家,失气而死[②]。岂不哀哉!凡人之有鬼也,必以其感忽之间疑玄之时正之[③]。此人之所以无有而有无之时也,而已以正事[④]。故伤于湿而痹,痹而击鼓烹豚,则必有敝鼓丧豚之费矣,而未有俞疾之福也[⑤]。故虽不在夏首之南,则无以异矣[⑥]。

①夏:河名,即夏水,今叫长夏河。 夏首:夏水口,约在今湖北江陵县东南。 涓蜀梁:人名。 愚而善畏:愚蠢而特别胆小。

②明月而宵行:在月光明亮的夜晚走路。 卬:即“仰”,抬头。立魅(mèi):站着的鬼怪。 背:转身。 走:跑。 比至其家:等跑到他家。 失气:断气。

③感忽:精神恍惚。 疑玄:神志不清。 正:通“证”,指判断。 这句意思是:凡是有人认为有鬼,那一定是在他精神恍惚或神志不清时做出的判断。

④这句意思是：这正是人们把无当做有、把有当做无的时候，然而自己却在这个时候去判断事情。

⑤痹：风湿病。　豚（tún）：猪。　故伤于湿而痹，痹而击鼓烹豚：原为“故伤于湿而击鼓鼓痹”，据上下文义改。　俞：通“愈”，病治好叫愈。　这句意思是：人们在得了风湿病时，就打鼓驱鬼，杀猪祭神，那么必定有打破鼓、白送猪的破费，而得不到治好病的福气。

⑥这句意思是：这样的人，虽然不在夏首的南边，但与涓蜀梁没有什么不同。

凡以知，人之性也；可以知，物之理也[①]。以所以知人之性，求可以知物之理，而无所凝止之，则没世穷年不能遍也[②]。其所以贯理焉虽亿万，已不足以浃万物之变，与愚者若一[③]。学，老身长子，而与愚者若一，犹不知错，夫是之谓妄人[④]。故学也者，固学止之也[⑤]。恶乎止之[⑥]？曰：止诸至足[⑦]。曷谓至足[⑧]？曰：圣王也[⑨]。圣也者，尽伦者也；王也者，尽制者也。两尽者，足以为天下极矣[⑩]。故学者，以圣王为师，案以圣王之制为法，法其法以求其统类，以务象效其人[⑪]。向是而务，士也；类是而几，君子也；知之，圣人也[⑫]。故有知非以虑是，则谓之攫[⑬]；有勇非以持是，则谓之贼[⑭]；察孰非以分是，则谓之篡[⑮]；多能非以修荡是，则谓之知[⑯]；辩利非以言是，则谓之詍[⑰]。传曰：“天下有二，非察是，是察非[⑱]。”谓合王制与不合王制也[⑲]。天下有不以是为隆正也，然而犹有能分是非治曲直者邪[⑳]？若夫非分是非，非治曲直，非辩治乱，非治人道，虽能之无益于人，不能无损于人[21]；案直将治怪说，玩奇辞，以相挠滑也[22]；案强钳而利口，厚颜而忍诟，无正而恣睢，妄辩而几利[23]；不好辞让，不敬礼节，而好相推挤，此乱世奸人之说也，则天下之治说者，方多然矣[24]。传曰："析辞而为察，言物而为辨，君子贱之；博闻强志，不合王制，君子贱之[25]。"此之谓也。

①以知：即所以知，指认识能力。《正名》篇说："所以知之在人者谓之知。" 这句意思是：能够认识事物，是人的本性；可以被认识，是事物本身的道理。

②所以知人之性：原作"可以知人之性"，据《正名》篇改。 凝：原为"疑"，据文义改。 凝止之：这里指有一定的界限。 遍：完全，穷尽。 这句意思是：人们以能认识事物的本性，去探求事物本来可以被认识的道理，如果没有一定的限界，那么一辈子也不能穷尽对于外界事物的认识。

③贯：贯通，指学习。 已：终。 浃：通"挟"，持，掌握，这里指应付事物的变化。 这句意思是：人们学习到的事理虽然很多，但最终不能用来应付一切事物的变化，那么这与那些蠢人没有两样。

④妄人：最愚蠢的人。 这句意思是：如果这样一直学到自己老了，儿女也都长大了，仍然和蠢人一样，而且还不知道应当放弃这种做法，那就叫做妄人。

⑤止：一定的限度和目的。 这句意思是：所以学习本来就应有一定的限度和目的。

⑥这句意思是：什么是学习的限度和目的呢？

⑦这句意思是:回答说,学习的限度和目的就在于达到“至足”。

⑧曷:何。

⑨圣王:原无“王”字,据上下文义补。

⑩伦:伦理,这里泛指自然万物和社会的原则。　制:制度。极:最高。　这句意思是:所谓圣,就是完全精通自然万物和社会的原则的人;所谓王,就是完全精通治国制度的人。精通这两个方面的人,就是天下人的最高标准。

⑪案:语助词。　法其法:前一个“法”是动词,效法的意思。后一个“法”是名词,指法制。　统类:大纲。　象效:仿效。　这句意思是:所以,学习就要以圣王为师,并以圣王的制度作为法则,效法圣王的法制,并寻求它的大纲,努力仿效他的为人。

⑫类:相似。　几:接近。　这句意思是:向着这个标准努力的,就是士;与这个标准相似而接近的,就是君子;完全通晓这个标准的,就是圣人。

⑬是:代词,这里指圣王之制。　攫(jué):夺取,瞎抓。原作“惧”,据《不苟》篇“知(智)则攫盗而渐”文义改。　这句意思是:所以有智慧而不用来考虑圣王之制,这就叫做瞎抓一气。

⑭这句意思是:有勇力而不用来保卫圣王之制,这就叫做贼。

⑮孰:通“熟”,熟悉。　篡:篡夺,引申为混淆视听。　这句意思是:虽然分析问题能力很强,但不用来分辨圣王之制,这就叫做混淆视听。

⑯能:技能。　修荡:发扬光大的意思。　知:这里指巧诈。　这句意思是:虽然有很多技能,但不用来发扬光大圣王之制,这就叫做巧诈。

⑰辩利:能说会道。　言:说,这里指宣传。　詍(yì):多言,废话。

这句意思是:虽然能说会道,但不用来宣传圣王之制,这就叫做废话。

⑱非:指不合王制的道理。 是:指合王制的道理。 这句意思是:古书上说,天下的事情都有是非两个方面,通过“非”来分辨出“是”,通过“是”来分辨出“非”。

⑲王制:指治国的总纲领。参见《王制》篇。 这句意思是:这就是说,符合王制的就为“是”,不符合王制的就为“非”。

⑳隆正:标准。 这句意思是:天下的人如果不用王制作为判断事物的标准,那么还能够分辨是非、判定曲直吗?

㉑人道:做人的道理。 这句意思是:如果有一种学说不是用来分辨是非,判定曲直,辨别治乱,研究做人的道理,那么,即使掌握这种学说,对人类没有什么好处,不懂得这种学说,对人类也没有什么害处。

㉒挠:扰。 滑:乱。 这句意思是:这只不过是钻研怪说,玩弄奇辞,用来相互扰乱罢了。

㉓强钳:强迫压制别人。 利口:善于巧辩。 诟(gòu):辱骂。 恣睢:放纵,胡作非为。 妄辩:狂妄诡辩。 几:通“祈”,求。 几利:求利。 这句意思是:强迫压制别人而善于为己辩护,厚着脸皮忍受着辱骂,不走正道而胡作非为,狂妄诡辩而唯利是图。

㉔推挤:互相排斥。 说:言论,学说。 方:方今,现在。 这句意思是:不讲究辞让,不敬重礼节,却喜欢相互排挤,这就是乱世奸人的学说。可是,今天研究学问的人,多半正是这样。

㉕这句意思是:古书上说,玩弄词句,自以为很明察,谈论事物,自以为很有辨别能力,这样的人,君子是蔑视的;见闻广,记忆力强,但不按照王制去做,这样的人,君子也是蔑视的。

为之无益于成也，求之无益于得也，忧戚之无益于几也，则广焉能弃之矣①！不以自妨也，不少顷干之胸中②。不慕往，不闵来。无邑怜之心，当时则动，物至而应，事起而辨，治乱可否，昭然明矣③！

①几：危机。　广：读为“旷”，远。　这句意思是：对于那些即使去做了也无益于事情的成功，即使去追求也无益于事情的实际效果，即使忧虑也无益于解决危机的事，那么，就应当远远地将它抛弃掉。

②少顷：片刻，一会儿。　干：扰。　这句意思是：不能让它妨碍自己，一会儿也不让它在心中起干扰。

③慕：羡慕。　闵（mǐn）：忧患。　来：未来。　邑（yì）：同“悒”，忧愁。　怜：怜惜。　辨：治。　这句意思是：不羡慕过去，也不担忧未来，不要有忧愁或怜惜的心情，应当适时而行动，事物来了就及时去对付，事情发生了就及时去处理，这样是治是乱，应该肯定还是应该否定，就一清二楚了。

周而成，泄而败，明君无之有也①。宣而成，隐而败，闇君无之有也②。故君人者，周则谗言至矣，直言反矣，小人迩而君子远矣③。《诗》云：“墨以为明，狐狸而苍④。”此言上幽而下险也⑤。君人者，宣则直言至矣，而谗言反矣，君子迩而小人远矣。《诗》曰：“明明在下，赫赫在上⑥。”此言上明而下化也⑦。

①周：周密，指隐蔽真情。　泄：泄露，指公开真情。　这句意思是：隐蔽真情就会成功，公开真情就会失败，明智的君主不会有这样

的事。

②宣:指公开真情。　这句意思是:公开真情就会成功,隐蔽真情就会失败,昏君不会有这样的事。

③谗:说别人的坏话。　反:离开。　迩:近。　这句意思是:所以做君主的,如果办事讲求隐蔽真情,那么谗言就会来了,直言却没有了,小人都来亲近而君子却远离了。

④这两句诗的意思是:"把黑的说成白的,把黄色的狐狸说成青黑色的。"此诗已失传。

⑤幽:昏暗。　险:阴险,狡诈。　这句意思是:这就是说,君主昏庸,臣子就会阴险狡诈。

⑥赫赫:显耀。　这首诗的意思是:"在下的明亮,是因为在上的光辉显耀。"(见《诗经·大雅·大明》)

⑦这句意思是:这就是说,在上的(君主)如果能够光明正大,在下的(臣民)必定受到感化。

二十二　正　名

【说明】这是一篇阐明“名”、“实”关系并论证“正名”意义的重要论文。

荀子认为，事物的名称是由人们“约定俗成”的，但这种“约定俗成”必须通过“天官（感官）之当簿其类”和心之“征知”，才能以同异为基本依据确定事物的名称。对名实不定的事物，有的可以继承旧名，有的则当根据客观变化而制定新名。制名之枢要，在于“稽实定数”，即考察事物的实质，并确立制定事物名称的法度。名的作用是“名定而实辨，道行而志通”，即是要“上以明贵贱，下以辨同异”，使“志无不喻之患，事无困废之祸”。

正名与否，关乎民德，关乎治乱。天下邪说横行、民心惑乱，原因即在名实淆乱。正名的权责在圣王身上，而在“圣王没”、“奸言起”的情形下，则只能依靠君子以言辞辨说来阐明圣王之道。君子辨说，应追求“心合于道，说合于心，辞合于说，正名而期，质请而喻”。荀子介绍了“圣人之辨说”和“士君子之辨说”，君子之言，旨在“正其名，当其辞，以务白其志义”而已，不求胜人。

荀子着重分析了治乱与人欲的关系，指出“治乱在于心之所可，亡于情之所欲”，因为性、情、欲是天生的，不可尽、不可去，人心认可什么才是决定治乱的根本因素。“道者，进则近尽，退则节求，天下莫之若也”，所以人应知道、求道，才能得“古今之正权”，“重己役物”而不被物役。

后王之成名：刑名从商，爵名从周，文名从《礼》[①]。散名之加于万物者，则从诸夏之成俗曲期；远方异俗之乡，则因之而为通[②]。散名之在人者[③]：生之所以然者谓之性[④]。性之和所生，精合感应，不事而自然谓之性[⑤]。性之好、恶、喜、怒、哀、乐谓之情[⑥]。情然而心为之择谓之虑[⑦]。心虑而能为之动谓之伪[⑧]。虑积焉、能习焉而后成谓之伪[⑨]。正利而为谓之事[⑩]。正义而为谓之行[⑪]。所以知之在人者谓之知[⑫]。知有所合谓之智[⑬]。所以能之在人者谓之能[⑭]。能有所合谓之能[⑮]。性伤谓之病[⑯]。节遇谓之命[⑰]。是散名之在人者也，是后王之成名也。

①后王:指近时的、当时的君主。 成名:指已有可仿效的确定的名称。 刑名:刑法的名称。 从:仿照。 爵名:爵位的名称。 文名:礼节仪式的名称。 《礼》:指《礼经》。

②散名:指一般事物的各种名称。 诸夏:指中原地区。 成俗:已有的风俗习惯。 曲:委曲周遍,即多方面的意思。 期:约定。曲期:共同约定。 之:代词,指中原地区的文化。 通:沟通,互相交流。 这句意思是:给万物命名,那就仿照中原地区已有的风俗习惯和共同约定的名称,边远地区不同风俗的地方,就根据这些习惯和共同约定的名称而互相交流思想。

③这句意思是:关于人本身的各种名称有这些。

④这句意思是:生来就是这样的叫做性。这里的"性"大致指人的耳、目等感官的功能,相当于《性恶》篇中讲的"今人之性,目可以见,耳可以听。夫可以见之明不离目,可以听之聪不离耳,目明而耳聪,不可学明矣"的意思。

⑤性之和所生:由本性的阴阳二气相和而生。 精:精神,这里指人的感官的本能。 合:相合,接触。 感应:指人和外界事物接触后的反应。 事:做,这里有后天努力或社会教化的意思。 这句意思是:由本性的阴阳二气相和所产生的,人和外界事物相接触而产生的反应,不是经过后天努力或社会教化而自然就这样的,叫做性。这里的"性"大致指人的感官的一些本能反应。

⑥情:感情。

⑦这句意思是:感情就是这样一些方面,而心加以选择判断就叫做思虑。

⑧能:指人体官能。 动:行动。 伪:人为。 这句意思是:心考虑以后,人体官能照着去行动就叫做人为。这里的"伪"大致相当于

上文讲的“事”，指后天努力的行为本身。

⑨成：成功，这里指形成为一种言行的规范。　这句意思是：思虑的长期积累、官能的反复运用，然后形成为一种言行的规范，叫做人为。这里的“伪”与“性”相对，主要指经过后天人为的积累而形成的一种言行规范，如礼义法度等。相当于《性恶》篇中讲的“必且待事而后然者，谓之生于伪”；“圣人积思虑，习伪故，以生礼义而起法度，然则礼义法度者，是生于圣人之伪，非故生于人之性也”的意思。

⑩正：当，符合。　利：功利。　这句意思是：符合功利而去做，这叫做事业。

⑪行：德行。　这句意思是：符合义而去做，这叫做德行。

⑫所以知：指认识能力。　在人者：指人自然固有的。　这句意思是：人固有的认识客观事物的能力叫做知。

⑬智：指认识、智慧、知识等。　这句意思是：人的认识能力和客观事物相接触后所产生的认识叫做智。

⑭所以能：指掌握才能的能力。“所”字前原衍一“智”字，据文义删。　这句意思是：人固有的掌握才能的能力叫做能。

⑮这句意思是：这种功能和客观事物接触后所形成的某种能力叫做才能。

⑯这句意思是：本性受到损伤叫做病。

⑰节遇：偶然的遭遇。　这句意思是：偶然的遭遇叫做命运。

故王者之制名，名定而实辨，道行而志通，则慎率民而一焉①。故析辞擅作名以乱正名，使民疑惑，人多辨讼，则谓之大奸；其罪犹为符节、度量之罪也②。故其民莫敢托为奇辞以乱正名，故其民悫③。悫则易使，易使则公④。其民莫敢托为奇辞以乱正名，故壹于道法而谨于循令矣。如是，则其迹长矣⑤。迹长功成，治之极也，是谨于守名约之功也⑥。

①制名：制定事物的名称。　实：指客观事物。　实辨：即对客观事物分辨清楚。　道：这里指制定名称的基本原则。　行：实行。　志通：思想意志互相沟通。　一：一致，统一。　慎率民而一焉：谨慎地率领人民来一致遵守这些名称。

②析辞：玩弄辞句。　擅作名：擅自制造名称。　正名：正确的名称。　辨讼(sònɡ)：争论是非。　大奸：很坏的人。　为：通“伪”，伪造。下两句中“托为”的“为”同。　符节：古代用竹、木、铜等做的作为凭信的东西，分成两半，双方各执一半。　度量：指度、量、衡等。

③托：凭借，依靠。　奇：与“正”的意思相反。　奇辞：奇谈怪论。　悫(què)：诚实，谨慎。　这句意思是：所以老百姓没有敢凭借伪造的奇谈怪论来扰乱正确的名称，他们都很诚实。

④使：役使，统治。　公：通“功”，功效。　这句意思是：诚实就容易统治，容易统治就能收到功效。

⑤壹：专心一志。　道法：根本的法度。　谨：谨慎。　循令：遵守政令。　迹：通“绩”，业绩，事业。　长(chánɡ)：长远。

⑥极：顶点，顶端。　名约：约定的名称，即统一的名称。　这句意思是：事业长远，功名成就，天下的治理达到极其完美的局面，这是谨慎地遵守统一的名称的功效。

今圣王没，名守慢，奇辞起，名实乱，是非之形不明，则虽守法之吏，诵数之儒，亦皆乱也[①]。若有王者起，必将有循于旧名，有作于新名[②]。然则所为有名，与所缘以同异与制名之枢要，不可不察也[③]。

①没(mò)：泯灭，消失。　名守慢：指遵守统一名称的事懈怠了。　名实乱：名实关系紊乱，指名实互不相符。　是非之形不明：是非界限不明确。　守法之吏：遵守法令的官吏。　诵：学习，讲述。　数：指各种典章制度。

②循：遵照，沿用。　旧名：旧有的名称。　作：创作，制作。　这句意思是：如果有新的圣王出现，他一定会沿用一些旧有的名称，制作一些新的名称。

③所为有名：所以要有名称。　缘：因由，根据。　所缘以同异：指名称有同和不同的根据。　枢要：关键，这里指制名的基本原则。　察：考察，明白。　这句意思是：这样，所以要有名称，以及制定名称同异的根据和制定名称的一些基本原则，就必须搞明白。

异形离心交喻，异物名实玄纽，贵贱不明，同异不别[①]。如是，则志必有不喻之患，而事必有困废之祸[②]。故知者为之分别，制名以指实，上以明贵贱，下以辨同异[③]。贵贱明，同异别，如是，则志无不喻之患，事无困废之祸，此所为有名也。

①异形：指不同的人。　离心：指各人有不同的想法。　交：相互。　喻：晓喻，告诉。　玄：通“眩”，混乱。一说当作“互”，交互。　纽：纽结。　不明：分不清。　别：分别，区别。　这句意思是：不同的

人，想法不一样，而都要互相说明自己的看法；不同的事物，名实不同而混杂在一起，就会贵和贱分不清，同和异无法区别。

②患：弊病。 困废：停止，做不成。 这句意思是：如果这样，那么思想一定会有不能互相了解的弊病，而事情一定会遇到做不成的祸害。

③知：同“智”。 指：点明，表达。 这句意思是：所以智者（指圣王）对这些加以分别，制定各种名称，用来表达各种客观事物，一方面用来分清贵和贱，一方面是用来区别同和异。

然则何缘而以同异①？曰：缘天官②。凡同类同情者，其天官之意物也同；故比方之疑似而通，是所以共其约名以相期也③。形体、色、理，以目异④；声音清浊、调节奇声，以耳异⑤；甘、苦、咸、淡、辛、酸、奇味，以口异⑥；香、臭、芬、郁、腥、臊、漏、庮、奇臭，以鼻异⑦；疾养、沧、热、滑、鈹、轻、重，以形体异⑧；说、故、喜、怒、哀、乐、爱、恶、欲，以心异⑨。心有征知⑩。征知，则缘耳而知声可也，缘目而知形可也；然而征知必将待天官之当簿其类然后可也⑪。五官簿之而不知，心征之而无说，则人莫不然谓之不知，此所缘而以同异也⑫。

①这句意思是：那么，根据什么来区别名称的同和不同呢？

②天官：自然具有的感官，《天论》篇说：“耳、目、鼻、口、形，能各有接而不相能也，夫是之谓天官。”

③同类同情者：这里指人类。一说，泛指同一类的事物。 意物：

对事物的感觉印象。 比方:即譬喻。一说,“方”是“并”的意思,“比方”,即合并、归类。 疑:同“拟”。 疑似:即拟似,指摹仿得大体相似。 通:相互了解。 约名:共同约定的名称。 期:期会,交往。 相期:相互交往,相互交流思想。 这句意思是:凡是人类,他们的感官对事物的感觉印象是相同的,因此通过各种比喻,摹仿得大体相似,就可以互相理解,这就是人们所以要共同约定各种事物的名称,以便互相交流思想的原因。

④理:纹理。 异:不同,区别。 以目异:用眼睛来区别。

⑤清浊:清晰或混杂。 调节:和谐的乐曲。“节”原为“竽”,据上下文义改。 奇声:杂乱而不和谐的声音。

⑥甘:甜。 辛:辣。 奇味:特殊的味道。

⑦郁:这里指香味。 香、臭、芬、郁:指各种香的气味。 漏:马膻(shān)气。原为“洒”,据文义改。 庮(yǒu):牛膻气。原为“酸”,据文义改。 奇臭(xiù):奇怪的气味。

⑧养:同“痒”。 沧:寒。 鈒(sà):同“涩”。原为“铍”,形近而误,据文义改。

⑨说:同“悦”,指心悦诚服。 故:事,指做作出来的感情。

⑩征:验证,考察。 这句意思是:心有验证的作用,即有对感觉印象进行分析、辨别的作用。

⑪簿:同“薄”,接触。 这句意思是:心有验证的能力,然而依靠听觉器官才能辨别声音的不同,依靠视觉器官才能辨别形状的不同,这样说来,心的验证能力一定要等到感觉器官接触所感觉的对象以后才能发挥作用。

⑫不知:不认识。 这句意思是:如果感觉器官接触了外界事物而不能认识它,心对它考察了而说不出道理来,那么人们没有不把这

种情况说成是没有知识的。这就是根据感官接触外物而确定名称同和不同的情况。

然后随而命之①：同则同之，异则异之②；单足以喻则单，单不足以喻则兼③；单与兼无所相避则共，虽共，不为害矣④。知异实者之异名也，故使异实者莫不异名也，不可乱也。犹使同实者莫不同名也⑤。故万物虽众，有时而欲遍举之，故谓之物⑥。物也者，大共名也⑦。推而共之，共则有共，至于无共然后止⑧。有时而欲偏举之，故谓之鸟兽⑨。鸟兽也者，大别名也⑩。推而别之，别则有别，至于无别然后止。名无固宜，约之以命，约定俗成谓之宜，异于约则谓之不宜⑪。名无固实，约之以命实，约定俗成谓之实名⑫。名有固善，径易而不拂，谓之善名⑬。物有同状而异所者，有异状而同所者，可别也⑭。状同而为异所者，虽可合，谓之二实⑮。状变而实无别而为异者，谓之化；有化而无别，谓之一实⑯。此事之所以稽实定数也，此制名之枢要也⑰。后王之成名，不可不察也。

①随：随即，跟着。　命之：给事物命名。　这句意思是：然后，根据这种区别给事物命名。

②这句意思是：相同的事物就取相同的名称，不同的事物就取不同的名称。

③单：单名，指一个字的名称。　兼：复名，指两三个字的名称。　这句意思是：单名足以使别人明白的就用单名，单名不足以使

别人明白的就用复名。

④避:这里是违背的意思。　共:共名,指高一级的类概念。　害:妨碍。　这句的意思是:单名和复名没有什么互相违背的就用共名,虽然用了共名也没有什么妨碍。

⑤同实:原为“异实”,据上文“同则同之,异则异之”文义改。　这句意思是:知道不同的事物应该有不同的名称,就应该使不同的事物具有各自不同的名称,不可以混乱,这就像使同类的事物具有相同名称的道理一样。

⑥众:许多。　遍:全面。　遍举:全面地概括起来。　这句意思是:所以万物虽有许许多多,有时想要把它们全面地概括起来,就统称它们为“物”。

⑦这句意思是:物这个概念,是最大的“共名”。

⑧推:推论。　有:通“又”。　至:到。　这句意思是:按照这种推论的方法,一步步往上推,共名之上还有更高的共名,一直推到无法再推的共名时为止。

⑨偏举:部分地概括起来。原为“徧举”,据上下文义改。

⑩别名:指低一级的类概念。　这句意思是:“鸟”或“兽”的概念,是最大的“别名”。

⑪固:本来。　宜:合适。　这句意思是:名称没有本来就合适的,而是由人们共同约定来给某种事物命名的,约定了,习惯了,就是合适的名称,而与约定的名称不同的就是不合适的名称。

⑫这句意思是:名称也没有本来就代表的某种事物,而是由人们共同约定用某个名称来称呼某种事物,约定了,习惯了,就是某种事物的名称了。

⑬径易:直接平易。　拂:违背。　不拂:这里指不自相矛盾。

这句意思是：有本来好的名称，简单明了而又不自相矛盾，就叫做好的名称。

⑭状：形状，指事物的外貌。　所：处所，这里引申为事物的实体。　这句意思是：事物有外貌相同而实体不同的，也有外貌不同而是同一个实体的，这种情况是可以区别开的。

⑮这句意思是：事物外貌相同而实体不同，名称虽然可以合用一个，也应该说是两个实物。

⑯化：变化。　这句意思是：事物外貌变了，但实质并没有变为另一种东西，这就叫做“化”；这样只有外貌的变化，而没有实质的区别，仍然叫做同一个实物。

⑰稽（jī）：考察。　数：这里指制定名称并使它与实相符合的法度。这里讲的“数”的意思，与《富国》篇中讲的“量地而立国，计利而畜民，度人力而授事；使民必胜事，事必出利，利足以生民，皆使衣食百用出入相揜，必时臧余，谓之称数”的“数”的意思相近。　这句意思是：这就是所以要考察事物的实质，确定制定事物名称的法度的缘故，这是制定名称的关键所在。

“见侮不辱”，“圣人不爱己”，“杀盗非杀人也”，此惑于用名以乱名者也①。验之所以为有名而观其孰行，则能禁之矣②。“山渊平”，“情欲寡”，“刍豢不加甘，大钟不加乐”，此惑于用实以乱名者也③。验之所缘以同异而观其孰调，则能禁之矣④。“非而谓盈，有牛马非马也”，此惑于用名以乱实者也⑤。验之名约，以其所受悖其所辞，则能禁之矣⑥。凡邪说辟言之离正道而擅作者，无不类于三惑者矣⑦。故明君知其分而不与辨也⑧。

①见侮不辱:受到欺侮并不是耻辱。这是宋钘的一个观点,见《庄子·天下》篇和本书《正论》。 圣人不爱己:圣人不珍爱自己,对自己和对别人一样。这是哪个学派的观点已不详,可能是墨家一派的观点。 杀盗非杀人:杀死强盗不是杀人。这是墨家学派的一个观点,见《墨子·小取》。 惑:迷乱,迷惑。 用名以乱名:指用名词的表面异同来抹煞其实质的异同。例如,“侮”和“辱”虽然是两个名词,其实质意义却是一样的。圣人只爱人,而自己也是一个人。盗和人是两个名词,其实盗是人的一部分。

②验:检查,察看。 孰(shú):谁。 这句意思是:对此只要检查一下为什么要有名称的原因,看一看这些说法和通常的说法哪一种能够行得通,就能禁止这种说法了。

③山渊平:高山和深渊一样平,这是名家惠施的观点,见《庄子·天下》篇。 情欲寡:人的欲望少,这是宋钘的观点,见《庄子·天下》篇。 刍豢(chú huàn):指牛羊猪狗等,这里指肉类。 甘:甜,味道好。 刍豢不加甘,大钟不加乐:意思是,吃肉并不比普通食物味道更香,大钟的声音并不使人更快乐。这可能是墨家的学说。 用实以乱名:指用实际中的特殊情况来搞乱名词的本质含义。例如,在低处的山可能和在高处的渊相平,但从名词的本质含义来说,山是高的,渊是低的,一般的山要比一般的渊高,说山渊平就搞乱了山和渊这两个名词的含义了。

④所缘以同异:为什么有同有异。“缘”字下原衍一“无”字,据文义删。 调(tiáo):合适。 孰调:这里指哪一种符合事实。 这句意思是:对此只要考察一下为什么有同有异的原因,再看一看这些说法

同通常的说法究竟哪一种符合事实，就能禁止这种说法了。

⑤非：通“排”，互相排斥。　盈：充满，包含。　非而谓盈：本来是互相排斥，却说是互相包含。原为“非而谒楹”，据文义改。　有：通“又”。　用名以乱实：指用事物的名称来扰乱事物的实际。例如，“牛马”这个名词和“马”这个名词是有区别的，牛马指牛和马，马只是马；但在实际事物中牛马包括马，说牛马非马就是用名词的不同混淆了事物的实际关系。

⑥受：接受，赞成。　悖：反驳。　辞：推辞，反对。　这句意思是：对此只要考察一下名称约定的原则，用他所能接受的去反驳他所反对的，就能禁止这种说法了。

⑦辟：通“僻”。　辟言：谬论。　这句意思是：凡是偏离正确原则而擅自制造的邪说谬论，没有不和以上三种情况相类同的。

⑧分：区别。　这句意思是：所以英明的君主知道各种邪说和正道的区别，就加以禁止而不去和它们争辩了。

夫民易一以道而不可与共故，故明君临之以势，道之以道，申之以命，章之以论，禁之以刑①。故其民之化道也如神，辨说恶用矣哉②！今圣王没，天下乱，奸言起，君子无势以临之，无刑以禁之，故辨说也。实不喻然后命，命不喻然后期，期不喻然后说，说不喻然后辨③。故期、命、辨、说也者，用之大文也。而王业之始也④。名闻而实喻，名之用也⑤。累而成文，名之丽也⑥。用丽俱得，谓之知名⑦。名也者，所以期累实也⑧。辞也者，兼异实之名以论一意也⑨。辨说也者，不异实名以喻动静之道也⑩。期命也者，辨说之用也⑪。辨说也者，心之象道也⑫。心也者，道之工宰也⑬。道也者，治之经理也⑭。心合于道，说合于心，辞合于说，正名而期，质请而喻⑮。辨异而不过，推类而不悖，听则合文，辨则尽故⑯。以正道而辨奸，犹引绳以持曲直；是故邪说不能乱，百家无所窜⑰。有兼听之明，而无奋矜之容；有兼覆之厚，而无伐德之色⑱。说行则天下正，说不行则白道而冥穷，是圣人之辨说也⑲。《诗》曰："颙颙卬卬，如珪如璋，令闻令望。岂弟君子，四方为纲⑳。"此之谓也。

①一以道：用正道来统一。　不可与共故：指不可以和他们讲明理由。　临：居高视下，这里是统治的意思。　之：代词，指人民。临之以势：用权势来统治人民。　道之以道：用正道引导人民。　申：说明，告诫。　命：命令。　章：表明，开导。　论：言论。　禁：禁止。　刑：刑法。　这句意思是：人民容易用正道来统一他们的言行，但不能跟他们讲明理由，所以明君用权势来统治他们，用正道来引导他们，用命令来告诫他们，用言论来开导他们，用刑法来禁止他们。

②化：感化。　神：神妙，这里形容人民迅速而自然地统一于正道的状况。　辨说：辩论。原为"辨势"，据下文"故辨说也"文义改。恶（wū）：何。　这句意思是：所以明君统治下的人民统一于道十分迅速而自然，哪里还用得着辩论呢？

③这句意思是：对于实物不能明白，就给它起个名称，有了名称还不明白就互相交流一下看法，这样还不能明白就加以说明，说明以后还不能明白，就通过反复论证来辨明它。

④用：作用。　文：文采，形式。　用之大文：实际运用中的重要

形式。　始:起点,开始。

⑤这句意思是:听到名称就明白它所代表的实际事物,这就是名称的作用。

⑥累:积累。　丽:同“俪”,联结、配合的意思。　这句意思是:积累名称而形成文章,这是名称的互相配合。

⑦这句意思是:名称的使用和配合都得当,叫做懂得名称。

⑧累:这里指许多、种种。一说,当作“异”。　这句意思是:名称,这是人们约定用来表达各种事物的。

⑨辞:相当于现在形式逻辑学中的命题或判断。　兼:并用、连缀。　这句意思是:“辞”是人们连缀不同事物的名称用来表达一个意思的。

⑩辨说:相当于现在形式逻辑学中的推理。　不异实名:名实一致,指用同一个概念和事物。　动静:指是非。　这句意思是:辨说,这是人们用同一个概念和事物来反复说明是非的道理。

⑪这句意思是:各种名词、概念,是供人们辩论说明是非道理时使用的。

⑫象:表现,反映。　这句意思是:辨说是心对道的认识的表达。

⑬工:官。　工宰:主管者。

⑭经:常。　经理:原则。　这句意思是:道是治理国家的根本原则。

⑮质:朴实。　请:同“情”,实。　质请:合乎实际情况。　这句意思是:心意符合于道,解说符合于心意,命题符合辨说的要求,运用正确的名称而合乎共同的约定,这样就可以切合事物的实际情况而且达到互相了解。

⑯过:过错。　悖:违背。　推类而不悖:推论各种事物的类别而

不违背正道。 文:指礼法。 尽:完全。 故:缘故。 尽故:指把事情的原因完全搞清楚。

⑰持:掌握,衡量。 窜:隐逃。 这句意思是:用正确的道理来辨明奸邪,就好像用绳墨来衡量曲直一样,所以,邪说不能够扰乱正道,各家的谬论也就没有地方可以隐蔽了。

⑱奋矜:骄傲自大。 兼覆:无所不包。 伐:自夸。 这句意思是:有兼听、包容各家学说优点的明智和度量,而没有骄傲自大、自夸美德的神色。

⑲说:学说。 白道:说明正道。 冥:隐。 冥穷:这里指隐居。

⑳颙颙(yóng):形体外貌恭敬温和的样子。 卬卬(áng):志气高昂的样子。 珪、璋:两种玉器。 令:好。 岂(kǎi)弟:和乐平易。 纲:典范。 这几句诗的意思是:"体貌谦恭,志气高昂,就像玉制的珪璋一样,有好的声誉和名望。和颜悦色、平易近人的君子,四方人民都以他为典范。"(见《诗经·大雅·卷阿》)

辞让之节得矣,长少之理顺矣,忌讳不称,祆辞不出[①];以仁心说,以学心听,以公心辨[②];不动乎众人之非誉,不治观者之耳目,不赂贵者之权势,不利便辟者之辞[③];故能处道而不贰,吐而不夺,利而不流,贵公正而贱鄙争,是士君子之辨说也[④]。《诗》曰:"长夜漫兮,永思骞兮。大古之不慢兮,礼义之不愆兮,何恤人之言兮[⑤]。"此之谓也。

①辞让:谦让。 节:礼节,品德。 称:说。 祆:同"妖"。 祆辞:怪论。 这句意思是:如果能做到上面所讲的情况,那么谦让的品

德就具备了，长幼之间的道理就恰当了，忌讳的话不去说，奇谈怪论也不会出口。

②仁心：仁慈的心。　学心：学习的心。　公心：公正的心。　这句意思是：用仁慈的心去讲道理，用学习的心去听别人的言论，用公正的心去辨明是非。

③非：通“诽”，诽谤。　誉：称赞，夸奖。　冶：通“蛊”，迷惑。原为“治”，据上下文义改。　赂：用财物买通别人。　利：喜爱。　便辟：身边亲近的人。原为“传辟”，据上下文义改。　这句意思是：不因众人的诽谤或夸奖而动摇自己的主张，不用漂亮话去迷惑别人的耳目，不用财物买通富贵者的权势，不喜爱身边人讨好的言辞。

④处：居处，这里是遵守的意思。　不贰：没有二心，一心一意。　吐：发言。　不夺：不受外力胁迫而改变。　利：流利。　流：没有节制。　这句意思是：这样的人就能够遵守正道而没有二心，敢于坚持自己的意见而不为外力胁迫而改变，口才流利却不会没有节制地乱说一气，重视公正的言论而轻视无谓的争吵，这是士君子的辨说。

⑤兮：语气词，同“啊”。　骞(qiān)：过错。　大：通“太”。　大古：遥远的古代。　慢：怠慢。　愆(qiān)：差错，引申为违背。　恤(xù)：顾虑。　这几句诗的意思是：“在那漫长的黑夜里啊，我常常想着自己的过错，自己衡量着对于古人的道理没有怠慢，对礼义没有违背啊，何必顾虑别人的议论呢？”引诗已失传。

君子之言，涉然而精，俛然而类，差差然而齐①。彼正其名，当其辞，以务白其志义者也②。彼名辞也者，志义之使也，足以相通则舍之矣③；苟之，奸也④。故名足以指实，辞足以见极，则舍之矣⑤。外是者谓之讱，是君子之所弃，而愚者拾以为己宝⑥。故愚者之言，芴然而粗，啧然而不类，誻誻然而沸⑦。彼诱其名，眩其辞，而无深于其志义者也⑧。故穷藉而无极，甚劳而无功，贪而无名⑨。故知者之言也，虑之易知也，行之易安也，持之易立也⑩；成则必得其所好而不遇其所恶焉⑪；而愚者反是。《诗》曰："为鬼为蜮，则不可得；有靦面目，视人罔极。作此好歌，以极反侧⑫。"此之谓也。

①涉然：深入的样子。　精：精细。　俛：同"俯"，贴切，中肯的意思。　类：有条理。　差差然：不齐的样子。　齐：一致。　差差然而齐：指从各个不同的角度来说明同一个道理。

②当：恰当。　务：追求，尽力。　这句意思是：他选择正确的名称，运用恰当的辞句，是为了努力说明他的思想。

③舍：止。　这句意思是：那些名称和辞句，是用来表达思想的，只要能互相沟通思想，就可以了。

④苟：苟且，指不合礼义的言行。参看《不苟》。　这句意思是：那些不合礼义的标新立异，就是邪说。

⑤极：至，这里指主要的思想。　这句意思是：所以名称只要足以反映事物的实际，辞句只要足以表达主要的思想，就可以了。

⑥外是：离开这个标准。　讱(rèn)：难，指故意讲艰难费解的话。这句意思是：离开这个标准，就叫做故意讲那些艰难费解的话，这是君子所要抛弃的，而愚蠢的人却拿它当做自己的宝贝。

⑦芴(wù)然：形容轻浮的样子。　啧然：形容争吵的样子。　誻誻(tà)然：形容七嘴八舌的样子。　沸：沸腾，这里指嘈杂，乱说。

这句意思是：所以愚蠢的人说话，轻浮而又粗鲁，喜欢争吵而又没有个条理，七嘴八舌而又乱说一通。

⑧彼：他，他们，指前面所说的“愚者”。 诱：诱惑。 眩(xuàn)：迷乱。 这句意思是：他们搬弄各种诱人的名称，运用各种迷人的辞句，而思想内容却十分浅薄。

⑨藉：同“借”。 穷藉：指没完没了地搬弄各种名称和辞句。 贪：求多。 这句意思是：所以假借名称玩弄辞句反而抓不住主要思想，费力很大反而收效很少，拼命追求好名声反而得不到。

⑩安：善，适。 这句意思是：所以，聪明人的言论，加以考虑很容易理解，实行起来很容易做得妥当，坚持它很容易站得住。

⑪这句意思是：有所成就就必然得到所希望的结果，而不会遇到所厌恶的结果。

⑫蜮(yù)：相传是一种叫做短狐的害人动物。 靦(tiǎn)：形容脸上的表情。 视人：受人注视。 罔(wǎng)：没有。 极：尽。 反侧：这里指反复无常的人。 这几句诗的意思是：“你若是个鬼是个怪，那么我自然无法认清你的原形；可是你有脸又有眼睛，人们终究会将你的真相看清。我作这首好诗歌，是为了尽情地揭穿你这个反复无常的人。”(见《诗经·小雅·何人斯》)

凡语治而待去欲者，无以道欲而困于有欲者也①。凡语治而待寡欲者，无以节欲而困于多欲者也②。有欲无欲，异类也，生死也，非治乱也③。欲之多寡，异类也，情之数也，非治乱也④。欲不待可得，而求者从所可⑤。欲不待可得，所受乎天也⑥；求者从所可，所受乎心也⑦。所受乎天之一欲，制于所受乎心之多计，固难类所受乎天也[8]。人之所欲生甚矣，人之所恶死甚矣，然而人有从生成死者，非不欲生而欲死也，不可以生而可以死也[9]。故欲过之而动不及，心止之也[10]。心之所可中理，则欲虽多，奚伤于治[11]！欲不及而动过之，心使之也[12]。心之所可失理，则欲虽寡，奚止于乱！故治乱在于心之所可，亡于情之所欲[13]。不求之其所在而求之其所亡，虽曰我得之，失之矣[14]。

①语治：谈论治理好国家的道理。　道：同“导”，引导。　这句意思是：凡是谈论治理好国家的道理，而想靠去掉人们的欲望，这是没有办法来正确引导人们的欲望，反而被欲望所困住了的人。荀子这里是对道家消极思想的批判。《老子》一书中提出要使“民无知、无欲、无为”（《二章》），又说：“无欲以静，天下将自定。”（《三十七章》）

②这句意思是：凡谈论治理好国家的道理，而想靠减少人们的欲望，这是没有办法节制欲望而被欲望太多所难住了的人。荀子这里是对孟子“养心莫善于寡欲”（《孟子·尽心下》）和宋钘“情欲固寡”思想的批判。

③异类：不同类。　生死：这里指有生命和无生命。一说“生死也”当作“性之具也”。　这句意思是：有欲望和没有欲望，是不同类型的，这是有生命的物质和无生命的物质的区别，而不是国家太平和动乱的原因。

④数：数量。

⑤这句意思是：人的欲望并不是等待有可能得到的时候才产生的，而追求欲望的人总是从他认为合适的情况下去努力的。

⑥天：指自然。　所受乎天：指欲望是从自然中禀受来的本性。

⑦所受乎心:指受内心(思想)的支配。原无“所”字,据上下文义补。

⑧一欲:单纯的欲望。　多计:多种考虑。原无“计”字,据上下文义补。　这句意思是,人禀受于自然的单纯欲望,受到内心多方面考虑的节制,这当然不能和原来禀受于自然的单纯欲望再相类比了。一说“固难类”后“所受乎天”四字为衍文。

⑨甚矣:表示最高而不能再超过的意思。　从:通“纵”,放纵,这里是放弃的意思。　这句意思是:人对于生的欲望是最迫切的;人对于死的厌恶是最强烈的。但是有人竟放弃生的希望而去死,这并不是不愿意生而愿意死,而是考虑到某种情况下不可以偷生而应该去死。

⑩这句意思是:所以,有时天生的欲望非常强烈,但是行动却没有完全这样去做,这是由于心节制了它的缘故。

⑪中理:符合道理,指符合礼义。　奚:疑问词,何,什么。　这句意思是:只要内心所肯定的是符合道理的,那么欲望虽多,对国家的太平又有什么伤害呢?

⑫使:指使,支配。　这句意思是:有时欲望不强烈而行动却超过了它,这是由于心指使了它的缘故。

⑬亡:同“无”,不在。　这句意思是:所以,国家治乱的原因,在于心所肯定的是否合理,而不在于欲望的多少。

⑭求:寻找。　这句意思是:不从关键方面去寻找国家治乱的原因,却从和国家治乱没有关系的地方去寻找,虽然自己认为找到了问题的关键,其实并没有找到。

性者,天之就也①;情者,性之质也②;欲者,情之应也③。以所欲为可得而求之,情之所必不免也;以为可而道之，知所必出也[④]。故虽为守门，欲不可去，性之具也[⑤]。虽为天子，欲不可尽[⑥]。欲虽不可尽，可以近尽也[⑦]；欲虽不可去，求可节也[⑧]。所欲虽不可尽，求者犹近尽；欲虽不可去，所求不得，虑者欲节求也。道者，进则近尽，退则节求，天下莫之若也[⑨]。

①天之就：是自然生成的。

②质：实际内容。

③应：反应。　这句意思是：欲望是对外界事物的反应而产生的。

④道：实行。　知：同“智”，智慧。　这句意思是：以为自己的欲望是可以达到的，而去追求它，这是人的感情所必不可避免的；以为自己的欲望是对的，而去实行它，这是人的智慧所必然这样去做的。

⑤守门：即看门的人。这里泛指下等人。　性之具也：本性所具有的。一说，这四字是衍文。

⑥这句意思是：虽然是天子，欲望也没有尽头。荀子认为“君子之与小人，其性一也”（《性恶》），虽然是守门的人，欲望也是不可去掉的，即使是天子，欲望也永远没有满足的时候。

⑦近尽：接近于完全的满足。

⑧求可节：对欲望的追求是可以节制的。

⑨道：这里指按礼义规定来对待欲望的正确原则。　若：如此。　莫之若也：没有比这更好的了。　这句意思是：按照道行事，在可能的情况下，就尽量设法使欲望接近于满足，在条件不允许的情况下，就节制对欲望的追求，天下没有比这更好的原则了。

凡人莫不从其所可而去其所不可[①]。知道之莫之若也，而不从道者，无之有也②。假之有人而欲南，无多；而恶北，无寡③。岂为夫南者之不可尽也，离南行而北走也哉④？今人所欲，无多；所恶，无寡⑤。岂为夫所欲之不可尽也，离得欲之道而取所恶也哉⑥？故可道而从之，奚以益之而乱⑦！不可道而离之，奚以损之而治⑧！故知者论道而已矣，小家珍说之所愿皆衰矣⑨。

①从：顺从，遵从。　去：离去，抛弃。

②知：了解，理解。　无之有也：没有的。

③假之：假如。　欲南：想往南去。　无多：这里指不管路途多么遥远。　恶：不愿意。　无寡：这里指不管路途多近。

④岂：难道。　为：因为。　这句意思是：这种人难道会因为往南去的路程走不完，就离开往南走的方向而往北走吗？

⑤这句意思是：人们对于所想得到的，再多也不会嫌多，而对于所厌恶的，再少也不要。

⑥这句意思是：人们难道会因为所想得到的东西不能完全满足，就放弃求得满足欲望的方向，而去追求所讨厌的东西吗？

⑦可：符合。　益：增加。原为“损”，据上下文义改。　这句意思是：所以，符合道的欲望而去满足它，哪里会因为增加了欲望就混乱呢？

⑧离：离开，抛弃。　损：减少。原为“益”，据上下文义改。　这句意思是：不符合道的欲望就放弃它，哪里会因为减少了欲望就安定呢？

⑨知：同“智”。　小家珍说：指前面所说的各家异说。　愿：愿望，这里指前面“无欲”、“寡欲”的愿望。　这句意思是：所以聪明的

人，只是根据道来行事罢了，那么各家异说的愿望就自然都消亡了。

凡人之取也，所欲未尝粹而来也；其去也，所恶未尝粹而往也[①]。故人无动而可以不与权俱[②]。衡不正，则重县于仰，而人以为轻；轻县于俛，而人以为重。此人所以惑于轻重也[③]。权不正，则祸托于欲，而人以为福；福托于恶，而人以为祸。此亦人所以惑于祸福也[④]。道者，古今之正权也；离道而内自择，则不知祸福之所托[⑤]。

①粹：纯粹，完全。　这句意思是：人想求得的东西，他所希望的不一定能完全得到；人想去掉的东西，他所讨厌的不一定能完全去掉。

②权：秤，这里指衡量行为的标准，即“道”。　俱：同。　而可以不与权俱：原为“而不可以不与权俱”，据文义改。　这句意思是：所以，人没有一个行动是可以离开衡量它的准则的。

③衡：衡量东西轻重的器具，如秤之类。　县：同“悬”，挂。　这句意思是：“衡”如果不准确，那么虽然挂上了重物，反而会仰起来，而人就误认为这是轻物；或者虽然挂上了轻物，反而会低下去，而人却误认为这是重物。这就是人对轻重产生迷惑的原因。

④这句意思是：衡量人们行为的准则如果不准确，那么灾祸包含在他所希望的事情中，人却认为这是幸福；幸福包含在他所厌恶的事情中，人却认为这是灾祸。这就是人对于祸福产生迷惑的原因。

⑤内自择：由自己主观来选择。　这句意思是：“道”是自古以来衡量事物的正确标准，偏离正道而自己主观地选择一切，那就不知道灾祸和幸福在什么地方。

易者,以一易一,人曰无得亦无丧也[1]。以一易两,人曰无丧而有得也。以两易一,人曰无得而有丧也。计者取所多,谋者从所可[2]。以两易一,人莫之为,明其数也[3]。从道而出,犹以一易两也,奚丧[4]!离道而内自择,是犹以两易一也,奚得!其累百年之欲,易一时之嫌,然且为之,不明其数也[5]。

①易:交换。　丧:失。　这句意思是:从交换的道理来讲,用一件东西交换一件东西,人们会说,既没有占便宜,也没有吃亏。

②计者:善于计算的人。　谋者:善于谋虑的人。　这句意思是:会计算的人愿意以少换多,会谋虑的人,却是依照自己认为正确的办法去做。

③莫之为:没有这样做的。　这句意思是:用两件东西去换取一件东西,人们没有愿意这样做的,因为他懂得其中的数量关系。

④这句意思是:依照道而去行动,就好比拿一件东西去换两件东西,哪里会有什么损失。

⑤累:积累。　百年之欲:形容长时间追求的欲望。　嫌:恶,指不愿意的东西。一说当作“慊”,指一时的满足。　这句意思是:积累了长时间的愿望,却换得了不愿意的东西,这样的事情尚且去做,是因为他不懂得其中的数量关系。

有尝试深观其隐而难察者[1]。志轻理而不外重物者,无之有也;外重物而不内忧者,无之有也[2]。行离理而不外危者,无之有也;外危而不内恐者,无之有也[3]。心忧恐则口衔刍豢而不知其味，耳听钟鼓而不知其声，目视黼黻而不知其状，轻暖平簟而体不知其安④。故向万物之美而不能嗛也。假而得间而嗛之则不能离也⑤。故向万物之美而盛忧，兼万物之利而盛害⑥。如此者，其求物也，养生也？粥寿也⑦？故欲养其欲而纵其情，欲养其性而危其形，欲养其乐而攻其心，欲养其名而乱其行⑧。如此者，虽封侯称君，其与夫盗无以异，乘轩戴絻，其与无足无以异⑨。夫是之谓以己为物役矣⑩。

①有：通“又”。 隐而难察者：原为“隐而难其察者”，“其”字据文义删。 这句意思是：我又曾经深入地观察到一个隐蔽而又不易察觉的道理。

②志：意志，这里指内心。 理：道，即上文所讲的对待欲望的正确原则。 不外重物：“外”字原缺，据下文“外重物而不内忧者”文义增补。 内忧：内心忧虑。 这句意思是：凡是内心轻视道理而又不拼命追求物质欲望的人，是没有的；拼命追求物质欲望而内心不忧虑的人，也是没有的。

③外危：受到外来的危害。 内恐：内心恐惧。

④黼黻（fǔ fú）：古代礼服上绣的花纹，这里泛指华丽的衣服。 轻暖：这里指轻暖的褥子。 平簟：平整的竹席。 安：舒服。

⑤向：通“享”。下同。 嗛：同“慊”，满足。下同。 得间：一会儿，暂时。原为“得问”，据上下文义改。 这句意思是：所以享受了万物的美好供养仍然不能感到愉快，即使暂时感到愉快，然而忧虑恐惧的心情还是不能离去。

⑥盛忧：非常忧虑。 盛害：很大的祸害。

⑦粥：同“鬻”（yù），出卖。　这句意思是：像这样的人，他的追求物质欲望，是为了保养生命呢？还是出卖寿命呢？

⑧这句意思是：所以，本来想要满足自己的欲望，却放纵自己的情欲；本来想要保养自己的性命，却危害自己的身体；本来想要培养自己快乐的心情，却伤害自己的心；本来想要提高自己的名望，却败坏自己的品行。

⑨轩（xuān）：古代官位在大夫以上的乘坐的一种带篷的车。　絻：同“冕”，古代大夫以上的官戴的礼帽。　无足：指衣食不足。　这句意思是：像这样的人虽然封为诸侯，称为国君，然而和那些强盗比起来没有什么两样；虽然坐着马车，戴着官帽，然而和那些衣食不足的老百姓比起来没有什么不同。

⑩这句意思是：这就叫做让自己被物质欲望所奴役。

心平愉，则色不及佣而可以养目，声不及佣而可以养耳，蔬食菜羹而可以养口，粗布之衣、粗紃之履而可以养体，局室、芦帘、藁蓐、敝机筵而可以养形①。故无万物之美而可以养乐，无势列之位而可以养名②。如是而加天下焉，其为天下多，其私乐少矣③。夫是之谓重己役物④。

①平愉：平静愉快。　不及：不如。　佣：通“庸”，一般，平常。　养目：满足眼欲。　紃：粗麻绳。　履：鞋。　局室：狭窄的屋子。　芦帘：芦苇做的帘子。　藁蓐：草做的褥子。　局室、芦帘、藁蓐：原为“屋室、庐庾、葭藁蓐”，据文义及《初学记》引文删改。　敝：同“敝”，破旧。原为“尚”字，形近而误，今据文义改。　敝机筵：破旧的几桌。

②这句意思是：所以，虽然没有享受到万物中最美好的东西，但仍

然可以培养快乐的心情；没有权势官位，但仍然可以获得好的名望。

③加天下：把治理国家的权力交给他。　私：原为“和”，据上下文义改。　这句意思是：像这样的人，让他来统治天下，他必然为天下的利益想的多，为自己的享受想的少。

④这句意思是：这就叫做重视自己而役使万物。

无稽之言，不见之行，不闻之谋，君子慎之①。

①无稽：无可考察、验证。　不见：没有见过。　不闻：没有听说过。　谋：计谋。　慎之：慎重对待。

二十三　性　恶

【说明】这是一篇系统阐释荀子性恶观的重要论文。

“人之性恶，其善者伪也”是本文的基本论点。荀子认为，性乃“不可学、不可事而在天者”，是自然生成的，此自然之性偏好利欲，若不加以引导，则会导致争乱，因此是恶的。“伪”是“人为”之意，指“可学而能、可事而成”者，它起于后天，与先天之性相反。

荀子通过分析人性而突出了礼义的重要性：圣人通过“积思虑，习伪故”而制定礼义，再用礼义教化民众，改变其恶性，使之向善。这便是“化性起伪”。

人性虽恶，荀子却也明确指出，“涂之人可以为禹”，即人人都有成为圣人的可能性。禹之所以为禹，是因为他能积累“仁义法正”，而“仁义法正”为可知可能之理，且人人皆有“可以知之质，可以能之具”。因此，人通过努力修为是可以达到圣人的境界的。

荀子虽持性恶观，然细考本篇，可见其立论主旨在于“化性起伪”，强调以礼义长善救恶。这是荀子针对改造人性、维护社会秩序而提出的重要理念。

人之性恶，其善者伪也①。

①性：本性。 伪：通“为”，人为。 这句意思是：人的本性是恶的，而“善”是后天人为的。这是贯穿《荀子》一书的基本思想之一，是对孟子“性善论”的批判。

今人之性，生而有好利焉，顺是，故争夺生而辞让亡焉①；生而有疾恶焉，顺是，故残贼生而忠信亡焉②；生而有耳目之欲，有好声色焉，顺是，故淫乱生而礼义文理亡焉③。然则从人之性，顺人之情，必出于争夺，合于犯分乱理而归于暴④。故必将有师法之化、礼义之道，然后出于辞让，合于文理而归于治⑤。用此观之，然则人之性恶明矣，其善者伪也。

①好（hào）利：贪图私利。 焉：语气词。 顺是：顺着这种本性。下同。 争夺生：出现争夺。 亡：失掉，丧失。

②疾恶（wù）：忌妒，憎恨。 残贼：伤害。《修身》篇说，“害良曰

贼”，这里指伤害忠信之人。

③文理：条理，秩序。

④然则：既然如此，那么。　从：通“纵”，放纵。　合：符合。　分：名分，等级。　理：指礼义文理。　归于：导致。　暴：暴乱。　这句意思是：既然如此，那么放纵人的本性，顺着人的情欲，必然造成争夺，出现违反等级名分、破坏社会秩序的事而导致暴乱。

⑤师法之化：君师和法制的教化。　道：同“导”，引导，诱导。　治：治世，指社会安定。

故枸木必将待檃栝烝矫然后直，钝金必将待砻厉然后利①。今人之性恶，必将待师法然后正，得礼义然后治②。今人无师法，则偏险而不正；无礼义，则悖乱而不治③。古者圣王以人之性恶，以为偏险而不正，悖乱而不治，是以为之起礼义、制法度，以矫饰人之情性而正之，以扰化人之情性而导之也④。使皆出于治，合于道者也⑤。今之人，化师法，积文学，道礼义者为君子⑥；纵性情，安恣睢，而违礼义者为小人⑦。用此观之，然则人之性恶明矣，其善者伪也。

①枸(gōu)：弯曲。　待：依靠。　檃栝(yǐn kuò)：矫正弯木的工具。　烝：加热。　矫：矫正。　钝金：不锋利的刀剑等。　砻(lóng)厉：磨。

②正：端正，指合乎法律、道德标准。

③险：邪恶。下同。　悖(bèi)乱：违背。

④是以：因此。　饰：通“饬”，整顿。　扰：驯。　扰化：驯服教化。

⑤使皆出于治：使人们都达到遵守秩序。

⑥化师法：受师法的教化。　积文学：积累文化知识。　道：实行。

⑦安恣睢：任意胡作非为。

孟子曰："人之学者，其性善[①]。"曰：是不然！是不及知人之性，而不察乎人之性伪之分者也[②]。凡性者，天之就也，不可学，不可事[③]。礼义者，圣人之所生也，人之所学而能、所事而成者也[④]。不可学、不可事而在天者，谓之性；可学而能、可事而成之在人者，谓之伪，是性伪之分也[⑤]。

①孟子：名轲，战国中期儒家的主要代表。　这句意思是：孟子说：人所以能学习，是因为本性是"善"的。

②及：达到。　这句意思是：回答说，这是不对的！这是没有真正认识人的本性，而且是不了解本性与人为之间区别的一种说法。

③天之就也：自然生成的。　事：做，人为。

④生：产生，制定。　学而能：经过学习得到的。　事而成：经过人为努力做成的。

⑤在天者：属于自然生成的。　天：原为"人"，据上下文义改。　在人者：通过人为努力达到的。

今人之性，目可以见，耳可以听。夫可以见之明不离目，可以听之聪不离耳，目明而耳聪，不可学明矣[①]。孟子曰:“今人之性善,将皆失丧其性,故恶也②。”曰:若是则过矣③。今人之性,生而离其朴,离其资,必失而丧之④。用此观之,然则人之性恶明矣。所谓性善者,不离其朴而美之,不离其资而利之也。使夫资朴之于美,心意之于善,若夫可以见之明不离目,可以听之聪不离耳,故曰目明而耳聪也⑤。

①这句意思是:可以看东西的视觉离不开眼睛,可以听声音的听觉离不开耳朵。所以,眼的视觉、耳的听觉不是学来的,这是很清楚的。

②故恶:原无“恶”字,据上下文义补。　这句意思是:孟子说,人的本性本来是善良的,由于丧失了善的本性,所以变恶了。

③过:过失,错误。

④朴:素质。　资:材料。都是指性的自然素质。　这句意思是:如果人的本性生下来就脱离了它固有的自然素质,那就一定要丧失本性。荀子认为,人的本性是不可能脱离“资”、“朴”的,而“资”、“朴”是“好利”、“疾恶”、“有欲”的。

⑤利:好。　使夫:如果。　若夫:好像。　这句意思是:所谓“性善”,应该是不离开它固有的素质就是美的,不离开它的材料就是好的。“资、朴”和美的关系,心意和“善”的关系,就应该像视觉离不开眼睛,听觉离不开耳朵一样。

今人之性,饥而欲饱,寒而欲暖,劳而欲休,此人之情性也。今人饥,见长而不敢先食者,将有所让也;劳而不敢求息者，将有所代也[①]。夫子之让乎父，弟之让乎兄；子之代乎父，弟之代乎兄：此二行者，皆反于性而悖于情也[②]。然而孝子之道，礼义之文理也。故顺情性则不辞让矣，辞让则悖于情性矣。用此观之，然则人之性恶明矣，其善者伪也。

①长：长辈。　代：代替，指代替长辈劳动。下同。

②行：行为。　皆反于性而悖于情：都是违反人的本性和背离人的情欲的。

问者曰："人之性恶，则礼义恶生[①]？"应之曰：凡礼义者，是生于圣人之伪，非故生于人之性也[②]。故陶人埏埴而为器，然则器生于陶人之伪，非故生于人之性也[③]。故工人斫木而成器，然则器生于工人之伪，非故生于人之性也[④]。圣人积思虑，习伪故，以生礼义而起法度，然则礼义法度者，是生于圣人之伪，非故生于人之性也[⑤]。若夫目好色，耳好声，口好味，心好利，骨体肤理好愉佚，是皆生于人之情性者也；感而自然，不待事而后生之者也[⑥]。夫感而不能然，必且待事而后然者，谓之生于伪[⑦]。是性伪之所生，其不同之征也[⑧]。故圣人化性而起伪，伪起而生礼义。礼义生而制法度[⑨]。然则礼义法度者，是圣人之所生也。故圣人之所以同于众其不异于众者，性也；所以异而过众者，伪也[⑩]。夫好利而欲得者，此人之情性也。假之人有弟兄资财而分者，且顺情性，好利而欲得，若是则兄弟相拂夺矣⑪；且化礼义之文理，若是则让乎国人矣⑫。故顺情性则弟兄争矣，化礼义则让乎国人矣。

①恶(wū)生：从哪里产生。

②故：通“固”，本来。

③陶人：从事陶器生产的人。　埏埴(shān zhí)：用水调和黏土制作陶器。　陶人之伪：原为“工人之伪”，据上下文义改。

④工人：这里指木工。　斫(zhuó)：砍削，加工。

⑤习伪故：熟习人为的事情，指熟悉社会情况。

⑥肤理：皮肤的纹理。　骨体肤理：指人的身体。　愉佚：安逸。　感而自然：一有接触就自然那样。

⑦这句意思是：有了接触而不能自然就那样，必须靠人为努力后才能做到，这就叫做生于“伪”。

⑧其：代词，指“性”和“伪”。　征：特征，证明。

⑨化：变化，改造。　起：兴起。　这句意思是：所以圣人改造本性的“恶”，兴起人为的“善”，从而确立礼义，制定法度。

⑩这句意思是：圣人和普通人所相同之处，是本性没有两样；圣人所不同而且超过普通人之处，是礼义人为。

⑪假之：假如。　拂夺：争夺。

⑫化礼义之文理：受礼义规范的教化。　国人：普通人。

凡人之欲为善者，为性恶也①。夫薄愿厚，恶愿美，狭愿广，贫愿富，贱愿贵，苟无之中者，必求于外②；故富而不愿财，贵而不愿势，苟有之中者，必不及于外③。用此观之,人之欲为善者,为性恶也。今人之性,固无礼义,故强学而求有之也④;性不知礼义,故思虑而求知之也。然则生而已,则人无礼义,不知礼义⑤。人无礼义则乱,不知礼义则悖,然则生而已,则悖乱在己⑥。用此观之,人之性恶明矣,其善者伪也。

①这句意思是:人之所以想为善,正是因为人的本性是恶的。

②中:内,指本身。　荀无之中者:假如本身没有它。

③及:寻求。

④固:固有,本来。　强学:努力学习。　之:代词,指礼义。

⑤生:同“性”。下同。　生而已:就性本身来讲。　这句意思是:所以说,就性本身来讲,人是没有礼义,也不懂礼义的。

⑥在己:在本身之中。　这句意思是:人没有礼义,不懂礼义,那就会造成社会的悖乱,所以说,就性本身来讲,悖乱就在它本身之中。

孟子曰:“人之性善。”曰:是不然!凡古今天下之所谓善者,正理平治也;所谓恶者,偏险悖乱也①。是善恶之分也已。今诚以人之性固正理平治邪?则有恶用圣王,恶用礼义矣哉②!虽有圣王礼义,将曷加于正理平治也哉③!今不然,人之性恶。故古者圣人以人之性恶,以为偏险而不正,悖乱而不治,故为之立君上之势以临之,明礼义以化之,起法正以治之,重刑罚以禁之,使天下皆出于治,合于善也④。是圣王之治而礼义之化也。今当试去君上之势,无礼义之化,去法正之治,无刑罚之禁,倚而观天下民人之相与也⑤;若是,则夫强者害弱而夺之,众者暴寡而哗之,天下之悖乱而相亡不待顷也⑥。用此观之,然则人之性恶明矣,其善者伪也。

①正理平治:合乎礼义法度,遵守社会秩序。

②诚:真的。 邪:通“耶”,“吗”的意思。 有:通“又”。 这句意思是:如果真以为人的本性就是合乎礼义法度,遵守社会秩序的,那么又要圣王做什么用呢?又要礼义做什么用呢?

③曷:何,什么。 这句意思是:虽有圣王、礼义,又能在正理平治上增加什么呢?

④古:古代。 临:统治。 法正:法度。 使天下皆出于治:使天下全部达到安定有秩序。

⑤当:同“倘”,假使。 试:尝试。 去:舍弃。 倚:立,站着。倚而观:站在一旁观看。 相与:相互交往。

⑥暴:欺负。 哗:喧哗,侵扰。 相亡:相继灭亡,同归于尽。顷:少顷,顷刻。

故善言古者必有节于今;善言天者必有征于人①。凡论者,贵其有辨合、有符验②。故坐而言之,起而可设,张而可施行③。今孟子曰:“人之性善。”无辨合符验,坐而言之,起而不可设,张而不可施行,岂不过甚矣哉!故性善则去圣王,息礼义矣;性恶则与圣王,贵礼义矣④。故檃栝之生,为枸木也;绳墨之起,为不直也;立君上,明礼义,为性恶也⑤。用此观之,然则人之性恶明矣,其善者伪也。

①节:符节,古代使者所持的凭信之物,这里作符合、验证讲。征:验证。　这句意思是:好谈论古代事情的,一定要有现今的事情做验证;好谈论天道的,一定要有人类社会的事情做验证。

②辨:通"别",也是古代所用的一种凭证,分为两部分,两家各持其一,可以互相核对,作为证明。　这句意思是:凡谈论什么事,重要的是要有证明、根据。

③设:布置安排。　张:展开,推广。　施:实行。

④息:废除。　与:赞扬,肯定。

⑤生:产生。　起:出现。

直木不待檃栝而直者,其性直也①。枸木必将待檃栝烝矫然后直者,以其性不直也。今人之性恶,必将待圣王之治,礼义之化,然后皆出于治、合于善也②。用此观之,然则人之性恶明矣,其善者伪也。

①这句意思是:直木不依靠檃栝矫正就是直的,因为它的本性就是直的。

②待圣王之治:依靠圣王的治理。

问者曰:"礼义积伪者,是人之性,故圣人能生之也①。"应之曰:是不然!夫陶人埏埴而生瓦,然则瓦埴岂陶人之性也哉?工人斫木而生器,然则器木岂工人之性也哉②?夫圣人之于礼义也,辟则陶埏而生之也。然则礼义积伪者,岂人之本性也哉③?凡人之性者,尧、舜之与桀、跖，其性一也；君子之与小人，其性一也。今将以礼义积伪为人之性邪？然则有曷贵尧、禹，曷贵君子矣哉[④]？凡所贵尧、禹、君子者，能化性，能起伪，伪起而生礼义；然则圣人之于礼义积伪也，亦犹陶埏而生之也[⑤]。用此观之，然则礼义积伪者，岂人之性也哉？所贱于桀、跖、小人者，从其性，顺其情，安恣睢，以出乎贪利争夺。故人之性恶明矣，其善者伪也。

①这句意思是：问的人说："积累习惯达到礼义，这是人的本性，所以圣人才能创造出礼义来。"

②瓦埴：用土制成的瓦。　器木：用木制成的器。

③辟：同"譬"，譬如。　辟则：一说"则"当作"亦"。

④有：通"又"。

⑤亦犹：也就像。　这句意思是：圣人积累习惯而制定礼义，就如同陶人用土制成瓦一样。

天非私曾、骞、孝己而外众人也；然而曾、骞、孝己独厚于孝之实，而全于孝之名者，何也？以綦于礼义故也[①]。天非私齐、鲁之民而外秦人也，然而于父子之义，夫妇之别，不如齐、鲁之孝具敬文者，何也[②]？以秦人之从情性，安恣睢，慢于礼义故也，岂其性异矣哉[③]！

①私：偏爱。　曾：曾参。　骞：闵子骞。都是孔子的学生。　孝己：殷高宗的长子。　外：嫌弃。　独：唯独，只有。　厚：注重。　綦：尽力。

②齐:春秋战国时国名,在今山东境内。 鲁:春秋时国名,在今山东境内。 秦:春秋战国时国名,在今陕西境内。 然而:一说"然而"下应有"秦人"二字。 敬文:恭敬有礼节。原为"敬父",据文义改。 孝具敬文:孝道具备,恭敬有礼。

③慢:懈怠,轻视。 岂其性异矣哉:难道是因为他们的本性不一样吗?

"涂之人可以为禹①。"曷谓也②?曰:凡禹之所以为禹者,以其为仁义法正也③。然则仁义法正有可知可能之理,然而涂之人也,皆有可以知仁义法正之质,皆有可以能仁义法正之具;然则其可以为禹明矣④。今以仁义法正为固无可知可能之理邪⑤?然则唯禹不知仁义法正,不能仁义法正也⑥。将使涂之人固无可以知仁义法正之质,而固无可以能仁义法正之具邪⑦?然则涂之人也,且内不可以知父子之义,外不可以知君臣之正⑧。不然,今涂之人者,皆内可以知父子之义,外可以知君臣之正,然则其可以知之质,可以能之具,其在涂之人明矣。今使涂之人者,以其可以知之质,可以能之具,本夫仁义法正之可知可能之理,然则其可以为禹明矣⑨。今使涂之人伏术为学,专心一志,思索孰察,加日县久,积善而不息,则通于神明,参于天地矣⑩。故圣人者,人之所积而致也⑪。

①涂:同"塗",道路。 涂之人:路上的人,指普通的人。 这句意思是:普通人都可以成为禹那样的人。

②这句意思是：为什么这样说呢？

③仁义法正：指道德规范和法律制度。　以其为仁义法正也：因为他能实行“仁义法正”的缘故。

④可知可能：可以懂得，可以做到。　质：才质。　具：条件。

⑤这句意思是：难道可以认为“仁义法正”本来就没有可以认识、可以做到的道理吗？

⑥唯：当作“虽”。　这句意思是：真是这样，那么即使是禹也不能认识“仁义法正”，不能做到“仁义法正”。

⑦将使：假使。

⑧内：在家。　正：准则，规则。

⑨本夫仁义法正之可知可能之理：按照仁义法正可知可能的道理去做。原为“本夫仁义之可知之理可能之具”，据本句文义和上文“然则仁义法正有可知可能之理”、“以仁义法正为固无可知可能之理”等文义改。

⑩伏：通“服”，从事。　术：指实行“仁义法正”的方法。　伏术为学：以从事实行“仁义法正”为学习的内容。　孰：同“熟”。　县：同“悬”。　加日县久：形容时间很长。　通：达到。　神明：指最高的智慧。　参于天地：《天论》篇说：“天有其时，地有其财，人有其治，夫是之谓能参。”这里是指人能治天时地财和社会，可以和天地的作用相配合。

⑪积：即上文的“积伪”之“积”。　这句意思是：圣人，是人通过积累仁义法正而达到的。

曰：“圣可积而致，然而皆不可积，何也①？”曰：可以而不可使也②。故小人可以为君子而不肯为君子，君子可以为小人而不肯为小人。小人、君子者,未尝不可以相为也[③];然而不相为者,可以而不可使也。故涂之人可以为禹,则然[④];涂之人能为禹,未必然也。虽不能为禹,无害可以为禹[⑤]。足可以遍行天下,然而未尝有能遍行天下者也。夫工匠农贾,未尝不可以相为事也,然而未尝能相为事也[⑥]。用此观之,然则可以为,未必能也;虽不能,无害可以为。然则能不能之与可不可,其不同远矣,其不可以相为明矣[⑦]。

①这句意思是:圣人可以积累习惯而达到礼义,但不是所有的人都能这样,这是为什么?

②使:强使。

③相为:互相对换。

④则然:那是一定的。

⑤无害:不妨碍。

⑥贾(gǔ):商人。 相为事:互相交换着做事。

⑦不同远矣:差别是很大的。 这句意思是:用这个观点来看,那么可以做到,但未必能够做到;虽然没有做到,但并不影响有做到的可能。因此能不能做到和有没有可能做到,这两者之间的差别是很大的,它们之间不能等同看待是很明显的。

尧问于舜曰:"人情何如[①]?"舜对曰:"人情甚不美,又何问焉[②]? 妻子具而孝衰于亲,嗜欲得而信衰于友,爵禄盈而忠衰于君。人之情乎! 人之情乎! 甚不美,又何问焉[③]？"唯贤者为不然。有圣人之知者，有士君子之知者，有小人之知者，有役夫之知者[④]。多言则文而类，终日议其所以，言之千举万变，其统类一也，是圣人之知也[⑤]。少言则径而省，论而法，若扶之以绳，是士君子之知也[⑥]。其言也謟，其行也悖，其举事多悔，是小人之知也[⑦]。齐给便敏而无类，杂能旁魄而无用，析速粹孰而不急，不恤是非，不论曲直，以期胜人为意，是役夫之知也[⑧]。

①何如：怎么样。

②甚不美：很不好。

③妻子具而孝衰于亲：有了妻子儿女，对父母的孝敬就减弱了。　嗜(shì)欲：嗜好欲望。　爵：爵位，等级。　禄：俸禄。　爵禄：指高官厚禄。　盈：满足。　人之情乎：人情啊！

④知：同"智"。下同。　役夫：服劳役的人。　役夫之知：荀子用来比喻那些整天进行徒劳无益的辩论而相互争胜的学者。

⑤类：统类，这里指合乎礼义法度。　文而类：条理清晰而合乎礼义法度。　统类：纲纪，指礼义法度的总原则。　这句意思是：话说得很多，但条理清晰而合乎礼义法度，从早到晚议论他所以这样主张的理由，说起来千变万化，但其总原则只有一个，这是圣人的智慧。

⑥径而省：直接了当。　论：通"伦"，条理。　论而法：有条理，有法度。　若扶之以绳：好像用绳墨来校正一样。"扶"字原为"佚"，据上下文义改。

⑦謟(tāo)：荒诞。　举事多悔：做事多过错。

⑧齐：通"疾"，迅速。　齐给：回答很快。　便敏：敏捷。　齐给便敏：指口齿伶俐。　旁魄：同"磅礴"，指广泛。　粹孰：熟练。　不

恤:不顾。 这句意思是:口齿伶俐,但不合乎礼义法度,技能杂多而没有用处,分析问题快而熟练,但不合急需,不管是错是对,不讲是曲是直,只是以胜过别人为满足,这就是“役夫”的智慧。

有上勇者,有中勇者,有下勇者。天下有中,敢直其身①;先王有道,敢行其意②;上不循于乱世之君,下不俗于乱世之民③;仁之所在无贫穷,仁之所亡无富贵④,天下知之,则欲与天下共乐之,天下不知之,则傀然独立天地之间而不畏:是上勇也⑤。礼恭而意俭,大齐信焉而轻货财;贤者敢推而尚之,不肖者敢援而废之,是中勇也⑥。轻身而重货,恬祸而广解苟免;不恤是非、然不然之情,以期胜人为意,是下勇也⑦。

①中:正道,《儒效》篇中说:“曷谓中?曰:礼义是也。”这里指治理社会的准则。 敢直其身:敢于挺身而出。

②其:指先王。 敢行其意:敢于按先王的意思去实行。

③循:因循。 俗:随从。

④这句的意思是:合乎仁,就无所谓贫穷困苦;不合乎仁,就无所谓富贵。

⑤知之:了解他。 共乐:原为“同苦乐”,据文义和《太平御览》引文改。 傀(kuī)然:岿然,高大的样子。

⑥礼恭:礼貌恭顺。 意俭:心意谦逊。 大:重视。 大齐信:重视信用。 尚:同“上”。 不肖:不贤,指违反政治、道德要求的人。 援:牵引,拉下。 贤者敢推而尚之,不肖者敢援而废之:意思是,敢于把贤人推举上去,敢于把不肖拉下来。

⑦恬：安。 恬祸而广解苟免：安于祸乱，而多方设法解脱，逃避罪责。一说"苟免"前可能有缺字。 不恤是非、然不然之情：意思是，也不管是非和对不对的实际情况。

繁弱、巨黍、古之良弓也；然而不得排檠，则不能自正①。桓公之葱，太公之阙，文王之录，庄君之曶，阖闾之干将、莫邪、巨阙、辟闾，此皆古之良剑也②；然而不加砥厉则不能利，不得人力则不能断。骅骝、騹骥、纤离、绿耳，此皆古之良马也；然而必前有衔辔之制，后有鞭策之威，加之以造父之驭，然后一日而致千里也③。夫人虽有性质美而心辩知，必将求贤师而事之，择良友而友之④。得贤师而事之，则所闻者尧、舜、禹、汤之道也；得良友而友之，则所见者忠信敬让之行也。身日进于仁义而不自知也者，靡使然也⑤。今与不善人处，则所闻者欺诬、诈伪也，所见者污漫、淫邪、贪利之行也⑥。身且加于刑戮而不自知者，靡使然也⑦。传曰："不知其子视其友，不知其君视其左右⑧。"靡而已矣！靡而已矣！

①繁弱、巨黍(shǔ)：都是古代良弓名。 排檠(qíng)：矫正弓弩的工具。

②庄君：楚庄王，春秋时楚国国君，春秋五霸之一。 曶(hū)：与上文的"葱"、"阙"、"录"等都是剑名。

③騹：读作"骐"。 必前：原为"前必"，据上下文义改。 衔(xián)：马嚼子。 辔(pèi)：马缰绳。 造父：传说古代善于驾车马的人。

④性质美:有好的素质。 心辩知:具有较好的辨别能力。 事:跟着学习。 友之:相处,交往。

⑤身日进于仁义而不自知:自己在不知不觉中逐步地懂得了“仁义”。 靡:通“摩”,模仿,互相切磋,这里指环境的影响。 靡使然也:环境的影响使得这样的。

⑥处:相处。 伪:虚伪。 污:污浊,肮脏。 漫:欺骗。

⑦加于刑戮:遭到刑杀。

⑧这句意思是:古书上说:“不了解他的儿子,看看他儿子的朋友就清楚了;不了解他的君主,看看他君主身边的人也就明白了。”

二十四　君　子

【说明】这是一篇强调天子权威及其作用的政治论文。

荀子指出，天子拥有至高无上的权威，此乃治国的保证，而要确立和维护这个权威，必须"论法圣王"，"以义制事"，按照礼义的原则建立"等贵贱，分亲疏，序长幼"的等级秩序。

荀子批判了"刑罚怒罪，爵赏逾德，以族论罪，以世举贤"的做法，认为这是乱世的根源。天子应该遵循礼义法度，做到"刑当罪"、"爵当贤"，使其权威受到尊崇，法令畅行无阻，从而形成一种众官百姓各安其位、各得其所的政治局面。

天子无妻，告人无匹也①。四海之内无客礼，告无适也②。足能行，待相者然后进③；口能言，待官人然后诏④。不视而见，不听而聪，不言而信，不虑而知，不动而功，告至备也⑤。天子也者，势至重，形至佚，心至愈，志无所诎，形无所劳,尊无上矣⑥。《诗》曰:“普天之下,莫非王土;率土之滨,莫非王臣⑦。”此之谓也。

①天子:荀子理想中能够统一天下的最高统治者。 妻:齐,相等的意思。 无妻:独一无二,这里指至高无上。 告:说。 匹:匹敌,地位相等。 这句意思是:天子至高无上,就是说没有人可以和他在地位上相等。

②适:往,指外出作客。一说,“适”通“敌”,指地位相等。 这句意思是:天子到任何地方都是主人的身份,无需讲客礼,就是说他没有外出作客的情况。

③待:等待,依靠。 相:宾相,赞礼的人。 进:往前走动。 这句意思是:虽然天子脚能走路,但必须等到赞礼的人导引后才往前走动。

④官人:指传达天子命令的官吏。 诏:发布命令。

⑤见:看得清楚。 不视而见:意思是,天子不用亲自去看,而通过手下的人就可以了解得很清楚。 聪:听得明白。 信:有信用。 虑:思虑。 动:做。 功:有功效。 至备:最完备。

⑥势:势位,权力。 重:尊贵。 形:身体。 佚:同“逸”,安逸。 愈:通“愉”,安乐。 志:意志。 诎:屈服。 劳:劳累。 尊无上:没有比这更尊贵。

⑦率:顺着。 滨:涯,水边。 率土之滨:指沿着海边以内的全部国土。 这几句诗的意思是:“整个天下没有不是天子的土地,在全部国土之内没有不是天子的臣民。”(见《诗经·小雅·北山》)这首诗说明了天子拥有至高无上的权势。

圣王在上，分义行乎下，则士大夫无流淫之行，百吏官人无怠慢之事，众庶百姓无奸怪之俗，无盗贼之罪，莫敢犯上之禁①。天下晓然皆知夫盗窃之不可以为富也，皆知夫贼害之不可以为寿也，皆知夫犯上之禁不可以为安也②。由其道则人得其所好焉，不由其道则必遇其所恶焉③。是故刑罚綦省而威行如流，世晓然皆知夫为奸则虽隐窜逃亡之由不足以免也，故莫不服罪而请④。《书》曰："凡人自得罪⑤。"此之谓也。

①分义：指社会秩序的准则。　行：实行，治理。　分义行乎下：按照社会秩序的准则来治理社会。　流淫之行：放肆过分的行为，指违反礼义的行为。　怠慢之事：指不按礼义去办的事。　奸怪之俗：违背礼义要求的习俗。　上：指君主。　莫敢犯上之禁：没有敢触动君主的禁令的。"敢"原错为"取"，据《群书治要》改；又"犯"下原衍一"大"字，据下文"犯上之禁"文义和《群书治要》引文删。

②晓然：明白的样子。　皆：都。　盗窃之：有偷盗行为的。"之"下和下文"贼害之"下原均衍一"人"字，据文义和《群书治要》引文删。　贼害：指危害别人。

③由：遵循。　其道：指圣王的各项规定、法令。　好(hào)：喜好，指希望得到的。　必遇：必定遭到。　恶：厌恶，指不愿得到的。

④綦(qí)：极。　省：简省。　威行如流：法令的威力像流水一样无处不到。　由：同"犹"，还。　请：通"情"，实情，指诚实交待。　这句意思是：所以，刑罚虽然十分简省，但是法令的威信无处不到。社会上人们都十分清楚地知道做了违法的事情，即使隐窜逃亡，也不可避免地要遭到刑罚的制裁，因此，没有不服罪而且诚实交代的。

⑤书:《尚书》。　这句意思是:《尚书》上说:“人人都承认自己应得的罪行。”(参见《尚书·康诰》)

故刑当罪则威,不当罪则侮;爵当贤则贵,不当贤则贱①。古者刑不过罪,爵不逾德②。故杀其父而臣其子,杀其兄而臣其弟③。刑罚不怒罪,爵赏不逾德,分然各以其诚通④。是以为善者劝,为不善者沮;刑罚綦省而威行如流,政令致明而化易如神⑤。传曰:“一人有庆,兆民赖之⑥。”此之谓也。

①当(dàng):恰当,合适。　刑当罪则威:刑罚与罪行相符合就有威力。　侮:轻视,怠慢。指失去威信。　爵:官位。

②不过、不逾(yú):都是指不超过。　德:品德。

③臣:任用。

④不怒:不超过。　分然:区分得十分清楚的样子。　其诚:指罪、德的真实情况。　通:通行,这里指按刑赏的原则实行。　分然各以其诚通:意思是,刑赏的原则分明,并能分别根据罪、德的真实情况来加以实行。

⑤是以:所以。　为善者:遵守礼义的人。　劝:得到勉励。　沮(jǔ):阻止。　致:同“至”,极。　政令致明:政令极其明白。　化:教化。　易:通“施”,施行。　化易如神:施行教化,作用显著。

⑥传(zhuàn):古代典籍。　一人:指天子。　庆:善,指好的德行。　兆:数量单位,十亿为一兆。　兆民:广大百姓。　赖:依靠。　这句意思是:古书上说:“天子有德行,广大的老百姓都因此得到好处。”(见《尚书·甫刑》)

乱世则不然：刑罚怒罪，爵赏逾德，以族论罪，以世举贤[①]。故一人有罪而三族皆夷，德虽如舜，不免刑均，是以族论罪也[②]。先祖当贤，后子孙必显，行虽如桀、纣，列从必尊，此以世举贤也[③]。以族论罪，以世举贤，虽欲无乱，得乎哉[④]！《诗》曰："百川沸腾，山冢崒崩，高岸为谷，深谷为陵，哀今之人，胡憯莫惩[⑤]！"此之谓也。

①乱世：指政治混乱的时代。　则不然：就不是这样。　族：宗族。　论：判断。　世：世族，门第。　举：推举。

②三族：即父族、母族、妻族。　夷：诛灭。　均：同。　不免刑均：免不了要受到同样的刑罚。

③当：通"尝"，曾经。　显：显赫。　行：行为。　列从：等级地位。

④得乎哉：能做到吗！

⑤百川：大小河流。　冢（zhǒng）：山顶。　崒（zú）：高大。　崩：崩塌。　高岸：高高的河岸。　谷：河谷，山谷。　陵：丘陵。　哀：哀叹。　胡：为什么。　憯（cǎn）：曾，乃，语助词。　惩：止，警戒。　这几句诗的意思是："河流沸腾，高山崩塌，高高的河岸陷为深谷，深深的山谷变成丘陵。哀叹当今的人们啊，为什么不警戒呢！"（见《诗经·小雅·十月之交》）"高岸为谷，深谷为陵"是比喻上下等级地位的变易。

论法圣王，则知所贵矣；以义制事，则知所利矣[①]。论知所贵，则知所养矣；事知所利，则知所出矣。二者，是非之本，得失之原也[②]。故成王之于周公也，无所往而不听，知所贵也③。桓公之于管仲也,国事无所往而不用,知所利也④。吴有伍子胥而不能用,国至于亡,倍道失贤也⑤。故尊圣者王,贵贤者霸,敬贤者存,慢贤者亡,古今一也⑥。故尚贤使能,等贵贱,分亲疏,序长幼,此先王之道也⑦。故尚贤使能,则主尊下安;贵贱有等,则令行而不流;亲疏有分,则施行而不悖;长幼有序,则事业捷成而有所休⑧。故仁者,仁此者也;义者,分此者也;节者,死生此者也;忠者,惇慎此者也;兼此而能之,备矣⑨。备而不矜,一自善也,谓之圣⑩。不矜矣,夫故天下不与争能而致善用其功⑪。有而不有也,夫故为天下贵矣⑫。《诗》曰:"淑人君子,其仪不忒。其仪不忒,正是四国⑬。"此之谓也。

①法:效法。 知:懂得。 贵:贵重,重要。 制事:裁决、判断政事。 这句意思是:议论效法圣王,可以说是懂得了什么是重要的事;用义来判断政事,可以说是懂得了什么是有利的事。

②养:取。 知所养:懂得应该吸取些什么。 知所出:懂得应该做什么。"知"前原有"动"字,据上下文义删。 二者:指"论知所贵"和"事知所利"。 本:根本。 原:根源。

③成王:即周成王,名诵,周武王的儿子。 之于:对于。 无所往而不听:没有一件事情不听从周公的意见。

④国事:国家大事。 用:听从。

⑤吴:春秋时诸侯国,在今江苏、浙江境内,后被越国所灭。 伍子胥:名员,字子胥,春秋时楚国人,曾为吴国大夫,吴王夫差执政时,因反对吴王接受越国的求和,被吴王逼死。 倍:通"背",违背。

⑥慢:怠慢,轻视。　古今一也:从古至今都是一样的。

⑦尚贤使能:推崇和任用有道德、有才能的人。　等:差等。序:排列次序。　此先王之道:这就是先王治国的原则。

⑧主尊下安:君主得到尊崇,百姓得到安定。　流:读作“留”,停止。　令行而不流:法令畅行无阻。　施行:给予恩惠。　悖(bèi):混乱。　捷成:迅速成功。　休:休息,指老年人可以得到休息。

⑨此:代词,指“尚贤使能,等贵贱,分亲疏,序长幼”等四事。分:区别。　死生此者也:死和生都是为了维护这四者。　惇(dūn):敦厚,忠实。　慎:真诚。　惇慎此者也:能忠实真诚地实行这四者。兼:全面。　兼此而能之,备矣:这四个方面都能做到,就算完备了。

⑩矜(jīn):自尊自大。　一:全部。　一自善:这四个方面都能在自己身上做得很好。

⑪致善:最好。　这句意思是:不自大,所以天下的人都不能同圣人来争能,而圣人却能够最好地发挥他的功效。

⑫这句意思是:有才能而不自吹有才能,所以成为天下最尊贵的人。

⑬淑人:善人,指有仁德的人。　仪:同“义”。　不忒(tè):没有差错。　正:治理。　这几句诗的意思是:“贤人君子,他的礼义没有差错。他的礼义没有差错,可以治理四方的国家。”(见《诗经·曹风·鸤鸠》)荀子引用这几句诗,是为了告诫君主只有“论法圣王”、“以义制事”,才能治理好国家。

二十五　成　相

【说明】本篇是荀子晚年的作品，运用古代民间通俗的诗歌体裁，表达其政治思想。全文共分三篇五十六节，每篇以“请成相”为开头语，文字通俗押韵，内容简要，观点鲜明。

第一篇可分为两部分，一乱一治。前面重在论述君主若刚愎自用，疏远贤臣，重用谄臣，国家则会危乱，历史上昏君奸臣的事迹即为明证。然后再阐发正确的治国方略，君主应当效法后王，遵循文武之道，倡导礼乐，明德慎罚。

第二篇承接上篇，先谈治后谈乱。首先例举尧、舜、禹、汤的事迹，旨在阐明圣王尚贤使能，罢黜奸臣，则能天下大治。然后以顶针法写出君主任用愚者谋国，遭受蔽塞，进而远贤任谗，最终身败国危。

第三篇是从臣职、君法、刑法、听政、吏治这五方面来阐发君主需要掌握的治国原则：臣下奉公守职，不得擅权；君法严明，律令有常；刑法须符合罪行，断狱应得当；听政要善于从言语中探明实情，再予以赏罚；法令通行，吏则谨慎守法而不敢妄为。

所谓“观今宜鉴古”，这篇文章例证有力，寓意深刻，阐明国家的治乱之道，可作为一首观照现实的政治警示诗。

请成相，世之殃，愚闇愚闇堕贤良①。人主无贤，如瞽无相何伥伥②！

①成：终，指演奏或演唱一支乐曲。 相：古代民间歌曲的一种体裁，这里是相歌的歌词。 请成相：请听我演唱一支相歌。“请成相”是这种形式的开场套语。 世：时代，社会。 殃：灾祸。 闇：同“暗”。 堕：毁，抛弃。 贤良：具有德才的人。 这句意思是：请听我演唱一支相歌，社会的灾祸，就在于愚蠢昏暗的人毁弃了有德有才的人。

②瞽（gǔ）：指盲人。 相：助，这里指扶持盲人的人。 何：何其，多么。 伥伥（chāng）：无所适从，不知所措的样子。

请布基，慎听之，愚而自专事不治①。主忌苟胜，群臣莫谏必逢灾②。

①布：陈述。 基：根本。 请布基：让我来说说治国的根本道理。 慎听之：认真地听啊。原为“慎圣人”，“圣”为“听”之讹字，“人”

字不入韵，据文义改。 自专：独断专行。 治：治理。 事不治：事业办不成。

②忌：猜忌，忌妒。 谏：指下对上的规劝。 这句意思是：君主好忌妒和务求胜过臣下，这样大臣们都没法进行规劝，必然要遇到灾祸。

论臣过，反其施，尊主安国尚贤义①。拒谏饰非，愚而上同国必祸②。

①论：评论。 过：过错。 反：违背。 施：施行，指应当做的事。 尊主：尊崇君主。 安国：安定国家。 尚贤义：推崇贤人。 这句意思是：评论臣下的过错，要看他所做的事是否违背了尊崇君主、安定国家和推崇贤人。

②拒：拒绝。 饰：掩盖。 上同：指阿谀奉承，附和君主的意思。

曷谓罢？国多私，比周还主党与施①。远贤近谗，忠臣蔽塞主势移②。

①曷(hé)：何，什么。 罢(pí)：通“疲”，指不贤的人。 曷谓罢：什么样的人叫做不贤呢？ 国多私：国家中谋私利的人很多。 比周：结党营私。 还：通“营”，惑乱。 施：布，设置。 比周还主党与施：结党营私，惑乱君主，并在君主周围设下党羽。

②谗(chán)：说别人的坏话，陷害贤能的人。 远贤近谗：疏远贤人亲近谗人。 主势移：君主的权势就要落到不贤的人的手里了。

曷谓贤？明君臣，上能尊主下爱民[①]。主诚听之，天下为一海内宾[②]。

①明君臣：指遵守君臣上下的等级关系。　下爱：原为“爱下”，据上文和《臣道》篇等“上则能尊君，下则能爱民”文义改。

②诚：确实，真正。　宾：服从。

主之孽，谗人达，贤能遁逃国乃蹶[①]。愚以重愚，闇以重闇成为桀[②]。

①孽：灾祸。　谗人达：搞阴谋陷害别人的人得逞。　遁逃：隐避。　蹶(jué)：跌倒，这里指覆灭。

②重(chóng)：加。　这句意思是：以愚蠢加愚蠢，以昏暗加昏暗，就会成为桀那样的人。

世之灾，妒贤能，飞廉知政任恶来[①]。卑其志意，大其园囿高其台[②]。

①飞廉、恶来：父子二人，都是殷末人，纣的大臣。　知政：掌握政事。　任：任用。

②卑：小，降低。　其：代词，指君主。　大：增大。　园：花园。囿(yòu)：养动物的园子，供君主游猎。　台：指宫殿楼阁等。　大其园囿高其台：指竭力追求享乐。

武王怒，师牧野，纣卒易乡启乃下[①]。武王善之，封之于宋立其祖[②]。

①师：进军。　牧野：古地名，周武王打败殷纣王的地方。　卒：士兵。　乡：通“向”。　易乡：改变方向，指倒戈。　启：即微子启，商纣王庶兄。　下：投降。

②之：代词，指微子。　宋：宋国，周初封国之一，在今河南商丘一带。　祖：宗庙。

世之衰，谗人归，比干见刳箕子累[①]。武王诛之，吕尚招麾殷民怀[②]。

①归：归附。　比干：商纣王的叔父，因屡次劝谏纣王，被剖心而死。　见：被。　刳（kū）：从中剖开，挖空。　箕子：纣王的叔父，因劝谏纣王，被囚禁，武王灭商后被释放。　累：通“缧”（léi），捆绑犯人的绳索，这里指囚禁。

②之：代词，指纣王。　吕尚：即姜子牙、姜太公，周初大臣。　麾（huī）：指挥用的旗子。　招麾：指挥。　怀：归顺。

世之祸，恶贤士，子胥见杀百里徙[①]。穆公任之，强配五伯六卿施[②]。

①子胥：伍子胥，春秋时吴国大夫，因劝吴王夫差灭越，而被迫自杀。　百里：即百里奚，春秋时虞国大夫，晋灭虞后被俘，以后到秦国协助秦穆公完成霸业。　徙：迁移。

②配：匹配，相当于。　伯：通“霸”。　六卿施：设置了六卿的官制。　这句意思是：秦穆公任用百里奚后，国家强大得相当于“五霸”，并设置了六卿的官制。荀子讲的五霸指齐桓、晋文、楚庄、吴阖闾、越勾践。

世之愚，恶大儒，逆斥不通孔子拘[①]。展禽三绌，春申道缀基毕输[②]。

①逆：拒绝。　斥：排斥。　不通：指不让大儒通达当政。　孔子拘：指孔子周游列国，无人任用，到处碰壁等事。

②展禽：柳下惠，春秋时鲁国人，曾三次任士师，三次被罢免。绌：绌退，罢免。　春申：即楚相春申君黄歇，后被李园所杀。　缀：通"辍"，废止。　输：毁坏。　基毕输：基业完全毁坏了。

请牧基，贤者思，尧在万世如见之[①]。谗人罔极，险陂倾侧此之疑[②]。

①牧：治。　请牧基：让我来说说治理国家的根本道理。　贤者思：那只有思念和任用贤者。　尧在万世如见之：尧的治国之道虽然久远，但仍像在眼前一样，可以效法。

②罔极：无恶不做。　陂：同"诐"，邪，不正。　险陂：险恶不正派。　倾侧：玩弄阴谋。　此：指尧的治国之道。　疑：怀疑，不信任。　这句意思是：谗人无恶不作，歪邪不正，怀疑尧的治国之道。

基必施，辨贤罢，文、武之道同伏戏[①]。由之者治，不由者乱何疑为[②]？

①施：施行，发展。　辨：区别。　文、武：周文王、周武王。　伏戏：即伏羲（xī），传说中上古时代的人物。　这句意思是：要保证事业得到发展，就必须分清贤与不贤，在这点上，文、武的原则与古代的伏羲都是一致的。

②由:遵循。　这句意思是:遵循文、武之道,国家就能够得到治理,不遵循就会导致混乱,这还有什么可以怀疑的呢?

凡成相,辨法方,至治之极复后王①。慎、墨、季、惠,百家之说诚不详②。

①凡成相:总括我演唱相歌的意思。　法方:治国的方法。　辨法方:辨别治国方法的好坏。　复:重复,引申为效法。　后王:近时的王。　至治之极复后王:治理国家的最高准则,就在于效法后王。

②慎:慎到。　墨:墨翟。　季:季真,战国初期人。　惠:惠施。详:通“祥”,善,吉祥。

治复一,修之吉,君子执之心如结①。众人贰之,谗夫弃之形是诘②。

①一:指道,政治、思想的总原则。　修:实行。　之:指道。执:掌握,实行。　心如结:坚定不移的意思。

②贰:有二心,背离。　形:通“刑”。　诘:责问,治罪。　形是诘:以法责问,以刑治罪。

水至平,端不倾,心术如此象圣人①。□而有势,直而用抴必参天②。

①倾:斜。　心术:思想态度。　此:代词,指像水那样至平而不倾。

②□:疑脱一“人”字。　直:公正。　抴(yè):通“枻”,船桨。

用抴：船工用船桨接引乘客，这里借以形容能宽容人。《非相》篇说："接人用抴，故能宽容。" 参天：与天相比配。 这句意思是：人既有权势，又公正宽容对人，就一定能德配天地。

世无王，穷贤良，暴人刍豢仁人糟糠①。礼乐灭息，圣人隐伏墨术行②。

①穷贤良：有才能的人处于困穷的境地。 暴人：指坏人。 刍豢（chú huàn）：指牛、羊、犬、猪，这里比喻味美的食品。 糟糠：指粗劣的食品。

②隐伏：隐藏，不能通行。 墨术：墨家的学说。

治之经，礼与刑，君子以修百姓宁①。明德慎罚，国家既治四海平②。

①经：根本原则。 君子以修百姓宁：君子用来要求自己，百姓因此安宁不作乱。

②明德：表扬好的品德。

治之志，后势富，君子诚之好以待①。处之敦固，有深藏之能远思②。

①志：志向。 后势富：把个人的权势和财富的考虑放在后边。 待：疑当作"持"，"待"字不入韵。 好以待：很好地坚持。

②处：居，对待。 敦固：厚实，坚定。 处之敦固：坚定地对待。 有：通"又"。 远思：做长远的考虑。 有深藏之能远思：又能

够深思远虑。

思乃精，志之荣，好而壹之神以成[①]。精神相及，一而不贰为圣人[②]。

①乃：是，这里指做到。　精：仔细，周密。　荣：旺盛，广大。　壹：专一。　神：《儒效》篇，"尽善挟治之谓神"，指完善的境地。　这句意思是：思虑周密，志向就广大；做到专心一志，就会达到完善的境地。

②及：达到。原为"反"，据文义改。　这句意思是：思虑既周密又完善，专心一志而不三心二意，就能成为圣人。

治之道，美不老，君子由之佼以好[①]。下以教诲子弟，上以事祖考[②]。

①美：美好，指专心于"治之道"。　老：衰老，指不松懈。　美不老：永远专心于"治之道"而不松懈。　佼（jiǎo）：美好的样子。　佼以好：美好。

②事：侍奉。　祖考：祖宗，祖先。

成相竭，辞不蹶，君子道之顺以达[①]。宗其贤良，辨其殃孽[②]。

①竭：尽，完了。　蹶：短促。　辞不蹶：指言尽而意思没有完。　道：行。　顺以达：顺利而通达。

②宗：尊奉。　殃孽：祸乱，这里指奸人。　辨其殃孽：辨别奸人。

此句似脱三字。

请成相，道圣王，尧、舜尚贤身辞让①。许由、善卷，重义轻利行显明②。

①道：说。 辞让：推让，指把帝位让给有贤德的人。

②许由、善卷：都是尧、舜时代的人，传说尧要把帝位让给许由，舜要把帝位让给善卷，他们都不接受。 行：德行。 显明：非常光明。

尧让贤，以为民，泛利兼爱德施均①。辨治上下，贵贱有等明君臣②。

①以为民：为了老百姓。 泛：广泛。 泛利兼爱：普遍地给予利益和爱护。 德施均：恩德布施公正均等。

②辨治上下：分别和确定上下等级制度。

尧授能，舜遇时，尚贤推德天下治①。虽有贤圣，适不遇世孰知之②？

①授能：把帝位让给有能力的人。 遇时：逢时。 推德：推崇有德行的人。

②适：恰好。 孰：谁。

尧不德，舜不辞，妻以二女任以事①。大人哉舜！南面而立万物备②。

①不德：不自以为有德。　不辞：不推辞。　妻以二女任以事：指尧把自己的两个女儿嫁给舜，又把治理国家的重任交给他。

②南面而立：指当了帝王。古时帝王在朝廷上都是面向南而立。　备：应有尽有。

舜授禹，以天下，尚得推贤不失序①。外不避仇，内不阿亲贤者予②。

①得：同“德”。　序：次序，条理。

②阿：私。　予：给。　这句意思是：推举贤人对外不排斥仇人、对内不偏私子孙，只要是贤者就把帝位让给他。传说舜不避杀了禹的父亲鲧之仇，传位给禹，而不把帝位传授给自己的儿子商均。

劳心力，尧有德，干戈不用三苗服①。举舜甽亩，任之天下身休息②。

①劳心力：三字前原衍一“禹”字，据文义删。　干戈：指用武力。三苗：古代的少数民族，在今湖南岳阳、湖北武昌、江西九江一带。

②甽（quǎn）：同亩，田间。　这句意思是：尧把从事田间劳动的舜提拔上来，让他担任统治天下的重任，自己就离任休息了。

得后稷，五谷殖，夔为乐正鸟兽服①。契为司徒，民知孝弟尊有德②。

①后稷（jì）：相传是周族的始祖，善于种植各种粮食作物，曾在尧舜时代做农官，教民耕种。　殖：种植。　夔（kuí）：人名，相传是尧时

的乐官,他奏乐能使鸟兽起舞。 乐正:古代乐官名。

②契:也叫卨(xiè),相传是商代的始祖,因帮助治水有功,被舜任为司徒,负责教化人民。 司徒:古代管理土地和教化人民的官。 弟:同“悌”,尊敬哥哥。 尊有德:尊重有德行的人。

禹有功,抑下鸿,辟除民害逐共工①。北决九河,通十二渚疏三江②。

①抑:遏止。 鸿:通“洪”,洪水。 抑下鸿:遏止洪水泛滥,疏导使它向下流去。 辟除:排除。 共工:古代神话中的人物,是尧时的人(或部落)。

②决:疏通。 渚(zhǔ):水中的小块陆地。 九河、三江:泛指各条江河,今已不可详考。

禹傅土,平天下,躬亲为民行劳苦①。得益、皋陶、横革、直成为辅②。

①傅:通“敷”(fū),分布。 傅土:传说禹治洪水,把土地分为九州。 平:安定。 躬亲:亲自。 行劳苦:指做劳苦的事情。

②益、皋陶(yáo)、横革、直成:古代人名,相传都是辅佐禹治理天下的人。

契玄王,生昭明,居于砥石迁于商①。十有四世,乃有天乙是成汤②。

①玄王:即指契,传说契是玄鸟降生,因称玄王。 昭明:契的儿

子。　砥石：古地名，未详所在。　商：古地名，在今河南商丘。

②十有四世：十四代。　天乙：即成汤，商代第一个君主。

天乙汤，论举当，身让卞随举牟光①。□□□□，道古贤圣基必张②。

①论：评论，选择。　举：推举。　当：恰当。　卞随、牟光：都是人名，传说汤把天下让给这两个人，他们都不接受，牟光或称务光。举：通“与”。

②张：扩大。　道古贤圣基必张：按照古代贤圣的榜样去做，国家的基业必然会扩大。这句上面原脱四字。

愿陈辞，□□□，世乱恶善不此治①。隐过疾贤，长由奸诈鲜无灾②。

①愿陈辞：我愿意把我的歌词（观点）陈述出来。这三字上或下原脱三字。　世乱恶善不此治：世道混乱，厌恶贤良，这种情况得不到纠正。

②过：过错。原为“讳”，据杨倞注改。　隐过：掩盖过错。　长：经常。原为“良”，据杨倞注改。　由：用。　鲜（xiǎn）：少。　鲜无灾：很少有不造成灾祸的。

患难哉！阪为先，圣知不用愚者谋①。前车已覆，后未知更何觉时②！

①阪（bǎn）：斜坡，这里指邪恶，不走正道。　阪为先：大搞邪恶的

勾当。　圣知不用愚者谋：有智慧的人得不到任用，却让愚蠢的人来谋划国家大事。

②覆：倒，这里指翻车。　更：改正。　何觉时：什么时候才能觉悟啊！

不觉悟，不知苦，迷惑失指易上下①。中不上达，蒙揜耳目塞门户②。

①指：方向。　易上下：上下颠倒。

②中：通"衷"，真实的情况。　揜（yǎn）：同"掩"，掩蔽。　门户：指了解情况的途径。　这句意思是：真实的情况不能上达君主，这就好比蒙上眼睛，遮住耳朵，堵塞了了解情况的途径。

门户塞，大迷惑，悖乱昏莫不终极①。是非反易，比周欺上恶正直②。

①悖：错乱。　莫：同"暮"，昏暗。　不终极：没有停止的时候。

②反易：颠倒。　恶（wù）：憎恨，排斥。　正直：正直的人。

正直恶，心无度，邪枉辟回失道途①。已无邮人，我独自美岂独无故②！

①度：法度，准则。　邪枉：奸邪不正。　辟：通"僻"。　回：曲折，歪邪。　邪枉辟回失道途：搞邪门歪道的事情，就失掉了正确的方向。

②邮：通"尤"，怨恨。　故：过错。　岂独无故："独"字，疑是衍

文。 这句意思是：不要怨别人，难道自己就好得很，而没有一点过错吗！

不知戒，后必有，恨复遂过不肯悔①。谗夫多进，反覆言语生诈态②。

①后必有：指重蹈覆辙。 恨：通“很”，“很”的本义是不愿听从。复：通“愎”(bì)，固执己见。原为“后”，据文义改。 遂：顺从。 恨复遂过：拒绝规劝，坚持错误。 悔：悔改。

②多进：多被任用。 态：通“慝”(tè)，邪恶。 这句意思是：坏人多而且得势，反反复复说坏话，做出奸诈邪恶的事情。

人之态，不知备，争宠嫉贤相恶忌①。妒功毁贤，下敛党与上蔽匿②。

①态：通“慝”。 知：原为“如”，据杨倞注改。 备：防备，警惕。相：原为“利”，据文义改。 这句意思是：坏人的邪恶，君主如果不知道警惕，那么臣下就会争宠，嫉妒贤人而互相猜忌。

②敛：聚，集结。 蔽：蒙蔽。 匿：隐藏。 上蔽匿：君主就会受蒙蔽。

上壅蔽，失辅势，任用谗夫不能制①。郭公长父之难，厉王流于彘②。

①壅蔽：堵塞，蒙蔽。 失辅势：失去了辅佐和权势。 制：控制。

②郭公长父：即虢(guó)公长父，周厉王的臣子，深得厉王的信任。

“郭”原为“孰”，据杨倞注改。 难：作难，指公元前841年西周国人暴动。 郭公长父之难：由于郭公长父而造成人们的反抗暴动。 厉王：即周厉王。 流：流窜。 彘(zhì)：古地名，在今山西霍县东北。

周幽、厉，所以败，不听规谏忠是害①。嗟我何人，独不遇时当乱世②！

①幽、厉：即周幽王、周厉王。 忠是害：专门残害忠良。

②嗟(jiē)：感叹词，唉。 这句意思是：唉，我算什么人呢，生当乱世而不逢时的人何止我一个呢！

欲对衷，言不从，恐为子胥身离凶①。进谏不听，刭而独鹿弃之江②。

①对：通“遂”，尽。 欲对衷：想把心里话都说出来。原为“欲衷对”，据文义改。 言不从：说的话没人听从。 离：通“罹”，遭受。 凶：灾难。

②刭(jǐng)：用刀割脖子。 而：以。 独鹿：同“属镂”，剑名，是吴王夫差逼伍子胥自杀而赐给他的剑。

观往事，以自戒，治乱是非亦可识。□□□□，托于成相以喻意①。

①喻：说明，表达。 这句意思是：借唱曲子来表达自己的想法。这句上原脱四字。

请成相，言治方，君论有五约以明①。君谨守之，下皆平正国乃昌②。

①治方：治理国家的方法。　论：理论，指原则。　君论有五：君主必须遵循的原则有五条，即下文从“臣下职”到“刑称陈”各节所阐明的思想。　约以明：既简要又明确。

②平正：不歪斜。　昌：昌盛，兴旺。

臣下职，莫游食，务本节用财无极①。事业听上，莫得相使一民力②。

①臣下：泛指官吏和百姓。　职：坚守职位。　游食：游手好闲，好吃懒做。　务本节用财无极：发展农业，节省开支，财物就会无穷无尽。

②事业听上：办一切事情都得听君主的。　相使：擅自指使。　一民力：统一民力。

守其职，足衣食，厚薄有等明爵服①。利佳印上，莫得擅与孰私得②？

①爵服：爵位、衣服，表示等级。

②佳：同“唯”，只有。原为“往”，据文义改。　印：同“仰”，依赖。　利佳印上：官吏百姓所得财富只能由君主给予。　莫得擅与孰私得：不能擅自给予别人东西，那么谁还能私自从别处得到什么呢？

君法明，论有常，表仪既设民知方①。进退有律，莫得贵贱孰私王[②]？

①论：指判断，决定。　常：常规。　表仪：准则。　方：方向。　这句意思是：君主的法制明确，判断是非有一定的标准，榜样准则既然设立了，人民就知道方向。

②进退：指官吏的任免、升降。　律：规则，制度。　这句意思是：任免官吏都有规定，君主不以私意使人贵或贱，这样谁还会私下去讨好君主呢？

君法仪，禁不为，莫不说教名不移[①]。修之者荣，离之者辱孰它师[②]？

①仪：准则。　君法仪：君主的法制就是行动的准则。　禁不为：禁止不依照法制做事。　说：通“悦”。　说教：悦服君主的教化。　名：名器，指爵号、车服等。

②师：效法。　孰它师：谁还去做违背法制的事情呢？

刑称陈，守其银，下不得用轻私门[①]。罪祸有律，莫得轻重威不分[②]。

①称（chèn）：恰当，符合。　陈：陈设，指公布。　银：通“垠”，界限。　得：能。　私门：指贵族私人势力。　这句意思是：刑法恰当而且公布出来，严格遵守它的规定，这样臣下就不能擅自用刑，贵族私人的势力就削弱了。

②这句意思是：犯罪有明确的法律规定，不能随意减轻或加重，这样君主的权威就不会分散了。

请牧基，明有祺，主好论议必善谋[①]。五听修领，莫不理绩主执持[②]。

①祺：吉祥、好处。　明有祺：君主明察，必有吉祥。“祺”、“基”二字原互错，据文义改。

②听：判断狱案。　五听：指断狱中要实行辞听、色听、气听、耳听、目听。一说，五听指五种处理政事的原则，即上文讲的“君论有五”。　修领：治理。　绩：事。原为“续”，据文义改。　莫不理绩主执持：在君主的掌握之下，百官莫不各守其职。

听之经，明其请，参伍明谨施赏刑[①]。显者必得，隐者复显民反诚[②]。

①听：听政。　请：通“情”，实情。　参伍：同“三”、“五”，反复多次的意思。　参伍明谨施赏刑：经过反复多次地了解，使情况清楚，然后谨慎地实行赏罚。

②反诚：归于诚实。　这句意思是：明显的事情一定要查清，隐藏的事情也要使它暴露出来，这样，老百姓就都归于诚实了。

言有节，稽其实，信诞以分赏罚必[①]。下不欺上，皆以情言明若日[②]。

①节：法度。　稽：考察。　信诞以分：真的和假的就能分清楚。赏罚必：赏罚严明。

②皆以情言：都说实话。

上通利，隐远至，观法不法见不视①。耳目既显，吏敬法令莫敢恣②。

①通利：不蔽塞。 隐远至：隐藏的和远处的情况都能了解。 观法不法见不视：对于合法的和不合法的事情，别人看不见的，君主都能看到。一说，能够看到法所涉及不到的地方，看出别人看不出的事情。

②显：明。 恣：放纵，随心所欲。

君教出，行有律，吏谨将之无鈹滑①。下不私请，各以所宜舍巧拙②。

①教：教令。 将：做，执行。 鈹：通“颇”，邪。 滑：同“猾”，狡诈。 吏谨将之无鈹滑：官吏认真执行法令，不敢胡作非为。

②私请：以私情请托。 各以所宜：各尽职守。“所”字原脱，据文义和句例补。 舍巧拙：不去干那种“私请”等营私取巧的事了。

臣谨修，君制变，公察善思论不乱①。以治天下，后世法之成律贯②。

①谨修：谨慎地遵循法令。 制变：掌握变革法令的权力。 公察善思：公正地考察又善于思索。 论：即上文“君论有五”的论。

②贯：古时穿钱用的绳索，这里引申为积累而成系统。 律贯：法律系统，法的规范。 后世法之成律贯：后代的君主效法它使之成为治国的规范代代相传。

二十六　赋

【说明】这是一篇运用文学形式来反映政治思想的文章，它由五篇赋和两篇诗歌组成。文章言简意赅，笔法生动优美。假物寓意的表现形式，更是独具风格。

荀子认为，“礼”之作用极为重要，百姓养生送死、军队攻伐守备、君子修身成圣、诸侯治国平天下，皆离不开礼，隆礼则强，无礼则衰。“知”是践履和实现“礼”的基本条件，但是“知”有厚有薄，可以为善也可以为恶，因此，“知”须以“礼”为指导和方向，培养“明达纯粹而无疵”的“君子之知”，造福天下百姓。

云、蚕、针为普通事物，荀子“能近取譬”，从中体悟到深刻的修己治世之道：云充盈于宇宙之中，“大参天地，德厚尧禹”，润泽万物，变化无端，却“功被天下而不私置”；蚕善吐丝，能织成布帛，“功被天下，为万世文”，奉献自我，却“功立而身废，事成而家败”；针可缝制衣裳，“下覆百姓，上饰帝王”，却“不见贤良”。云的形象似圣王，而蚕、针的形象似贤能的臣吏，表达了荀子对于圣王贤臣之德行与功绩的赞美，以及对于贤臣不得善终的感叹。

在最后两首诗歌里，荀子以天地日月起兴，描绘了一幅百官废弛、小人在位、贤良受谤、天下不治的闇世图景，其中也蕴含了荀子的自我勉励和对乱久必治的信心。

爰有大物，非丝非帛，文理成章①。非日非月，为天下明。生者以寿，死者以葬，城郭以固，三军以强②。粹而王，驳而伯，无一焉而亡③。臣愚不识，敢请之王④。王曰：此夫文而不采者与⑤？简然易知而致有理者与⑥？君子所敬而小人所不者与⑦？性不得则若禽兽，性得之则甚雅似者与⑧？匹夫隆之则为圣人，诸侯隆之则一四海者与⑨？致明而约，甚顺而体，请归之礼⑩。礼。

①爰(yuán)：于，在这里。　大物：这里暗指礼。　帛：丝织品的总称。　文理：原指丝织品的条纹，这里指礼的形式。　章：指条理。

②以：用。　寿：长寿，指尽其天年。　生者以寿：活着的人用它来修养身心，尽其天年。　郭：外城。

③粹：纯粹，这里指完全按照礼来办事。　驳：不纯，这里指不能完全按照礼办事。　伯：通“霸”。　无一：指粹、驳二者都不能做到。

④敢请：表示谦虚，提出请教的意思。

⑤与：同“欤”(yú)，疑问词，“吗”、“吧”的意思。 这句意思是：这物有条理但没有华丽的色彩吧？

⑥致：通“至”，非常。 这句意思是：这物简明易懂但非常有条理吧？

⑦不：否，不敬重。

⑧性：指人的本性。 之：代词，指礼。 雅：正，这里指品行端正。

⑨匹夫：普通人，没有地位的人。 隆：尊崇。 一：统一。

⑩约：简要。 体：有形体，指有固定的格式。 归：归结。 这句意思是：这极其明白而又简要，很有条理而又有固定格式的大物，请归结为礼。荀子讲的礼，是指社会道德规范。

皇天隆物，以示下民，或厚或薄，常不齐均①。桀、纣以乱，汤、武以贤。涽涽淑淑，皇皇穆穆，周流四海，曾不崇日②。君子以修，跖以穿室③。大参乎天，精微而无形④。行义以正，事业以成⑤。可以禁暴足穷，百姓待之而后宁泰⑥。臣愚不识，愿问其名。曰：此夫安宽平而危险隘者邪⑦？修洁之为亲而杂污之为狄者邪⑧？甚深藏而外胜敌者邪⑨？法禹舜而能弇迹者邪⑩？行为动静待之而后适者邪⑪？血气之精也，志意之荣也⑫。百姓待之而后宁也，天下待之而后平也⑬。明达纯粹而无疵也，夫是之谓君子之知⑭。知。

①皇：大。　皇天：指大自然。　隆：通“降”。　物：这里暗指智。　示：通“施”，给予。　厚、薄：这里指智慧的大小、多少。　常不齐均：通常是不均等的。原为“帝不齐均”，据文义和《艺文类聚》引文改。

②涽涽（hūn）：通“惛惛”（hūn），混浊。　淑淑：清明。　穆穆：通“㣎㣎”（mù），细微。　崇：通“终”。　这句意思是：智慧有清有浊，有大有小，行遍四海，还不到一天的时间。

③修：修身，进行道德修养。　穿室：指偷盗。

④这句意思是：智慧大则高耸入云，小则没有形状。

⑤义：通“仪”，指容貌、态度。　正：端正，恰当。　成：成功。

⑥禁：除。　足穷：使穷者富裕。　宁泰：安宁。

⑦安：处。　危：畏惧，引申为躲避。　邪：同“耶”，语气词，吗、吧的意思。　这句意思是：这物能够使人得到平安而远离危险吧？

⑧修洁：努力进行道德修养的人。　狄：通“逖”，疏远。　这句意思是：这物能使人对有道德的人亲近而对污秽的人疏远吧？

⑨深藏：智慧存于人的心里，所以说深藏。　外：指智慧的运用。

⑩弇（yǎn）：沿袭。　这句意思是：这物可以让人效法禹、舜而沿着他们的路子走吧？

⑪行为动静：举止行动。　待：等，依靠。　适：适合，恰当。

⑫精：精髓。　荣：精华。

⑬平：太平。

⑭明达：明白通达。　疵（cī）：污点。　知：同“智”。

有物于此，居则周静致下，动则綦高以钜①。圆者中规，方者中矩②。大参天地，德厚尧禹③，精微乎毫毛，而充盈乎大宇④。忽兮其极之远也，攭兮其相逐而反也，卬卬兮天下之咸蹇也⑤。德厚而不捐，五采备而成文⑥。往来惛憊，通于大神，出入甚极，莫知其门⑦。天下失之则灭，得之则存⑧。弟子不敏，此之愿陈，君子设辞，请测意之⑨。曰：此夫大而不塞者与⑩？充盈大宇而不窕，入郄穴而不逼者与⑪？行远疾速而不可托讯者与⑫？往来惛憊而不可为固塞者与⑬？暴至杀伤而不亿忌者与⑭？功被天下而不私置者与⑮？托地而游宇，友风而子雨⑯。冬日作寒，夏日作暑⑰。广大精神，请归之云⑱。云。

①物：这里暗指云。　居：积聚，指云气发生时的状态。　周：浓密。　周静致下：指云气浓密、沉静地弥漫在地面上。　动：指云气的流动。　綦（qí）：极。　钜（jù）：大。　綦高以钜：指云气扩散而布满整个上空。

②中（zhòng）：符合。　规：划圆的工具，这里指圆形。　矩：划方的工具，这里指方形。

③参：配合，并列。　大参天地：云广大得可与天地并列。　德：品行。

④精微：细小。　乎：于。　充盈：充满。原为“大盈”，据下文文义和《艺文类聚》引文改。　大宇：太空。　这句意思是：云的变化小时比毫毛还细小，大时却可充满整个太空。

⑤忽：形容运动很快。　攭（lì）：云气回旋的样子。　反：通“返”。卬卬（áng）：同“昂昂”，云高而集聚的样子。　咸：全部。　蹇：通“搴”（qiān），取，得到。　咸蹇：都能得到。　这句意思是：云运动的速度很快，一会儿就可以到达很远的地方，云块相互追逐，回旋往返，

云集聚而化为雨后，天下都能得到滋润。

⑥捐：舍弃。　五采：指多种颜色的彩云。　备：具备。　文：文章，文采，指美丽而有条理的色彩。　这句意思是：云很有德行，它普遍地覆盖万物而无所舍弃，多种颜色的云彩构成美丽而有条理的色彩。

⑦惛憊(bèi)：昏暗，隐蔽。　通于大神：指云的变化莫测。　极：通“亟”，迅速。　门：指云形成和出入的地方。　这句意思是：云来去隐蔽，变化莫测，出入很快，不知道它从什么地方形成的。

⑧这句意思是：天下万物离开云就要灭亡，得到云就能生存。指云化雨露以滋润万物，所以说万物赖以生存。

⑨敏：聪明。　陈：陈述。　设辞：措辞。　测意：猜测。

⑩塞：堵塞。　这句意思是：这物是大而又不堵塞的吧？

⑪窕(tiǎo)：空隙。　郄(xì)：同“隙”，缝隙。　逼：狭窄。　这句意思是：这物是充满整个宇宙空间不留空隙，而当它进入很小的缝隙时也不感到狭窄的吧？

⑫行远疾速：走得很远而且十分迅速。　托讯：捎信。

⑬固塞：固定，塞止，指停留在一个地方。

⑭暴至：突然而猛烈地到来，指云化为大暴雨。　亿：通“意”，疑。不亿忌：毫不迟疑。　这句意思是：这物是突然而猛烈地到来，杀伤万物而毫不迟疑的吧？

⑮被：覆盖。　私置：偏私。一说，“置”通“德”。　这句意思是：它的功德遍及整个天下而无所偏私。

⑯托地：依托于大地。　游宇：在空间游动。　友风而子雨：与风为友，以雨为子。云和风并行，风吹云动所以说“友风”；雨是从云中产生，所以说“子雨”。

⑰冬日：冬季。　作寒：指云气中凝聚着寒冷。　作暑：指云层覆盖着热气。

⑱广大精神：指云很广大而又善于变化。

有物于此，儳儳兮其状，屡化如神[①]。功被天下，为万世文[②]。礼乐以成，贵贱以分[③]。养老长幼，待之而后存[④]。名号不美，与暴为邻[⑤]。功立而身废，事成而家败[⑥]。弃其耆老，收其后世[⑦]。人属所利，飞鸟所害[⑧]。臣愚而不识，请占之五泰[⑨]。五泰占之曰：此夫身女好而头马首者与[⑩]？屡化而不寿者与[⑪]？善壮而拙老者与[⑫]？有父母而无牝牡者与[⑬]？冬伏而夏游，食桑而吐丝，前乱而后治，夏生而恶暑，喜湿而恶雨[⑭]，蛹以为母，蛾以为父，三俯三起，事乃大已[⑮]。夫是之谓蚕理[⑯]。蚕。

①物：这里暗指蚕。　儳儳（luǒ）：通“裸裸”，形容没有羽毛的样子。　屡化：屡次变化。

②文：文采，条理。

③成：成就。　分：区分。

④这句意思是：奉养老人，抚养小孩的事情，只有依赖它才能存在。

⑤这句意思是：这物的名称不好，与“暴”为邻居。“蚕”与“残”音近，所以这么说。

⑥这句意思是：事业成功了而自身废弃了，家庭也败坏了。指蚕吐丝结茧，茧成而蚕死，缫丝时，丝抽完，茧也不存在了。

⑦耆(qí)老:泛指年老人,这里指蚕蛾。 后世:后代,这里指蚕子。

⑧人属:人类。 利:利用。 害:伤害。

⑨占:验,检验,这里指解答谜语。 五泰:神巫的名字。

⑩女好:柔婉,形容蚕的身体。 头马首:头像马头。

⑪不寿:指寿命不长。

⑫善壮:指蚕壮年时受到优待。 拙老:指蚕年老时就被抛弃。

⑬牝(pìn):雌。 牡:雄。

⑭冬伏:冬天隐伏不动。 夏游:夏天蚕子开始孵化、生长。 前乱而后治:蚕茧的丝很乱,缫丝后经过清理就有了条理,所以说前乱后治。 夏生而恶暑:生长在夏季而害怕酷暑。 喜湿:指蚕子变蚕前必须先用水湿一下。 恶雨:指蚕生后怕潮湿。

⑮俯:指蚕眠。 事乃大已:指蚕吐丝结茧。

⑯这句意思是:这就是蚕的道理。

有物于此,生于山阜,处于室堂[①]。无知无巧,善治衣裳[②]。不盗不窃,穿窬而行[③]。日夜合离,以成文章[④]。以能合从,又善连衡[⑤]。下覆百姓,上饰帝王[⑥]。功业甚博,不见贤良[⑦]。时用则存,不用则亡[⑧]。臣愚不识,敢请之王。王曰:此夫始生钜其成功小者邪[⑨]?长其尾而锐其剽者邪[⑩]?头铦达而尾赵缭者邪[⑪]?一往一来,结尾以为事[⑫]。无羽无翼,反覆甚极[⑬]。尾生而事起,尾邅而事已[⑭]。簪以为父,管以为母[⑮]。既以缝表,又以连里。夫是之谓箴理[⑯]。箴。

①物:这里暗指针。 山阜(fù):山岗。 生于山阜:针是铁制的,而铁矿在山中,所以说“生于山阜”。 室堂:屋子里。

②善:擅长。 治:指缝制。 这句意思是:这物虽然没有智慧,也并不灵巧,但它擅长于缝制衣裳。

③窬(yú):同“窦”,小洞。 穿窬:钻洞,这里指针的动作。

④合离:使分离的东西连到一起。 文章:这里指缝制出各种花纹。

⑤以:通“已”,既。 从:通“纵”。 衡:通“横”。 这句意思是:既能够合拢纵的东西,又善于连结横的东西。

⑥覆:遮盖。 饰:装饰。

⑦见:同“现”,显示。 这句意思是:这物的功劳业绩很大,却并不显示自己的才德。

⑧时用则存:当着使用它时就存在。

⑨始生钜:指制针的铁很大。 成功小:指制成的针很小。

⑩尾:指线。 剽(biǎo):末,指针尖。 这句意思是:这物是尾巴很长而尖梢很锐利的吧?

⑪铦(xiān)达:锐利。 赵:通“掉”。 赵缭:形容很长的样子。

⑫结尾以为事:指穿线后打结,然后开始行针做活。

⑬翼:翅膀。 反覆:多次重复。 这句意思是:它没有羽毛,没有翅膀,但往返来回动作很快。

⑭尾生:指将线穿在针上。 起:开始。 邅(zhān):回旋,指打结。 已:完成。

⑮簪(zān):一种首饰,形状像针而又比针大,所以说“簪以为父”。 管:用来盛针的工具,所以说“管以为母”。

⑯箴(zhēn):同“针”。

天下不治，请陈佹诗[①]：天地易位，四时易乡[②]。列星殒坠，旦暮晦盲[③]。幽暗登昭，日月下藏[④]。公正无私，见谓从横[⑤]；志爱公利，重楼疏堂[⑥]；无私罪人，憼革戒兵[⑦]。道德纯备，谗口将将[⑧]。仁人绌约，敖暴擅强，天下幽险，恐失世英[⑨]。螭龙为蝘蜓，鸱枭为凤皇[⑩]。比干见刳，孔子拘匡[⑪]。昭昭乎其知之明也，拂乎其遇时之不祥也；郁郁乎其欲礼义之大行也，闇乎天下之晦盲也[⑫]。皓天不复，忧无疆也[⑬]。千岁必反，古之常也[⑭]。弟子勉学，天不忘也[⑮]。圣人共手，时几将矣[⑯]。与愚以疑，愿闻反辞[⑰]。

①治：安定。　佹（guǐ）诗：奇异激愤的诗。从内容上看，佹诗和下文的小歌不属于赋篇了，而是独立的篇章。

②易：改变。　四时：四季。　乡：同“向”。　易乡：变更方向，这里指次序颠倒。

③殒（yǔn）：同“陨”，坠落。　旦暮：早晚。　晦盲：昏暗不明。这句意思是：所有的星都坠落了，白天晚上都昏暗不明。

④暗：原为“晦”，据《艺文类聚》引文改。　幽暗：这里指阴险的小人。　昭：明。　日月：指光明如同日月的君子。　这句意思是：阴险的小人登上了显要的位置，而德行高尚的君子却不被任用而隐退了。

⑤见谓：被说成，被污蔑。原为“反见”，据《艺文类聚》引文改。　从横：合纵连横，比喻反复无常。　这句意思是：公正无私，反被污蔑为反复无常。

⑥重楼疏堂：高楼大厦，指华丽的住宅。　这句意思是：一心为公利，反被说成是营建华丽的私人住宅。

⑦罪人:加罪于人。 憼(jǐng):同"儆",准备。 革:甲,指兵器。戒:备。原为"贰",据文义改。 这句意思是:不曾以私人怨恨而加罪于别人,但却被认为是在增加兵革,以戒备私敌。

⑧谗口:说别人坏话。 将将:通"锵锵"(qiāng),集聚的样子,形容很多。 这句意思是:道德纯洁完备,反而遭到很多流言蜚语的攻击。

⑨绌:同"黜",罢免。 约:穷困。 敖:通"傲"。 擅强:专横。幽险:昏暗,凶险。 世英:时代的英杰,这里指君子。

⑩螭(chī)龙:古代传说中的一种蛟龙。 蝘(yǎn)蜓:壁虎。 鸱枭(chī xiāo):猫头鹰。

⑪比干:商朝纣王的叔父,被纣王剖腹取心而死。 刳(kū):从中间破开再挖空。 匡(kuāng):古地名,在今河北省长垣县西南,孔子曾在这里被匡地的人民包围。

⑫昭:明亮。 拂:违背,指遭遇和志愿相反。 郁郁:文彩很盛的样子。 拂乎其遇时之不祥也;郁郁乎其欲礼义之大行也:这二句原为"郁郁乎其遇时之不祥也,拂乎其欲礼义之大行也",据文义和杨倞注改。 这句意思是:比干、孔子的智慧是多么明亮啊!遭遇和意愿相反是因为遇到了不祥的时代;他们要实行的礼义文彩是多么丰盛啊!但遇到的是昏暗的天下。

⑬皓:同"昊"(hào),光亮。 复:返,这里指变化。 疆:边际。

⑭千岁:指时间长久。 常:常理。 这句意思是:乱久必治,这是古之常理。

⑮勉:努力。

⑯共:同"拱"。 时:指上文的必反之时。 几:近于。 这句意思是:圣人对这种乱世也只是拱手等待时机,乱极必反的时刻即将

到来。

⑰与:通“举”,全部。 反辞:违反通常的说法而实际是正确的言辞。 这句意思是:我们愚笨,对你的话不明白,愿意听你的与一般人见识相反而确实表达了真理的言辞。

其小歌曰①:念彼远方,何其塞矣②。仁人绌约,暴人衍矣③。忠臣危殆,谗人服矣④。琁、玉、瑶、珠,不知佩也⑤。杂布与锦,不知异也⑥。闾娵、子奢,莫之媒也⑦。嫫母、力父,是之喜也⑧。以盲为明,以聋为聪,以危为安,以吉为凶⑨。呜呼上天,曷维其同⑩!

①小歌:短小的诗歌。据《战国策·楚策》记载,这是荀子致楚相黄歇(春申君)信中的一部分内容,词句稍有不同。

②远方:指楚国。 塞:蔽塞,指贤人不被任用。下面的比喻都是用来说明这个问题的。 这句意思是:心中怀念着楚国,但那里的政治是多么蔽塞啊!

③衍:多。 这句意思是:有才德的人被罢免遭困穷,而暴虐的人却多得数不清。

④危殆(dài):危险。 谗人:搬弄是非,陷害别人的人。 服:被任用。

⑤琁(qióng):同“琼”,美石。 瑶:美玉。 佩:戴。

⑥锦:有彩色花纹的丝织品。 异:分别,区别。 这句意思是:把布和帛混杂在一起,而不懂得区别。

⑦闾娵(lǘ jū):战国时魏国的美女。 子奢:应为“子都”,春秋时郑国美男子。 莫之媒也:没有人给他们做媒。

⑧嫫(mó)母:传说是黄帝时代的丑女。　力父:不详,可能是丑男子。　是之喜也:能够受人喜欢。

⑨聪:听觉敏锐。

⑩曷:何。　曷维其同:怎么能和这些人同道呢!

二十七　大　略

【说明】这篇文章是荀子的学生摘录和整理荀子的言论汇集而成的。它的内容广泛，主要包括隆礼重法、尚贤使能、学习与修养、教育与师友、认识论等方面的思想。

文章对“礼”的内容、原则进行了重点说明，并强调了礼对于个人及国家的重要意义。荀子提出，“君人者，隆礼尊贤而王，重法爱民而霸，好利多诈而危”。礼法昌盛，乃王霸之业的保证；好利诈伪，国家则危。而“礼以顺人心为本”这一原则尤其有启发意义：礼的形式可因循时代的变化而有所损益，然应万变不违人心，顺应人心是礼的根本。

文章着重阐明了君主的知人之智和道德境界对于国家治乱的关键作用，如：君主要明察并区分国宝、国器、国用、国妖四类人，以不同的态度待之；义利乃“人之所两有”，皆不可去，然上位者当以义为尊，不与民争利，如此，国人向善，国家自无不利；国有天灾，上位者首当反躬自省，即便祈祷于天，最终仍应着眼于人自身的修为和政事的治理。

最后部分穿插列举虞舜、孔子、曾子、子贡等例，表明君子立世，重在德行、操守，并当善取师友、好学不已，从中亦可见荀子自身的人格追求与道德理想。

大略①。

①大略：大概，概要。

君人者，隆礼尊贤而王，重法爱民而霸，好利多诈而危①。

①君人者：统治者，君主。　隆：崇尚。　王：称王，即统一天下。　霸：称霸于诸侯。　利：私利。　诈：阴谋，诡诈。　危：危险。

欲近四旁，莫如中央，故王者必居天下之中，礼也①。

①近：接近。　这句意思是：要想接近四旁，没有比在中间更方便的了，所以天子必须处于天下的中心地区，这是合乎礼的规定的。

天子外屏，诸侯内屏，礼也①。外屏，不欲见外也②；内屏,不欲见内也③。

诸侯召其臣,臣不俟驾,颠倒衣裳而走,礼也④。《诗》曰:"颠之倒之,自公召之⑤。"天子召诸侯,诸侯辇舆就马,礼也⑥。《诗》曰:"我出我舆,于彼牧矣。自天子所,谓我来矣⑦。"

天子山冕,诸侯玄冠,大夫裨冕,士韦弁,礼也⑧。

天子御珽,诸侯御荼,大夫服笏,礼也⑨。

天子雕弓,诸侯彤弓,大夫黑弓,礼也⑩。

诸侯相见,卿为介,以其教士毕行,使仁居守⑪。

聘人以珪,问士以璧,召人以瑗,绝人以玦,反绝以环⑫。

①屏:对着门的小墙,即隐蔽墙。　外屏:屏在门外。　内屏:屏在门内。　礼:这里指一些具体的礼节仪式。

②不欲见外:不让院内的人看到院外。

③不欲见内:不让院外的人看到院内。

④俟(sì):等待。　俟驾:等待驾车。　颠倒衣裳而走:等不及把衣服穿整齐就走了。

⑤《诗》:《诗经》。　自:从。　召:召唤。　这两句诗的意思是:"急急忙忙地穿衣而走,因为从国君那儿来召唤我的人已到了。"(见《诗经·齐风·东方未明》)

⑥辇(niǎn):用人拉车。　舆:车。　就:凑近,靠近。　辇舆就马:不等马到,就叫人拉车去迎马。

⑦这几句诗的意思是:"赶快叫人拉着我的车,到牧地去套车,因

为从天子那儿来的使者说他到了。”(见《诗经·小雅·出车》)

⑧山冕:天子的礼服,有帽和衣,衣上画山。 玄冠:诸侯的礼服,衣黑色。 裨(bì)冕:大夫也可穿的次等礼服。 韦弁(biàn):士可穿的皮制礼服。用穿戴不同的衣帽表示不同的等级。

⑨御、服:用,地位尊贵的称御,低下的称服。 珽(tǐng):长三尺,上方呈椎形的大玉笏。 荼(tú):通“舒”,上圆下方的玉笏。 笏(hù):古时大臣们上朝时所拿的记事用的手板,用玉、象牙等制成,拿不同的笏表示等级的区别。

⑩雕弓:雕有图案的弓。 彤弓:红色的弓。

⑪相见:相会,这里指会盟。 卿:比诸侯低一级的官爵,又分上、中、下三等。 介:引见人。 教士:受过礼宾训练的士。“士”原为“出”,据文义和《大戴礼记》改。 以其教士毕行:在出访的全部过程中,由教士陪同。 使仁居守:用仁厚的人留守。

⑫聘:问候,派使者访问友邦。 珪(guī):同“圭”,一种上尖下方的玉器。 士:通“事”。 璧(bì):一种扁圆形,中间有孔的玉器。 瑗(yuàn):一种有大孔的玉器。 玦(jué):一种圆型有缺口的玉器。绝:绝交。 反绝:叫过去绝交的人回来。 环:一种圆形的玉器。这句意思是:派使者去别的诸侯国访问,用珪作为凭信;访问国事用璧作凭信;诸侯召见卿、大夫、士时用瑗作凭信;断绝君臣关系时用玦来表示;重新召回绝交的人时用环来表示。

人主仁心设焉,知其役也,礼其尽也①。故王者先仁而后礼,天施然也②。

①人主:君主。 设:具备。 知:同“智”。 其:指仁心。 役:

使用。 知其役也:智是仁心的运用。 尽:完备。 礼其尽也:礼是仁心完备的表现。

②天:自然。 施:施设,安排。 天施然也:自然的安排就是这样。

《聘礼》志曰:“币厚则伤德,财侈则殄礼①。”礼云礼云,玉帛云乎哉②?《诗》曰:“物其指矣,唯其偕矣③。”不时宜,不敬文,不欢欣,虽指,非礼也④。

①《聘礼》:《仪礼》中的篇名。 志:记载。 币厚:钱多。 殄(tiǎn):灭绝,破坏。

②这句意思是:礼啊礼啊,难道只是指那些贵重的东西吗?这句话见《论语·阳货》。

③指:通“旨”,美好。 偕(xié):齐等,协调,匀称。 这两句诗的意思是:“物之所以美好,是因为它协调。”(见《诗经·小雅·鱼丽》)荀子引这首诗是为了说明对礼要做得适宜。

④时:得时。 宜:适宜。 文:文饰,指礼节仪式。原为“交”,据文义和《劝学》改。 敬文:恭敬有礼貌。

水行者表深,使人无陷①;治民者表乱,使人无失②。礼者,其表也,先王以礼表天下之乱,今废礼者,是去表也。故民迷惑而陷祸患,此刑罚之所以繁也。

①水行者:涉水者。 表:标志。下同。 这句意思是:过河的人要事先标志出水的深度,使人不致于陷入深水而死。

②治民者：统治者。　表乱：标志出治与乱的界限。

舜曰："维予从欲而治[①]。"故礼之生，为贤人以下至庶民也，非为成圣也。然而亦所以成圣也，不学不成[②]。尧学于君畴，舜学于务成昭，禹学于西王国[③]。

①维：同"惟"，只有。　予：我。　从欲：从心所欲。　这句意思是：舜说："只有我才能从心所欲而治理社会。"

②为：为了。　这句意思是：礼的制订是为贤人及普通老百姓的，并不是为了使人都成为圣人。然而它也能够使人成为圣人，只是不经过学习是不行的。

③君畴：尧时人，亦作尹寿。　务成昭：舜时人。　西王国：不详。

五十不成丧，七十唯衰存[①]。

亲迎之礼：父南乡而立，子北面而跪，醮而命之："往迎尔相，成我宗事，隆率以敬先妣之嗣，若则有常[②]。"子曰："诺，唯恐不能，敢忘命矣[③]！"

夫行也者，行礼之谓也[④]。礼也者，贵者敬焉，老者孝焉，长者弟焉，幼者慈焉，贱者惠焉[⑤]。

①五十不成丧：人到五十岁，父母死了不需又哭又跳的礼节。衰(cuī)：古时丧服，用粗麻布制成。　七十唯衰存：人到七十岁，父母死了，只要穿麻制的丧服就行了。

②亲迎之礼：古时男子娶亲，男子亲自到女方迎娶的礼节。　乡：同"向"。　南乡：向南面。　醮(jiào)：古时男女婚娶时，用酒祭神的

礼。 相:助手,这里指妻子。 尔相:你的妻子。 宗事:传宗接代的事。 隆率:努力带领。 妣:母亲。 隆率以敬先妣之嗣:努力带领新妇做婆母的继承人。 若:你。 若则有常:你的行动要有常规,即要坚持下去。

③诺:应对词。 敢:岂敢。 命:指他父亲的话。

④行礼:按照礼去行动。

⑤贵者敬焉:对尊贵的人要尊敬。 弟:同“悌”,敬爱哥哥。 惠:赐给,恩惠。

赐予其宫室,犹用庆赏于国家也①;忿怒其臣妾,犹用刑罚于万民也②。

①赐予:赏给。 宫室:这里指天子、诸侯家庭中的成员。 这句意思是:天子、诸侯在家庭内的赏赐,应当像在国家中施行庆赏一样。

②忿怒:发怒,这里指用刑罚。

君子之于子,爱之而勿面,使之而勿貌,导之以道而勿强①。

①之于:对于。 勿面:不表现在脸上。 使:使唤,役使。 勿貌:不要用好言好色对待。 道:道理。 勿强:不要强制压服。

礼以顺人心为本①,故亡于《礼经》而顺人心者,皆礼也②。

①本:根本。

②亡于《礼经》：在《礼经》上没有记载。

礼之大凡：事生，饰欢也；送死，饰哀也；军旅，饰威也①。

①大凡：概要。　事生：侍奉活着的人。这里指侍奉君主、父母或长辈。　饰：修饰，引申为表达。　饰欢：表达喜悦的感情。　军旅：军队。

亲亲、故故、庸庸、劳劳，仁之杀也①。贵贵、尊尊、贤贤、老老、长长，义之伦也②。行之得其节，礼之序也③。仁，爱也，故亲。义，理也，故行。礼，节也，故成。仁有里，义有门④。仁，非其里而处之，非仁也⑤。义，非其门而由之，非义也⑥。推恩而不理，不成仁⑦；遂理而不敢，不成义⑧；审节而不和，不成礼⑨；和而不发，不成乐⑩。故曰：仁、义、礼、乐，其致一也⑪。君子处仁以义，然后仁也⑫；行义以礼，然后义也；制礼反本成末，然后礼也⑬。三者皆通，然后道也⑭。

①亲亲：亲近父母。　故故：不忘故友。　庸：功。　庸庸：按功论功。　劳劳：按劳论劳。　杀（shài）：差等。　仁之杀也：仁所表现的差等。

②伦：理。

③之、其：代词，指“义之伦”。　节：适当。　序：次序。

④里：家乡，指人们安居的地方。　里、门：这里比喻“礼”。

⑤这句意思是：仁，如果不合乎礼的要求去做，就不能叫做仁。本句中“处”原为“虚”，“仁”原为“礼”，据上下文义改。

⑥由：从。

⑦推恩：指君主对其亲戚大臣施行恩惠。　不理：不合理。

⑧遂理：合于理。　敢：指勇敢地去做。

⑨审节：明察礼节、制度。　不和：不和谐。“和”原为“知”，据文义和杨倞注改。

⑩发：表现在外。　乐：音乐。

⑪致：通“至”，目标。　其致一也：它们达到的目标是一致的。

⑫以：用，依据。下同。　处仁以义：用义来处理仁的感情。

⑬反：同“返”。　本：指根本原则。　末：指具体规定。　制礼反本成末：制礼时要根据它的根本原则来规定具体的礼节条文。

⑭三者：指仁、义、礼三者的关系。　通：了解。　道：原则。

货财曰赙，舆马曰赗，衣服曰襚，玩好曰赠，玉贝曰唅①。赙赗所以佐生也，赠襚所以送死也②。送死不及柩尸，吊生不及悲哀，非礼也③。故吉行五十，奔丧百里，赗赠及事，礼之大也④。

①赙（fù）、赗（fèng）、襚（suì）、赠、唅：都是指赠送财物帮助别人办丧事。　货财曰赙：送货财帮助别人办丧事叫赙。　玩好：用于殉葬的琴瑟笙竽之类。

②佐生：帮助死者的家属。　送死：发送死者。

③不及：不到。　柩：装着死尸的棺材。　吊生：对死者的哀悼及对其家属的慰问。

④吉：喜事。 吉行五十，奔丧百里：喜事在五十里外的要赶去，丧事在百里外的也要前去参加。 及事：指要赶上“送死”、“吊生”的事。 礼之大：礼节的大的方面。

礼者，政之輓也①。为政不以礼，政不行矣②。

天子即位，上卿进曰：“如之何忧之长也！能除患则为福，不能除患则为贼③。”授天子一策④。中卿进曰：“配天而有下土者，先事虑事，先患虑患⑤。先事虑事谓之接，接则事优成⑥。先患虑患谓之豫，豫则祸不生⑦。事至而后虑者谓之后，后则事不举⑧。患至而后虑者谓之困，困则祸不可御⑨。”授天子二策。下卿进曰：“敬戒无怠⑩。庆者在堂，吊者在闾⑪。祸与福邻，莫知其门⑫。豫哉！豫哉⑬！万民望之。”授天子三策。

禹见耕者耦，立而式，过十室之邑必下⑭。

杀大蚤，朝大晚，非礼也⑮。治民不以礼，动斯陷矣⑯。

①政：政事。 輓（wǎn）：牵引，引申为指导。 这句意思是：礼，是处理政事的指导原则。

②这句意思是：治理政事不按照礼，一定治理不好。

③即位：君主登上君位。 长：长远，深远。 患：祸患。 贼：祸害。

④授：授给。 策：古代写字用的竹片。 一策：指第一策。

⑤配：相当。 配天：指德行很高可与天相当。 这句意思是：德行很高而又有国土的君主，应当在事情发生以前就考虑事情，在灾祸

出现前就考虑灾祸。

⑥接:通"捷",迅速。　优成:完成得好。

⑦豫:同"预",预料,预见。

⑧举:兴起,这里指成功。

⑨困:困穷,指陷入困境,毫无办法。　御:抵挡。

⑩敬:严肃认真。　戒:谨慎,警惕。　怠:松懈。

⑪闾(lǘ):门。　这句意思是:庆贺的人还在大堂上欢乐,吊丧的人已经到了门口。比喻事情变化很快。

⑫祸与福邻:祸福相邻。　其:指祸福。　莫知其门:不知它怎样发生。

⑬豫:这里指戒备。

⑭耦(ǒu):两人一起耕地。　立:站起。　式:同"轼",车前横木,这里指俯首扶轼,表示敬礼。　十室之邑:形容只有十来户人家居住的小地方。　下:下车,表示敬意。

⑮杀:猎取禽兽。　大:同"太"。　蚤:同"早"。　朝:朝拜。

⑯动斯陷矣:一举一动都要陷入困境。

平衡曰拜,下衡曰稽首,至地曰稽颡①。

大夫之臣拜不稽首,非尊家臣也,所以辟君也②。

一命齿于乡③;再命齿于族④;三命,族人虽七十,不敢先⑤。

上大夫,中大夫,下大夫⑥。

吉事尚尊,丧事尚亲⑦。

①平衡、下衡、稽颡(sǎng):古代的三种跪拜礼,平衡是头弯到与

腰齐,下衡是手触地、头弯到手,稽颡是手和头都触地。

②非尊家臣:不是提高家臣的地位。 辟:通“避”,避免。 辟君:避免大夫和国君同等。

③命:周朝官吏的等级中,一命最低,九命最高。 一命:包括天子的下士、公侯的士和子男的大夫。 齿:按年龄大小排列次序。 一命齿于乡:士参加乡饮酒时,同饮酒的人按年龄排列座位。

④再命:大夫。 族:家族。

⑤三命:卿。 这句意思是:卿参加乡饮酒时,同族人虽然年长,但座次也不能排在卿的前面。

⑥这是强调“三命”、“再命”、“一命”官的等级。“一命”只是子、男的大夫所以称“下大夫”。

⑦吉事:祭祀之类的典礼。 尚尊:尊敬地位高的人,这里指按官位高低排列顺序。 尚亲:按与死者的亲疏关系排列顺序。

聘,问也①。享,献也②。私觌,私见也③。言语之美,穆穆皇皇④。朝廷之美,济济枪枪⑤。

①聘:古代诸侯国互派使节进行访问,因此说“问也”。

②享:是使者向诸侯赠送礼物,所以说“献也”。

③私觌(dí):指使者以臣礼见诸侯,由于是以个人身份出现,所以叫“私见”。

④穆穆:恭敬。 皇皇:正派。

⑤枪:同“跄”。 济济枪枪:人才很多而且行动整齐的样子。

为人臣下者,有谏而无讪,有亡而无疾,有怨而无怒[①]。

君于大夫，三问其疾，三临其丧[②]；于士，一问，一临。诸侯非问疾吊丧，不之臣之家[③]。

①谏(jiàn)：指下对上的规劝。　讪(shàn)：毁谤。　亡：指离开，出走。　疾：同“嫉”，嫉恨。

②于：对于。　其：指大夫。　疾：病情。　临：吊祭。

③之：往，到。

既葬，君若父之友，食之则食矣，不辟粱肉，有酒醴则辞[①]。

寝不逾庙，讌衣不逾祭服，礼也[②]。

①既葬：已经埋葬。　若：与，和。　食(sì)之：指君主和父亲的朋友用食物款待。　辟：同“避”。　粱：指好米饭。　醴(lǐ)：甜酒。　辞：推辞，辞谢，这是当时的一种丧礼。

②寝：居住的房屋。　逾(yú)：超过。　庙：诸侯大夫祭祀祖先的场所。　寝不逾庙：居住的房屋规模不许超过宗庙。　讌(yàn)衣：平时穿的衣服。“讌”原为“设”，据文义和《礼记》改。

《易》之《咸》，见夫妇[①]。夫妇之道，不可不正也，君臣父子之本也[②]。咸，感也，以高下下，以男下女，柔上而刚下[③]。

①《易》：《周易》，我国古代一部占卦的书，分经和传两部分。《咸》：《易》的一卦，《易·咸卦》中，艮(gèn)在下，兑(duì)在上，艮表示

少男，兑表示少女，所以说见夫妇。

②本：根本。　君臣父子之本：《易·说卦》认为，先有天地，然后有男女、夫妇，然后有父子、君臣，所以说夫妇之道是君臣父子的根本。

③感：感应。　以高下下：地位高的对地位低的表示谦恭。　柔：柔顺，指女。　刚：刚强，指男。

聘士之义，亲迎之道，重始也①。

①聘士：聘请有德才的人。　亲迎：古代婚礼，男方到女方去迎接叫亲迎。　重始：重视事情的开始。

礼者，人之所履也，失所履，必颠蹶陷溺①。所失微而其为乱大者，礼也②。

①履：行。　所履：所行，照着实行。　失：失去，偏离。　蹶(jué)：跌倒。　颠蹶陷溺：意思是跌入错误的泥坑。

②微：微小。　这句意思是：礼，只要稍微偏离一点，就会造成极大的祸乱。

礼之于正国家也，如权衡之于轻重也，如绳墨之于曲直也①。故人无礼不生，事无礼不成，国家无礼不宁。君臣不得不尊，父子不得不亲，兄弟不得不顺，夫妇不得不欢。少者以长，老者以养②。故天地生之，圣人成之③。

①正：纠正，治理。　权衡：秤。　绳墨：木工取直用的器具。

②不得：没有礼作为准则。　以：依据。　少者以长，老者以养：

年幼的依据礼而得到成长，年老的依据礼而得到供养。

③之：指人。　这句意思是：天地生人，君子制定礼义使人成长。　“君臣不得不尊……圣人成之”原在“吉事尚尊，丧事尚亲”段后，据上下文义移此。

和鸾之声，步中武、象，趋中韶、护①。君子听律习容而后出②。

①和鸾（luán）：车上悬挂的铃。“鸾”原为“乐”，据《礼论》、《正论》文义改。　步：慢行，指车慢行。　中：合乎。　趋：急速，快行。　武、象、韶、护：古代乐名。

②听律习容：听着音乐的节奏，练习举止仪表。　出：行步，原为“士”，据文义改。

霜降逆女，冰泮杀止①。内十日一御②。

①霜降：二十四节气之一，阳历十月下旬。　逆：迎。　逆女：指嫁娶。　冰泮（pàn）：冬去春来，河水解冻的时候。　杀止：停止。“止”字原脱，据《韩诗外传》引文补。

②御：指同房。

坐视膝，立视足，应对言语视面①。立视前六尺而六之，六六三十六，三丈六尺②。

文貌情用，相为内外表里，礼之中焉③。能思索谓之能虑④。

礼者，本末相顺，终始相应。

礼者，以财物为用，以贵贱为文，以多少为异⑤。

①视膝、视足：指注意对方的行动。 应对：回答。 视面：注意对方的表情。

②六之：六个六尺。原为“大之”，据上下文义改。 这句意思是：臣在君前，近者起码离六尺，远者不超过三丈六尺。

③文貌：表现在外面的仪式容貌。 情用：指内心的情感。 礼之中焉：指仪式和情感恰好相称。

④这句意思是：能按照礼的要求去思考问题，叫做能考虑。

⑤为用：为行礼的费用。 为文：以装饰不同体现礼的文饰。 为异：以车马衣物等多少不同来区别尊卑上下。

下臣事君以货，中臣事君以身，上臣事君以人①。

①下臣：品德卑下的臣。以下“中臣”、“上臣”也指品德说的。 事：侍奉。 以货：指搜刮财物和珍宝献给国君。 以身：指献身。 以人：指推荐贤人。

《易》曰：“复自道，何其咎①？”《春秋》贤穆公，以为能变也②。

①复：返回。 自：顺从。 咎：过错。 这句意思是：《周易》上说，人有了错误返回来顺从正道，还有什么过错呢？（见《周易·小畜卦·初九》）

②《春秋》：相传经过孔子删改的当时鲁国的一部史书。 穆公：

即秦穆公。在秦国晋国交战中，穆公不听蹇叔的规劝而被晋国打败。事后，秦穆公吸取教训，注意听取老臣的意见，所以《春秋》给予赞扬。

士有妒友，则贤交不亲；君有妒臣，则贤人不至①。蔽公者谓之昧，隐良者谓之妒，奉妒昧者谓之交谲②。交谲之人，妒昧之臣，国之薉孽也③。

①妒友：嫉妒贤人的朋友。　交：朋友。

②蔽公者：隐蔽公道的人。　昧：糊涂，昏暗。　良者：贤良的人。奉妒昧者：指专门从事"蔽公"、"隐良"的人。　交：通"狡"。　交谲(jué)：狡猾、诡诈。

③薉：同"秽"(huì)。　薉孽：灾害。

口能言之，身能行之，国宝也。口不能言，身能行之，国器也①。口能言之，身不能行，国用也②。口言善，身行恶，国妖也。治国者敬其宝，爱其器，任其用，除其妖。

①器：器物。

②用：用具。

不富无以养民情，不教无以理民性①。故家五亩宅，百亩田，务其业而勿夺其时，所以富之也②。立大学，设庠序，修六礼，明七教，所以道之也③。《诗》曰："饮之食之，教之诲之④。"王事具矣⑤。

①不富:不使民富。　养:调养。　养民情:调养百姓的感情。不教:不对民进行教化。　理:治理。　理民性:改造百姓的本性。

②宅:房基地。　务:致力。　时:农时。

③大学:指高级的学校。　庠(xiáng)序:古代的乡学,泛指学校。修:学习、研究。　六礼:指冠、婚、丧、祭、乡和相见六个方面的礼节规定。　七教:指父子、兄弟、夫妇、君臣、长幼、朋友和宾客七个方面的教育。原为"十教",据《礼记》文义改。　道:同"导",引导。

④这两句诗的意思是:"给百姓吃的喝的,并给予不断的教育。"(见《诗经·小雅·绵蛮》)

⑤这句意思是:王者之事就完备了。

武王始入殷,表商容之闾,释箕子之囚,哭比干之墓,天下乡善矣①!

天下、国有俊士,世有贤人。迷者不问路,溺者不问遂,亡人好独②。《诗》曰:"我言维服,勿用为笑。先民有言,询于刍荛③。"言博问也④。

①殷:商朝的国都,在今河南安阳西北。　表:表彰,古时对有功德的人赐匾加以表彰。　商容:殷朝的大夫,被纣王贬退。　闾(lǘ):巷口的门。　表商容之闾:指在商容住地赐匾加以表彰。　箕子、比干:纣王的叔父,分别遭到商纣王的囚禁和剖心。　乡:同"向"。　乡善:归善。

②迷者不问路:迷路的人是因为他不问路。　遂:通"隧",道,河中可以涉水而过的路。　亡人:亡国的君主。　独:专断独行,不能用贤人。

③服:事。　刍荛(chú ráo):指打柴的人。　这几句诗的意思是:“我所说的是当今的急事,不要当做笑话。前人说过,要问打柴的人。”(见《诗经·大雅·板》)

④博问:广泛地询问各方面的人。

有法者以法行,无法者以类举①。以其本知其末,以其左知其右,凡百事异理而相守也②。庆赏刑罚,通类而后应③。政教习俗,相顺而后行④。

①以类举:根据处理同类事情的法律规定去办。

②本:根本,这里指制订法令制度的根本原则。　末:指具体的法令条文。　守:遵守。　相守:指相互一致。　凡百事异理而相守也:各种事情的道理虽然不同,但都是遵循着同一个根本道理的。

③这句意思是:赏罚得当,符合法律规定,然后老百姓才会服从。

④这句意思是:政令教化与风俗习惯相适应,然后才能行得通。

八十者一子不事,九十者举家不事,废疾非人不养者,一人不事①。父母之丧,三年不事;齐衰大功,三月不事②。从诸侯来与新有昏,期不事③。

①不事:不服劳役。下同。　八十者一子不事:八十岁的人有一个儿子可以不服劳役。　举家:全家。　废疾非人不养者:残废有病不靠别人奉养就不能活下去的人。

②齐衰(zī cuī)大功:古代丧事的名称,这里指父母以外的丧事。

③从诸侯来:从别国来。“来”原为“不”,据文义改。　昏:同

“婚”。 期(jī):一年。

子谓子家驹续然大夫,不如晏子[①];晏子,功用之臣也,不如子产[②];子产,惠人也,不如管仲[③];管仲之为人,力功不力义,力知不力仁,野人也,不可以为天子大夫[④]。

①子:指孔子。 子家驹:春秋时鲁国的大夫。 续:通“赓”(gēng)。 续然:刚强不屈的样子。 晏子:晏婴,春秋时齐国的相国。

②功用:讲究实效。 子产:春秋时郑国的大夫。

③惠人:对人有恩惠的人。 管仲:春秋时齐国的相国。

④力:尽力,引申为重视。 野人:质朴缺乏礼义修养的人。

孟子三见宣王不言事[①]。门人曰:“曷为三遇齐王而不言事[②]?”孟子曰:“我先攻其邪心[③]。”

公行子之之燕,遇曾元于涂,曰:“燕君何如[④]?”曾元曰:“志卑。志卑者轻物,轻物者不求助[⑤]。苟不求助,何能举[⑥]?氐、羌之虏也[⑦]!不忧其系垒也,而忧其不焚也[⑧]。利夫秋豪,害靡国家,然且为之,几为知计哉[⑨]!”

①三:多次的意思。 宣王:齐宣王,战国时齐国的国君。 事:治理国家的事情。齐宣王讲功利,主张霸道。孟子曾多次到齐国去和齐宣王辩论,侈谈仁义。

②门人:指孟子的学生。 曷为:为什么。

③邪心:就是指齐宣王讲功利、霸道的思想。

④公行子之：战国时齐国大夫。　之燕：到燕国去。　曾元：战国时人。孔子弟子曾参的儿子。　涂：同“途”，道路。

⑤卑：低下。　志卑：指没有远大的志向。　物：事业。　不求助：不求贤人的帮助。

⑥苟：假如。　举：胜任。

⑦氐（dī）、羌（qiāng）：我国古代少数民族。　虏：当时对北方少数民族一类人的通称。　这句意思是：燕国的君主同氐、羌一样野蛮。

⑧垒：通“累”。　系垒：捆绑，被人俘虏，引申为亡国。　这句意思是：不担心自己国家的灭亡，而忧愁自己死后不能火葬（死后火葬是氐、羌的风俗）。

⑨利：私利。　豪：同“毫”。　秋豪：形容很小。　靡：累害。　利夫秋豪，害靡国家：指得到的利益很小，却危害整个国家大事。　几：通“岂”，难道。　几为知计哉：难道这样做是懂得谋划国事吗？

今夫亡箴者，终日求之而不得①；其得之，非目益明也，眸而见之也②。心之于虑亦然③。

①今：现在。　箴：同“针”。

②益：更加。　眸：当作“瞀”（mào），低下头仔细看。

③这句意思是：心里考虑问题也同眼睛看东西一样。

义与利者，人之所两有也①。虽尧、舜不能去民之欲利，然而能使其欲利不克其好义也②。虽桀、纣亦不能去民之好义，然而能使其好义不胜其欲利也。故义胜利者为治世，利克义者为乱世。上重义则义克利，上重利则利克义③。故天子不言多少，诸侯不言利害，大夫不言得丧，士不言通货财④；有国之君不息牛羊，错质之臣不息鸡豚，冢卿不修币，大夫不为场圃⑤；从士以上皆羞利而不与民争业，乐分施而耻积臧⑥。然故民不困财，贫窭者有所窜其手⑦。

①义：指符合政治、道德的言行。

②其：指民。　克：胜。　好(hào)：喜好。

③上：指统治者。

④不言：不议论，不计较。　多少、利害、得丧：都指利，即财货。通：流通，引申为经营。　士不言通货财：士不议论经营货财的问题。“言”原脱，据上下文例和《韩诗外传》引文补。

⑤息：繁殖。　错：通“措”。　错质：委贽，指献身。　错质之臣：指献身于君主的臣。　豚(tún)：小猪。　冢(zhǒng)卿：上卿。　不修币：不钻营钱财。　圃：菜园子。原为“园”，据文义和《韩诗外传》引文改。　为场圃：种庄稼、蔬菜。

⑥羞：耻笑。　分施：施舍。　耻积臧：以积藏为耻辱。

⑦然故：所以。　不困财：不为财所困。　窭(jù)：贫穷。　窜：放置。　贫窭者有所窜其手：意思是贫穷的人都有事情干。

文王诛四，武王诛二，周公卒业，至成、康则案无诛已①。

①文王：指周文王。　诛四：指文王消灭了密、阮、共、崇等四个小国。　诛二：指武王灭商纣、奄国。　周公：周公旦，周武王的弟弟。

卒业：完成了文王、武王夺取天下的事业。　成：周成王。　康：周康王。　案：乃。

多积财而羞无有，重民任而诛不能，此邪行之所以起，刑罚之所以多也[①]。

上好义则民闇饰矣，上好富则民死利矣[②]。二者，治乱之衢也[③]。民语曰："欲富乎？忍耻矣，倾绝矣，绝故旧矣，与义分背矣[④]。"上好富，则人民之行如此，安得不乱[⑤]？

①多：赞美，看重。　积财：指富有的人。　羞：看不起。　无有：指贫穷的人。　重民任：加重人民的负担。　诛：惩罚。　不能：指不能胜任沉重负担的人。　起：产生，出现。

②义：原为"羞"，据文义改。　闇饰：指在无人看见的地方也注意端正自己的行为，不为求利做危害国家的坏事。　死利：为追求私利而不顾生命。

③二者：指"上好义"和"上好富"。　衢（qú）：十字路口。　治乱之衢：治与乱的分界处。"治"原脱，据文义补。

④民语曰：俗话说。　忍耻：不顾廉耻。　倾绝：丧身绝命，指不顾性命。　绝故旧：和老朋友们断绝关系。　与义分背矣：和义背道而驰。

⑤行如此：这样的行为。　安得：哪能。

汤旱而祷曰："政不节与？使民疾与？何以不雨至斯极也[①]！宫室荣与？妇谒盛与？何以不雨至斯极也[②]！苞

苴行与？谗夫兴与？何以不雨至斯极也[③]！”

①汤：即商汤王。 祷：祷告。 政：政事。 节：适当。 使：役使。 疾：过度。 至斯：到这样的程度。 这句意思为：商汤王因旱而祷告说，是我的政事不适当吗？还是我役使老百姓过度了？为什么不下雨，旱得这么厉害！

②荣：华丽。 谒：请托，指以私事相托。 妇谒盛与：听从妇女的话太多了吗？

③苞：通“包”。 苞苴（bāo jū）：包裹，这里指行贿。 行：盛行。 谗夫：说别人坏话的人。

天之生民，非为君也；天之立君，以为民也[①]。故古者列地建国，非以贵诸侯而已；列官职，差爵禄，非以尊大夫而已[②]。

①这句意思是：老天生育民众，不是为了君主；老天设立君主，是为了民众。

②列地：划分土地。 列官职：设立各级官职。 差（chāi）爵禄：确定爵位、俸禄的等级。

主道知人，臣道知事[①]。故舜之治天下，不以事诏而万物成[②]。农精于田而不可以为田师，工贾亦然[③]。

①知：主，掌管，治理。 这句意思是：君主的职责就在于掌握用人，臣的职责就在于治理事务。

②诏：指君主的命令。 这句意思是：舜治理天下，不在每一件事

情上都去发布命令，然而一切事情都做成功了。

③精于田：精通农活。　田师：管理农业的官吏。　工：手工业者。　贾（gǔ）：商人。　亦然：也是这样。

以贤易不肖，不待卜而后知吉[①]。以治伐乱，不待战而后知克[②]。

齐人欲伐鲁，忌卞庄子，不敢过卞[③]。晋人欲伐卫，畏子路，不敢过蒲[④]。

①贤：贤人。　易：替换。　不肖：不贤的人。　卜：古时用以预测吉凶的迷信活动。　不待卜而后知吉：不用求卜就知道一定有好的结果。

②这句意思是：以安定的国家去征伐混乱的国家，不用等到打，就可以知道一定能战胜。

③齐：春秋战国时国名，在今山东北部和河北东南部。　鲁：春秋时国名，在今山东曲阜县一带。　忌：害怕。　卞庄子：春秋时鲁国卞城的大夫，以勇敢著名。　卞：指卞邑，在今山东泗水县东。

④晋：春秋时国名，在今山西、河北一带。　卫：春秋时国名，在今河南、河北一带。　子路：姓仲，名由，字子路，又字季路，孔子的弟子，曾当过蒲的地方官。　蒲：卫国城名。

不知而问尧、舜，无有而求天府[①]。曰：“先王之道，则尧、舜已；六贰之博，则天府已[②]。”

君子之学如蜕，幡然迁之[③]。故其行效，其立效，其坐效，其置颜色、出辞气效[4]。无留善，无宿问[5]。

善学者尽其理，善行者究其难[6]。

①天府：古代指天子的库藏。　这句意思是：没有知识就去请教尧舜，贫穷的人就去求济于天府。

②贰：当为“艺”。　六贰：六艺，即“六经”。　这句意思是：先王治理国家的根本原则，就是尧、舜的原则；广博的六经，就是天府中的财物。

③蜕（tuì）：蜕变，这里比喻学习不断更新，进步。　幡：同“翻”。幡然：迅速的样子。　迁：改变，变化。　这句意思是：君子的学习就像生物蜕变那样，不断迅速地改变着。

④行：行动。　效：模仿、学习。下同。　其行效：他走路时也学习。　立：站着。　置：措，采取。　颜色：脸色。　出辞气：说话的口气。　这句意思是：君子在任何时候和场合下都注意学习。

⑤这句意思是：见到好事立即去做，有疑难随时问，不等过夜。

⑥其：指事物。　这句意思是：善于学习的人能尽量了解事物的道理，善于实行的人能探究事物中的疑难。

君子立志如穷，虽天子三公问正，以是非对[1]。

君子隘穷而不失，劳倦而不苟，临患难而不忘细席之言[2]。岁不寒，无以知松柏；事不难，无以知君子无日不在是[3]。

①穷：困穷，不变通。　君子立志如穷：君子立下的志向，要像困穷时那样，不随意变通。　三公：即司徒、司马、司空，古代天子手下最

高的官。　正:通“政”,政事。　对:回答。　以是非对:是就说是,非就说非。

②隘穷:为贫穷所困。　不失:指不失君子的德行、信仰。　苟:苟且偷安。　细:当作“茵”。　细席之言:指平时闲谈的话。

③岁:时节。　寒:寒冷。　无日不在是:没有一天不在坚持他认为正确的东西。

雨小,汉故潜[①]。夫尽小者大,积微者著,德至者色泽洽,行尽而声问远[②]。小人不诚于内而求之于外[③]。

①汉:汉水,在今陕西境内。　潜:潜水,汉水的支流。　这句意思是:雨虽然下得小,但汉水照旧分支。一说“汉”为衍文,“潜”,深也。按此,这句意思应是:雨下得小,所以渗入地里就深。

②尽:极尽。　著:显著。　德至者:品德崇高的人。　泽:光泽。洽:融洽。　行尽:行为周到完备。　问:通“闻”。　声问:名声,声望。　这句意思是:尽量容纳小的就可变成大的,积累微细的就可变为显著的,品德崇高的人面容就一定和蔼,行动完备周到的人声望就传得远。

③内:指思想。　外:外表。　这句意思是:小人不是真诚地实行思想修养,而是只图外表。

言而不称师谓之畔,教而不称师谓之倍[①]。倍畔之人,明君不内,朝士大夫遇诸涂不与言[②]。

①称:称述。　师:老师。　畔:通“叛”,背叛。　倍:通“背”,违反。

②内:同“纳”,接纳。 涂:同“途”,道路。 这句意思是:背叛老师的人,贤明的君主是不接纳的,朝廷内的士大夫们在路上遇到他都不跟他交谈。

不足于行者,说过;不足于信者,诚言①。故《春秋》善胥命,而《诗》非屡盟,其心一也②。善为《诗》者不说,善为《易》者不占,善为《礼》者不相,其心同也③。

①这句意思是:不能踏踏实实去做的人,必定是夸夸其谈的;不能坚守信用的人,说话必定装出很诚恳的样子。

②善:肯定、赞美的意思。 胥命:诸侯相会时重申约言,而不举行歃(shà)血(嘴唇涂上牲畜的血表示诚意)而盟的仪式。意思指他们坚守信用。 非:否定、反对的意思。 屡盟:一次又一次地定盟约,但不讲信用。 这句意思是:所以,《春秋》赞成胥命,《诗经》反对屡命,它们所讲的道理是同样的。

③善:善于。 善为《诗》者:指精通《诗经》意义的人。 不说:指不单纯引用词句。 占:占卦。 《礼》:即《礼经》。 相(xiàng):赞礼,古时婚丧、祭祀时,有一人在旁宣布礼的项目叫相礼。

曾子曰:“孝子言为可闻,行为可见①。言为可闻,所以说远也;行为可见,所以说近也②。近者说则亲,远者说则附③。亲近而附远,孝子之道也④。”

①曾子:姓曾,名参,孔子的弟子。 这句意思是:孝子一言一行都是正直不苟的,所以说的话都可以让人听,做的事都可以让人看。

②说：通“悦”，悦服。　这句意思是：言谈正直不欺，所以能够使远方人悦服；行为正直不苟，所以能够使身边的人悦服。

③亲：亲近。　附：靠拢，依附。

④这句意思是：能使身边的人亲近自己，远方的人依附自己，这就是孝子为人的原则。

曾子行，晏子从于郊①。曰：“婴闻之，君子赠人以言，庶人赠人以财②。婴贫无财，请假于君子，赠吾子以言：乘舆之轮，太山之木也，示诸檃栝，三月五月，为帱菜，敝而不反其常③。君子之檃栝不可不谨也，慎之④！兰茝、稿本，渐于密醴，一佩易之⑤。正君渐于香酒，可谗而得也⑥。君子之所渐不可不慎也⑦。”

①行：出门。　晏子：名婴，字仲，春秋末人，曾任齐景公的相。　从：指送行。　于郊：指到城外。

②婴：晏婴的自称。　闻之：听说。

③假：借。　乘舆：车子。　太山：山名，即泰山。　示：通“寘”(zhì)，放置。　檃栝(yǐn kuò)：矫正木材的工具。　三月五月：指木材加工的时间。　帱(dào)：指车辋(wǎng)，车轮周围的框子。　菜：通“菑”(zī)，指车毂和车辐。　敝：破坏。　反：同“返”，恢复。　常：指原来的形状。　这句意思是：我贫穷无财，请允许我借君子的名义，赠你一席话：车的轮子是泰山的木头做成的，木头经过檃栝的矫正，三个月或五个月就可以做轮子，车轮做成后，即使破旧了它也不会恢复原来的形状。

④君子之檃栝：这里指君子正身的工具，即礼。《修身》说：“礼者，

所以正身也。” 这句意思是：君子对于正身的礼，不可不谨慎地对待，一定要谨慎啊！

⑤茝（chǎi）：同“芷”。 兰茝、稿本：都是香草。 渐：浸。 密：同“蜜”。 密醴：指高级的香酒。 一佩：一次佩带。 易：更换。 之：指兰茝和稿本。 这句意思是：把兰茝、稿本这样的香草浸泡在蜜酒里，但也不能经久，佩带一次就要更换。

⑥正君：正派的君主。 香酒：比喻美好动听的话。 可谗而得：谗言可以改变君主的思想。

⑦渐：这里指周围环境的影响。 这句意思是：君子对于环境的影响不可不谨慎对待。

人之于文学也，犹玉之于琢磨也①。《诗》曰：“如切如磋，如琢如磨。”谓学问也②。和之璧，井里之厥也，玉人琢之，为天子宝③。子赣、季路，故鄙人也，被文学，服礼义，为天下列士④。

学问不厌，好士不倦，是天府也⑤。

君子疑则不言，未问则不言，道远日益矣⑥。

①文学：指文化知识。 这句意思是：人们对于文化知识，要像雕磨玉石那样精益求精。

②切磋：古代把骨、角加工成器物称“切磋”。 琢磨：古代把玉、石加工成器物称“琢磨”。 这两句诗的意思是：“如同切磋，如同琢磨。”（见《诗经·卫风·淇奥》）形容精心细治。 谓学问也：这就是讲的做学问的道理。

③和：人名，即卞（biàn）和，春秋时楚国人。 璧：一种玉石。

和之璧:相传为古代的一块宝玉,因这块玉是卞和发现的,所以称作“和之璧”。　厥:石头。　井里之厥也:就好像是井旁一块普通的石头。　天子宝:一说当为“天下宝”。

④子赣:即子贡,孔子的弟子。　季路:即子路,孔子的弟子。　故鄙人:原来是很低贱的人。　被:接受。　服:实行。　为天下列士:成为天下所称述的士。

⑤学问:学习。　天府:这里指成就很大,收获很多。

⑥疑:疑惑。　未问则不言:没有向别人请教过的就不说。“言”原为“立”,据文义和《大戴礼记》改。　道:实行。　益:增加,指进步。　道远日益:长期坚持这样去做就会不断地进步。

多知而无亲,博学而无方,好多而无定者,君子不与①。少不讽诵,壮不论议;虽可,未成也②。

君子壹教,弟子壹学,亟成③。

①多知、博学:都指学到很多知识。　无亲:指不亲近老师。　无方:没有一定的准则。　好多:喜好学到很多东西。　无定:变化不定,指对所爱好的东西不能专一。　与:肯定,赞许。

②少:少年。　讽诵:诵读。“诵”原脱,据下句文例和《大戴礼记》补。　少不讽诵:指少年时不读书学习。　壮:壮年。　论议:分析讨论事物的道理。　虽可,未成也:意思是,虽然有学习的能力,但也不能有所成就。

③壹:专心一志。　亟:同“急”,迅速。

君子进则能益上之誉而损下之忧①。不能而居之,诬也②;无益而厚受之,窃也③。学者非必为仕,而仕者必如学④。

①进:做官。 誉:荣誉。 损:减少。 下:指老百姓。

②诬:欺骗。 这句意思是:没有才能而居于官位就是欺骗君主。

③窃:窃位。 这句意思是:没有给君主增加声誉,而享受优厚的俸禄,就是窃位。

④这句意思是:学习的人不一定都去做官,做官的人一定要学习。

子贡问于孔子曰:"赐倦于学矣,愿息事君①。"孔子曰:"《诗》云:'温恭朝夕,执事有恪。'事君难,事君焉可息哉②!""然则赐愿息事亲③。"孔子曰:"《诗》云:'孝子不匮,永锡尔类。'事亲难,事亲焉可息哉④!""然则赐愿息于妻子⑤。"孔子曰:"《诗》云:'刑于寡妻,至于兄弟,以御于家邦。'妻子难,妻子焉可息哉⑥!""然则赐愿息于朋友。"孔子曰:"《诗》云:'朋友攸摄,摄以威仪。'朋友难,朋友焉可息哉⑦!""然则赐愿息耕⑧。"孔子曰:"《诗》云:'昼尔于茅,宵尔索绹,亟其乘屋,其始播百谷。'耕难,耕焉可息哉⑨!""然则赐无息者乎?"孔子曰:"望其圹,皋如也,嵮如也,鬲如也,此则知所息矣⑩。"子贡曰:"大哉,死乎!君子息焉,小人休焉⑪。"

①赐:子贡的名。 息:指停止学习。 事君:侍奉君主。

②恪(kè):谨慎。 这两句诗的意思是:"侍奉君主从早到晚都要温和恭敬,做事要认真谨慎。"(见《诗经·商颂·那》) 焉:疑问词。

下同。　事君焉可息哉：侍奉君主怎么可以休息呢！

③事亲：侍奉父母。　这句意思是：既然这样，那么我停止学习去侍奉父母。

④匮（kuì）：缺乏。　不匮：这里指不能停止孝行。　锡：通“赐”，赐予。　类：善，这里指好处、幸福。　这两句诗的意思是：“孝子的孝行要永不停止，天才会赐给你幸福。”（见《诗经·大雅·既醉》）

⑤妻子：妻和儿女，这里泛指家务。

⑥刑：法。　御：治。　这几句诗的意思是：“首先在妻子和兄弟那里立礼法，以身作则，然后才能去治理国家。”（见《诗经·大雅·思齐》）

⑦攸：语助词。　摄：助。　仪：仪表。　这两句诗的意思是：“朋友间互相帮助，这样才能仪表威严。”（见《诗经·大雅·既醉》）

⑧耕：种庄稼，务农。

⑨于：去。　索绹（táo）：打草绳。　乘屋：修补房子。　这几句诗的意思是：“白天要割茅草，晚上要打草绳，急急忙忙修补屋顶，来年一开始，又要播种庄稼。”（见《诗经·豳风·七月》）

⑩无息者乎：没有停止学习的时候吗？　其：那个。　圹（kuàng）：坟墓。　皋如：堤岸高高的样子。　嵮：同“巅”，山巅。　鬲（lì）：鼎一类的器物。　这句意思是：远望那个坟墓，好似高高的堤岸，好似山巅，又好似鼎，看到这个你就知道什么是停止学习的时候了。

⑪大：这里表示重大。　休：停止。　这句意思是：死的意义真重大呵，这就是死啊！君子停止了，小人终结了。

《国风》之好色也①，传曰：“盈其欲而不愆其止。其诚可比于金石，其声可内于宗庙②。”《小雅》不以于污上，自引而居下，疾今之政，以思往者，其言有文焉，其声有哀焉③。

①《国风》：《诗经》的一部分。 这句意思是：《国风》大多是歌颂爱情的，所以叫做“好色”。

②传曰：书上说。 盈：满足。 愆（qiān）：过失。 止：界限，指礼。 盈其欲而不愆其止：满足人们的情欲而又不使人们行为失礼。 其诚：指《国风》所歌颂的男女相爱的真挚感情。 金石：形容像金石一样坚固。 其声：指《国风》歌咏男女相爱的篇章。 内：通“纳”。

③《小雅》：《诗经》的一部分。 以：用。 污上：腐朽的君主。 引：退后。 文：文采。 哀：哀怨。 这句意思是：《小雅》的作者不为腐朽的君主所用，自动引退而甘居下位，他痛恨当时腐败的政治，怀念过去，因此，《小雅》中的话很有文采，《小雅》中的歌声表达哀怨的感情。

国将兴，必贵师而重傅①；贵师而重傅，则法度存②。国将衰，必贱师而轻傅；贱师而轻傅，则人有快，人有快则法度坏③。

①师：老师。 傅：师傅。

②存：存在，这里指得以推行。 法度存：法令制度得到推行。

③快：指放纵性情。

古者匹夫五十而士①，天子诸侯子十九而冠，冠而听治，其教至也②。

①士:同“仕”。 这句意思是:古时老百姓五十岁才能做官。

②子:指天子、诸侯的儿子。 冠(guàn):加冠,古代标志男子成年时实行的一种礼节。 听治:治理政事。 冠而听治:成人后就可以治理政事。 其教至也:这是因为天子、诸侯的儿子所受教育良好的缘故。

君子也者而好之,其人也[①];其人而不教,不祥[②]。非君子而好之,非其人也[③];非其人而教之,赍盗粮、借贼兵也[④]。

①其人也:合乎要求的人,指可教育的人。“也”字原在下句“其人而不教”的“其人”后面,据下文句例移此。 这句意思是:敬慕真正的君子,这就是可教育的人。

②祥:吉祥。 这句意思是:得到可教育的人,而不对他进行教育,这是不吉祥的。

③非其人:不合要求的人,即不可教育的人。

④赍(jī):供给。 这句意思是:对不敬慕君子的人进行教育,就如同送粮食给强盗,借兵器给贼。

不自嗛其行者,言滥过[①]。古之贤人,贱为布衣,贫为匹夫,食则馇粥不足,衣则竖褐不完,然而非礼不进,非义不受,安取此[②]。

①嗛(qiàn):同“歉”,不足。 这句意思是:不知自己行为不足的人,必然言过其实,夸夸其谈。

②贱：卑贱。　布衣、匹夫：都指普通老百姓。　饘（zhān）：指较稠的粥。　竖褐：短小的粗布衣服。　不完：指衣服破烂。　非礼不进，非义不受：不符合礼的提升不干，不符合义的俸禄不收。　此：指“言滥过”。　安取此：哪会这样做呢？

子夏家贫，衣若县鹑①。人曰：“子何不仕②？”曰：“诸侯之骄我者，吾不为臣；大夫之骄我者，吾不复见③。柳下惠与后门者同衣而不见疑，非一日之闻也④。争利如蚤甲而丧其掌⑤。”

①子夏：姓卜，名商，字子夏，孔子的弟子。　家贫：“家”原脱，据《太平御览》引文补。　县：通“悬”。　鹑（chún）：鸟名，即鹌鹑。　衣若县鹑：形容穿的衣服很破烂，就像悬挂着的鹌鹑。

②人曰：有人问。　不仕：不去做官。

③骄：看不起。　复：重复，再。

④柳下惠：春秋时鲁国大夫。　后门者：古代为国君看守后门的人，地位低贱。　同衣：衣服穿得同样破烂。　不见疑：不被怀疑。　非一日之闻也：他的高尚品行人们早就听说了。

⑤蚤：同“爪”。　蚤甲：形容很小。　掌：手掌。　这句意思是：争夺私利，就如同抓住爪甲而丧失手掌那样得小失大。

君人者不可以不慎取臣，匹夫不可以不慎取友。友者，所以相有也①。道不同，何以相有也②？均薪施火，火就燥；平地注水，水流湿③。夫类之相从也如此之著也，以友观人,焉所疑[4]?取友善人,不可不慎,是德之基也[5]。《诗》曰:“无将大车,维尘冥冥[6]。”言无与小人处也[7]。

①有:通“佑”,帮助。

②道:道路,这里指所奉行的政治、道德原则。　这句意思是:各人所奉行的政治、道德原则不同,用什么去互相帮助呢?

③这句意思是:在一堆铺平的木柴上点火,干燥的木柴先起火;在平地上注水,湿的地方水先流。

④类:同类的事物。　著:显著。　焉:何。　这句意思是:同类事物相互顺从是这样的显明,所以依据他的朋友的品质来观察他,有什么可怀疑的呢?

⑤取友善人:选取善人作朋友。　是德之基也:这是培养自己品德的基础。

⑥这两句诗的意思是:“不要扶着笨重的牛车前进,车旁尘土飞扬、昏昏暗暗。”(见《诗经·小雅·无将大车》)荀子引这首诗是为了说明,不要与昏暗的人搞在一起。

⑦处:相处。　这句意思是:这就是说不要与小人相处。

蓝苴路作,似知而非[1]。偄弱易夺,似仁而非[2]。悍戆好斗,似勇而非[3]。

①蓝苴路作:不详。疑当作“滥狙略诈”,根据后文的意思,可能是卖弄自己的聪明乱加猜测或搞阴谋诡计的意思。

②偄(nuò):通“懦”。　偄弱易夺:指没有主见,而容易受人惑乱改变主张。

③悍戆(gàng):凶暴,鲁莽。

仁义礼善之于人也，辟之若货财粟米之于家也，多有之者富，少有之者贫，至无有者穷①。故大者不能，小者不为，是弃国捐身之道也②。

①辟：同“譬”，比喻。　若：像。　至无有：一点也没有。

②大者：指大的方面。　不能：做不到。　不为：不做。　捐：丧失。　这句意思是：所以，人们在大的方面做不到仁义礼善，而在小的方面又不去做，这是亡国灭身的道路。

凡物有乘而来①，乘其出者，是其反者也②。

①乘：因。　这句意思是：任何事物的出现，都有其原因。

②这句意思是：人们行为的后果，原因都在自己。一说“乘”字为衍文。

流言灭之，货色远之①。祸之所由生也，生自纤纤也②。是故君子蚤绝之③。

言之信者，在乎区盖之间④。疑则不言，未问则不言⑤。

知者明于事，达于数，不可以不诚事也⑥。故曰：“君子难说，说之不以道，不说也⑦。”

语曰：“流丸止于瓯、臾，流言止于知者⑧。”此家言邪学之所以恶儒者也⑨。是非疑，则度之以远事，验之以近物，参之以平心，流言止焉，恶言死焉⑩。

①流言:流言蜚语。 货色:货财女色。 远:疏远,躲开。

②纤纤:细微。 这句意思是:灾祸所产生的根源,都是生于那些微小而难于察觉的地方。

③蚤:同“早”。 绝之:消除它。

④言之信者:说话诚实的人。 区:区别,指明确可信,即信信。 盖:大概,指不明确可信,即疑疑。《非十二子》说:“信信,信也;疑疑,亦信也。” 这句意思是:说的人,在于他怀疑什么,相信什么,都是正确的。

⑤未问则不言:“言”字原为“立”字,据文义和《大戴礼记》改。

⑥知:同“智”。 明于事:明白该做的事。 达于数:精通事物的道理,变化的秩序。 诚事:老老实实地对待智者。

⑦不以道:不按正道。

⑧语曰:俗话说。 流丸:滚动的圆球。 瓯、臾:都是盛物的瓦器,这里比喻地面低洼的地方。 流言止于知者:流言蜚语对于聪明人是不起作用的。

⑨家言邪学:泛指违背礼制的各家理论。 儒者:即上文的智者。

⑩是非疑:对正确的还是错误的,疑惑不决。 度:衡量。 远事:过去的事。 验:检验。 参:参验,考察。 平心:公正的态度。 死:消失。 这句意思是:当是非疑惑不决时,就用过去的事情来衡量一下,用当前的事情来检验一下,用公正不偏的态度来考察一番。

曾子食鱼,有余,曰:“泔之[1]。”门人曰:“泔之伤人,不若奥之[2]。”曾子泣涕曰:“有异心乎哉!”伤其闻之晚也[3]。

①有余：有剩余。 泔：米汁。 泔之：用米汁把剩下的鱼浸渍起来。一说“泔”当作“洎”(jì)，洎之，加水做成鱼汤的意思。

②伤人：伤害人的身体。 奥：腌。

③泣涕曰：流着眼泪说。 有异心乎哉：难道我有恶意吗？ 其：他，指曾子。 伤其闻之晚也：他是悲伤听到不同的意见太迟了。

无用吾之所短遇人之所长，故塞而避所短，移而从所任①。疏知而不法，察辨而操僻，勇果而亡礼，君子之所憎恶也②。

①无用：不用。 短：短处。 遇：对付。 塞：堵塞，掩藏。 塞而避所短：避开自己的短处。 任：能，长处。原为“仕”，据文义改。 移而从所任：转过来用自己的长处。

②疏：通。 疏知：智慧通达。 不法：不合乎法令制度。 察辨：明察善辨。 操僻：行动邪僻。 勇果：勇敢果断。 亡：同“无”。 亡礼：不按礼义去做。

多言而类，圣人也①。少言而法，君子也。多言无法，而流湎然，虽辩，小人也②。

①类：统类，指礼义。

②流湎(miǎn)然：酒醉说胡话的样子。“湎”原为“喆”，据《非十二子》文义改。

国法禁拾遗，恶民之串以无分得也①。有分义，则容天下而治[2]；无分义，则一妻一妾而乱。

①拾遗：拾丢失的东西。　恶：厌恶。　串：通“惯”，习惯。　无分得：不按等级名分去取得东西。

②有分义：确定等级名分。“有”下原衍一“夫”字，据元刻本删。　容：容纳。　容天下：指整个天下。

天下之人，唯各特意哉，然而有所共予也[1]。言味者予易牙，言音者予师旷，言治者予三王[2]。三王既已定法度、制礼乐而传之，有不用而改自作，何以异于变易牙之和，更师旷之律[3]。无三王之法，天下不待亡，国不待死[4]。

①唯：通“虽”。　各特意：各有特殊的认识和看法。　予：通“与”，赞许。下同。　然而有所共予也：然而有共同的赞许。

②言味者：谈论味道的人。　易牙：春秋时齐国著名的厨师。　音：音乐。　师旷：春秋时晋国著名的乐师。　言治者：谈论治理天下的人。　三王：三代之王，指禹，汤王，周文王、周武王。

③改自作：加以更改，自己去另搞一套制度。　和：指烹调方法。　律：音律。

④不待：指不用很长时间。

饮而不食者，蝉也；不饮不食者，浮蝣也[1]。

①浮蝣：一种昆虫。这句话疑有错脱，语意不详。

虞舜、孝己孝而亲不爱，比干、子胥忠而君不用，仲尼、颜渊知而穷于世①。劫迫于暴国而无所辟之,则崇其善,扬其美,言其所长,而不称其所短也②。

①虞舜、孝己:传说中的孝子,但不为父亲所爱。 比干:商纣王的叔父。 子胥:伍子胥。 不用:不被信用。 仲尼:即孔子。 颜渊:又叫颜回,孔子的弟子。

②辟:同“避”。 劫迫于暴国而无所辟之:人被迫在暴君统治的国家中生活而无所躲避。 其:指暴国。

惟惟而亡者,诽也①;博而穷者,訾也②;清之而俞浊者,口也③。

①惟惟:同“唯唯”,表示顺从的样子。 亡:死亡,这里指没有好下场。 诽:诽谤。 这句意思是:虽然表面上很顺从却没有好下场的人,是因为他在私下诽谤别人。

②博而穷者:博学善辩却困穷得不到任用的人。 訾(zǐ):诋毁。

③俞:通“愈”。 这句意思是:想得到清白的名声,结果反而名声更坏,这是因为他言过其实。

君子能为可贵,不能使人必贵己①;能为可用,不能使人必用己②。

①能为可贵:能使自己品德高尚。 必贵己:一定使人敬重自己。

②能为可用:能够具备被别人任用的才能。 必用己:一定任用自己。

诰誓不及五帝①；盟诅不及三王②；交质子不及五伯③。

①诰：古时君主发表的文告。　誓：誓约。　五帝：传说中的远古帝王，即太皞（伏羲）、炎帝（神农）、黄帝、少昊（hào）、颛顼（zhuān xū）。这句意思是：后世君主发表的文告及誓约，在五帝的时代是没有的。

②盟诅（zǔ）：盟约。

③交质子：古代诸侯把太子派往别国去做人质。　伯：通“霸”。五伯：荀子指的是齐桓公、晋文公、楚庄王、吴王阖闾、越王勾践。

二十八　宥　坐

【说明】这篇文章主要记载了孔子的言行事迹，借以表达荀子的思想观点。

文章首段讨论了“宥坐之器”，故以“宥坐”为篇名。孔子从宥坐之器具备“虚则欹，中则正，满则覆”的特征，领悟到做人也不能骄傲自满，要懂得谦让，奉行“挹而损之之道”。

文中讲述了孔子在鲁国任摄相和司寇时所处理的政务，表明君子当政，应当防止小人巧言惑众、结党营私。君主要推行先王之道，任用贤人来教化民众，对待百姓当慎用刑罚，不能不教而诛。

本文还讨论了孔子怀才不遇的经历，指出“遇不遇者，时也；贤不肖者，材也”。历史上虽有很多被埋没的人才，但君子不能因此气馁懈怠，平时也要勤勉学习，努力修身，等待发挥才能的时机。

孔子观于鲁桓公之庙，有欹器焉①。孔子问于守庙者曰："此为何器？"守庙者曰："此盖为宥坐之器②。"孔子曰："吾闻宥坐之器者，虚则欹，中则正，满则覆③。"孔子顾谓弟子曰："注水焉！"弟子挹水而注之④。中而正，满而覆，虚而欹。孔子喟然而叹曰："吁！恶有满而不覆者哉⑤！"子路曰："敢问持满有道乎⑥？"孔子曰："聪明圣知，守之以愚；功被天下，守之以让；勇力抚世，守之以怯；富有四海，守之以谦⑦。此所谓挹而损之之道也⑧。"

①鲁桓公：春秋时鲁国的国君。　欹：通"敧"(qī)，倾斜。　欹器：一种倾斜、不易平放的容器。

②盖：语助词。　为：是。　宥：同"右"。　坐：同"座"。　宥坐之器：置放在座位右边的一种器具。

③虚：空。　虚则欹：空着的时候就倾斜。　中：这里指注入一半的水。　覆：翻。

④顾：回头。　弟子：学生。　注：灌。下同。　挹(yì)水：舀水。

⑤喟(kuì)然：叹气的样子。　吁：叹词，"咳"的意思。　恶(wū)：何，怎么。

⑥子路：孔子的学生，姓仲，名由。又叫季路。　满：充满，指地位高、财产富。　持满：保持富贵的地位，避免失败的意思。　道：术，方法。下同。　敢问持满有道乎：请问保持富贵的地位有什么方法吗？

⑦知：通"智"。　守：保持。　愚：愚拙。　守之以愚：保持愚拙的样子。　被：覆盖。　让：谦让。　勇力：既勇敢又有力气。　抚世：盖世。　怯：怯弱。　四海：全天下。　富有四海：天下最富有的。　谦：谦逊，不自高自大。

⑧挹:通"抑",让。 损:减少,这里有退一步的意思。 这句意思是:这就是所谓谦让再谦让的方法。

孔子为鲁摄相,朝七日而诛少正卯①。门人进问曰:"夫少正卯鲁之闻人也,夫子为政而始诛之,得无失乎②?"孔子曰:"居!吾语女其故③。人有恶者五,而盗窃不与焉:一曰心达而险④,二曰行辟而坚⑤,三曰言伪而辩⑥,四曰记丑而博⑦,五曰顺非而泽⑧。此五者,有一于人,则不得免于君子之诛,而少正卯兼有之⑨。故居处足以聚徒成群,言谈足以饰邪营众,强足以反是独立,此小人之桀雄也,不可不诛也⑩。是以汤诛尹谐,文王诛潘止,周公诛管叔,太公诛华仕,管仲诛付里乙,子产诛邓析、史付,此七子者,皆异世同心,不可不诛也⑪。《诗》曰:'忧心悄悄,愠于群小⑫。'小人成群,斯足忧矣⑬。"

①鲁:鲁国,在今山东曲阜一带。 摄相:代理宰相。 朝:古时君主和大臣们议论政事的地方,这里指上朝当政的意思。 朝七日:当政七天。 少正卯:相传为春秋时鲁国人,与孔子同时在鲁国讲学,与孔子针锋相对,孔子门下的学生都去听讲,至使孔子之门为之"三盈三虚"(参见《论衡·讲瑞》)。

②门人:学生。 夫:语助词。 闻人:有名望的人。 夫子:指孔子。 为政:当政。 始诛:先杀。 失:失掉,这里指失掉人心。 得无失乎:能不失掉人心吗?

③居:坐下。 女:同"汝",你,你们。 其:指杀少正卯一事。

吾语女其故:我告诉你们这件事的原因。

④恶者五:五种罪恶的行为。　与:参加。　盗窃不与焉:盗窃的人不算在内。　心:指思想。　达:通晓,明白。　险:邪恶。　心达而险:意思是,思想明白通晓,然而邪恶不正。

⑤行:行动,行为。　辟:通"僻",邪僻。　坚:坚定,毫不动摇。　行辟而坚:意思是,行为不正而且固执。

⑥言:言论。　言伪:即伪言。　辩:通"辨",辩解,明辨。　言伪而辩:意思是,言论错误而说得头头是道。

⑦记:书籍,这里指已写成文字的作品。　丑:丑恶。　博:多,大。　记丑而博:意思是,专门记诵一些丑恶的东西而且十分广博。

⑧顺:顺从。　非:不是。　泽:光润,润色。　顺非而泽:意思是,专门赞同错误的言行而且加以润色。

⑨有一于人:人只要具有其中的一种罪恶行为。　兼有:全有。

⑩居处:居住的地方。　徒:指那些听少正卯宣传的人。　饰:掩饰。　营:通"荧",迷惑,蒙蔽。　强:刚强,意志不可动摇。　独立:按自己的意志行动。　强足以反是独立:刚强意志足以违背"正确"的东西,而按自己的意志去行事。　桀:即"杰",才智出众。　雄:勇敢。　小人之桀雄:小人中杰出和勇敢的人。荀子书中把孔子杀少正卯一事的传说记载下来,对于研究当时的思想斗争情况可供参考。

⑪汤:即成汤,商朝的第一个君主。　尹谐:人名,不详。　文王:即周文王。　潘止:人名,不详。　周公:即周公旦。　管叔:名鲜,周文王的第三子,因反对周公旦代成王当政,起兵暴动,被周公旦杀死。　太公:姓姜,名尚,又叫姜子牙,吕尚,曾辅助周文王、周武王治国。　华仕:人名,不详。　管仲:名夷吾,春秋初期齐国人,辅助齐桓公成为诸侯的霸主。　付里乙:人名,不详。　子产:姓公孙,名侨,字子产,

郑国大夫，曾做过正卿。　邓析：春秋末期郑国人，刑名学家。　史付：人名，不详。

⑫悄悄：忧愁的样子。　愠：怒。　这两句诗的意思是："忧虑重重愁难消，被那群小人所气恼。"（见《诗经·邶风·柏舟》）

⑬斯：此，这。

孔子为鲁司寇，有父子讼者，孔子拘之，三月不别①。其父请止，孔子舍之②。季孙闻之，不说，曰："是老也欺予，语予曰：为国家必以孝③。今杀一人以戮不孝，又舍之④。"冉子以告⑤。孔子慨然叹曰："呜呼！上失之，下杀之，其可乎！不教其民而听其狱，杀不辜也⑥。三军大败，不可斩也；狱犴不治，不可刑也，罪不在民故也⑦。嫚令谨诛，贼也；今生也有时，敛也无时，暴也；不教而责成功，虐也⑧。已此三者，然后刑可即也⑨。《书》曰：'义刑义杀，勿庸以即，予维曰：未有顺事⑩。'言先教也⑪。"

①司寇：官名，主管司法的最高官吏。　讼（sòng）：打官司。　拘：拘留。　别：判决。

②请止：请求停止这件官司。　舍：释放。下同。

③季孙：鲁国大夫，在鲁国实行变革，掌握了鲁国的政权。　说：通"悦"，高兴。　老：老头子。　予：我。　是老也欺予：这个老头子欺骗我。　为国家必以孝：一定要用"孝"来治理国家。

④戮（lù）：这里是斥责、警告之意。

⑤冉子：即冉求，孔子的学生，曾帮助季孙搞革新。　冉子以告：

冉求将此话告诉孔子。

⑥慨然：感叹的样子。　失：过失。　狱：古时把打官司叫做“狱”。　不教其民而听其狱：不教育他的人民而判断他们的官司。不辜：无罪的人。

⑦三军：古代军队的统称。　狱犴（àn）：监狱。　治：治理，管理。

⑧嫚：同“慢”，这里是松弛的意思。　谨：严厉。　贼：残害。嫚令谨诛，贼也：法令松弛，而刑杀很严，是残害的行为。　生：生长。时：时节，时限。　敛：征收赋税。　敛也无时：征收赋税没有限度。暴：残暴。　责：要求。　虐：虐待。

⑨已：止，停止。　三者：指“贼”、“暴”、“虐”。　即：成，用。

⑩这句意思是：“即使是正当的刑杀，也不要立即执行，我只是说，自己没有慎重地处理好事情。”（见《尚书·康诰》）

⑪言先教也：这就是说应该先实行教育。

故先王既陈之以道，上先服之①。若不可，尚贤以綦之；若不可，废不能以单之②。綦三年而百姓从风矣③。邪民不从，然后俟之以刑，则民知罪矣④。《诗》曰：“尹氏大师，维周之氐，秉国之均，四方是维，天子是庳，卑民不迷⑤。”是以威厉而不试，刑错而不用，此之谓也⑥。

①陈：陈述。　道：指治国的原则。　上：指君主。　服：实行。　之：代词，指“道”。

②若不可：如果不能实行。下同。　綦：通“惎”（jì），劝教。　之：代词，指君主。　尚贤以綦之：推崇贤人来劝教君主。　不能：没有才能的人。　单：通“惮”，警惧。

③綦:最。　綦三年:最多不过三年。　从:顺从。下同。　风:指教化。　綦三年而百姓从风矣:原为"綦三年而百姓往矣",据《太平御览》引文改。

④俟(sì):对待。　之:代词,指"邪民"。　知:知道。

⑤尹氏大师:百官之长,指宰相。　氐:本。　秉:掌握。　均:通"钧",大权。　庳(pí):辅助。　卑:通"俾",使。　这几句诗的意思是:"尹氏大师,周朝的根基,掌握着国家大权,全天下靠他维持,天子靠他辅助,他能使人民不迷惑。"(见《诗经·小雅·节南山》)

⑥试:用。　是以威厉而不试:因此威力虽然厉害,但可以不用。错:通"措",搁置。　刑错:刑具搁置,即不用刑罚。

今之世则不然,乱其教,繁其刑,其民迷惑而堕焉,则从而制之,是以刑弥繁而邪不胜①。三尺之岸而虚车不能登也,百仞之山任负车登焉,何则?陵迟故也②,数仞之墙而民不逾也,百仞之山而竖子冯而游焉,陵迟故也③。今夫世之陵迟亦久矣,而能使民勿逾乎④!《诗》曰:"周道如砥,其直如矢。君子所履,小人所视。眷焉顾之,潸焉出涕⑤。"岂不哀哉!

①教:教化。　繁:多。　堕:堕落。　从:随。　制:制裁。　则从而制之:于是跟着加以制裁。　弥:更。　邪不胜:邪不能被战胜。

②岸:陡壁。　三尺之岸:三尺高的陡坡。　虚车:空车。　仞:古时八尺或七尺叫仞。　百仞之山:形容山很高。　任负车:重载的车。　何则:为什么。　陵迟:逐渐由低向高的缓坡。

③逾:同"踰",越过。　竖子:小孩。　冯(píng):登。　游:游玩。

④陵迟:这里指政令教化松弛而刑罚繁多的状况。 逾:这里指犯法。

⑤砥:磨刀石,这里比喻平直。 眷:留恋。 潸(shān):落泪的样子。 出涕:流泪。 这几句诗的意思是:“大道像磨刀石一样平直,笔直地好似箭杆。这是君子所走的道路,小人所注视的方向。现在留恋地回头去看那平直的大道已经陵迟了,不觉眼泪刷刷地往下流。”(见《诗经·小雅·大车》)

《诗》曰:“瞻彼日月,悠悠我思。道之云远,曷云能来①。”子曰:“伊稽首不其有来乎②?”

①曷(hé):怎么。 这几句诗的意思是:“仰望着那明亮的日月,我的思虑重重不绝,道路是那样的遥远,他又怎么能来。”(见《诗经·邶风·雄雉》)

②子:指孔子。 伊:语助词。 稽首:古代一种跪拜礼,这里指施行教化。一说“稽首”当作“稽道”,即同道,与民同道。 伊稽首不其有来乎:意思是,如果施行教化,人们就会归向,即使道路很远,他们能不来吗?

孔子观于东流之水。子贡问于孔子曰:“君子之所以见大水必观焉者,是何?”孔子曰:“夫水,遍与诸生而无为也,似德①。其流也埤下,裾拘必循其理,似义②。其洸洸乎不淈尽,似道③。若有决行之,其应佚若声响,其赴百仞之谷不惧,似勇④。主量必平,似法⑤。盈不求概,似正⑥。

淖约微达，似察⑦。以出以入，以就鲜絜，似善化⑧。其万折也必东，似志⑨。是故君子见大水必观焉。”

①遍：普及。“遍”上原衍“大”字，据《初学记》引文删。　诸生：各种生物。　无为：没有目的，这里指不是为了自己的目的。　似德：指水普育各种生物，而不为自己的目的，同有高尚的道德一样。

②埤(bēi)：通“卑”，低下，这里指水向下。　裾：通“倨”，曲折。拘(gōu)：通“勾”，曲。　裾拘：水流曲折的样子。　理：规律。

③洸洸(guāng)：水流汹涌的样子。　淈(gǔ)尽：竭尽。　道：根本的原则。

④决行：打开堤岸，使水流通。　应：随顺。　佚(yì)：通“逸”，奔腾。　若：像，如。　若有决行之，其应佚若声响：如果决破堤岸，使水流通，水就会奔腾而流，好像回响应声而起一样。　赴：行，这里指水流往山谷。　百仞：高，深。　谷：山谷，两山之间的深渊。

⑤主量必平：用水衡量地平，必定是平的。　法：法度。

⑥盈：满。　概：古代量谷物时刮平斗斛(hú)的器具。　盈不求概：水盛满了，用不着拿“概”去刮平。

⑦淖(chuò)：同“绰”。　淖约：柔弱。　微：细小。　淖约微达：形容水柔弱而无处不到。　察：明察。

⑧絜(jié)：同“洁”。　这句意思是：万物经过水的反复冲洗之后，必然鲜美、洁净，水就好像善于教化一样。

⑨万折：很多的周折。　必东：必然向东流。　志：意志。

孔子曰：“吾有耻也，吾有鄙也，吾有殆也①。幼不能强学，老无以教之，吾耻之②。去其故乡，事君而达，卒遇故人，曾无旧言，吾鄙之③。与小人处者，吾殆之也④。”

①这句意思是：孔子说：“我有认为是耻辱的事，我有认为是卑鄙的事，我有认为是危险的事。”

②强学：勤奋地学习。　教：传授知识、技能。

③去：离开。　其：代词，指自己。　事君而达：侍奉君主而获得显要的地位。　卒：突然。　故人：过去的朋友。　曾：竟然。下同。　旧言：表示过去友谊的话。

④处：相处。

孔子曰：“如垤而进，吾与之；如丘而止，吾已矣①。”今学曾未如肬赘，则具然欲为人师②。

①垤（dié）：蚂蚁做窝时堆在穴口的小土堆。　与：赞许。　之：代词，他。　丘：丘陵。　已：止，停止。　这句意思是：学习的人如果像堆小土堆一样，不断地有进展，我就赞同他；如果像成形的丘陵一样，有一点知识就不再进步，我就不赞同他。

②未如：不如。　肬（yóu）：同“疣”，俗称“瘊子”。　肬赘：肉瘤，这里形容学得很少，而且还是些多余无用的东西。　具：完备。　具然：自满自足的样子。　欲：想。　人师：别人的老师。

孔子南适楚，厄于陈、蔡之间，七日不火食，藜羹不糂，弟子皆有饥色①。子路进问之曰：“由闻之：为善者天报之以福，为不善者天报之以祸。今夫子累德、积义、怀美，行之日久矣，奚居之隐也②？”孔子曰：“由不识，吾语女。女以知者为必用邪？王子比干不见剖心乎③！女以忠者为必用邪？关龙逄不见刑乎④！女以谏者为必用邪？吴子胥不磔姑苏东门外乎⑤！夫遇不遇者，时也；贤不肖者，材也；君子博学深谋不遇时者多矣⑥！由是观之，不遇世者众矣！何独丘也哉⑦？"且夫芷兰生于深林，非以无人而不芳⑧。君子之学，非为通也，为穷而不困，忧而意不衰也，知祸福终始而心不惑也⑨。夫贤不肖者，材也；为不为者，人也；遇不遇者，时也；死生者，命也⑩。今有其人不遇其时，虽贤，其能行乎？苟遇其时，何难之有？故君子博学、深谋、修身、端行以俟其时⑪。孔子曰："由！居！吾语女。昔晋公子重耳霸心生于曹，越王句践霸心生于会稽，齐桓公小白霸心生于莒⑫。故居不隐者思不远，身不佚者志不广⑬。女庸安知吾不得之桑落之下⑭！"

①适：往。 楚：楚国，今湖北、湖南、江西及河南省南部一带。 厄(è)：困。 陈：陈国，今河南开封以东，安徽亳(bó)县以北。 蔡：蔡国，今安徽省凤台县一带。 火食：用火煮熟的食物。 藜(lí)：一种能吃的野菜。 羹：菜汤。 糂(sǎn)：同"糁"，用米调和菜汤。藜羹不糂：野菜汤里连米粒都没有。

②报：报答。 累德：积累道德。 积义：积习礼义。 怀美：具有各种美德。 奚：为什么。 居：处在。 隐：穷困。 奚居之隐也：为什么处于这样穷困的地步呢？

③识：知道。 知：通"智"。 用：任用。下同。 邪：通"耶"，"吗"的意思。下同。 女以知者为必用邪：你以为有才智的人必然会

得到重用吗？　见：被。下同。

④关龙逢：夏朝末年人，是桀的大臣，因规劝桀，被桀杀死。

⑤谏：规劝。　吴：吴国，在今浙江、江苏一带。　子胥：即伍子胥，春秋时楚国人，后跑到吴国，因反对吴王夫差同越讲和，被吴王迫令自杀。死后吴王又将其尸体扔到江里。　磔（zhé）：一种刑罚，即分裂肢体。　姑苏：地名，今江苏省苏州。

⑥遇：这里指被重用。　不遇：不被重用。　时：时机。　不肖：不贤，不好。　材：通“才”。　不遇时：碰不到时机。下同。

⑦由是观之：由此看来。　众：多。　丘：孔子。

⑧芷（zhǐ）兰：都是香草名。　芳：芳香。

⑨通：通达，官位显赫。　终始：指死生。　这句意思是：君子学习不是为了做大官，为的是能做到虽然困穷而不至于束手无策，虽然遇到忧患而意志不衰退，了解到祸福死生而思想上不动摇。

⑩为不为：做不做。

⑪行：施展。　其能行乎：他能施展吗？　苟：如果。　何难之有：有什么困难呢？　端行：端正自己的行为。　俟（sì）：等待。

⑫晋：晋国，在今山西省与河北省南部。　重耳：即晋文公，春秋五霸之一。　曹：曹国，在今山东省定陶县西北一带。这里是指晋文公在外流亡时，曾路经曹国，曹国国君对他很不礼貌，因此激怒晋文公，产生霸心，并发奋图强，最后终于成就了霸业一事。　句：同“勾”。句践：春秋越国国君。越国在今浙江一带。　会稽（jī）：山名，即会稽山，在今浙江绍兴。这里是指越王句践被吴王打败，困于会稽山，后任用范蠡，“卧薪尝胆”二十年，终于成就了霸业一事。　小白：即齐桓公。　莒（jǔ）：国名，在今山东莒县一带。这里是指齐桓公即位前，曾逃亡到莒国，受到无礼的待遇，归国后继位，任用管仲，很快成就了霸

业一事。

⑬居:处。 佚(yì):通“逸”,失,这里指流亡。

⑭女庸安知:你怎么知道。 桑落:指知遇之地。据记载,尧曾经于桑阳之下将天下授予舜,后“桑落”常被用于表示为人赏识的知遇之地。一说,“桑落”是形容穷困不得志的状况。 这句意思是:你怎么知道我将来不会有被人赏识的机遇呢!

子贡观于鲁庙之北堂,出而问于孔子曰:“乡者,赐观于太庙之北堂,吾亦未辍,还复瞻彼北盖皆继,彼有说邪?匠过绝邪①?”孔子曰:“太庙之堂亦尝有说,官致良工,因丽节文,非无良材也,盖曰贵文也②。”

①乡者:刚才。 赐:姓端木,名赐,字子贡,孔子的学生。 太庙:君主祭祀祖先的地方。 辍(chuò):停止。 复瞻:再观看。 彼:它,指太庙的北堂。原为“被”,据文义改。下文“彼有说邪”的“彼”同。 北:原为“九”,据文义改。 盖:通“盍”(hé),门扇。 皆继:都是一块块木头拼接起来的。 彼有说邪:这里有什么说法呢。 匠:木匠。 过:过失。 绝:断。 匠过绝邪:这是因为木匠的过失而弄断的吗?

②尝:通“当”。 官:指监造太庙的官。 良工:指有高超技术的工匠。 官致良工:监造官把技术高超的工匠都找来。 丽:施,加工。 节文:装饰,文彩。 因丽节文:根据木材加以装饰成文彩。 良材:最好的木材。 盖:语助词。 贵:重视。 文:文彩。 盖曰贵文也:这叫做重视文彩吧!

二十九　子　道

【说明】本篇通过叙述孔子及其弟子的一些言行，简要阐明了儒家在身行、志意、言语上的道德追求。身行上，儒家以孝悌为本，尽孝之时，应做到身敬、辞逊、色顺，但“从道不从君，从义不从父”才是人之大行。志意上，孔子志以礼安，即使在私下场合、师徒问答之际仍不曾有所失礼，如不回答子路关于“鲁大夫练而床”的疑问，因为“礼，居是邑不非其大夫”。言语上，言为心声，内心知与不知非是一类，不能混淆，故“君子知之曰知之，不知曰不知，言之要也”。故身有大行，志以礼安，言以类使，“则儒道毕矣”，既知且仁而无忧。

入孝出弟，人之小行也[①]。上顺下笃，人之中行也[②]。从道不从君，从义不从父，人之大行也。若夫志以礼安，言以类使，则儒道毕矣，虽舜不能加毫末于是矣[③]。

①弟:同“悌”。 入孝出弟:到家孝敬父母,出外尊敬年长的人。 行:德行。

②笃(dǔ):忠实,诚恳。 上顺下笃:对上顺从,对下诚恳。

③夫:语气词。 志:志向。 类:统类,指礼义。 使:用,推论。元刻本作“接”。 这句意思是:如果习惯于用礼义约束自己思想,说话按照礼义来推论,这样儒道就完备了,即使舜也不能比这更高明了。

孝子所以不从命有三:从命则亲危,不从命则亲安,孝子不从命乃衷①;从命则亲辱,不从命则亲荣,孝子不从命乃义;从命则禽兽,不从命则修饰,孝子不从命乃敬②。故可以从而不从,是不子也;未可以从而从,是不衷也;明于从不从之义,而能致恭敬、忠信、端悫以慎行之,则可谓大孝矣③。传曰:“从道不从君,从义不从父。”此之谓也。故劳苦雕萃而能无失其敬,灾祸患难而能无失其义,则不幸不顺见恶,而能无失其爱,非仁人莫能行④。《诗》曰:“孝子不匮⑤。”此之谓也。

①亲:指父母。 危:危险。 安:平安。 衷:通“忠”。

②从命则禽兽:服从命令,就会使自己的行为像禽兽一样。 饰:同“饬”。 修饰:合乎礼义。

③不子:不是做儿子应有的态度。 明于从不从之义:了解服从和不服从的道理。 端悫(què):诚实。

④萃(cuì):通“悴”。 雕萃:形容非常疲乏。 故劳苦雕萃而能

无失其敬：因此在疲乏劳累时也能不失掉对父母的恭敬。　则：即使。　恶（wù）：厌恶。　则不幸不顺见恶：即使不幸遇到父母对自己不顺心，而被他们所厌恶的时候。

⑤匮（kuì）：尽，完结。　孝子不匮：孝子尽孝没有到头的时候。（见《诗经·大雅·既醉》）

鲁哀公问于孔子曰："子从父命，孝乎？臣从君命，贞乎？"三问，孔子不对①。孔子趋出，以语子贡曰："乡者，君问丘也，曰：'子从父命，孝乎？臣从君命，贞乎？'三问而丘不对，赐以为何如②？"子贡曰："子从父命，孝矣；臣从君命，贞矣。夫子有奚对焉③？"孔子曰："小人哉，赐不识也④。昔万乘之国有争臣四人，则封疆不削；千乘之国有争臣三人，则社稷不危；百乘之家有争臣二人，则宗庙不毁⑤。父有争子，不行无礼，士有争友，不为不义。故子从父，奚子孝？臣从君，奚臣贞？审其所以从之之谓孝，之谓贞也⑥。"

①鲁哀公：春秋末鲁国国君。　贞：忠诚，坚定。　不对：不回答。

②趋出：快步走出。　语：告诉。　子贡：孔子的学生，姓端木，名赐。　乡：同"向"，刚才。

③夫子：指孔子。　有：通"又"。　夫子有奚对焉：你还有什么说的呢？

④识：懂，知道。

⑤昔：过去，从前。　乘（shèng）：古代四马拉一车叫乘。　万乘：

指大的诸侯国。 争:同“诤”,规劝,使之改正错误。 削:减少。 则封疆不削:疆界牢固不受侵犯。 社稷(jì):古代指国家。 宗庙:祭祀祖先的地方,象征政权。

⑥奚子孝:怎么能说儿子孝呢? 审:审察。 审其所以从之之谓孝,之谓贞也:要看在什么样的情况下服从,才算孝和忠贞。

子路问于孔子曰:“有人于此,夙兴夜寐,耕耘树艺,手足胼胝以养其亲,然而无孝之名,何也①?”孔子曰:“意者身不敬与?辞不逊与?色不顺与②?古之人有言曰:衣与缪与不女聊③。今夙兴夜寐,耕耘树艺,手足胼胝以养其亲,无此三者,则何为而无孝之名也,意者所友非仁人邪④?”孔子曰:“由志之,吾语女,虽有国士之力不能自举其身,非无力也,势不可也⑤。故入而行不修,身之罪也;出而名不章,友之过也⑥。故君子入则笃行,出则友贤,何为而无孝之名也?”

①子路:孔子的弟子,姓仲,名由,又叫季路。 夙(sù)兴夜寐:早起晚睡。 树:种植。 艺:播种。 耕耘树艺:耕地除草,种植庄稼。 手足胼胝(pián zhī):手掌和脚底都磨出了老茧。

②意者:猜想。 与:同“欤”,语助词,表示疑问。 这句意思是:孔子说:“我猜想可能是他态度不恭敬吧?说话不谦逊吧?脸色不温和吧?”

③缪(móu):绸缪,指准备。 女:同“汝”,你。 聊:依赖。 这句意思是:给我衣服穿,什么都给我准备好,但对我不恭敬,我还是不

能依赖你。

④无此三者,则何为而无孝之名也:没有上面这三种情况的(指身不敬与,辞不逊与,色不顺与),为什么还没有孝的名誉呢?“何”下原衍“以”字,据《韩诗外传》引文删。　意者所友非仁人邪:我想大概是他所交的朋友不是仁人吧。这八字原脱,据上下文义和《韩诗外传》引文补。

⑤志:记住。　虽有国士之力不能自举其身:虽然有举国闻名的勇士那么大的气力,但不能把自己举起来。　势:形势。　势不可也:形势是不可能的。

⑥入而行不修:回到家里行为不端正。　章:同“彰”,显著。　出而名不章:出外做官名望不显著。　友之过也:朋友的过错。

子路问于孔子曰:“鲁大夫练而床,礼邪①?”孔子曰:“吾不知也。”子路出,谓子贡曰:“吾以夫子为无所不知,夫子徒有所不知②。”子贡曰:“女何问哉?”子路曰:“由问鲁大夫练而床,礼邪?夫子曰:‘吾不知也。’”子贡曰:“吾将为女问之。”子贡问曰:“练而床,礼邪?”孔子曰:“非礼也。”子贡出,谓子路曰:“女谓夫子为有所不知乎?夫子徒无所不知,女问非也③。礼,居是邑不非其大夫④。”

①练:柔软洁白的布帛。古时父母死后二十七个月为服练期,身上披一条白布,在这期间不得睡床。　练而床,礼邪:服练时睡床,合乎礼吗?

②谓:说,告诉。　徒:乃,却。

③女问非也:你问的不对。

④邑:城。　这句意思是:按照礼的规定,住在大夫管的地方,不要说他的不是。

子路盛服见孔子,孔子曰:"由,是裾裾何也①? 昔者江出于岷山,其始出也,其源可以滥觞,及其至江之津也,不放舟,不避风,则不可涉也,非维下流水多邪②! 今女衣服既盛,颜色充盈,天下且孰肯谏女矣③!"子路趋而出,改服而入,盖犹若也④。孔子曰:"由志之,吾语女,慎于言者不华,慎于行者不伐,色知而有能者,小人也⑤。故君子知之曰知之,不知曰不知,言之要也;能之曰能之,不能曰不能,行之至也。言要则知,行至则仁⑥。既知且仁,夫恶有不足矣哉⑦!"

①裾裾(jū):形容衣服穿得很华丽。

②江:古指长江。　岷山:即岷山,在今四川省西北部。觞(shāng):喝酒的器具。　滥觞:指江河发源处,形容水流很小,只能浮起酒杯。　津:渡口,这里指水大的地方。　放舟:同"方舟",指两船并在一起。　维:同"唯",就是。

③颜色充盈:脸色得意洋洋。　孰:谁。

④盖:虚词。　若:顺从。　盖犹若也:表示顺从。

⑤由志之:由,你记住。"由"字原在"子路趋而出"上,据文义和《韩诗外传》引文改。　华:同"哗"。　伐:自夸。　慎于言者不华,慎于行者不伐:说话谨慎的人不随便讲话,行动谨慎的人不夸耀自己。两"慎"字原为"奋",两"者"字下原均脱"不"字,据文义和《韩诗外传》

引文改、补。 色知而有能者:把智慧都表现在脸上而自以为有能力的人。

⑥要:要领。 知:同“智”。

⑦恶:哪里。 这句意思是:行动做到了“智”和“仁”,哪里还有不足的地方。

子路入。子曰:“由,知者若何?仁者若何①?”子路对曰:“知者使人知己,仁者使人爱己。”子曰:“可谓士矣。”子贡入。子曰:“赐,知者若何?仁者若何?”子贡对曰:“知者知人,仁者爱人。”子曰:“可谓士君子矣。”颜渊入。子曰:“回,知者若何?仁者若何?”颜渊对曰:“知者自知,仁者自爱。”子曰:“可谓明君子矣②。”

①这句意思是:子路进来,孔子问道:“由,你说智者应当怎样,仁者应当怎样?”

②明君子:这同上文讲的“士”和“士君子”是指三种不同程度的思想道德水平的人。明君子高于士君子,士君子高于士。

子路问于孔子曰:“君子亦有忧乎①?”孔子曰:“君子,其未得也,则乐其意;既已得之,又乐其治②。是以有终身之乐,无一日之忧。小人者,其未得也,则忧不得;既已得之,又恐失之。是以有终身之忧,无一日之乐也。”

①亦:也。

②意:意志,思想,指能很好地自我修养。 治:治理,指能很好地

治理。　这句意思是：孔子说，君子在没有得到职位时，以自己能很好地修养而感到快乐；既得到职位后，又以自己能很好地去治理而感到快乐。

三十 法 行

【说明】“圣人莫能加于礼”，本篇通过汇编孔子及其弟子的一些言语，集中揭示了礼的精神是反求诸己，注重内在修养。凡事需从自身找原因，不怨天尤人，不外逐利欲，要像玉一样有德行。在待人接物上，不论是有所取，还是有所施，有问题时都要反省自己，躬行恕道，勤勉不息。

公输不能加于绳墨，圣人莫能加于礼①。礼者，众人法而不知，圣人法而知之②。

①公输：春秋时鲁国著名的木匠，姓公输，名般，传说中又叫鲁班。　加于：超越。　绳墨：木匠用来测定曲直的工具。“墨”字原缺，据文义补。　这句意思是：公输般辨别曲直的能力不能超越绳墨，圣人的言行不能超越礼。

②法：效法。　这句意思是：礼，普通人能够按照它去做，但不能够认识它的道理，圣人既能按照它去做，又能认识它的道理。

曾子曰：“无内人之疏而外人之亲，无身不善而怨人，无刑已至而呼天①。内人之疏而外人之亲，不亦反乎②！身不善而怨人，不亦远乎③！刑已至而呼天，不亦晚乎！《诗》曰：‘涓涓源水，不雝不塞。毂已破碎，乃大其辐。事已败矣，乃重大息。其云益乎④！’”

①无：同“勿”，不要。下同。　内人：指本家族的人。　无刑已至而呼天：不要等遭到刑法时才去求天。

②不亦反乎：原为“不亦远乎”，据《韩诗外传》引文改。

③不亦远乎：原为“不亦反乎”，据《韩诗外传》引文改。

④涓涓：形容水流很小。　雝（yōng）：同“壅”，堵塞。　毂（gǔ）：车轮中心穿轴的部分。　辐（fú）：连结毂和车轮外围的直木。　大其辐：加大轮辐。　重（chóng）：反复。　大息：同“太息”，叹息。　云：说，指上述多种说法。　益：有利，有用。　这几句诗的意思是：“水流很小的时候，不去堵塞；毂已经破碎了，才去加大轮辐；事情已经失败了，才反复叹息。这样有什么用呢？”引诗已失传。

曾子病，曾元持足①。曾子曰：“元，志之②！吾语汝。夫鱼鳖鼋鼍犹以渊为浅而堀其中，鹰鸢犹以山为卑而增巢其上，及其得也必以饵③。故君子苟能无以利害义，则耻辱亦无由至矣④。”

①曾元：曾参的儿子。　持足：抱脚。

②志之：记住。

③鼋（yuán）：大鳖。　鼍（tuó）：鳄鱼的一种，俗称猪婆龙。堀（kū）：同“窟”，洞穴。　鸢（yuān）：鹰的一种。　卑：低、下。　增

巢:同“橧巢”,用树枝做成的巢。 增巢其上:在山中树上垒窝。 饵:诱饵,食物。 及其得也必以饵:它们被捉住,一定是由于食物的引诱。

④苟:假如。 这句意思是:如果君子能不因贪图利而损害义,那么耻辱也就不会到来了。

子贡问于孔子曰:“君子所以贵玉而贱珉者,何也①?为夫玉之少而珉之多邪!”孔子曰:“恶!赐!是何言也②!夫君子岂多而贱之,少而贵之哉!夫玉者,君子比德焉③。温润而泽,仁也④;栗而理,知也⑤;坚刚而不屈,义也⑥;廉而不刿,行也⑦;折而不挠,勇也⑧;瑕适并见,情也⑨;扣之,其声清扬而远闻,其止辍然,辞也⑩;故虽有珉之雕雕,不若玉之章章⑪。《诗》曰:‘言念君子,温其如玉⑫。’此之谓也。”

①珉(mín):像玉的石头。

②恶(wū):叹词,表示不赞成。 是何言也:这是什么话。

③比:比喻。 这句意思是:君子用玉来比喻道德品行。

④这句意思是:玉柔滑而有光泽,好比君子的仁。

⑤栗(lì)而理:坚实而有条文。 知:同“智”。

⑥坚刚而不屈:坚固刚硬而不弯曲。

⑦廉:棱角。 刿(guì):刺伤。 廉而不刿:有棱角而不伤人。 行:德行。

⑧挠:弯曲。

⑨瑕:玉上的斑点。 适:善,美好。 这句意思是:玉上的斑点

和美好的地方，都同时表现出来，好比君子的诚实。

⑩扣：敲击。　辍(chuò)然：声音突然停止。　辞：言辞。

⑪雕雕：指刻出的花纹。　章章：明显，这里指发亮的样子。　这句意思是：石头雕成花纹，不如玉的本来光亮。

⑫这两句诗的意思是："常说君子的性情温和像玉一样。"(见《诗经·秦风·小戎》)

曾子曰："同游而不见爱者，吾必不仁也①；交而不见敬者，吾必不长也②；临财而不见信者，吾必不信也③。三者在身曷怨人④！怨人者穷，怨天者无识⑤。失之己而反诸人，岂不亦迂哉⑥？"

①同游：在一起学习。　见：被。　这句意思是：曾子说："和别人在一起学习而不被人友爱的，一定是自己对人还不仁。"

②交：结交人。　长(zhǎng)：这里指尊敬别人。　这句意思是：和别人结交而不被人尊敬的，一定是自己对人还不尊敬。

③这句意思是：遇到办理有关钱财的事，而得不到别人的信任，一定是自己对人还不讲信用。

④曷：何，怎么。

⑤这句意思是：自己不努力，只是埋怨别人，说明自己没有办法；埋怨老天，说明自己没有见识。

⑥反：求。　迂：迂腐。

南郭惠子问于子贡曰："夫子之门何其杂也①？"子贡曰："君子正身以俟，欲来者不距，欲去者不止②。且夫良医之门多病人，檃栝之侧多枉木，是以杂也[3]。”

①南郭惠子：姓南郭，名不详。惠子是他死后别人赠给他的谥号。杂：指来的人十分繁杂。

②正身：端正品行。　俟(sì)：等待。　距：同“拒”。　止：阻止。

③檃栝(yǐn kuò)：矫正弯曲木料的工具。　枉木：弯曲的木料。

孔子曰：“君子有三恕：有君不能事，有臣而求其使，非恕也[1]；有亲不能报，有子而求其孝，非恕也[2]；有兄不能敬，有弟而求其听令，非恕也。士明于此三恕，则可以端身矣[3]！”

①恕(shù)：原谅。　不能事：不去很好地侍奉。　求其使：希望他听使唤。

②亲：指父母。　报：报答。

③端身：端正品行。

孔子曰：“君子有三思，而不可不思也：少而不学，长无能也[1]；老而不教，死无思也[2]；有而不施，穷无与也[3]。是故君子少思长，则学；老思死，则教；有思穷，则施也。”

①少：年少，指少年时期。

②死无思：死后无人思念。

③施：赠给别人东西。　与：助。　有而不施，穷无与也：富有时不赠给别人东西，到穷时别人也不会帮助你。

三十一　哀　公

【说明】本篇通过鲁哀公与孔子、鲁定公与颜渊的对话，说明人君以礼治国在用人上的原则和方法。论士取人，不但要看其外在的礼仪形式，更要看其本身的德能。根据人的德能大小，可将人分为五等，人君应认识到人才的这些等次。

以礼治国，须知为政者自身才是治国的根本。不能只知追求衣冠等外在形式，而不知加强自身修养。要知忧知惧，知治国之不易，再注重礼仪形式才有意义。只有注重自身修养，才能懂得在取人用人时，要“任计不信怒”，善用人之才而不穷尽人之力。

鲁哀公问于孔子曰：“吾欲论吾国之士与之治国，敢问何如取之邪①？”孔子对曰：“生今之世，志古之道；居今之俗，服古之服；舍此而为非者，不亦鲜乎②？”哀公曰：“然则夫章甫、絇屦、绅带而搢笏者此贤乎③？”孔子对曰：“不必然，夫端衣、玄裳、絻而乘路者，志不在于食荤；斩衰、菅屦、杖而啜粥者，志不在于酒肉④。生今之世，志古之道，居今之俗，服古之服，舍此而为非者，虽有，不亦鲜乎！”哀公曰："善！”

①鲁哀公：春秋末鲁国国君。　论：选择。　士：这里指有才能的人。　敢问：请问。　取：选择。　邪：通“耶”，呢。　这句意思是：鲁哀公问孔子：“我想选择我国中有才能的人和他们一起治理国家，请问，怎样去选择呢？”

②志：同“誌”，记识。　服古之服：穿着古代人穿的衣服。　舍：处，居。　此：代词，指“生今之世，志古之道；居今之俗，服古之服”这种行为。　鲜：少。　舍此而为非者，不亦鲜乎：意思是，处于上述行为而去做坏事的，这样的人不是太少了吗？

③章甫：商代的一种帽子。　絇屦（qú jù）：古代的一种鞋。　绅带：腰带。“带”字原脱，据《大戴礼记》补。　搢（jìn）：插。　笏（hù）：古代大臣上朝时拿的手板。　此：这。一说当作“比”，皆的意思。这句意思是：哀公说：“那么，穿着那些古代服装的人，都是贤人吗？”

④不必然：不一定。　端衣、玄裳：古代祭祀时所穿的礼服。　絻（miǎn）：同“冕”，古代大夫以上所戴的礼帽，这里泛指戴着礼帽的意思。　路：大路，古代祭天时君主乘坐的车。　荤：荤菜。　斩衰（cuī）：古代用麻布做的、不镶边的丧服。　菅（jiān）屦：草鞋。　啜（chuò）：吃。　这句意思是：穿着古代那些服装的人，不一定都是贤人，但祭祀时穿礼服的人就会有严肃的心情而不想吃荤，办丧事时穿丧服的人就会有悲哀的心情而不想酒肉。

孔子曰："人有五仪：有庸人、有士、有君子、有贤人、有大圣①。"哀公曰："敢问何如斯可谓庸人矣②？"孔子对曰："所谓庸人者，口不能道善言，心不知邑邑，不知选贤人善士托其身焉以为己忧，动行不知所务，止立不知所定，日选择于物，不知所贵，从物如流，不知所归，五凿为正，心从而坏，如此则可谓庸人矣③。"哀公曰："善！敢问何如斯可谓士矣？"孔子对曰："所谓士者，虽不能尽道术，必有率也，虽不能遍美善，必有处也④。是故知不务多，务审其所知⑤；言不务多，务审其所谓⑥；行不务多，务审其所由⑦。故知既已知之矣，言既已谓之矣，行既已由之矣，则若性命肌肤之不可易也⑧。故富贵不足以益也，卑贱不足以损也，如此则可谓士矣⑨。"哀公曰："善！敢问何如斯可谓之君子矣？"孔子对曰："所谓君子者，言忠信而心不德⑩。仁义在身而色不伐，思虑明通而辞不争，故犹然如将可及者，君子也⑪。"哀公曰："善！敢问何如斯可谓贤人矣？"孔子对曰："所谓贤人者，行中规绳而不伤于本，言足法于天下而不伤于身，富有天下而无怨财，布施天下而不病贫，如此则可谓贤人矣⑫。"哀公曰："善！敢问何如斯可谓大圣矣？"孔子对曰："所谓大圣者，知通乎大道，应变而不穷，辨乎万物之情性者也⑬。大道者，所以变化遂成万物也；情性者，所以理然不取舍也⑭。是故其事大辨乎天地，明察乎日月，总要万物于风雨，缪缪肫肫，其事不可循，若天之嗣，其事不可识，百姓浅然不识其邻，若此则可谓大圣矣⑮。”哀公曰：“善！”

①仪：仪态、仪表。　庸人：指平常而又没有智慧的人。　大圣：至圣，具有最高智慧和品德的人。

②斯：则，就。　这句意思是：哀公说：“请问什么样的人可以叫做庸人呢？”

③邑邑（yì）：同“悒悒”，愁闷不安。原为“色色”，据文义和《大戴礼记》改。　为：瘉（yù）也，即痊愈。　忧：忧虑。　动：原为“勤”，据《韩诗外传》等改。　立：原为“交”，据《韩诗外传》等改。　从：跟随。　五凿：指眼、耳、鼻、舌、身五官。　正：同“政”，主宰。　五凿为正：以五官为主宰，指只追求物质享受。　这句意思是：孔子回答说：“所谓庸人，嘴里说不出好话，心里也不知道忧愁，不知道用心考虑选择贤人善士作为依靠以解除自己的忧虑，活动时不知道要干什么，静止时不知道以什么为标准，整天在各种事物中东挑西择，也不知道哪个是最重要的，完全被外物所引诱，不知道正当的归宿在哪里，只追求物质享受，思想从而也就变坏，这样的人可叫做庸人了。”

④尽：完全。　道术：治理国家的原则和方法。　率（shuài）：遵循。　遍：完全。　有处：有所坚持。　这句意思是：所谓士人，虽然不能完全精通治国的原则和方法，但必定是有所遵循的，虽然不能做到十全十美，但必定是有所坚持的。

⑤务：求。　这句意思是：所以，知识不求多，但一定要审察他所认识的是否正确。

⑥谓：指说的话。　这句意思是：话不在于说得多，而要看他说的正确与否。

⑦由:经过,这里指所作所为。

⑧这句意思是:所以,你要知道的已经知道了,你要说的话也已经说了,你所要做的已经做了,那么就要像保护自己的生命和体肤一样,不可轻易地改变。

⑨益:增加。 损:减少。这里都有改变的意思。

⑩这句意思是:孔子回答说:"所谓君子,就是说话忠诚守信,但却不自认为有德行。"

⑪色:脸色。 伐:自夸。 辞:言辞。 不争:不争辩。 犹然:缓慢的样子。 故犹然如将可及者:态度缓慢,别人都可赶得上,比喻说好像自己没有比别人突出的地方。

⑫中:符合。 规绳:规矩准绳,这里指礼义。 本:本身。 怨:通"蕴",积。 怨财:指积累私财。 病:害怕,担心。 这句意思是:所谓贤人,就是行为完全符合礼义法度,言论足以为天下的表率,而又不至于伤害自己,广有天下的财富,但没有不义之财,把财产施舍给天下的老百姓,而又不担心自己贫困,这样的人可叫做贤人了。

⑬辨:分辨。 这句意思是:所谓大圣,就是能精通根本道理,能顺应无穷的变化,能辨别万物的情性的人。

⑭遂:就。 不:同"否"。 然不:是或非。 这句意思是:大道,是一切事物变化和形成的根本道理;情性,是判断是非和决定取舍的根据。

⑮辨:通"遍"。 大辨:遍及。 总要:统帅。 于:如,好像。 缪缪(móu):同"穆穆",美好的意思。 肫肫(chún):同"纯纯",精密的意思。 循:抚摩,模仿。 嗣(sì):继续。 邻:近。 这句意思是:所以,圣人做的事情像天地那样广大,对事物的了解像日月那样明亮,他统率万物像风雨滋润万物生长一样,优美而精密,使人不可以模仿,

如同继续天对万物的管理一样，这些事普通人是不能理解的，普通老百姓的见识浅薄，连自己身边的事情都不能认识，怎么能去认识更深的道理呢？所以说，不同一般人的那种人才可以称做圣人。

鲁哀公问舜冠于孔子，孔子不对①。三问，不对。哀公曰："寡人问舜冠于子，何以不言也②？"孔子对曰："古之王者有务而拘领者矣，其政好生而恶杀焉③。是以凤在列树，麟在郊野，乌鹊之巢可俯而窥也④。君不此问，而问舜冠，所以不对也。"

①冠：帽子。　不对：不回答。

②寡人：古代君主的自称。　何以不言：为什么不说。

③务：通"鍪"，古代打仗时用的头盔。　拘：同"句"，曲。　拘领：曲领，相当于现在的围脖。　好(hào)生：喜欢施行恩惠。　恶(wù)杀：厌恶杀人。　这句意思是：古代的圣人穿戴比较简朴，但他们的政治却喜欢施行恩惠而厌恶杀人。

④是以：所以。　列树：树林。　麟：指麒麟。　俯：低头，向下。　窥(kuī)：看的意思。　这句意思是：所以，连各种禽兽都在树林中自由自在而不受侵害。

鲁哀公问于孔子曰："寡人生于深宫之中，长于妇人之手，寡人未尝知哀也，未尝知忧也，未尝知劳也，未尝知惧也，未尝知危也①。"孔子曰："君之所问，圣君之问也，丘，小人也，何足以知之②？"曰："非吾子无所闻之也③。"孔子曰："君入庙门而右，登自胙阶，仰视榱栋，俛见几筵，其器存，其人亡，君以此思哀，则哀将焉而不至矣④！君昧爽而栉冠，平明而听朝，一物不应，乱之端也，君以此思忧，则忧将焉而不至矣⑤！君平明而听朝，日昃而退，诸侯之子孙必有在君之末庭者，君以此思劳，则劳将焉而不至矣⑥！君出鲁之四门以望鲁四郊，亡国之虚则必有数盖焉，君以此思惧，则惧将焉而不至矣⑦！且丘闻之，君者，舟也；庶人者，水也。水则载舟，水则覆舟，君以此思危，则危将焉而不至矣⑧！"

①深宫：国君住的内院。　寡人未尝知哀也：我从来不知道什么悲哀。　劳：劳苦。

②丘：孔子自称。　何足以知之：我哪里能够知道啊。

③吾子：鲁哀公对孔子的称呼。　这句意思是：哀公说："除了你，别人更不知道了。"

④胙（zuò）：通"阼"。　胙阶：大堂前东边的台阶，是主人登堂的地方。　仰视：抬头看。　榱（cuī）：椽子。　栋：房屋的正梁。　榱栋：指屋顶。　俛（fǔ）：同"俯"，低头。　几筵（yán）：摆供品的小桌子。而：通"耐"，能。　君以此思哀，则哀将焉而不至：你如果从祭祀已故的祖先中去思念悲哀，那么，还能没有悲哀的感情吗！

⑤昧爽：黎明。　栉（zhì）冠：梳头戴帽，这里是梳妆打扮的意思。平明：天亮的时候。　听朝：指国君上朝处理政事。　这句意思是：君主在天快亮时就起床梳洗，天亮时就上朝处理政事，如果有一件事情处理得不妥当，就会引起混乱，你从这里想到忧虑，那么，还能没有忧虑的感情吗！

⑥昃(zè):太阳偏西,即傍晚的时候。 末庭:朝堂的远处。 这句意思是:你天亮上朝,傍晚退朝,别国诸侯的子孙一定有逃亡投奔到这里来早晚侍奉你的,如果不能很好地处理政事,你将来也会逃亡投奔到别的国家去侍奉别国君主,你从这里想到处理政事和逃亡投奔的劳苦,那么,还能不知道什么是劳苦吗!

⑦虚:同"墟",废墟。 数盖:数苫,指很多草屋。

⑧且:又,另外。 则:能。 覆:翻。

鲁哀公问孔子曰:"绅、委、章甫有益于仁乎①?"孔子蹴然曰:"君胡然也②!资衰、苴杖者不听乐,非耳不能闻也,服使然也③。黼衣黻裳者不茹荤,非口不能味也,服使然也④。且丘闻之,好肆不守折,长者不为市,察其有益与其无益,君其知之矣⑤。"

①委:周朝时的一种礼服。 这句意思是:鲁哀公问孔子,穿戴着古代的那些服装,对仁有益吗?

②蹴(cù)然:恭恭敬敬的样子。 胡:何,怎么。原为"号",据文义改。 君胡然也:你怎么这样问呢!

③资衰:用熟麻布做的丧衣。 苴(jū)杖:古代在父亲死时用的竹杖。 这句意思是:穿着麻布丧服、拄着竹杖的人不听音乐,并不是他们的耳朵听不见,而是因为服丧使他们必须这样。

④黼(fǔ):指衣服上半白半黑的花纹。 黻(fú):指衣服上半青半黑的花纹。 黼衣黻裳:祭祀时的礼服。 茹:吃。

⑤好肆:善于经营商业。 不守折:不让所保存的财物亏损。长者:有道德的人。 察:原为"窃",据《孔子家语》注说改。 这句意

思是：我又听说过，会做买卖的人是不会让自己亏本的，有德行的人是不去做买卖的，因此，考察这两者哪个有利，哪个无利，你就知道了。

鲁哀公问于孔子曰："请问取人①？"孔子对曰："无取健，无取詌，无取口啍②。健，贪也；詌，乱也；口啍，诞也③。故弓调而后求劲焉，马服而后求良焉，士信悫而后求知能焉④。士不信悫而有多知能，譬之其豺狼也，不可以身尒也⑤。语曰：桓公用其贼，文公用其盗⑥。故明主任计不信怒，闇主信怒不任计⑦。计胜怒则强，怒胜计则亡⑧。"

①取：选择，选用。

②健：指急于进取的人。　詌（gān）：当作"拑"，以势压人。　啍：当作"锐"。　口啍：口锐，能说会道。

③诞：欺诈，狂妄，使人不可信。　这句意思是：急于进取的人，一般都是贪得无厌的；以势压人的人，一般都是要犯上作乱的；能说会道的人，一般都是虚伪荒诞的人。

④故弓调而后求劲焉：所以，弓必须顺手，然后再求其强劲。　服：驯服。　信悫（què）：讲信用又诚实。　知能：才能。

⑤有：同"又"。　尒：同"迩"，近。　这句意思是：一个人如果不守信用，不诚实，虽然有很多才能，那也像豺狼一样，不可以接近。

⑥桓公、文公：指齐桓公、晋文公，春秋时五霸中的两个。　桓公用其贼：借指齐桓公任用管仲。　文公用其盗：借指晋文公任用勃鞮。一说指任用里凫须。

⑦怒：愤怒，这里泛指感情用事。下同。　这句意思是：所以，明智的君主注重策略而不注重感情，昏君是注重感情而不注重策略。

⑧这句意思是:策略胜过感情,那就能强盛;如果感情胜过策略,那就会灭亡。

定公问于颜渊曰:“东野毕之善驭乎①?”颜渊对曰:“善则善矣!虽然,其马将失②。”定公不悦,入谓左右曰:“君子固谗人乎③!”三日而校来谒,曰:“东野毕之马失④。两骖列,两服入厩⑤。”定公越席而起曰:“趋驾召颜渊⑥!”颜渊至。定公曰:“前日寡人问吾子,吾子曰:‘东野毕之驭善则善矣!虽然,其马将失。’不识吾子何以知之⑦?”颜渊对曰:“臣以政知之⑧。昔舜巧于使民,而造父巧于使马⑨。舜不穷其民,造父不穷其马,是以舜无失民,造父无失马也⑩。今东野毕之驭,上车执辔,衔体正矣⑪;步骤驰骋,朝礼毕矣;历险致远,马力尽矣⑫。然犹求马不已,是以知之也⑬。”定公曰:“善!可得少进乎⑭?”颜渊对曰:“臣闻之,鸟穷则啄,兽穷则攫,人穷则诈⑮。自古及今,未有穷其下而能无危者也⑯。”

①定公:鲁定公,春秋末鲁国国君,哀公的父亲。 东野毕:鲁定公时善于驯马驾车的人。“毕”原为“子”,据下文改。 驭:驾车。

②失:逸,逃跑。 这句意思是:颜渊回答说:“好是好,可是他的马快要逃跑了。”

③不悦:不高兴。 谓:告诉。 谗:说别人坏话,诽谤。 君子固谗人乎:君子原来也说人家的坏话啊!

④谒(yè):拜见。 这句意思是:三天以后,养马的官来报告说,

东野毕的马逃跑了。

⑤两骖(cān):指车两旁的套马。 列:同“裂”,指挣断缰绳。厩(jiù):马棚。 这句意思是:车两边的套马挣断缰绳跑掉了,中间驾辕的两匹马回到了马棚。

⑥越席而起:从席子上站起来。 趋驾:赶快套车。

⑦不识:不知道。

⑧政:政事,这里指办事的一般规则。

⑨巧:善于。 造父:传说是周穆王时人,善于赶车。

⑩穷:窘迫,逼到尽头。 是以:所以。“以”原脱,据《太平御览》引文补。

⑪辔(pèi):缰绳。 衔体正矣:马嚼子和马都收拾得合乎规定。

⑫驰骋:奔跑。 朝:通“调”,服习,训练的意思。 朝礼:礼节,这里指训练马的各种要求。 这句意思是:马快慢奔跑熟练,这样训练马的各种要求也就达到了;经历各种险路,达到很远的目的地,马的力量也就充分发挥了。

⑬这句意思是:然而,还要求马跑个不停,我就是根据这个情况判断出来的。

⑭可得少进乎:你还能不能进一步说说呢?

⑮攫(jué):抓取。 诈:奸诈。 这句意思是:颜渊回答说,我听说,鸟急了就会乱啄,兽急了就会乱抓,人没有办法了就必然会欺诈。

⑯这句意思是:从古到今,从来没有使老百姓困穷而君主的政权不遭受危险的。

三十二　尧　问

【说明】本篇是一些历史资料的摘录，大致是按照人物的身份从高到低编排的。人道恶盈而好谦，荀子通过这些历史故事，告诉人们无论是圣天子、显诸侯，还是一般的士，都应以忠信谦恭处世，如此才能成就真正的德业，免遭忧患。

本篇最后一段话应该是荀子的弟子所述，高度赞扬了荀子的德行才学，饱含着对贤圣不遇时世的深深感叹。

尧问于舜曰："我欲致天下，为之奈何[①]？"对曰："执一无失，行微无怠，忠信无倦，而天下自来[②]。执一如天地，行微如日月，忠诚盛于内，贲于外，形于四海，天下其在一隅邪！夫有何足致也[③]！"

①致：求得。　这句意思是：尧向舜请教说，我想要使天下都归顺，该怎么做呢？

②执一：专心。　执一无失：掌管政事专心一志而没有过错。

怠:松懈。　行微无怠:做细小的事情也不松懈。　无倦:不倦怠,即始终如一。　忠信无倦:忠诚守信始终如一。

③贲:通“奋”,发扬,表现。　形:显露,表现。　四海:全天下。　隅(yú):角落。　有:通“又”。　这句意思是:掌管政事专心一志,就像天地前后一致那样;做细小的事情毫不松懈,就像日月运行不息那样;忠诚充满于内心,表现在外面,显露于全天下,那么天下就像在居室之内一样!这样,使天下归顺又哪里用得着费力呢!

魏武侯谋事而当,群臣莫能逮,退朝而有喜色①。吴起进曰:“亦尝有以楚庄王之语闻于左右者乎②?”武侯曰:“楚庄王之语何如③?”吴起对曰:“楚庄王谋事而当,群臣莫逮,退朝而有忧色。申公巫臣进问曰:‘王朝而有忧色,何也④?’庄王曰:‘不穀谋事而当,群臣莫能逮,是以忧也⑤。其在中蘬之言也,曰:诸侯得师者王,得友者霸,得疑者存,自为谋而莫己若者亡⑥。今以不穀之不肖,而群臣莫吾逮,吾国几于亡乎!是以忧也⑦。’楚庄王以忧,而君以憙⑧!”武侯逡巡再拜曰:“天使夫子振寡人之过也⑨。”

①魏武侯:战国时魏国的国君,魏文侯的儿子。　谋事:谋划政事。　当:得当。　逮(dài):及。　这句意思是:魏武侯谋划政事很得当,大臣们都比不上他,退朝后面有喜色。

②吴起:战国时卫国人,曾为魏将,后在楚国实行变法。　楚庄王:春秋时楚国的国君,“五霸”之一。　这句意思是:吴起上前说:“你可曾听左右的人说过关于楚庄王的话?”

③何如:怎么样。

④申公巫臣:楚国申这个地方的大夫。 朝:指退朝。

⑤不穀:不善,古代君主自称的谦词。

⑥中蘬(huì):同“仲虺”,商汤王的左丞相。 诸侯得师者王:诸侯能得到良师的指点,就能称王。“诸侯”后原衍“自为”二字,据上下文义删。 疑:通“拟”,这里指与自己才能不相上下的人。 莫己若者:不如自己的。 这句意思是:商朝的中蘬说过这样的话:“诸侯能得到良师的指点就能称王,能得到好友的帮助就能称霸,能得到和自己才能相等的人辅助就能保存国家,如果事事都自己谋划,而认为别人都不如自己的,国家就要灭亡。”

⑦不肖:不贤。 莫吾逮:都不如我。 几:近。 这句意思是:如今我自己不贤,而大臣却都不如我,我的国家接近于灭亡啦!所以我感到很忧愁。

⑧君:指魏武侯。 憙:同“喜”。

⑨逡(qūn)巡:后退一步。 夫子:对吴起的尊称。 振:补救。 寡人:古代君主对下的自称。

伯禽将归于鲁,周公谓伯禽之傅曰:“汝将行,盍志而子美德乎①?”对曰:“其为人宽,好自用,以慎。此三者,其美德已②。”周公曰:“呜呼!以人恶为美德乎!君子好以道德,故其民归道③。彼其宽也,出无辨矣,女又美之④!彼其好自用也,是所以窭小也⑤。君子力如牛,不与牛争力;走如马,不与马争走;知如士,不与士争知⑥。彼争者,均者之气也,女又美之⑦!彼其慎也,是其所以浅也⑧。闻之曰:无越逾不见士⑨。见士问曰:'无乃不察乎⑩?'不闻,即物少至,少至则浅⑪。彼浅者,贱人之道也,女又美之!吾语女:我,文王之为子,武王之为弟,成王之为叔父,吾于天下不贱矣,然而吾所执贽而见者十人,还贽而相见者三十人,貌执之士者百有余人,欲言而请毕事者千有余人,于是吾仅得三士焉,以正吾身,以定天下⑫。吾所以得三士者,亡于十人与三十人中,乃在百人与千人之中⑬。故上士吾薄为之貌,下士吾厚为之貌⑭。人人皆以我为越逾好士,然,故士至,士至而后见物,见物然后知其是非之所在⑮。戒之哉⑯!女以鲁国骄人,几矣⑰!夫仰禄之士犹可骄也,正身之士不可骄也⑱。彼正身之士,舍贵而为贱,舍富而为贫,舍佚而为劳,颜色黎黑而不失其所,是以天下之纪不息,文章不废也⑲。"

①伯禽:周公旦的儿子,封为鲁侯。　汝:你。　盍(hé):何不。　志:讲述。　而:通"尔",你。　而子:你教育的那个人,指伯禽。　这句意思是:伯禽将要到他的封地鲁国去,周公旦对伯禽的师傅说:"你何不在临行前,讲述一下我儿子的美德呢?"

②其:代词,指伯禽。　自用:依靠自己的才能处理事情。　以:连词,而且、并且。　这句意思是:回答说:"伯禽为人宽厚,喜欢独自处理事情,并且很谨慎。这三个方面就是他的美德。"

③呜呼:叹词,唉呀。　恶(wù):厌恶。　这句意思是:周公说:"唉呀,把人家厌恶的当做美德啊!君子努力遵循道德去行事,所以他的老百姓都归于正道。"

④彼:他,指伯禽。　出:出于。　无辨:不能辨别好坏。　女:同"汝",你。　美之:赞美他。　这句意思是:他待人宽厚,是因为不能辨别人的好坏,而你却赞美他。

⑤窭(jù):小。　窭小:这里指气量小。

⑥走:跑。　士:这里泛指有知识的人。

⑦均者:势均力敌的人。　气:气量。　这句意思是:所谓争,那是气量狭小的人同别人争高下,而你又赞美他。

⑧浅:肤浅,这里指知识肤浅。

⑨无:通"勿",不要。　越逾:越等。　这句意思是:听别人说:"不要怕降低自己的身份而不愿接见士。"

⑩无乃:反问词,"莫非"、"岂不"的意思。　这句意思是:见到士就应当问:"我办事莫非有不明察之处吗?"

⑪闻:同"问"。　即:则。　物:事物。　这句意思是:不善于向别人询问,对于事物就认识很少,认识事物很少,知识就肤浅。

⑫贽:初次求见人时,为表示敬意所送的礼物。　还贽:被求见的人为了表示谦逊而归还其礼物。　貌执:以礼相待。　欲言而请毕事者:一般的士有话要说,请他一定把要说的事说完。　这句意思是:我对你说:"我作为周文王的儿子,周武王的弟弟,周成王的叔父,我在天下可说是不低贱的了,然而我曾求见过的人不下十个,会见过的人不下三十个,经常以礼相待的有百余人,接见地位低下的士有千余人,在这么多的人中我仅仅得到三个有学识的人,来端正我的行为,辅助我安定天下。"

⑬亡:不在。　这句意思是:我所以得到三个有学识的人,不是在十人和三十人中,而是在百人和千人中才找到的。

⑭薄为之貌:礼貌差一点。　厚为之貌:礼貌加重。　这句意思

是:所以,我对地位高的士礼貌就差一点,对地位低的士反而更有礼貌些。

⑮好士:爱好、尊重士。　人人皆以我为越逾好士:人人都以为我不怕降低身份而尊重士。　然:这样。　故士至:所以士就到来。　见:知道。　见物:认识事物。

⑯戒:谨慎。　哉:语气词,啊。

⑰骄:骄傲,傲视。　几:危险。　这句意思是:你以掌管鲁国而傲视别人,那么就危险了。

⑱仰:依靠。　仰禄之士:依靠俸禄生活的士。　正身之士:注意端正品行的士。

⑲佚(yì):通"逸",安逸。　颜色黎黑:面色黑中泛黄。　不失其所:不放弃他的志向。　纪:纲纪,指治国的根本原则。　不息:不停止。　文章:指古代的典章制度。

语曰:缯丘之封人见楚相孙叔敖曰:"吾闻之也:处官久者士妒之,禄厚者民怨之,位尊者君恨之①。今相国有此三者而不得罪楚之士民,何也②?"孙叔敖曰:"吾三相楚而心瘉卑,每益禄而施瘉博,位滋尊而礼瘉恭,是以不得罪于楚之士民也③。"

①语曰:传说。　缯(zēng):同"鄫"(céng),春秋时国名,在今山东原峰县,公元前566年被莒(jǔ)国所灭。　缯丘:缯国的旧地,后属于楚国。　封人:古代掌管疆界的官名。　孙叔敖:姓芀(wěi),名敖,字孙叔,春秋时楚国的丞相。执政期间推行了一些发展生产、兴修水利的政策,促进楚国强盛,辅助楚庄王称霸。　妒:嫉妒。　禄:俸

禄。 君:君子,这里泛指有道德声望的人。

②相国:指孙叔敖。 三者:即“官久”、“禄厚”、“位尊”。

③瘉:同“愈”。 卑:低下。 博:广。 滋:越发,更加。 位滋尊:地位越发尊贵。 这句意思是:我三次当楚国丞相而心里就越谦逊,俸禄不断增加施舍就越广,地位越高礼节就越恭敬,所以不得罪于楚国的士和民。

子贡问于孔子曰:“赐为人下而未知也①。”孔子曰:“为人下者乎?其犹土也②?深抇之而得甘泉焉,树之而五谷蕃焉,草木殖焉,禽兽育焉③;生则立焉,死则入焉④;多其功而不德⑤。为人下者其犹土也?”

①赐:姓端木,名赐,字子贡,孔子的学生。 赐为人下而未知也:我想做到对人谦虚,但不知道应该怎样做。

②这句意思是:孔子说:“对人谦虚吗?那就要像土一样吧!”

③抇(hú):同“掘”。 树:种植。 蕃:生长。

④这句意思是:草木禽兽生长时立于土地上,死后就埋进土里。

⑤德:原为“息”,据文义和《太平御览》引文改。 这句意思是:土地虽然有多方面的功能却不自以为有功德。

昔虞不用宫之奇而晋并之,莱不用子马而齐并之,纣刳王子比干而武王得之①。不亲贤用知,故身死国亡也②。

①虞(yú):春秋时国名,在今山西省平陆县,公元前655年被晋国所灭。 宫之奇:虞国的大夫。 莱:春秋时国名,在今山东黄县东

南，公元前567年被齐国所灭。 子马：姓名、事迹不详。 刳（kū）：从中剖开挖空。 得之：这里指取得天下。

②知：同"智"。 亲贤用知：亲近贤人，任用智者。

为说者曰："孙卿不及孔子①。"是不然：孙卿迫于乱世，鳝于严刑，上无贤主，下遇暴秦，礼义不行，教化不成，仁者绌约，天下冥冥，行全刺之，诸侯大倾②。当是时也，知者不得虑，能者不得治，贤者不得使③。故君上蔽而无睹，贤人距而不受④。然则孙卿怀将圣之心，蒙佯狂之色，视天下以愚⑤。《诗》曰："既明且哲，以保其身⑥。"此之谓也。是其所以名声不白，徒与不众，光辉不博也⑦。今之学者，得孙卿之遗言余教，足以为天下法式表仪⑧。所存者神，所过者化⑨。观其善行，孔子弗过，世不详察，云非圣人，奈何！天下不治，孙卿不遇时也⑩。德若尧禹，世少知之⑪；方术不用，为人所疑⑫；其知至明，循道正行，足以为纪纲⑬。呜呼！贤哉！宜为帝王⑭。天下不知，善桀、纣，杀贤良⑮。比干剖心，孔子拘匡，接舆避世，箕子佯狂，田常为乱，阖闾擅强⑯。为恶得福，善者有殃。今为说者又不察其实，乃信其名⑰。时世不同，誉何由生⑱；不得为政，功安能成⑲。志修德厚，孰谓不贤乎⑳！

①为说者：持这种说法的人。 不及：不如。

②鳝（qiū）：迫。 绌：同"黜"，罢免。 约：穷困。 冥冥：昏暗。行全刺之：德行完美，反受讥讽。 大：形容词，表示程度深、严重。

倾:倾轧。　这句意思是:不是这样。孙卿不得已处于混乱的社会,迫于严酷的刑罚,上面没有贤良的君主,下面遇到残暴的秦国,礼义不得施行,教化不能实现。道德高尚的人都被罢免而穷困,天下昏暗,德行完备的人反受讥讽,诸侯互相倾轧。

③这句意思是:在这样的时代,有智慧的人不能参与谋划政事,有才能的人不能参与治理国家,贤明的人得不到任用。

④蔽而无睹:蔽塞而看不清。　距:同“拒”。　距而不受:遭到拒绝而不被接纳。

⑤然则:然而。　将:大。　将圣之心:崇高的志向。　蒙:加上。　佯:假装。　色:神色。　视:通“示”,给人看。　这句意思是:然而,孙卿怀着崇高的志向,不得已假装出狂人的神色,让天下的人把自己看成愚蠢的人。

⑥哲:有智慧。　这两句诗的意思是:“既聪明又有智慧,用来保存自己。”(见《诗经·大雅·烝民》)

⑦白:显赫。　徒与:门徒。　这句意思是:正因为这样,所以他的名声不显赫,门徒也不多,思想的光辉传播不广。

⑧余:剩。　遗言余教:遗留下来的学说、教导。　法式表仪:准则,榜样。

⑨神:治理。荀子在《儒效》篇中说“尽善挟治之谓神”。　这句意思是:他的学说能得到运用的地方就能得到治理,受到他教育的都能发生变化。

⑩善行:好的行为。　弗(fú)过:不能超过。　云:说。　奈何:有什么办法呢。　不遇时:碰不到时机。

⑪这句意思是:孙卿的德行像尧禹一样,但世上却很少有人知道。

⑫方术:治理国家的方法。　疑:怀疑。　这句意思是:治理国家

的方法不被采用，反被人们所怀疑。

⑬其：代词，指孙卿。　这句意思是：孙卿的智慧十分贤明，他遵循正道，端正自己的行为，完全可以成为人们的准则。

⑭呜呼：感叹词，啊。　宜：适合。

⑮下：原为“地”，据文义改。　这句意思是：天下的人不知分别善恶，而赞美桀纣，陷害贤良。

⑯匡：春秋时卫国的地名，在今河南长垣县西南。　孔子拘匡：指孔子一次从卫国到陈国去，途经匡，被匡人围困了五天。　接舆：春秋时楚国的隐士。　箕子：殷纣王的叔父，因多次强劝纣王，被纣王降为奴隶。　田常：即田成子，春秋末期人，他杀掉齐简公，做了齐国的君主。　阖闾（hé lǘ）：春秋末年吴国的国君。　擅强：专用强力。

⑰乃信其名：竟然相信他那与实际不符的名声。

⑱这句意思是：时代不同，名誉应当根据什么原则来确定呢！

⑲为政：执政。　安能：怎么能。

⑳修：完美。　孰：谁。　这句意思是：思想完善，道德高尚，谁能说他不贤呢？